AVENTURES

DE

ROBINSON CRUSOÉ

TRADUITES

DE DANIEL DE FOE

TOURS

ALFRED MAME ET FILS

ÉDITEURS

AVENTURES

DE

ROBINSON CRUSOÉ

DANIEL DE FOE

Most Humble and Most Obed.t Serv.t
Daniel De Foe

AVENTURES

DE

ROBINSON CRUSOÉ

TRADUITES

DE DANIEL DE FOE

ÉDITION REVUE ET CORRIGÉE AVEC SOIN

88 GRAVURES SUR BOIS

TOURS

ALFRED MAME ET FILS, ÉDITEURS

M DCCC LXXVI

ROBINSON CRUSOÉ

PREMIÈRE PARTIE

CHAPITRE I

Je suis né dans l'année mil six cent trente-deux, dans la ville d'York, d'une bonne famille. Mon père, natif de Brême, fit son premier établissement à Hull, où il acquit beaucoup de biens dans le commerce; l'ayant ensuite abandonné, il alla demeurer à York, où il épousa ma mère, dont les parents s'appelaient Robinson. Cette famille est une des meilleures du pays, et c'est d'elle que je tiens les noms de Robinson Kreutznaer; mais, par une corruption de mots assez ordinaire en Angleterre, on nous appelle aujourd'hui, nous nous appelons et nous signons Crusoé : mes compagnons ne m'ont jamais donné d'autre nom.

J'avais deux frères plus âgés que moi, dont l'un, lieutenant-colonel d'un régiment d'infanterie anglaise commandé autrefois par le fameux colonel Lockard, fut tué à la bataille de Dunkerque contre les Espagnols. Pour le second, je n'ai jamais su ce qu'il était devenu, et je ne suis pas mieux instruit de sa destinée que mon père et ma mère ne l'ont été de la mienne. Comme j'étais le troisième garçon de la famille et que je n'avais appris aucun métier, je commençai bientôt à rouler force projets dans ma tête. Mon père, qui était fort âgé, m'avait procuré la meilleure éducation qu'il eût pu, soit en me donnant des leçons de sa propre bouche, soit en m'envoyant aux écoles publiques. Il me destinait à la profession de légiste; mais le désir d'aller sur mer me dominait uniquement. Cette inclination me roidissait si fort contre la volonté et les ordres de mon père, et me rendait tellement sourd aux remontrances et aux sollicitations pressantes de ma mère et de tous mes proches, qu'on eût pu conjecturer dès lors qu'une espèce de fatalité m'entraînait irrésistiblement vers un état de souffrance et de misère. Mon père, sage et grave personnage, me donnait d'excellents avis pour me faire renoncer à un dessein dont il me voyait entiché. Un matin, il me fit venir dans sa chambre, où il était confiné par la goutte, et me parla fortement sur mes projets. Il me demanda quelle raison j'avais, ou plutôt quelle était ma folie, de vouloir quitter la maison paternelle et ma patrie, où je pouvais avoir de l'appui, et où j'avais l'espérance d'arriver à la fortune par mon application et par mon industrie, en menant une vie agréable et commode. Il me dit qu'il y avait deux sortes de gens, les uns dénués de tout bien et sans ressources, les autres d'un rang supérieur et distingué, auxquels il appartient de former de grandes entreprises et d'aller par le monde chercher des aventures, afin de se rendre fameux par une route peu frayée; que ce parti était de beaucoup trop au-dessus ou trop au-dessous de moi; que mon état était mitoyen, c'est-à-dire qu'on pouvait l'appeler le premier étage de la vie bourgeoise; qu'une longue expérience lui avait fait connaître cette situation comme la meilleure de toutes, celle dans laquelle il était le plus facile d'être heureux, parce qu'elle était non-seulement à l'abri de la misère, des souffrances et des travaux auxquels sont exposés les artisans, mais encore exempte de l'orgueil et du luxe, de l'ambition et de l'envie qui tourmentent les grands.

Je fus sincèrement touché de ces observations. Je résolus donc de ne plus penser à mes voyages et de me conformer aux intentions de ma famille. Mais, hélas! cette bonne disposition passa comme un éclair; et, pour prévenir désormais les remontrances de mon père, je formai le projet de m'éloigner sans prendre congé de lui; néanmoins je n'en vins pas si vite à l'exécution, et je modérai un peu l'excès de mes premiers mouvements.

Ce ne fut qu'un an après que je m'échappai. Cependant je m'obstinais à fermer l'oreille à toutes les propositions qu'on me faisait d'embrasser une profession. Je me plaignais souvent à mon père et à ma mère de leur persévérance à me contrarier dans un dessein vers lequel je me sentais porté comme par inspiration.

Un jour, me trouvant à Hull, où j'étais allé par hasard, et sans aucun projet formé de m'évader, je rencontrai un de mes camarades

Mon père me donnait d'excellents avis pour me faire renoncer à mon dessein

qui était près de se rendre par mer à Londres, sur le vaisseau de son père. Il me proposa de partir avec lui, et, pour m'y déterminer, ayant recours à l'argument ordinaire des marins, il me dit qu'il ne m'en coûterait rien pour mon passage. Là-dessus je ne consulte ni père ni mère; je ne me mets pas en peine de leur faire savoir de mes nouvelles; abandonnant la chose au hasard sans demander la bénédiction de mon père ni implorer l'assistance du Ciel, sans faire attention ni aux circonstances ni aux suites, je me rends à bord du vaisseau, chargé pour Londres. Ce jour, le plus fatal de toute ma vie, fut le 1er septembre de l'an 1651. Je ne pense pas qu'il y ait jamais eu un jeune aventurier dont les infortunes aient commencé plus tôt et duré plus longtemps que les miennes.

A peine le vaisseau était-il sorti de l'Humber, que, le vent commençant à souffler, la mer s'enfla d'une manière effrayante. Comme j'y allais pour la première fois, le malaise et la terreur s'emparant à la fois de mon corps et de mon âme, me plongèrent dans une angoisse que je ne puis exprimer. Je commençai dès lors à réfléchir profondément sur ce que j'avais fait, et sur la justice divine qui châtiait en moi un enfant vagabond et désobéissant. Tous les bons conseils de mes parents, les larmes de mon père, les prières de ma mère, se présentèrent vivement à mon esprit; et ma conscience, qui n'était pas encore endurcie, me reprochait d'avoir méprisé des leçons si salutaires, et d'avoir manqué à mes devoirs envers mon père et envers Dieu.

Dans cette cruelle agitation, je fis plusieurs fois le vœu que si Dieu me sauvait de ce voyage et me permettait de reprendre terre, je ne remettrais de mes jours les pieds sur un vaisseau; je m'en irais tout droit chez mon père, je m'abandonnerais à ses conseils, et ne m'exposerais plus à de semblables dangers. Ainsi, me proposant la pénitence de l'enfant prodigue, je résolus enfin de rentrer sous le toit paternel.

Le jour suivant, le vent s'étant abattu, la mer apaisée, je commençai à m'y accoutumer. Je ne laissai pas d'être sérieux toute la journée, me sentant encore indisposé du mal de mer; mais, à l'approche de la nuit, le temps s'éclaircit, le vent cessa tout à fait : une charmante soirée s'ensuivit; le soleil se coucha sans nuages, et le lendemain il se leva de même.

J'avais bien dormi pendant la nuit, et, loin d'être encore incommodé, j'étais plein de gaieté, regardant avec admiration cet Océan, qui, le jour d'auparavant, avait été si courroucé et si terrible, et qui se montrait alors si calme et si agréable. L'agitation de mes pensées finie, ma crainte dissipée, mes premiers désirs revenus, j'oubliai entièrement et les promesses et les vœux que j'avais formés dans la détresse. J'avais, il est vrai, quelques intervalles de réflexion, et les bons sentiments revenaient quelquefois, comme il arrive dans ces sortes d'occasions; mais je les repoussais, et cherchais à m'en guérir comme d'une maladie. En m'efforçant de boire beaucoup et d'être toujours en compagnie, j'eus bientôt prévenu le retour de mes accès, car c'est ainsi que je les appelais : de telle sorte qu'en cinq à six jours je remportai sur ma conscience une victoire aussi complète que le pourrait souhaiter un jeune homme qui cherche à étouffer ses remords.

Le sixième jour de notre navigation, nous entrâmes dans la rade d'Yarmouth. Comme le vent avait été contraire et le temps calme, nous n'avions fait que très-peu de chemin depuis la tempête; nous fûmes obligés de mouiller en cet endroit, et nous y demeurâmes, le vent continuant d'être contraire et de souffler du S.-O. sept jours de suite. Mais le huitième jour au matin, le vent augmenta; tout l'équipage fut commandé pour abattre les mâts de perroquet, et pour tenir toutes choses serrées et en bon ordre, afin de donner au vaisseau tout l'allégement possible. Vers midi, la mer s'enfla prodigieusement; notre gaillard d'avant plongeait à tout moment, et les flots couvrirent le bâtiment plus d'une fois Le patron fit jeter la maîtresse ancre, et bientôt nous chassâmes sur deux ancres, après avoir filé nos câbles jusqu'au bout. Cette fois, la tempête était horrible, et je voyais déjà l'étonnement et la terreur sur le visage des matelots eux-mêmes. Vers le soir il fallut couper tous les mâts et raser le pont dans toute son étendue.

Je laisse à penser en quel état j'étais dans cette conjoncture, moi qui n'avais point encore navigué et qui m'étais déjà effrayé pour peu de chose. La tempête continua avec tant de furie, que les matelots eux-mêmes confessèrent n'en avoir jamais vu une plus violente. Notre vaisseau était bon, mais extrêmement chargé, et si fort enfoncé dans l'eau, que les matelots s'écriaient de temps en temps qu'il allait couler bas. Pour surcroît de malheur, vers le milieu de la nuit, un homme qu'on avait envoyé pour visiter la cale s'écria qu'il y avait une voie, et un autre dit que nous faisions quatre pieds d'eau. Alors on appela tout le monde à la pompe. Ce mot seul me jeta dans une telle consternation, que j'en tombai à la renverse. Mais les gens du vaisseau vinrent me tirer de ma léthargie, et me dirent que si je n'avais été bon à rien jusqu'ici, j'étais à cette heure aussi capable de pomper qu'aucun autre. Je me levai et m'en allai à la pompe, où je travaillai vigoureusement. Cependant le maître fit tirer un coup de canon pour signal de l'extrême danger où nous étions. Moi, qui ne savais ce que cela signifiait, je fus tellement saisi, que je crus le vaisseau brisé, ou qu'il était arrivé quelque autre accident terrible; enfin je m'évanouis. Comme nous étions dans un moment où chacun pensait à sa propre vie, on ne fit pas attention à moi, ni à l'état où je me trouvais; seulement un autre prit ma place à la pompe, et, me poussant avec son pied, me laissa étendu dans la pensée que j'étais mort. Je ne revins à moi que longtemps après.

Je me levai et m'en allai à la pompe.

On continua de pomper; mais, l'eau gagnant à fond de cale, il y avait toute apparence que le vaisseau coulerait bas. Quoique la tempête commençât tant soit peu à diminuer, il n'était pourtant pas probable qu'il pût nous conduire jusqu'à un port; en sorte que le patron persistait à faire tirer le canon pour demander du secours. Un petit bâtiment qui venait justement de passer devant nous hasarda un bateau pour nous secourir; ce ne fut qu'avec beaucoup de risque que ce bateau approcha, et il ne paraissait guère possible qu'il nous abordât, ni que nous y entrassions, quand enfin, les rameurs faisant les derniers efforts et exposant leur vie pour sauver la nôtre, nous pûmes leur jeter de l'arrière une corde avec une bouée, à laquelle nous donnâmes une grande longueur. Bravant et la peine et le danger, ils s'en saisirent : après les avoir tirés jusque sous la poupe, nous descendîmes dans leur bateau. En vain nous aurions prétendu, les uns et les autres, aborder leur vaisseau; tous convinrent qu'il fallait nous laisser flotter, mais tourner la pointe tant que nous pourrions vers la terre; et notre capitaine promit que si le bateau était endommagé en touchant le sable, il en tiendrait compte au propriétaire. Ainsi, partie en ramant, partie en allant au gré du vent, nous déclinâmes au N. presque jusqu'à Winterton-Ness.

Il n'y avait guère plus d'un quart d'heure que nous avions quitté notre vaisseau, lorsque nous le vîmes couler bas. J'avoue franchement que j'avais la vue un peu troublée, et qu'à peine pouvais-je discerner les objets, quand les matelots me dirent que le bâtiment coulait; car, depuis le moment où je m'étais mis, ou plutôt qu'ils m'avaient mis dans le bateau, j'étais comme un homme pétrifié, tant par la peur qui m'avait saisi que par les réflexions qui me faisaient sentir d'avance toutes les horreurs de l'avenir.

Pendant ce temps, nos gens faisaient force de rames pour gagner la terre. Lorsque le bateau était au-dessus des vagues, on découvrait au loin un grand nombre de personnes qui accouraient le long du rivage pour nous assister dès que nous serions à leur portée. Mais nous n'avancions guère vers la terre, et même nous ne pouvions aborder jusqu'à ce que nous eussions passé le fanal de Winterton; car au delà la côte, s'enfonçant à l'ouest du côté de Cromer, brisait un peu la violence du vent. Ce fut en cet endroit, et non sans de grandes difficultés, que nous descendîmes tous heureusement à terre. De là nous allâmes à pied à Yarmouth, où nous fûmes traités d'une manière propre à soulager des infortunés, c'est-à-dire avec beaucoup d'humanité, soit par le magistrat, qui nous assigna de bons logements, soit par des marchands et des armateurs, qui nous donnèrent assez d'argent pour aller à Londres, ou pour retourner à Hull, si nous le jugions à propos.

C'est alors que j'aurais dû avoir le bon sens de prendre le chemin de Hull pour m'en retourner à la maison; c'était la route qu'il m'aurait fallu tenir pour devenir heureux. Mais ma mauvaise destinée m'entraînait avec une force irrésistible; et quoique souvent la raison et le jugement me criassent qu'il fallait regagner la maison paternelle, je ne pouvais pourtant m'y résoudre.

Mon camarade, qui était le fils du maître, et qui avait contribué à fortifier mon obstination, se trouvait maintenant bien moins hardi que moi. Comme j'avais quelque argent dans ma poche, je m'en allai par terre à Londres. Là, aussi bien qu'en chemin, j'eus de grands débats avec moi-même sur le genre de vie que je devais embrasser; je ne savais si je m'en irais à la maison paternelle, ou si je m'embarquerais de nouveau. Pour ce qui était de retourner au logis, la mauvaise honte rejetait bien loin les plus saines pensées qui se présentaient à mon esprit; je m'imaginais d'abord que je serais montré au doigt dans tout le voisinage, et que j'aurais honte de paraître, non devant mon père et ma mère seulement, mais même devant qui que ce fût.

Cependant je demeurai quelque temps dans cet état d'irrésolution, ne sachant quel parti prendre, ni quel genre de vie j'embrasserais. Je continuais à éprouver une répugnance invincible à revenir près de ma famille; à mesure que le temps se passait, le souvenir de ma dernière détresse s'effaçait de mon imagination; et s'il me venait quelques légers désirs de retour, ils s'amortissaient tellement, qu'enfin j'en perdis tout à fait la pensée, et je cherchai à faire un nouveau voyage.

Arrivé à Londres, j'eus le bonheur de me trouver en bonne compagnie, avantage qui n'arrive pas toujours à un jeune homme aussi étourdi que je l'étais. La première personne avec laquelle je fis connaissance fut un capitaine de vaisseau, lequel, ayant été à la côte de Guinée avec un très-grand succès, avait résolu d'y retourner. Cet homme, m'entendant dire que j'avais envie de voir le monde, me proposa de m'embarquer avec lui; il m'assura que je ne serais pas obligé de faire la moindre dépense; que je mangerais avec lui et serais son compagnon; que si je voulais emporter une pacotille, je jouirais de tous les bénéfices que peut procurer le commerce, et que peut-être le gain qui m'en reviendrait ne tromperait pas mes espérances.

J'acceptai cette offre, et, me liant d'étroite amitié avec ce capitaine, qui était un homme franc et honnête, j'entrepris de faire le voyage avec lui. Je hasardai une somme médiocre à la vérité, mais qui augmenta considérablement par la probité et le désintéressement de mon protecteur : elle montait en tout à quarante livres sterling, que j'employai en quincailleries, suivant son conseil. J'avais amassé cet argent par l'assistance de quelques-uns de mes parents, avec lesquels je correspondais, et qui, je crois, avaient engagé mon père et ma mère à m'aider de cette somme dans ma première spéculation.

Je puis dire que de tous mes voyages celui-ci est le seul qui m'ait réussi, et j'en suis redevable à la bonne foi et à la générosité de mon ami le capitaine. Entre autres avantages que je trouvai avec lui, j'eus encore celui d'apprendre passablement les mathématiques, les règles de la navigation, et à calculer la marche d'un vaisseau; enfin

Je ne savais si je m'en irais à la maison paternelle ou si je m'embarquerais de nouveau.

je me procurai les connaissances absolument nécessaires à un marin. S'il se plaisait à m'enseigner, je ne me plaisais pas moins à apprendre; de telle sorte que ce voyage me rendit à la fois marin et marchand. Je rapportai cinq livres et neuf onces de poudre d'or, ce qui me valut à Londres environ trois cents livres sterling. Ce succès m'inspira de vastes projets, qui causèrent par la suite ma ruine entière.

Pour mon malheur, mon excellent ami le capitaine mourut peu de jours après notre retour. Je me décidai néanmoins à recommencer le même voyage, et je me rembarquai sur le même vaisseau avec un homme qui la première fois en avait été le contre-maître, et qui cette fois en avait le commandement. Jamais navigation ne fut plus malheureuse que celle-ci. Je n'emportai, il est vrai, que le tiers de l'argent que j'avais gagné, laissant le reste entre les mains de la veuve de mon ami, laquelle en usa avec beaucoup d'équité; mais

J'eus l'avantage d'apprendre les mathématiques, les règles de la navigation, etc.

il m'arriva d'étranges malheurs. Le premier fut qu'en faisant route vers les Canaries, ou plutôt entre ces îles et les côtes d'Afrique, nous fûmes surpris, à la pointe du jour, par un corsaire turc de Salé, qui nous donna la chasse avec toutes ses voiles. D'un autre côté, nous mîmes au vent toutes les nôtres pour nous sauver; mais, voyant qu'il gagnait sur nous, et qu'au bout de quelques heures il ne manquerait pas de nous atteindre, nous nous préparâmes au combat. Nous avions à bord douze canons; le pirate en avait dix-huit. Sur les trois heures après midi, il fut à notre portée et commença l'attaque, mais il fit une méprise; car, au lieu de nous prendre en arrière, comme c'était son dessein, il lâcha sa bordée sur un de nos côtés : ce que voyant, nous pointâmes huit de nos canons pour soutenir son attaque, et lâchâmes à notre tour une bordée qui le fit reculer, non toutefois sans qu'il nous la rendît, en y joignant une décharge de sa mousqueterie, qui était de deux cents hommes. Cependant nos gens tenaient ferme; aucun d'eux n'avait été touché. Les Barbaresques se préparèrent à renouveler le combat et nous à le soutenir. Mais étant venus de l'autre côté à l'abordage, soixante d'entre eux se jetèrent sur notre pont, et commencèrent à jouer de la hache, coupant et taillant nos mâts et nos cordages. De notre côté, nous les recevions à coups de mousquets, de demi-piques, de grenades et autres armes : en sorte que nous les chassâmes deux fois de notre pont. Enfin, pour ne pas insister sur cette époque fatale de ma vie, notre vaisseau étant désemparé, trois des nôtres tués, et huit autres blessés, nous fûmes contraints de nous rendre, et emmenés prisonniers à Salé, port appartenant aux Barbaresques.

Nous fûmes contraints de nous rendre, et emmenés prisonniers à Salé.

CHAPITRE II

Les traitements qu'on me fit éprouver ne furent pas si terribles que je l'aurais cru d'abord, et je ne fus point emmené, avec le reste de nos gens, dans l'intérieur du pays, au lieu où l'empereur fait sa résidence; le capitaine du corsaire, me voyant jeune et agile, me garda pour sa part de prise. Un pareil changement de condition, qui de marchand me rendait esclave, me plongea dans le désespoir. Mais, hélas! ce n'était qu'un faible prélude des maux que je devais souffrir.

Mon nouveau patron, ou plutôt mon maître, m'ayant emmené avec lui dans sa maison, j'espérais aussi qu'il m'emmènerait avec lui lorsqu'il irait en mer; que sa destinée serait tôt ou tard d'être pris par un vaisseau de guerre espagnol ou portugais, et que de cette manière je recouvrerais ma liberté. Cette espérance s'évanouit bientôt : car, lorsqu'il s'embarqua, il me laissa à terre pour soigner son petit jardin et faire les fonctions ordinaires d'un esclave dans la maison; et, quand il fut de retour, il m'ordonna de coucher dans sa cabine pour garder le vaisseau.

Étant à bord, je ne pensais à autre chose qu'à m'échapper; mais, après y avoir bien réfléchi, je ne trouvai aucun expédient qui pût satisfaire un esprit raisonnable, ni qui fût tant soit peu plausible. Je n'avais personne à qui je pusse me confier, ni qui voulût s'embarquer avec moi, nul compagnon d'esclavage, pas un seul Anglais, Irlandais ou Écossais.

Deux ans s'étaient écoulés, lorsqu'il se présenta une occasion qui réveilla en moi la pensée que j'avais conçue de travailler à recouvrer ma liberté. Comme mon patron restait à terre plus que de coutume, et qu'il n'équipait point son vaisseau faute d'argent, il ne manquait pas, deux ou trois fois la semaine, de sortir avec la grande chaloupe pour pêcher dans la rade : alors il me menait avec lui, ainsi qu'un jeune Maure, pour ramer dans le bateau. Nous lui donnions tous deux du divertissement, et je me montrais fort adroit à la pêche. Enfin quelquefois il m'envoyait avec un de ses parents et le jeune Maure pour lui pêcher un plat de poissons.

Il me laissa à terre pour soigner un petit jardin.

Or il arriva qu'il avait lié une partie avec deux ou trois personnes de quelque distinction pour sortir un jour sur ce bateau, afin de pêcher et de se récréer. Dans cette intention, il avait fait des provisions extraordinaires, qu'il fit embarquer la veille, et il m'ordonna de tenir prêts trois fusils avec du plomb et de la poudre, parce qu'il se proposait de prendre le plaisir de la chasse aussi bien que celui de la pêche.

Je préparai tout conformément à ses ordres. Le lendemain matin, je l'attendais dans le bateau, que j'avais lavé avec soin, et sur lequel j'avais déployé les banderoles; en un mot, je n'avais rien oublié de ce qui pouvait contribuer à bien recevoir ses hôtes, lorsque je le vis venir seul. Il me dit que ses convives avaient remis la partie à une autre fois, à cause de quelques affaires. Il m'ordonna en même temps d'aller avec le bateau, accompagné, comme de coutume, de son parent et du jeune Maure, pour lui pêcher du poisson, parce que ses amis devaient souper chez lui, et il m'enjoignit de l'apporter aussitôt que j'en aurais pris. Je me disposai tout de suite à lui obéir.

Ce moment fit renaître mon premier dessein de m'affranchir d'esclavage : je considérais que j'étais sur le point d'avoir un petit vaisseau à mon commandement, et, dès que mon maître fut retiré, je me préparai non pas à la pêche, mais à un voyage, quoique je ne susse ni ne pensasse pas même quelle route je prendrais. En effet, celle qui devait m'éloigner de ce triste séjour, quelle qu'elle fût, me paraissait toujours assez favorable.

Je m'empressai de transporter sur la chaloupe du biscuit et une provision d'eau, que j'ajoutai aux vivres qui s'y trouvaient déjà; j'y mis en outre un grand morceau de cire, un paquet de ficelle, une hache, un marteau, objets qui me furent plus tard d'une grande utilité. Lorsque mes compagnons furent arrivés, nous sortîmes du port pour aller pêcher. Sous le prétexte que nous ne prenions rien dans l'endroit où nous nous trouvions, je les déterminai à s'éloigner à une assez grande distance, en suivant la côte. Lorsque nous fûmes assez loin, je saisis un moment favorable : je précipitai le parent de mon maître à la mer, et, comme il s'efforçait de regagner la barque à la nage, je le mis en joue, et lui déclarai que j'allais le tuer s'il ne regagnait aussitôt la terre. Il ne se le fit pas répéter; il nagea vers le rivage, qu'il atteignit bientôt.

M'adressant ensuite au jeune Maure, qui se nommait Xuri, je lui demandai s'il voulait m'être fidèle et partager mon sort; il jura qu'il m'était tout dévoué, et, en effet, il me prouva plus d'une fois ensuite son attachement sincère. J'avais d'abord dirigé la chaloupe comme si j'avais cherché à gagner l'Espagne; mais dès qu'il fit un peu sombre, je changeai de route et mis le cap au S. quart S.-E., tirant un peu vers l'E. pour ne pas trop m'écarter de terre. Le vent était favorable et la mer très-tranquille : nous voguâmes ainsi pendant environ quinze jours, mangeant la provision dont j'avais eu soin de me fournir, et descendant seulement à terre à l'embouchure des rivières, pour remplir nos jarres d'eau douce. Autant que je pouvais calculer, nous nous trouvions devant cette région inhabitée qui s'étend entre les États du Maroc et la Nigritie. Je manquais des instruments nécessaires pour me mettre à la recherche des îles Canaries.

Mon dessein était de parvenir à la hauteur de la rivière de Gambie, autrement le Sénégal, c'est-à-dire aux environs du cap Vert, où j'espérais trouver quelque bâtiment européen; mais, si j'étais frustré dans cette espérance, je ne savais plus quel parti prendre, si ce n'est de me mettre à la merci des nègres. Je n'ignorais pas que tous les vaisseaux qui partent d'Europe pour la Guinée, le Brésil, ou les Indes orientales, mouillent à ce cap ou à ces îles, en un mot, ma destinée ne m'offrait que cette alternative, ou de rencontrer quelque vaisseau, ou de périr.

Enfin je vis que le continent s'allongeait bien avant dans la mer, justement vis-à-vis de moi, à quatre à cinq lieues de distance. La mer était parfaitement calme; je fis un long détour en larguant, afin de pouvoir gagner la pointe. J'en vins à bout, et lorsque je la doublai,

Xuri me jura qu'il m'était tout dévoué.

j'étais à deux lieues du continent, voyant distinctement d'autres terres à l'opposite. Alors je conclus, ce qui était vrai, que j'avais d'un côté le cap Vert, et de l'autre les îles qui en portent le nom. Je ne savais pourtant pas encore vers lequel des deux je devais me tourner; car s'il survenait un vent un peu fort, je pouvais manquer l'un et l'autre.

Dans cette perplexité je devins rêveur; j'entrai dans la cabine, laissant à Xuri le soin du gouvernail, et je m'assis. Mais tout à coup je l'entendis s'écrier : « Maître, maître! moi voir un vaisseau à la voile! » Il paraissait si effrayé, qu'il ne se possédait pas, s'imaginant dans sa simplicité que c'était un bâtiment envoyé par le patron à notre poursuite, tandis que j'étais certain que la distance des lieux ne nous laissait rien à craindre de ce côté-là. Je sortis avec précipitation de la cabine, et non-seulement je vis le vaisseau, mais encore je reconnus qu'il était portugais. Je le pris d'abord pour un de ceux qui font la traite des nègres à la côte de Guinée; mais quand j'eus remarqué la route qu'il tenait, je fus bientôt convaincu qu'il allait ailleurs, et qu'il n'avait pas dessein de s'approcher de terre : en conséquence, je fis force de voiles et de rames pour avancer en pleine mer, dans le dessein de lui parler s'il était possible.

Après avoir fait tout ce qui dépendait de moi, je reconnus que je ne pouvais aller à leur rencontre, et qu'ils me laisseraient derrière avant que je pusse leur donner aucun signal. Mais dans le moment même où j'avais épuisé toutes les ressources de mon art pour hâter ma course, et lorsque je commençais à perdre espoir, il me sembla qu'ils nous avaient aperçus avec leur lunette d'approche, et que, nous prenant pour les survivants de quelque vaisseau européen qui avait péri, ils mettaient moins de voiles qu'auparavant pour nous donner le temps de les aller rejoindre. Cette vue me rendit le courage; et, comme j'avais à bord le pavillon de mon patron, je le suspendis en écharpe à nos cordages, pour leur faire entendre par ce signal que nous étions en détresse, et je tirai un coup de fusil. Ils remarquèrent fort bien ces deux mouvements; car ils me dirent ensuite qu'ils avaient aperçu la fumée, quoiqu'ils n'eussent point entendu le coup. A ces signaux, ils carguèrent leurs voiles, et ils eurent l'humanité de s'arrêter pour moi; de sorte qu'en trois heures je me rendis près d'eux.

Ils me demandèrent qui j'étais, en portugais, en espagnol et en français; mais je n'entendais aucune de ces langues. A la fin, un matelot écossais qui était à bord m'adressa la parole. Je lui répondis que j'étais Anglais de nation et échappé de l'esclavage des Maures de Salé. Alors ils m'invitèrent à passer sur leur bord, et m'y reçurent généreusement avec tout ce qui m'appartenait.

Que l'on juge de ma joie! D'abord j'offris au capitaine du vaisseau tout ce que j'avais, pour lui témoigner ma reconnaissance; mais il eut la générosité de déclarer qu'il ne voulait rien recevoir de moi; qu'au contraire tout ce que je possédais me serait exactement rendu au Brésil. Ensuite il prit le tout en dépôt, et m'en donna un inventaire fidèle, pour que je pusse le recouvrer, sans en excepter même mes trois jarres de terre.

Quant à ma chaloupe, elle était très-bonne, et il le savait bien : aussi me proposa-t-il de l'acheter, pour la faire servir à son vaisseau, et me demanda ce que j'en voulais. Je lui répondis qu'il avait été si généreux en tout à mon égard, que je ne voulais point y mettre de prix, mais que je l'en faisais l'arbitre : il me proposa de me donner une obligation de quatre-vingts pièces de huit, lesquelles il me paierait au Brésil; et il ajouta que, lorsque nous serions arrivés, s'il se trouvait quelqu'un qui en offrît davantage, il m'en tiendrait compte. De plus il m'offrit soixante autres pièces de huit pour mon garçon Xuri. J'avais de la peine à les accepter, non que je fusse bien aise de le lui laisser; mais je ne pouvais me résoudre à vendre la liberté de ce pauvre

Ils m'invitèrent à passer sur leur bord.

enfant qui m'avait aidé si fidèlement à recouvrer la mienne. Je fis part de mon scrupule au capitaine; il m'avoua qu'il le trouvait raisonnable, et me proposa de s'engager de la manière la plus formelle, par écrit, à l'affranchir dans dix ans, s'il voulait se faire chrétien. J'y consentis d'autant plus volontiers, que le jeune homme accédait lui-même à cette proposition.

Nous eûmes une navigation heureuse jusqu'au Brésil, et au bout d'environ vingt-deux jours nous arrivâmes à la baie de Tous-les-Saints.

Je ne saurais trop louer la générosité avec laquelle le capitaine me traita. Premièrement, il ne voulut rien prendre pour mon passage;

il ordonna qu'on me rendît exactement tout ce que j'avais à bord, et acheta tout ce que je voulus bien lui vendre, comme caisses de bouteilles, deux de mes fusils, et le reste du morceau de cire, dont j'avais fait des chandelles. En un mot, j'eus de ma cargaison environ deux cent vingt pièces de huit, et ce fut avec ce fonds que je débarquai au Brésil.

Peu de jours après, le capitaine eut la bonté de me recommander à un fort honnête homme, comme lui, qui avait fait une plantation et une raffinerie. Je vécus quelque temps dans sa maison, et je m'instruisis ainsi de la manière de planter les cannes et d'en extraire le sucre. Voyant combien les planteurs vivaient commodément, et avec quelle facilité ils faisaient fortune, je résolus, si je pouvais obtenir une licence, de m'établir dans ce pays et de devenir planteur comme les autres, me proposant en même temps de chercher les moyens de tirer de Londres les fonds que j'y avais laissés, et de les employer à l'amélioration de mon établissement. En conséquence, je me pourvus d'une sorte de lettres de naturalisation, en vertu desquelles j'achetai une terre qui était encore vacante, et dont je mesurai l'étendue à mes ressources. Ensuite je formai un plan pour mon établissement, en le proportionnant aux fonds que je comptais recevoir d'Angleterre.

Le capitaine qui m'avait recueilli en mer vint encore à mon secours; il me donna les facilités de correspondre avec l'Angleterre au moyen de ses armateurs de Lisbonne, et peu de temps après je vis arriver à mon adresse une expédition d'objets de fabrication anglaise pour la valeur de mes cent livres. Je vendis cette cargaison de la manière la plus avantageuse, et je pus acheter des esclaves, qui donnèrent promptement à ma plantation un grand développement.

Je pouvais donc encore m'assurer au Brésil une existence tranquille et heureuse; mais ma passion effrénée de courir le monde vint de nouveau me porter malheur.

On doit supposer qu'ayant vécu près de quatre ans au Brésil, que commençant à gagner considérablement et à prospérer dans ma nouvelle plantation, non-seulement j'avais appris la langue du pays, mais que j'avais même fait connaissance et lié amitié avec mes compagnons de plantation, aussi bien qu'avec les marchands de San-Salvador, qui était notre port de mer. Dans nos conversations, je les avais souvent entretenus de mes deux voyages à la côte de Guinée, de la manière de faire la traite, et de la facilité avec laquelle on y pouvait changer de la poudre d'or, des graines de Guinée, des dents d'éléphant, d'autres choses précieuses, et, qui plus est, des nègres en grand nombre, le tout pour des bagatelles, comme de la quincaillerie, des couteaux, des ciseaux, des haches, des morceaux de glace, et autres menus objets.

Tout ce que je disais à ce sujet trouvait des auditeurs attentifs, et un jour trois planteurs de ma connaissance me proposèrent de prendre

Trois planteurs de ma connaissance me proposèrent de prendre la direction d'une expédition.

la direction d'une expédition qui aurait pour but d'aller chercher des nègres à la côte de Guinée. Les frais de cette entreprise devaient être supportés par mes associés, qui me donnaient cependant une part égale à la leur dans les bénéfices. Ces propositions étaient sans doute de nature à séduire un homme dépourvu d'établissement; mais pour moi qui voyais ma fortune à peu près assurée, moyennant quelques années de travail, c'était la plus grande folie que je pusse faire. Cependant il me fut impossible de résister à ces offres, et je fus encore entraîné par ces dispositions fatales qui avaient jadis fait échouer les bons conseils de mon père. En un mot, je leur dis que je partirais de tout mon cœur s'ils voulaient bien se charger du soin de ma plantation pendant mon absence, et en disposer selon que je l'aurais ordonné, si je venais à périr : tous me le promirent et s'y obligèrent par contrat. Je fis un testament en forme, par lequel je disposais de ma plantation et de mes effets, en cas de mort, instituant pour mon légataire universel le capitaine du vaisseau qui m'avait sauvé la vie, mais l'obligeant à disposer de mon avoir suivant cette clause : c'est-à-dire qu'il garderait pour lui la moitié de mes acquisitions, et ferait embarquer le prix de l'autre moitié pour l'Angleterre.

Enfin je pris toutes les précautions imaginables pour mettre mes biens en sûreté et pourvoir à l'entretien de ma plantation. Si j'eusse appliqué seulement une partie de ces calculs à l'étude de mes véritables intérêts, et à peser ce que je devais et ne devais pas faire, il est certain que je ne me serais pas éloigné un seul instant d'un établissement aussi avantageux que l'était le mien.

Mais on me pressait, et j'aimais mieux suivre les fausses lueurs de ma fantaisie que les lumières de la raison. Le vaisseau étant équipé, la cargaison embarquée, et toutes choses arrangées comme nous étions convenus, mes associés et moi, j'allai à bord le 1er septembre 1659, anniversaire du jour où je m'étais embarqué à Hull, huit ans auparavant, rebelle aux ordres paternels.

Notre vaisseau était d'environ cent vingt tonneaux; il portait six canons et quatorze hommes, en y comprenant le maître, son garçon et moi. Nous ne l'avions chargé d'autres marchandises que de quincaillerie propre à notre commerce, telles que de la verroterie, des coquilles, surtout de petits miroirs, des couteaux, des haches et quelques matelas.

Le même jour que j'allai à bord, nous mîmes à la voile, et nous nous dirigeâmes vers le N., le long de la côte, dans le dessein de tourner vers celle d'Afrique, quand nous serions parvenus au 10 à 11° de latitude septentrionale. Nous eûmes un fort beau temps, si ce n'est qu'il faisait excessivement chaud. Arrivés à la hauteur du cap Saint-Augustin, nous nous éloignâmes en mer, et, perdant bientôt la terre de vue, nous mîmes le cap comme si nous eussions voulu aller à l'île de Ferdinand de Noronha; mais nous la laissâmes à l'E., ainsi que les îles adjacentes, continuant notre route vers le N.-E. quart N., et nous passâmes la ligne après une navigation d'environ douze jours.

Nous étions, suivant nos dernières observations, par 7° 22' de latitude septentrionale, lorsqu'il s'éleva un violent ouragan qui nous désorienta entièrement. Il commença vers le S.-E., devint peu après N.-O.; puis, se fixant au N.-E., il se déchaîna d'une manière si terrible, que nous ne fîmes autre chose, pendant douze jours de suite, que dériver, forcés d'obéir à la fureur des vents.

Cet orage, outre la frayeur dont il nous frappa, nous coûta trois hommes : l'un mourut de la fièvre chaude, et les deux autres, dont un mousse, tombèrent à la mer. Le vent s'étant un peu abattu vers la fin du douzième jour, le maître fit une estime le mieux qu'il put, et trouva qu'il était aux environs du 11° de latitude septentrionale, mais

Le maître me consulta pour savoir quelle route nous prendrions.

qu'il y avait une différence de 22° de longitude à l'O. du cap Saint-Augustin : de sorte que nous étions jetés vers la côte de la Guyane, partie septentrionale du Brésil, au delà de la rivière des Amazones, non loin de l'Orénoque. Le vaisseau avait été fort tourmenté et faisait beaucoup d'eau. Le maître me consulta pour savoir quelle route nous prendrions, et il opina pour regagner la partie orientale d'où nous étions partis.

J'étais d'un avis tout contraire ; et, après avoir examiné ensemble une carte marine de l'Amérique, nous conclûmes qu'il n'y avait aucune terre habitée où nous pussions avoir du secours, et qui fût plus proche de nous que l'archipel des Caraïbes ; c'est pourquoi nous résolûmes de faire voile vers la Barbade, où nous espérions qu'en prenant le large, pour éviter le golfe du Mexique, nous pourrions aisément arriver en quinze jours, tandis qu'il nous était impossible de continuer notre voyage à la côte d'Afrique sans quelque assistance, tant pour le vaisseau que pour nous-mêmes.

Dans ce dessein, nous changeâmes de direction, et nous mîmes le cap au N. quart O., afin de pouvoir atteindre quelqu'une des îles habitées par les Anglais, où j'avais l'espérance de recevoir du secours. Mais notre voyage devait se terminer autrement; car, étant dans la latitude du 12° 18', nous fûmes assaillis par une seconde tempête qui nous emporta avec la même impétuosité que la premièrs vers l'O., et nous écarta si loin de toute société humaine, que nous n'avions d'autre alternative que de périr dans les flots, ou d'être dévorés par les sauvages, et aucune espérance de revoir jamais notre pays.

Dans cette extrémité, le vent soufflait toujours avec violence, et le jour commençait à paraître, lorsqu'un de nos gens s'écria : « Terre ! » A peine fûmes-nous sortis de la cabine pour voir ce que c'était, et dans quelle région du monde nous nous trouvions, que le vaisseau donna contre un banc de sable : son mouvement cessa tout à coup, et les vagues y entrèrent avec tant de précipitation, que nous nous attendîmes à périr sur l'heure; nous nous serrions contre les bords du bâtiment pour nous abriter contre la violence des vagues.

Nous ne connaissions ni le climat où nous étions, ni la terre contre laquelle nous avions échoué. Était-ce une île, ou un continent? Était-elle habitée, ou déserte? La fureur des vents, quoiqu'un peu diminuée, était encore terrible, et nous ne pouvions espérer que le vaisseau demeurât quelques minutes sans se fracasser, à moins qu'un calme ne survînt tout à coup par une espèce de miracle. Nous étions immobiles, nous regardant les uns les autres, attendant la mort à chaque instant. La seule chose qui pût nous laisser quelque espoir, c'est que, contre notre attente, le vaisseau n'était pas encore brisé ; le maître disait que le vent commençait à tomber.

Le temps parut enfin devenir moins chargé, et nous reprîmes courage; mais le vaisseau était enfoncé trop avant dans le sable pour que nous pussions espérer de l'en dégager, et notre situation était toujours aussi déplorable; car il ne nous restait plus qu'à voir si nous pourrions descendre à terre, au risque d'y périr de faim ou d'y être dévorés.

Notre pilote prit la chaloupe ; nos gens se mirent à le seconder, et l'on parvint à la descendre à côté du vaisseau ; nous nous mîmes tous dedans, au nombre de onze personnes, recommandant nos âmes à la miséricorde divine. Bien que l'orage fût moins violent, la mer s'élevait encore à une hauteur considérable.

C'est alors que le danger était proche et effroyable : nous vîmes tous clairement que notre chaloupe ne pourrait résister à la fureur des eaux, et que nous serions infailliblement submergés. Nous n'avions point de voile, et quand même nous en aurions eu, nous n'eussions pu nous en servir. Nous nous mîmes à ramer de toutes nos forces pour gagner la terre, mais avec un visage consterné, comme des malheureux qui allaient au supplice. Aucun de nous ne pouvait ignorer qu'aussitôt que la chaloupe arriverait près de la côte, elle y essuierait des coups si rudes, qu'elle serait bientôt en mille pièces. Quoi qu'il en soit, le vent nous poussant vers la terre, nous travaillions à force de bras pour le seconder et hâter notre perte.

Après que nous eûmes ramé, ou plutôt dérivé l'espace d'une lieue et demie, une vague furieuse, semblable à une montagne, s'en vint roulant à notre arrière : c'était nous avertir d'attendre le coup de grâce. En effet, elle fondit sur nous avec tant de furie, qu'elle renversa d'un seul coup la chaloupe et nous sépara les uns des autres aussi bien que du bateau : dans le moment nous fûmes tous engloutis.

Il n'est pas d'expressions qui puissent retracer quelle était la confusion de mes pensées lorsque j'allai au fond de l'eau. Quoique je nageasse fort bien, je ne pus cependant me dégager assez pour respirer, jusqu'à ce que cette vague, m'ayant poussé ou plutôt emporté bien avant vers le rivage, se brisa et me laissa presque à sec et à demi mort. Voyant la terre plus proche de moi que je ne l'aurais cru, j'eus assez de présence d'esprit ou assez de force pour me lever sur les jambes, m'en servir le mieux que je pus et tâcher d'avancer du côté de la terre avant qu'une autre vague revînt et me saisît; mais je reconnus bientôt qu'il m'était impossible d'y réussir; car, regardant par derrière, je vis la mer s'avançant sur moi, mais haute et furieuse, comme un ennemi redoutable avec lequel je ne pouvais me mesurer. Tout ce que j'avais à faire, c'était de retenir mon haleine et de m'élever autant qu'il m'était possible au-dessus de l'eau : de cette manière je pouvais nager, conserver la liberté de ma respiration et voguer vers le rivage. Ce que je craignais le plus, c'est que le flot, après m'avoir poussé vers la terre en venant, ne me rejetât ensuite dans la mer en s'en retournant.

Je fus à plusieurs reprises entraîné par les vagues qui fondaient sur moi et menacèrent plus d'une fois de m'étouffer; cependant je pus leur échapper en nageant en avant lorsque le flot me soulevait, et en résistant de tous mes efforts à son mouvement de retrait.

Peu s'en fallut que le dernier de ces deux assauts ne me fût fatal; car la mer, m'ayant entraîné comme auparavant, me mit à terre, ou, pour mieux dire, me jeta sur un rocher si rudement, que j'en perdis le sentiment et la faculté d'agir pour ma délivrance; le coup, ayant porté sur mon flanc et sur ma poitrine, m'ôta tout à coup la respiration pour un instant; et si la mer fût revenue tout de suite à la charge, j'aurais été indubitablement suffoqué. Mais je recouvrai le sentiment un peu avant le retour du flot, et, voyant qu'il allait encore m'ensevelir, je résolus de m'attacher à une pointe de rocher, et, dans cette position, de retenir mon haleine jusqu'à ce que les eaux se fussent retirées. Déjà les vagues n'étaient plus aussi hautes que d'abord, parce que la terre était proche, et je ne quittai le rocher qu'après qu'elles eurent passé et repassé par-dessus moi; puis je fis un nouvel effort et m'approchai si près de terre, que la vague qui vint ensuite me couvrit véritablement, mais ne m'enleva pas : de sorte que je n'eus plus qu'à exercer une seule fois mes jambes pour prendre terre définitivement : je montai sur le haut du rivage et m'assis sur l'herbe, à l'abri de l'insulte et de la fureur des eaux.

Je résolus de m'attacher à une pointe de rocher.

CHAPITRE III

Il est, je crois, impossible de peindre les transports et l'espèce de ravissement où se trouve l'homme qui se voit sauvé de cette manière, et arraché, pour ainsi dire, du fond du tombeau.

Je me promenais au bord de la mer, levant les mains vers le ciel, l'esprit absorbé dans la contemplation de ma délivrance, témoignant mes transports de joie par mille gestes que je ne saurais rapporter, réfléchissant sur mes compagnons, qui tous avaient sans doute été noyés, et songeant que j'étais, selon toute apparence, le seul qui eût échappé au naufrage. Et, en effet, je ne revis jamais aucun d'eux, pas même la moindre trace, excepté trois chapeaux, un bonnet et deux souliers dépareillés.

Je tournai les yeux du côté du vaisseau échoué; mais la mer était écumeuse et si courroucée, et il se trouvait à une distance si grande, qu'à peine pouvais-je le distinguer. A cette vue je m'écriai : « Grand Dieu! comment est-il possible que je sois venu à terre! »

Après m'être soulagé par tout ce qu'il y avait de consolant dans ma situation, je commençai à regarder autour de moi, afin de voir en quel lieu j'étais et par où je devais m'y prendre. Hélas! je sentis bientôt diminuer ma joie, et je trouvai que, loin d'avoir à me féliciter de ma délivrance, ma position était affreuse; car j'étais mouillé, et je n'avais point d'habit pour me sécher; j'avais faim, et je n'avais rien à manger; j'avais soif, et je n'avais rien à boire; j'étais faible, et je n'avais rien pour me fortifier : en somme, ma seule perspective était de mourir de faim ou d'être dévoré par les bêtes féroces. Je ne possédais aucune arme avec laquelle je pusse tuer quelque animal pour ma subsistance, ni me défendre contre quelque créature que ce fût qui voudrait m'ôter la vie; en un mot, je n'avais rien sur moi qu'un couteau, une pipe et un peu de tabac dans une boîte : c'était là toute ma provision. Je tombai bientôt dans de terribles angoisses, et

Je me promenais l'esprit absorbé par la contemplation de ma délivrance.

durant quelque temps je courus çà et là comme un insensé. Cependant la nuit approchait, et je commençai à considérer quel serait mon sort si cette terre nourrissait des bêtes féroces, sachant que ces animaux rôdent dans l'obscurité pour chercher leur proie.

L'unique remède pour le moment présent était de monter sur un certain arbre dont le branchage était fort épais, semblable à un sapin, mais épineux, qui croissait près de là, et où je résolus de passer la nuit en attendant le genre de mort qu'il me faudrait subir le lendemain, car jusqu'alors l'arrêt m'en paraissait irrévocable. Je m'éloignai d'environ un demi-quart de mille du rivage, pour voir si je ne trouverais point d'eau douce; j'eus le bonheur d'en rencontrer, ce qui me causa de la joie au milieu de mes terribles angoisses. Après avoir bu et mis un peu de tabac dans ma bouche pour prévenir la faim, je courus à l'arbre, sur lequel je cherchai à me placer de manière à ne pas tomber si je venais à m'endormir; j'avais à la main un bâton court, que j'avais coupé pour me servir de défense; armé de la sorte, je m'installai de mon mieux. Comme j'étais extrêmement fatigué, je tombai dans un profond sommeil, qui répara tellement mes forces, que je ne pense pas en avoir eu de plus salutaire, ni qu'il y ait beaucoup de gens qui puissent passer une aussi bonne nuit dans une si fâcheuse conjoncture.

L'unique remède était de monter sur un certain arbre.

Il faisait grand jour lorsque je m'éveillai; le temps était clair, la tempête dissipée, et la mer était aussi tranquille qu'elle avait été agitée la veille. Mais quelle fut ma surprise en voyant que, par l'élévation de la marée, le vaisseau avait été enlevé pendant la nuit de dessus le banc de sable où il s'était engravé, et qu'il avait dérivé tout près du rocher où je m'étais si cruellement meurtri! Il y avait environ un mille de l'endroit où j'étais jusque-là; et, comme le bâtiment paraissait encore reposer sur sa quille, je souhaitai vivement d'être à bord, afin d'en tirer pour mon usage quelqu'une des choses les plus nécessaires.

Dès que je fus descendu du logement que je m'étais choisi dans l'arbre, je regardai encore autour de moi, et la première chose que je découvris fut la chaloupe, que le vent et la marée avaient jetée sur la côte, à environ deux milles de moi, à main droite. Je marchai le long du rivage aussi loin que je pus pour aller jusque-là; mais je trouvai un bras de mer d'environ un demi-mille de longueur entre moi et la chaloupe. Alors je retournai sur mes pas, laissant la chose pour cette fois, parce que mes désirs tendaient bien plutôt du côté du vaisseau, où j'espérais trouver de quoi fournir à ma subsistance.

Un peu après midi, je vis que la mer était fort calme, et la marée si basse, que je pouvais avancer jusqu'à un quart de mille du vaisseau; et ce fut un renouvellement de douleur, car je m'apercevais clairement que, si nous fussions restés à bord, nous serions tous venus heureusement à terre, et je n'aurais pas eu le chagrin de me trouver, comme j'étais alors, dénué de toute consolation et de toute compagnie. Ces réflexions m'arrachèrent des larmes; mais, comme elles n'apportaient qu'un faible soulagement à mes maux, je résolus d'aller au vaisseau, si pourtant je le pouvais.

... et par ce moyen je grimpai sur le gaillard.

Il faisait une chaleur excessive; je me dépouillai de mes habits, et je me jetai dans l'eau. Quand je fus arrivé au pied du bâtiment, je trouvai plus de difficulté à monter sur le tillac que je ne m'y étais attendu : il reposait sur terre; mais il était hors de l'eau d'une grande hauteur, et il n'y avait rien à ma portée que je pusse saisir. J'en fis deux fois le tour à la nage; la seconde fois, j'aperçus un bout de corde qui pendait à l'avant, et que je m'étonnai de n'avoir pas vu d'abord : je m'en saisis avec beaucoup de peine, et par ce moyen je grimpai sur le gaillard. Quand j'y fus, je vis que le vaisseau était entr'ouvert, et qu'il y avait beaucoup d'eau à fond de cale, mais qu'étant posé sur le flanc d'un banc dont le sable était ferme, il portait sa poupe extrêmement haut, et sa proue si bas, qu'elle était presque sous l'eau : de cette manière, le pont se trouvait tout à fait à sec, et ce qu'il renfermait était intact. On pense bien que mon premier soin fut de chercher partout, et de voir ce qui était gâté et ce qui était sain. Les provisions du vaisseau n'avaient nullement souffert de l'eau : comme j'avais grand appétit, j'allai à la soute, où je pris quelques morceaux de biscuit, et me mis à manger, tout en m'occupant d'autres choses, car je n'avais pas de temps à perdre. Je trouvai du rhum dans la chambre du capitaine, et j'en bus un coup. J'avais grand besoin de ce cordial pour m'encourager à supporter les souffrances qui me restaient à essuyer.

On pense bien que mon premier soin fut de chercher partout.

Il ne m'aurait servi de rien de demeurer les bras croisés, et de perdre le temps à souhaiter ce que je ne pouvais en aucune manière obtenir. La nécessité me rendit prévoyant et industrieux. Nous avions à bord, en réserve, plusieurs vergues, un ou deux mâts de perroquet, et deux ou trois grandes barres de bois; je pris la résolution de les mettre en œuvre, et je les lançai hors du bord, après les avoir séparément attachés à une corde, afin qu'ils ne dérivassent point. Cela fait, je descendis sur le côté du bâtiment, et, les tirant à moi, j'attachai quatre de ces pièces ensemble par les deux bouts, le mieux qu'il me fut possible, donnant à mon ouvrage la forme d'un radeau. Après avoir posé en travers deux ou trois planches fort courtes, je trouvai que je pouvais marcher dessus, mais qu'il ne pouvait porter une grossse charge, à raison de sa trop grande légèreté. Je retournai au travail, et à l'aide de la scie du charpentier je coupai une des vergues en trois pièces, et je les ajoutai à mon radeau, non sans beaucoup de peine et de travail. L'espérance de me procurer des choses qui m'étaient si nécessaires me servait d'aiguillon pour faire bien au delà de ce dont j'aurais été capable en toute autre occasion.

Déjà mon radeau était assez fort pour porter un poids raisonnable; il ne s'agissait plus que de voir de quels objets je le chargerais, et comment je préserverais sa charge de l'insulte des eaux de la mer; mais je ne m'arrêtai pas beaucoup à cette considération, et d'abord j'y mis toutes les planches que je pus trouver; ensuite, après avoir bien considéré ce dont j'avais le plus besoin, je commençai par prendre trois coffres de matelots dont j'avais forcé les serrures pour les vider, et je les descendis avec une corde sur mon radeau. Dans le premier je mis des provisions : du pain, du riz, trois fromages de Hollande, cinq pièces de bouc séché, et un petit reste de blé d'Europe mis à part pour nourrir quelques volailles que nous avions embarquées. Il y avait aussi une certaine quantité d'orge et de froment mêlés ensemble; mais, à mon grand regret, je vis que ces grains avaient été mangés ou gâtés par les rats. Quant à la boisson, je trouvai plusieurs caisses de bouteilles appartenant à notre capitaine, et parmi lesquelles il y avait quelques liqueurs : vingt-quatre d'entre elles contenaient du rack; je les arrangeai séparément, parce qu'il n'était pas nécessaire ni même possible de les mettre dans le coffre. Pendant cette occupation, je m'aperçus que la marée commençait à monter, quoique doucement, et j'eus le chagrin de voir mon habit, ma veste et ma chemise, que j'avais laissés sur le rivage, flotter et s'en aller au gré de l'eau : je n'avais point quitté

Je descendis les coffres avec une corde sur mon radeau.

ma culotte, qui n'était que de toile et ouverte aux genoux, non plus que mes bas, pour nager jusqu'au bord. Cet accident me fit aller à la quête des hardes, et je ne fus pas longtemps à fouiller sans voir que je pouvais aisément réparer ma perte et avec usure ; mais je me contentai de prendre ce dont je ne pouvais pas absolument me passer pour le moment, parce qu'il y avait d'autres choses que j'avais beaucoup plus à cœur de me procurer : de ce nombre étaient des outils pour travailler quand je serais à terre. Après avoir longtemps cherché, je trouvai enfin le coffre du charpentier : ce fut un trésor pour moi, mais un trésor beaucoup plus précieux que ne l'aurait été un vaisseau chargé d'or : je le descendis et le posai sur mon radeau tel qu'il était, sans perdre de temps à regarder dedans, car je savais en gros ce qu'il contenait.

La chose que je désirais le plus après celle-là, c'étaient des munitions et des armes. Il y avait dans la chambre du capitaine deux fusils fort bons et deux pistolets; je m'en saisis d'abord, ainsi que de plusieurs cornets à poudre, d'un petit sac de plomb et de deux vieilles épées rouillées. Je savais qu'il y avait quelque part trois barils de poudre ; mais j'ignorais en quel endroit notre canonnier les avait serrés. A la fin pourtant je les déterrai, après avoir visité coins et recoins. Il y en avait un qui avait été mouillé; les deux autres étaient secs et en bon état, et je les plaçai avec les armes sur mon radeau. Alors je crus m'être muni d'assez de provisions : il ne me restait plus de souci que pour le conduire jusqu'à terre; car je n'avais ni voiles, ni rames, ni gouvernail, et la moindre bouffée pouvait submerger toute ma cargaison.

Trois choses relevaient mes espérances : la mer était tranquille; la marée montait et portait à terre; le vent, tout faible qu'il était, ne laissait pas d'être favorable. Je trouvai encore deux ou trois rames à moitié rompues, dépendantes de la chaloupe, deux scies, une besaiguë, avec un marteau, sans compter ce qui était déjà dans le coffre du charpentier; j'ajoutai le tout à ma cargaison, puis je me mis en mer. Mon radeau vogua très-bien l'espace d'environ un mille; seulement je m'aperçus qu'il dérivait un peu de l'endroit où j'avais pris terre auparavant, ce qui me fit juger qu'il y avait un courant d'eau; et j'espérais trouver une baie ou une rivière qui me tiendrait lieu de port pour débarquer ma cargaison.

La chose était comme je l'avais imaginé; je découvris vis-à-vis de moi une petite ouverture de terre, vers laquelle je me sentais entraîné par le cours rapide de la marée. Je gouvernai mon radeau le mieux que je pus, pour lui faire tenir le fil de l'eau; mais je faillis essuyer un second naufrage ; et si un tel malheur me fût arrivé, je crois véritablement qu'il m'aurait porté une atteinte mortelle. Cette côte m'étant tout à fait inconnue, j'allai toucher le sable d'un bout de mon radeau, et, comme il flottait de l'autre, peu s'en fallut que ma cargaison ne glissât en entier de ce côté et qu'elle ne tombât dans l'eau.

... puis je me mis en mer.

Je faisais tout mon possible pour maintenir les coffres à leur place en m'appuyant contre eux ; mais mes forces étaient insuffisantes pour dégager le radeau ; je n'osais pas même quitter la posture où j'étais, et, soutenant la charge de tous mes efforts, je restai dans cette attitude près d'une demi-heure, durant laquelle la marée, me relevant peu à peu, finit par me mettre de niveau. Quelques moments après, l'eau qui continuait à s'élever fit flotter mon radeau, que je poussai aussitôt avec ma rame dans le canal : ayant avancé un peu plus haut, je me vis à l'embouchure d'une petite rivière, dans laquelle remontait un courant ou flux rapide. Cependant je cherchais des yeux, sur l'un ou l'autre bord, une place où je pusse prendre terre, car je ne me souciais point d'entrer plus avant dans la rivière : l'espérance que j'avais de découvrir quelque vaisseau me déterminait à ne point m'éloigner de la côte.

Enfin j'aperçus à ma droite un petit réduit, vers lequel je conduisis mon radeau, non sans beaucoup de peine et de difficulté; je m'approchai au point que je touchais au fond de l'eau avec ma rame. Je pouvais aisément atteindre le rivage; mais, en le faisant, je courais une seconde fois le risque de submerger tout mon magasin; car, le bord offrant une pente assez roide, je pouvais débarquer dans une place où mon radeau, lorsqu'il viendrait à toucher, serait si fort élevé par un bout et enfoncé par l'autre, que je me trouverais en danger de tout perdre. Je pris le parti d'attendre que la marée fût tout à fait haute, me servant de ma rame en guise d'ancre, pour arrêter mon radeau, et en tenir le flanc appliqué contre le bord, près d'un terrain plat et uni, que l'eau ne pouvait manquer de couvrir. Ce moyen me réussit : mon radeau tirait environ un pied d'eau; dès que je m'aperçus que j'en avais assez, je le tirai sur la plage, où je l'amarrai en enfonçant dans la terre mes deux rames rompues, l'une à un bout, l'autre à l'autre bout : je demeurai dans cette situation jusqu'à ce que la marée fût tout à fait basse, et qu'elle laissât mon radeau et ce qu'il portait à sec et en sûreté.

La première chose que je fis après cet heureux débarquement fut d'aller reconnaître le pays, et de chercher un lieu convenable pour ma demeure, ainsi que pour serrer mes effets et les mettre à l'abri de tout accident. J'ignorais encore si ce terrain était dans le continent, ou bien dans une île, s'il était habité ou inhabité, si j'avais ou non quelque chose à craindre des bêtes sauvages. Il n'y avait pas plus d'un mille de cet endroit à une montagne très-haute et très-escarpée, dont le sommet dominait une chaîne de plusieurs hautes montagnes situées au nord. Je pris un de mes fusils et un de mes pistolets, avec une poire à poudre et un petit sac de plomb; armé de la sorte, j'allai à la découverte jusqu'au bout de cette montagne, où étant arrivé avec beaucoup de fatigues et de sueur, je vis combien ma destinée était déplorable : je reconnus que j'étais dans une île, entouré partout de la mer, sans pouvoir découvrir d'autres terres que plusieurs rochers fort éloignés de là, et deux petites îles beaucoup moindres que celle où je me trouvais, situées à près de trois lieues vers l'ouest.

Je m'aperçus, en outre, que l'île où je me voyais renfermé était stérile, et j'avais tout lieu de croire qu'elle n'était point habitée, sinon peut-être par des bêtes féroces; je n'en voyais cependant aucune, mais bien quantité d'oiseaux dont je ne connaissais ni l'espèce ni l'usage que j'en pourrais faire quand je les aurais tués. A mon retour, je tirai un oiseau fort gros que je vis posé sur un arbre au bord d'un grand bois. C'était sans doute le premier coup de fusil qui eût retenti dans ce lieu-là depuis la création du monde; car je ne l'eus pas plutôt lâché, qu'il s'éleva de tous les endroits du bois un nombre infini d'oiseaux de différentes espèces, avec un bruit confus, causé par les cris divers qu'ils faisaient entendre. Quant à l'oiseau que je tuai, je le pris pour une sorte d'épervier, car il en avait la couleur et le bec, mais non les éperons et les serres : sa chair, d'une odeur forte, ne valait absolument rien.

Après cette découverte, je revins à mon radeau, et me mis à le décharger. Ce travail m'occupa le reste du jour; et lorsque la nuit vint, je ne savais que faire de ma personne, ni quel lieu choisir pour prendre du repos; car je n'osais dormir à terre, craignant que les bêtes féroces ne vinssent me dévorer. Je me suis convaincu depuis qu'il n'y avait rien de pareil à craindre.

Je me barricadai le mieux que je pus avec les coffres et les planches que j'avais amenés à terre, et je me fis une espèce de hutte pour me loger au moins cette nuit-là. Pour ce qui est de la nourriture que l'île me fournirait, je ne concevais pas encore d'où elle pourrait venir, si ce n'est que j'avais vu deux ou trois animaux semblables à des lièvres courir hors du bois où je tirai l'oiseau.

Je me figurais alors que je pourrais encore tirer du vaisseau bien des choses qui me seraient utiles, particulièrement des cordages, des voiles et d'autres objets qui pouvaient être transportés à terre. Je résolus donc de faire un autre voyage à bord si je le pouvais; et, comme je savais que la première tourmente qui s'élèverait ne manquerait pas de briser le bâtiment en mille pièces, je renonçai à toute autre entreprise jusqu'à ce que j'eusse exécuté celle-ci. Alors je tins conseil pour savoir si je retournerais avec le même train; mais la chose ne me parut pas praticable : je pris le parti d'y aller comme la première fois, quand la marée serait basse; ce que je fis, avec cette différence seulement, que je me déshabillai avant de sortir de ma hutte, ne gardant sur moi qu'une chemise déchirée, un caleçon et une paire d'escarpins.

Je me rendis au bâtiment, et j'y préparai un second train. L'expérience que j'avais acquise dans la fabrication du premier m'ayant rendu plus habile, je fis celui-ci moins lourd, et me gardai bien de le surcharger. Je ne laissai pourtant pas d'emporter plusieurs choses qui me furent très-utiles. Premièrement, je trouvai dans le magasin du charpentier deux ou trois sacs pleins de clous et de pointes, une grande tarière, au moins une douzaine de haches, une pierre à aiguiser, instrument d'une grande utilité. Je mis le tout à part avec plusieurs choses qui avaient appartenu au canonnier, telles que deux ou trois leviers en fer, deux barils de balles, sept mousquets, un autre fusil de chasse, une petite quantité de poudre, un gros sac de dragées et un grand rouleau de plomb; mais ce dernier était si pesant, que je n'eus pas la force de le soulever assez pour le faire passer par-dessus le bord du vaisseau.

J'enlevai en outre tous les habits que je pus trouver, avec une voile de surcroît du perroquet de misaine, un hamac, un matelas et quelques couvertures. Je chargeai tout ce que je viens de détailler sur mon second train, et je le conduisis à terre avec un succès qui contribua extrêmement à me consoler de mes disgrâces.

Tant que je fus éloigné de terre, je pensais que le moindre malheur qui pût m'arriver, c'était que les bêtes sauvages dévorassent mes provisions; mais à mon retour je ne trouvai aucune marque d'irruption de leur part, si ce n'est qu'un animal semblable à un chat sauvage était assis sur un de mes coffres. Dès qu'il me vit approcher, il s'enfuit à quelques pas de là, puis s'arrêta tout court : il ne me paraissait ni décontenancé ni effrayé, et me regardait fixement comme s'il eût eu quelque envie de s'apprivoiser avec moi. Je lui présentai le bout de mon fusil; mais, comme il ne savait pas ce dont il s'agissait, il ne s'en effraya point, et ne se mit aucunement en mesure de prendre la fuite. Je lui jetai un morceau de biscuit qu'il ne dédaigna pas, et il prit même si bien la chose, qu'il me fit connaître par son air content qu'il était disposé à en accepter une autre dose; mais, voyant qu'il ne gagnait rien à attendre, il prit congé de moi.

Les tonneaux où notre poudre était renfermée se trouvant trop gros et trop pesants, j'avais été obligé de les défoncer pour l'en tirer petit à petit, et de la charger sur mon train en plusieurs paquets, ce qui avait prolongé mon opération. Me voyant à terre avec toute ma cargaison, je commençai à me faire une petite tente au moyen de la voile et des piquets que je coupai à cette intention. J'apportai dans cette tente tout ce que je savais pouvoir se gâter à la pluie ou au soleil; ensuite je me fis un rempart des coffres vides et des tonneaux, que je plaçai les uns sur les autres autour de ma tente, pour la fortifier contre tout assaillant, de quelque espèce qu'il pût être.

Je barricadai la porte de cette tente avec des planches en dedans et un coffre vide dressé sur un bout en dehors, et après avoir placé mes pistolets à mon chevet, mon fusil à mon côté, je me mis au lit pour la première fois, et je dormis fort tranquillement toute la nuit. J'étais las et accablé; car je n'avais dormi que fort peu la nuit d'auparavant, et j'avais rudement travaillé tout le jour.

Le magasin d'effets de toute espèce que j'avais alors était, je le pense, le plus gros qui eût jamais été amassé pour une seule personne; mais je n'étais pas encore content, et je m'imaginais que, tant que le vaisseau resterait sur sa quille, il était de mon devoir d'en aller tirer tout ce que je pourrais. Chaque jour je me rendais à bord pendant la marée basse, et j'en rapportais tantôt une chose, tantôt une autre. La troisième fois que j'y allai, j'enlevai tout ce que je pus des agrès, les petites cordes et le fil de caret, une pièce de canevas et le baril de

Je barricadai la porte de cette tente.

poudre qui avait été mouillé; enfin toutes les voiles, depuis la plus grande jusqu'à la plus petite : je fus obligé de les couper en plusieurs morceaux, et d'en porter le plus que je pouvais à chaque reprise, car elles n'étaient plus propres à servir de voiles, mais seulement pour simple canevas.

Ce qui me fit le plus de plaisir dans tout mon butin, c'est qu'après avoir fait cinq ou six voyages, et au moment où je croyais qu'il n'y avait plus rien dans le bâtiment qui valût la peine de s'en embarrasser, je trouvai encore un grand tonneau de biscuit, trois bons barils de rhum ou d'eau-de-vie, une boîte de cassonade et un muid de fleur de farine très-belle. L'agréable surprise où me jeta cette découverte fut d'autant plus grande, que je ne m'attendais plus à rencontrer aucune provision que l'eau n'eût entièrement gâtée. Je vidai au plus vite le tonneau de biscuit, j'en fis plusieurs parts, et je les enveloppai dans des morceaux de voile que je taillai précisément pour cet objet, et enfin je transportai cette charge à terre avec autant de bonheur que les autres.

Le lendemain je fis un autre voyage. Comme j'avais dépouillé le vaisseau de tout ce qui était aisément transportable, je commençai à

Je commençai à me mettre aux câbles. Je débutai par le plus gros.

me mettre aux câbles. Je débutai par le plus gros, que je coupai en plusieurs pièces proportionnées à mes forces, de manière à pouvoir les remuer; j'amoncelai deux câbles et une hansière, et toute la ferraille que je pus arracher; ensuite ayant coupé la vergue du beaupré et celle de misaine pour me faire un grand radeau, je me mis sur cette charge pesante, et je voguai. Ce radeau était si lourd et tellement surchargé, qu'étant entré dans le réduit où j'avais débarqué mes autres provisions, et ne pouvant le gouverner aussi bien que j'avais fait pour les autres, il se renversa et me jeta dans l'eau avec toute ma cargaison. Relativement à moi, le mal n'était pas grand, car j'étais proche de terre; mais je perdis la majeure partie de ma cargaison, surtout le fer dont je m'étais promis de faire un bon usage. Néanmoins, la marée étant devenue basse, je sauvai la plupart des pièces de câble et quelques-unes de fer, à la vérité avec un travail infini, puisque j'étais obligé de plonger, exercice qui me fatigua beaucoup. Malgré ces revers, je ne manquai point d'aller à bord une fois par jour, et d'en rapporter tout ce que je pouvais enlever.

Il y avait déjà treize jours que j'étais à terre, j'avais fait onze voyages à bord pendant ce temps, et j'avais enlevé tout ce qu'une personne seule était capable d'emporter; je ne crois pas exagérer en disant que, si le calme eût continué, j'aurais amené à terre tout le bâtiment pièce à pièce. Je voulus y retourner une douzième fois; mais, comme je m'y préparais, je trouvai que le vent commençait à se lever, ce qui ne m'empêcha pas de m'y rendre durant la marée basse, et quoique j'eusse souvent fouillé et refouillé par toute la chambre du capitaine, avec tant d'exactitude que je croyais qu'il n'y avait plus rien à trouver, je découvris cependant une armoire garnie de tiroirs, dans l'un desquels je trouvai deux ou trois rasoirs, une petite paire de ciseaux, et dix à douze couteaux, avec autant de fourchettes; et dans un autre il y avait trente-six livres sterling en espèces, les unes monnaie d'Europe, les autres du Brésil, moitié en or, moitié en argent, et entre autres quelques pièces de huit.

A la vue de cet argent, je souris. « Vanité des vanités! m'écriai-je; métal imposteur, que tu es vil à mes yeux! A quoi peux-tu me servir? Tu ne vaux pas la peine que je me baisse pour le ramasser; un seul de ces couteaux est plus pour moi que les trésors de Crésus; demeure donc où tu es, ou plutôt va au fond de la mer! » Après avoir donné un libre cours à mon indignation, je me ravisai pourtant tout à coup, et, prenant cette somme avec les ustensiles que j'avais trouvés dans l'armoire, j'empaquetai le tout dans un morceau de canevas. Déjà je pensais à faire un radeau, quand je m'aperçus que le ciel se couvrait, et qu'il commençait à fraîchir. Au bout d'un quart d'heure, le vent souffla de la côte, et sur-le-champ je pensai que ce serait un projet chimérique de vouloir faire un radeau avec un vent qui venait de terre : le plus court parti était de m'en retourner avant que le flux commençât, si je ne voulais dire adieu pour jamais à la terre. En conséquence, je me mis à nager, et je traversai l'espace qui se trouvait entre le vaisseau et les sables; mais ce ne fut pas sans beaucoup de peine, tant à cause du poids que je portais qu'en raison de l'agitation de la mer; car le vent s'éleva si brusquement, qu'il y eut une tempête avant même que la marée fût haute.

Mais j'étais déjà rendu chez moi, à l'abri de l'orage et posté dans ma tente, au centre de mes richesses. Il fit un gros temps toute la nuit, et le matin, quand je regardai en mer, le vaisseau avait disparu.

A la vue de cet argent, je souris.

CHAPITRE IV

Dès lors je ne pensai plus au vaisseau, ni à ce qui pouvait m'en revenir, excepté ce que la mer apporterait de ses débris sur le rivage, comme en effet, dans la suite, elle en jeta plusieurs morceaux qui ne me servirent pas beaucoup.

Toutes mes pensées ne tendaient plus qu'à me mettre en sûreté contre les sauvages et les bêtes féroces, s'il y en avait dans l'île. Je ne savais si je me creuserais une cave, ou si je me dresserais une tente : enfin je résolus d'avoir l'une et l'autre.

Je reconnus d'abord que la place où je me trouvais n'était pas propre à un établissement : premièrement, parce que le terrain étant bas et marécageux, j'avais sujet de douter de sa salubrité; ensuite, parce qu'il n'y avait pas d'eau douce près de là : je pris donc le parti de chercher un site plus convenable.

J'avais plusieurs avantages à consulter dans la situation que je jugeais devoir me convenir : le premier était de jouir d'une bonne santé, et par conséquent d'avoir de l'eau potable; le second, d'être à l'abri des ardeurs du soleil; le troisième, de me garantir contre les attaques des animaux dévorants, hommes ou bêtes, et le quatrième, d'avoir vue sur la mer, afin que s'il venait quelque vaisseau dans ces parages, je n'omisse rien de ce qui pouvait favoriser ma délivrance.

Comme j'étais à chercher une place qui réunît tous ces avantages, je trouvai une petite plaine siutée au pied d'une colline élevée, dont le front était roide et sans talus, comme la façade d'une maison, tellement que rien ne pouvait venir à moi du haut en bas. Sur le devant de ce rocher était un enfoncement qui ressemblait assez à l'entrée ou à la porte d'une cave; mais il n'existait, en effet, aucune caverne ni aucun chemin qui allât dans le roc.

Ce fut sur une esplanade et devant cet enfoncement que je résolus de m'établir. La plaine n'avait pas plus de cent verges en largeur; elle s'étendait environ une fois plus en longueur, et formait devant mon habitation une espèce de tapis vert, qui se terminait en descendant régulièrement de tous côtés vers la mer. Cette situation était au N.-N.-O. de la colline, de manière qu'elle me mettait à l'abri de la chaleur, jusqu'à ce que j'eusse le soleil à l'O. quart S.-O. ou environ, ce qui est à peu près l'heure de son coucher dans ces climats.

Avant de dresser ma tente, je tirai au-devant de l'enfoncement du rocher un demi-cercle qui enclavait environ dix verges dans son demi-diamètre, depuis son point central jusqu'à la circonférence, et vingt de diamètre d'un bout jusqu'à l'autre.

Je plantai dans ce demi-cercle deux rangs de fortes palissades que j'enfonçai en terre jusqu'à ce qu'elles fussent fermes comme des piliers; leur gros bout était pointu, et s'élevait de terre à la hauteur de cinq pieds et demi; il n'y avait pas plus de six pouces de distance de l'un à l'autre rang.

Je pris ensuite les pièces de câble que j'avais coupées à bord du vaisseau, et les rangeai les unes sur les autres, dans l'entre-deux du double rang, jusqu'au haut des palissades; puis j'y ajoutai d'autres pieux d'environ deux pieds et demi, appuyés contre les premiers, et leur servant d'appui en dedans du demi-cercle. Cet ouvrage était si fort, qu'il n'y avait ni homme ni bête qui pussent le forcer ou passer par-dessus : il me coûta beaucoup de temps et de travail.

Je fis, pour entrer dans la place, une petite échelle, avec laquelle je passai par-dessus mes fortifications; quand j'étais dedans, j'enlevais et retirais cette échelle après moi. De cette manière, je me croyais parfaitement défendu et bien fortifié contre tout agresseur, et je dormais en toute sûreté pendant la nuit.

C'est dans ce retranchement, ou dans cette forteresse, que je transportai mes provisions, mes munitions, en un mot, toutes mes richesses. Je m'y dressai une grande tente, que je fis double pour me garantir des pluies réellement excessives dans cette région pendant certain temps de l'année. Je dressai d'abord une tente médiocre, ensuite une plus grande par-dessus, et je couvris le tout d'une tente goudronnée que j'avais sauvée avec les voiles.

Dès lors je cessai pour longtemps de coucher dans le lit que j'avais apporté à terre, aimant mieux dormir dans un hamac.

Je portai dans ma tente toutes les provisions qui pouvaient se gâter à la pluie, et ayant ainsi renfermé tous mes biens dans l'enceinte de mon domicile, j'en bouchai l'entrée, et je me servis de mon échelle.

Cet ouvrage fini, je commençai à creuser dans le roc; et portant la terre et les pierres que j'en tirais à travers ma tente, je les jetais ensuite au pied de la palissade, de telle sorte qu'il en résulta une espèce de terrasse, qui élevait le sol d'environ un pied et demi en dedans. Je fis une caverne, qui était comme le cellier de ma maison, justement derrière ma tente.

Il m'en coûta un long et pénible travail avant que je pusse mettre la dernière main à ces différents ouvrages. Je n'avais fait qu'arrêter encore le plan de ma tente et de ma cave, lorsqu'un jour un nuage sombre et épais s'étant formé, il en sortit un orage; un éclair brilla, et un coup de tonnerre se fit entendre. Je ne fus pas tant frappé de l'éclair que d'une pensée qui passa dans mon esprit avec la promptitude de ce météore. Ah! dis-je en moi-même, que deviendra ma poudre? sans elle comment me défendrai-je? comment pourvoirai-je à ma nourriture? J'étais plus mort que vif en pensant que toute ma poudre pouvait sauter en un instant.

Cette idée fit tant d'impression sur moi, que, quand l'orage fut passé, je suspendis mes fortifications et mes travaux, et me mis à faire des sacs et des boîtes pour serrer ma poudre, et à la diviser en plusieurs paquets dispersés çà et là, afin que l'un ne fît pas prendre feu à l'autre, et que je ne pusse la perdre toute à la fois. Je mis bien quinze jours à finir cet ouvrage, et je crois que ma poudre, dont le poids total montait à environ cent cinquante livres, fut répartie au moins en une centaine de paquets. Quant au baril qui avait été mouillé, je n'en redoutais aucun accident; aussi je le plaçai dans ma caverne, que j'eus la fantaisie d'appeler ma cuisine, et pour le reste, je le cachai dans des trous de rocher, que j'eus grand soin de remarquer, qui étaient exempts d'humidité.

Durant le temps que je mis à ce travail, je ne laissai passer aucun jour sans aller dehors au moins une fois, soit pour me divertir, soit pour chercher quelque chose à manger, ou même pour reconnaître, autant que je le pouvais, quelles étaient les productions de l'île. La première fois que je sortis, je reconnus bientôt qu'il y avait des chèvres, ce qui me causa beaucoup de joie; mais cette joie fut tempérée par une circonstance désagréable : c'est que ces animaux étaient si sauvages, si rusés et si légers à la course, qu'il était presque impossible de les approcher. Cette difficulté ne me découragea pourtant pas, et je ne doutai nullement d'en pouvoir tuer de temps en temps, comme il arriva, en effet, bientôt après; car dès que j'eus remarqué leurs allures, voici comment je m'y pris. Lorsque j'étais dans les vallées, et que je les voyais sur les rochers, ils s'effrayaient d'abord et s'enfuyaient avec une vitesse extrême; mais s'ils étaient à paître dans les vallées, et que je fusse sur les rochers, ils ne remuaient point, et ne prenaient pas seulement garde à moi. De là je conclus que, par la position de leurs yeux, ils avaient la vue dirigée de haut en bas, qu'ils ne voyaient pas aisément les objets situés au-dessus d'eux : c'est pourquoi, dans la suite, je pris le parti de commencer ma chasse par monter toujours sur les rochers, afin d'être placé plus haut qu'eux, et alors j'en tuais souvent à volonté. Du premier coup que je tirai sur ces animaux, je tuai une chèvre qui avait un petit chevreau encore à la mamelle, circonstance dont je fus véritablement fâché. Quand la mère fut tombée, le petit resta auprès d'elle jusqu'à ce que j'allasse la ramasser : je la chargeai sur mes épaules, et, tandis que je l'emportais, le petit me suivit jusqu'à mon clos : je la déposai à terre, puis, prenant le chevreau entre mes bras, je le portai par-dessus la palissade, dans l'espérance de l'apprivoiser; mais il ne voulut point manger, ce qui m'obligea bientôt à le tuer et à le manger moi-même. Le produit de cette chasse me nourrit longtemps; car je ménageais mes provisions, surtout mon pain, autant qu'il m'était possible.

Ayant fixé mon habitation, je trouvai qu'il était indispensable de me choisir un endroit et d'amasser des matériaux pour faire du feu. Je dirai plus tard comment je m'y pris pour cela ; ce qui me touchait le plus vivement, c'était ma position.

Elle se présentait à mes yeux sous un aspect terrible : j'avais été jeté dans cette île par une violente tempête, qui m'avait fait dériver de quelques centaines de lieues loin des routes suivies par le commerce. J'avais toute raison d'attribuer cet événement à un arrêt particulier de la justice divine, qui me condamnait à mener une si triste vie dans ce séjour désolé. Tandis que je faisais ces réflexions, un torrent de larmes ruisselait le long de mes joues.

A présent donc que je dois retracer le tableau d'une vie solitaire, d'une vie telle qu'on n'en a peut-être jamais connu de semblable en ce monde, je remonterai jusqu'au commencement et le continuerai avec ordre. C'était le trentième jour de septembre que je mis le pied à terre pour la première fois dans ce désert, à l'époque de l'équinoxe d'automne; le soleil dardait alors presque perpendiculairement ses rayons sur ma tête, et je comptais, suivant mon estime, être dans la latitude de 9° 22' au N. de la ligne.

Dix à douze jours après il me vint dans l'esprit que tôt ou tard je

Tandis que je faisais ces réflexions...

ne pourrais calculer la marche du temps faute de papier, de plumes et d'encre, et que je ne pourrais plus distinguer les dimanches des jours de travail, si je ne m'avisais de quelque expédient. Pour prévenir une si fâcheuse confusion, j'érigeai près du rivage, à l'endroit où j'avais pris terre pour la première fois, un grand poteau carré en forme de croix, sur lequel je traçai cette inscription :

J'ABORDAI ICI LE 30 SEPTEMBRE 1659.

Sur les côtés de ce poteau je faisais chaque jour un cran; tous les sept jours j'en faisais un double de grandeur, et le premier du mois un autre qui était double encore de celui du septième jour. De cette manière, je me fis un calendrier, calculant avec soin les semaines, les mois et les années.

Parmi le grand nombre d'objets que je tirai du vaisseau dans les différents voyages que j'y fis, il s'en trouva beaucoup de moins considérables à la vérité que ceux dont j'ai parlé, mais qui pourtant ne m'étaient pas d'un moindre usage, comme, par exemple, des plumes, de l'encre et du papier, et plusieurs outils que je trouvai dans la cabine du capitaine, du maître et du charpentier; trois ou quatre compas,

J'érigeai un grand poteau en forme de croix.

des instruments de mathématiques, des cadrans, des lunettes d'approche, des cartes et des livres de navigation. J'avais entassé tous ces objets pêle-mêle, sans me donner le temps d'examiner ce qui pourrait me servir. Je trouvai aussi une Bible, puis quelques livres portugais, notamment deux ou trois livres de prières catholiques, et plusieurs autres ouvrages. Nous avions aussi dans le vaisseau deux chats et un chien. J'emportai les deux chats avec moi; le chien sauta du vaisseau dans la mer, et vint me trouver à terre le jour que j'y amenai ma première cargaison. Pendant plusieurs années, il fit auprès de moi les fonctions d'un serviteur et d'un camarade fidèle; jamais il ne me laissa manquer de ce qu'il pouvait me rapporter : je n'avais qu'un regret, c'était de ne pas converser avec lui; mais j'y aurais perdu ma peine. J'avais trouvé des plumes, de l'encre et du papier; je tins donc un compte exact de tout ce qui m'arriva, aussi longtemps que dura mon encre; mais quand elle fut finie, cela me devint impossible, parce que je ne trouvai aucun moyen d'en faire de nouvelle, et rien pour y suppléer.

Cela me fait souvenir que dans le magasin que j'avais amassé, il me manquait encore quantité de choses : de ce nombre étaient premièrement une bêche, une pioche et une pelle pour remuer et pour transporter la terre, ensuite des aiguilles, des épingles et du fil; pour ce qui est de la toile, j'appris en peu de temps à m'en passer sans beaucoup de peine.

Ce manque d'outils était cause que je n'allais que lentement dans tout ce que je faisais, et il se passa près d'un an avant que j'eusse entièrement achevé mon enclos. Les pieux dont il était formé étaient si pesants, que c'était tout ce que je pouvais faire que de les soulever; il me fallait beaucoup de temps pour les couper dans les bois, pour les façonner, et surtout pour les amener jusqu'à ma demeure; un seul me coûtait quelquefois deux jours, tant pour le couper que pour le transporter, et un troisième pour l'enfoncer en terre. Dans ce dernier travail, je me servais au commencement d'une grosse pièce de bois; par la suite, j'imaginai qu'il serait plus commode de me servir d'un levier de fer qu'il me fut facile de trouver, et que j'employai à cet effet; mais, malgré ce secours, je ne laissai pas de trouver que c'était un rude exercice que celui d'enfoncer des palissades.

Je n'avais pas sujet de me rebuter de la longueur d'un travail quel qu'il fût : je ne devais pas être avare de mon temps; et je ne sache point à quoi j'aurais pu l'employer, si cet ouvrage eût été terminé, à moins que d'aller faire la visite de l'île pour chercher de la nourriture; et c'est aussi ce que je faisais chaque jour.

Je commençai dès lors à examiner sérieusement ma position et à peser les circonstances dont elle était accompagnée. Je mis par écrit l'état de mes affaires, moins pour le laisser à mes successeurs (car il n'y avait pas l'apparence que j'eusse beaucoup d'héritiers) que pour éloigner de mon esprit les pensées désolantes qui venaient en foule l'accabler tous les jours. La force de ma raison commençait à se rendre maîtresse de l'abattement de mon cœur; et, pour la seconder de tous mes efforts, je fis une somme des biens et des maux qui m'environnaient, comparant les uns aux autres, afin de me convaincre qu'il y avait des gens encore plus malheureux que moi. Je procédai à cet examen avec toute l'impartialité d'un homme qui voudrait faire un calcul fidèle de ce qu'il a déboursé et de ce qu'il a reçu.

Enfin, le tout bien et dûment considéré, il en résultait une conséquence dont la vérité est incontestable : c'est qu'il n'y a pas de condition si misérable dans la vie où il n'y ait quelque chose, soit de positif, soit de négatif, qui ne doive être regardé comme une faveur reçue de la Providence ; et l'expérience de l'état le plus affreux où l'homme puisse être réduit en ce monde fournit à tous cette belle leçon, qu'il est toujours en notre pouvoir de trouver quelque sujet de consolation qui, dans l'appréciation des biens et des maux, fasse pencher la balance du bon côté.

J'ai déjà décrit mon habitation, que j'avais placée au pied d'un rocher ; c'était une tente entourée d'un double rang de fortes palissades garnies de câbles. Mais je pourrais bien maintenant donner à ma cloison le nom de muraille ; car je l'avais effectivement murée en dehors d'un contre-fort gazonné de deux pieds d'épaisseur. Au bout d'un an et demi ou environ, j'ajoutai des chevrons qui, partant du haut de la palissade, s'appuyaient contre le rocher, et que je garnis et entrelaçai de branches d'arbres et d'autres matériaux, pour me garantir des pluies, si violentes en certains temps de l'année dans ces climats.

J'ai raconté comment j'avais renfermé mes effets tant dans cet enclos que dans la cave qui était derrière moi ; c'était d'abord un amas confus de meubles et d'outils, qui, faute d'être rangés, occupaient toute la place, de sorte qu'il ne m'en restait pas pour me remuer. Je me mis à élargir ma caverne et à travailler sous terre ; le rocher cédait assez facilement à mes efforts. Me voyant en sûreté du côté des bêtes féroces, j'avançai mes travaux dans le roc à main droite ; ensuite, tournant une seconde fois à droite, je parvins à me faire jour à travers pour pouvoir sortir par une porte qui fût indépendante de ma palissade ou de mes fortifications.

Cet ouvrage ne fournissait pas seulement une espèce de porte de derrière à ma tente et à mon magasin, qui avaient ainsi une entrée et une sortie, mais encore il me donnait de l'espace pour ranger mes meubles. C'est alors que je m'appliquai à fabriquer ceux qui m'étaient le plus nécessaires, et je commençai par une chaise et une table ; sans ces deux commodités je ne pouvais jouir du peu de douceurs qui me restaient encore dans la vie : par exemple, je ne pouvais écrire à mon aise ni manger avec plaisir sans une table.

Je mis la main à l'œuvre, et je ne pus m'empêcher de remarquer que la raison est le principe et l'origine des mathématiques. Je n'avais manié de mes jours aucun outil ; et cependant par mon travail, par mon application, par mon industrie, je trouvai à la fin qu'il n'y avait aucune des choses qui me manquaient que je n'eusse pu faire, si j'avais eu les outils nécessaires : sans outils même, je fis plusieurs ouvrages, et avec le secours d'une hache et d'un rabot seulement, je vins à bout de quelques-uns, ce qui n'était peut-être jamais arrivé auparavant, mais ce ne fut pas sans un travail infini. Si, par exemple, je voulais avoir une planche, je n'avais d'autre moyen que celui d'abattre un arbre, de le tailler des deux côtés, jusqu'à le rendre suffisamment mince, et de l'unir ensuite avec mon rabot. Il est bien vrai que, par cette méthode, je ne pouvais faire qu'une planche d'un arbre entier; mais il n'y avait d'autre remède que la patience. Je me fis néanmoins une chaise et une table. C'est par là que je commençai; et, pour y réussir, je me servis des morceaux de planches que j'avais amenés sur mon radeau. Quand j'eus fait des planches, je fabriquai de grandes tables de la largeur d'un pied et demi, que je plaçai l'une au-dessus de l'autre, tout le long d'un côté de ma caverne, pour y mettre mes outils, mes clous, ma ferraille, en un mot, pour arranger séparément toutes ces choses et les pouvoir trouver aisément. J'enfonçai pareillement des chevilles dans le rocher pour y fixer mes fusils et divers ustensiles qui pouvaient être suspendus. Quiconque aurait vu ma caverne l'aurait prise pour un magasin général de tous les objets utiles. C'est alors que je commençai à tenir un journal de ma vie : dans les commencements j'étais trop accablé, non par le travail, mais par le trouble d'esprit, pour en faire un supportable et qui ne fût pas rempli de choses insipides. Ayant enfin supporté mes faiblesses, me voyant établi dans mon domicile, pourvu de meubles, avec une chaise et une table, le tout aussi bien conditionné qu'il m'avait été possible, je commençai à tenir le journal suivant, que je continuai autant que dura mon encre. Je le reproduis ici, en abrégeant ce qui a rapport aux faits que j'ai déjà rapportés.

CHAPITRE V

JOURNAL

Le 30 septembre de l'an 1659, après avoir fait naufrage dans une horrible tempête qui depuis plusieurs jours emportait le bâtiment hors de sa route, moi, le malheureux ROBINSON CRUSOÉ, seul échappé de tout l'équipage, que je vis périr devant mes yeux, étant plus mort que vif, je pris terre dans cette île, que je crus pouvoir à juste titre appeler l'*île du Désespoir*. Je passai le reste du jour à m'affliger sur l'état affreux où j'étais réduit, n'ayant ni aliments, ni retraite, ni habits, ni armes; dénué de toute espérance de recevoir du secours, m'attendant à devenir ou la proie des bêtes féroces, ou la victime des sauvages, ou le martyr de la faim; ne voyant, en un mot, devant moi que l'image de la mort. A l'approche de la nuit, je montai sur un arbre, de peur des animaux sauvages, de quelque espèce qu'ils pussent être, et je dormis toute la nuit d'un profond sommeil.

Depuis le premier octobre jusqu'au 24, tous ces jours furent employés à faire plusieurs voyages pour tirer du vaisseau tout ce que je pouvais emporter, et le conduire ensuite à terre sur des radeaux avec la marée montante. Il plut beaucoup pendant tout ce temps, quoique avec plusieurs intervalles de soleil : il paraît que c'était la saison des pluies.

Le 26 octobre, je me promenai pendant presque tout le jour, cherchant une place propre à fixer mon habitation, et ayant fort à cœur de me mettre en sûreté contre les attaques nocturnes des sauvages ou des bêtes féroces. Vers la nuit je plantai le piquet dans un endroit convenable au pied d'un rocher, et je tirai un demi-cercle pour marquer les limites de mon campement, que je résolus de fortifier d'un ouvrage composé de rangs de palissades, dont l'entre-deux serait rempli de câbles, et le dehors de gazon.

Depuis le 27 jusqu'au 30, je travaillai avec ardeur à porter mes effets

Je passai le reste du jour à m'affliger.

dans mon habitation nouvelle, quoiqu'il plût excessivement durant une partie de ce temps-là.

Le 1er novembre, je dressai ma tente au pied du rocher; je la fis aussi spacieuse que je pus, la soutenant sur des piquets que je plantai, et auxquels je suspendis mon hamac. J'y couchai pour la première fois.

Le 4, au matin, je continuai de suivre une règle que je résolus d'observer désormais chaque jour : c'était de diviser mon temps pour travailler, pour m'aller promener, pour dormir et pour mes petits divertissements. Le matin j'allais dehors avec mon fusil pendant deux à trois heures, s'il ne pleuvait pas ; ensuite je me mettais à travailler jusqu'à environ onze heures, et après je mangeais ce que la Providence et mon industrie m'avaient préparé ; à midi, je me couchais pour dormir jusqu'à deux heures, parce qu'il faisait extrêmement chaud à cette heure-là; enfin je retournais au travail dans la soirée. Je consacrai cette journée et les suivantes à finir ma table.

Le 17, je commençai à creuser le rocher qui était derrière ma tente, pour me mettre plus au large et à l'aise. Il me manquait trois choses fort nécessaires pour cet ouvrage, savoir : une pioche, une pelle et une brouette ou un panier. Je discontinuai donc mon travail, et je me mis à songer comment je ferais pour suppléer à ces outils. Quant à la pioche, je la remplaçais facilement par des leviers en fer, quoiqu'ils fussent un peu trop lourds; mais, pour la pelle, la seconde chose qui me manquait, elle m'était d'un besoin si absolu, que sans elle je ne pouvais rien faire, et que je ne savais pas encore par quel instrument la remplacer.

Le lendemain 18 novembre, en cherchant dans les bois je trouvai une espèce d'arbre qui, s'il n'était pas celui que les Brésiliens appellent *bois de fer* à cause de son extrême dureté, lui ressemblait du moins beaucoup. Je me fatiguai excessivement à en couper une pièce, après avoir endommagé une hache; et ce ne fut pas à moins de frais que je la portai jusqu'à mon domicile, car elle était très-pesante.

La dureté excessive du bois, jointe à la manière dont j'étais obligé de m'y prendre, fut cause que je mis beaucoup de temps à construire cette machine. Enfin peu à peu je lui donnai la forme d'une pelle ou d'une bêche; elle avait la queue exactement faite comme celles dont on se sert en Angleterre; mais le plat n'en était pas garni en fer tout autour, elle ne pouvait avoir autant de durée : cependant elle ne laissa pas de suffire aux usages auxquels j'avais dessein de la faire servir.

Il me manquait encore un panier ou une brouette. Je ne pouvais en aucune manière faire un panier, n'ayant pas, ou du moins ne sachant pas qu'il y eût dans l'île ni saule, ni osier, ni aucun arbre de cette espèce dont les branches fussent propres à faire ces sortes d'ouvrages. Quant à la brouette, il me semblait que j'en viendrais bien à bout, excepté pourtant la roue, pour la confection de laquelle je ne me sentais pas le moindre savoir-faire; je n'avais d'ailleurs rien pour forger l'essieu en fer qui doit passer dans le moyeu, et je fus obligé de renoncer à fabriquer cet outil : pour porter hors de ma caverne la terre que j'abattais en bêchant, je me servis d'un instrument assez semblable à l'auge qu'emploient les manœuvres pour porter le mortier.

La façon de ce dernier instrument ne me coûta pas autant de peine que celle de la pelle; mais l'un et l'autre, joints à l'inutile essai que je fis pour voir si je pourrais venir à bout d'une brouette ne me tinrent pourtant pas moins de quatre jours entiers, sauf ma promenade du matin; je manquais rarement de la faire avec mon fusil, et d'en revenir sans apporter au logis quelque chose de bon à manger.

Le 23 novembre, mon autre travail ayant été interrompu jusque-là parce que je m'étais occupé à faire des outils, je le repris dès qu'ils furent achevés, travaillant chaque jour autant que me le permettaient mes forces et les règles que je m'étais prescrites pour la distribution de mon temps. Je mis dix-huit mois à élargir et à creuser ma caverne, de manière à pouvoir y serrer commodément tous mes effets.

Le 10 décembre, je regardais déjà ma voûte comme achevée, lorsqu'il se détacha tout à coup une grande quantité de terre du haut de l'un des côtés avec un tel fracas, que j'en fus extrêmement effrayé; et ce ne fut pas sans raison, car si je m'étais trouvé dessous, c'en était fait de moi. J'eus bien de la peine à réparer ce désastre; car il fallut d'abord emporter la terre qui était tombée, et ensuite, ce qui était encore plus important, il fallut étançonner la voûte pour prévenir un pareil accident.

Le 11, je dressai deux étais surmontés de deux morceaux de bois mis en croix sur chacun. Je finis cet ouvrage le lendemain; et, non content de ce que j'avais fait, je continuai, pendant près d'une semaine, d'ajouter d'autres étais semblables aux premiers, qui assurèrent tout à fait ma voûte, et qui, formant un rang de piliers, semblaient partager ma maison en deux appartements.

Le 17 et les jours suivants, je m'occupai à placer des tablettes et à enfoncer des clous dans les étançons pour suspendre tout ce qui en était susceptible. A partir de ce moment, je pus me vanter de l'ordre et de l'arrangement de ma demeure.

Le 27, je tuai un chevreau et j'en blessai un autre que je finis par attraper, et que j'emmenai en laisse au logis. Dès que je fus arrivé, je lui raccommodai la jambe et la lui bandai. J'en pris un tel soin qu'il survécut et devint bientôt aussi fort de cette jambe-là que de l'autre. Après être resté quelque temps avec moi, il s'apprivoisa, et il paissait sur la verdure qui était dans mon enclos, sans jamais prendre la fuite. C'est alors que me vint la première pensée d'entretenir des animaux privés, afin d'avoir de quoi me nourrir quand une fois ma poudre et mon plomb seraient consommés.

Le 28, le 29 et le 30 décembre, il fit de grandes chaleurs qui n'étaient tempérées par aucun vent; il n'était possible de sortir que le soir, moments où j'allais chercher à manger.

Le 1er janvier 1660, il fit encore très-chaud ; je sortis de bon matin et vers le soir avec mon fusil. Cette fois, m'étant avancé dans les vallées qui sont à peu près au centre de l'île, je vis qu'il y avait une grande quantité de chèvres. Elles étaient extrêmement sauvages et de difficile accès, et je résolus d'essayer une fois d'amener mon chien pour voir s'il ne pourrait point les chasser vers moi.

Le 2, je me mis en campagne avec mon chien, suivant mon projet

Dès que je fus arrivé, je lui raccommodai la jambe.

de la veille, et je le lançai contre les chèvres ; mais je vis que je m'étais trompé dans mon calcul, car elles se joignirent de tous côtés, faisant tête contre lui ; il fut assez prudent pour juger du péril et ne vouloir point en approcher.

Le 3, je commençai mes fortifications ou mon mur, et, comme j'avais toujours quelque crainte d'être attaqué, je n'oubliai rien pour rendre l'ouvrage bien épais et bien fort. Ayant déjà fait la description de cette muraille, je passe ici ce que j'en disais dans mon journal. Il suffit de faire observer que je n'employai pas moins que du 3 janvier au 14 avril pour la construire et l'achever, quoiqu'elle n'eût pas plus de vingt-quatre verges d'étendue. Elle formait un demi-cercle qui prenait d'un endroit du roc, aboutissait à un autre, et occupait environ huit verges dans son diamètre à partir de l'entrée de ma cave jusqu'au point opposé de la circonférence.

Je me fatiguai beaucoup dans cet intervalle de temps, durant lequel je fus souvent traversé par la pluie, non-seulement plusieurs jours, mais quelquefois des semaines et des mois. Il est vrai que je ne me trouvai point en sûreté que cette muraille ne fût finie, et il est aussi difficile de croire que d'exprimer ce qu'il m'en coûta de travail pour apporter les palissades de la forêt et les enfoncer en terre.

Cette muraille finie, quand je l'eus surmontée d'une autre que j'élevai en dehors avec du gazon, je me persuadai que personne ne s'apercevrait qu'il y eût là une habitation, et je m'applaudis de m'y être pris de la sorte.

Cependant je parcourais tous les jours les bois pour tirer quelque gibier, à moins que la pluie ne m'en empêchât; et, dans ces promenades réitérées, il m'arrivait souvent de découvrir tantôt une chose, tantôt une autre, qui, pour la plupart, m'étaient avantageuses.

Je trouvai, par exemple, une espèce de pigeons fuyards qui ne nichent point sur les arbres comme font les ramiers, mais bien dans les trous de rochers, à la manière de ceux de colombier. Je pris quelques-uns de leurs petits, à dessein de les nourrir et de les apprivoiser : j'en vins à bout; mais, devenus grands, ils s'envolèrent tous et ne revinrent plus, à cause peut-être du défaut de nourriture. Cependant je trouvais aisément leurs nids, et je prenais leurs petits, qui étaient pour moi des morceaux délicats.

Néanmoins je m'apercevais, dans l'administration de mon ménage, qu'il me manquait bien des choses. Je crus dès le commencement qu'il me serait impossible de réussir à les fabriquer; ce qui fut vrai de quelques-uns : par exemple, je ne pus jamais venir à bout d'achever un tonneau et d'y mettre des cercles. Je possédais bien un ou deux petits barils, mais je n'eus point assez d'adresse pour en construire sur ces modèles; malgré tous mes efforts pendant plusieurs semaines, il me fut impossible d'y mettre des fonds ou de joindre assez bien les douves pour y faire tenir de l'eau : j'abandonnai enfin ce projet.

Une autre chose me manquait, c'était de la chandelle, et il m'était bien incommode de m'en passer; car je me voyais forcé de me coucher dès qu'il faisait nuit, ce qui arrivait ordinairement à sept heures. Cela me rappela la masse de cire dont j'avais fait des chandelles lors de mon aventure d'Afrique; mais je n'en avais alors pas un seul petit morceau. L'unique moyen dont je pus m'aviser pour parer à cet inconvénient fut, quand j'avais tué un bouc, d'en conserver la graisse; ensuite je fis sécher au soleil un petit plat de terre que je m'étais façonné ; puis, prenant du fil de caret pour servir de mèche, je trouvai le moyen de faire une lampe dont la flamme n'était pas aussi brillante que celle de la chandelle, et répandait une lueur sombre. Au milieu de tous ces travaux, il m'arriva de trouver, en fouillant parmi mes meubles, un sac qui avait été rempli de grains, dans l'intention de nourrir de la

Je fus étonné de voir dix à douze épis.

volaille, non pour ce voyage, mais pour le précédent. Ce qui restait de blé avait été rongé par les rats, et je n'y voyais plus que de la balle et de la poussière : or, comme j'avais besoin du sac pour autre chose, j'allai le vider, et en secouer la balle et les restes au pied du rocher, à côté de mes fortifications.

Cela eut lieu peu de temps avant les grandes pluies dont je viens de parler, et je fis si peu attention à cette circonstance, qu'il ne m'en restait pas le moindre souvenir, lorsque, au bout d'un mois ou environ, j'aperçus çà et là quelques tiges qui sortaient de terre. Je les pris d'abord pour des plantes que je ne connaissais point; mais quelque temps après je fus étonné de voir dix à douze épis venus à maturité, qui étaient d'une orge verte, parfaitement bonne, de la même espèce que celle d'Europe, et, qui plus est, aussi belle qu'elle aurait pu l'être en Angleterre.

Ma surprise augmenta de plus en plus lorsque je vis d'autres tiges nouvelles qui poussaient près des premières, tout le long du rocher : je les reconnus pour des tiges de riz, parce que j'en avais vu croître en Afrique, lorsque j'étais à terre.

Je me rappelai alors le sac que j'avais secoué en cet endroit, et je remerciai avec ferveur la bonté divine, à laquelle je devais ce nouveau bienfait.

Je ne manquai pas de recueillir soigneusement ce blé dans la bonne saison, qui était la fin du mois de juin, et, en serrant jusqu'au moindre grain, je résolus d'en semer tout ce que j'en avais, dans l'espérance qu'avec le temps j'en recueillerais assez pour faire du pain.

Outre cet orge, il y eut encore une trentaine d'épis de riz, que je conservai avec le même soin, et pour un semblable usage, avec cette différence pourtant que le dernier me servait tantôt de pain et tantôt de mets ; car j'avais trouvé le secret de l'apprêter sans le mettre en pâte. Reprenons notre journal.

Je travaillai assidûment, comme je l'ai dit, pendant trois mois et demi, à bâtir une muraille, et je la fermai le 14 avril, après m'en être ménagé l'entrée au moyen d'une échelle, qui me servait à passer par-dessus, et non d'une porte, de peur qu'on ne remarquât de loin mon habitation.

Le 16 avril, je finis mon échelle, avec laquelle je montai sur mes palissades ; ensuite je l'enlevai et la mis à terre en dedans de l'enclos, qui était tel qu'il me fallait ; car il y avait un espace suffisant, et rien n'y pouvait entrer qu'en passant par-dessus la muraille.

Dès le lendemain du jour où cet ouvrage fut achevé, je faillis voir renverser subitement tous mes travaux et perdre moi-même la vie : je travaillais derrière ma tente, lorsque tout à coup je vis la terre s'ébouler du haut de ma voûte et de la cime du rocher qui pendait sur ma tête. Deux des piliers que j'avais placés dans ma caverne craquèrent horriblement ; et n'en sachant point encore la véritable cause, je crus que c'était la chute d'une quantité de matériaux, comme cela était arrivé déjà une fois. De peur d'être enterré dessous, je m'enfuis au plus vite vers mon échelle, et, ne m'y croyant pas en sûreté, je passai par-dessus ma muraille pour m'éloigner et me dérober à des morceaux entiers de rochers, que je croyais à tout moment près de fondre sur moi. A peine avais-je le pied à terre de l'autre côté de ma palissade, que je vis clairement qu'il y avait un épouvantable tremblement de terre. Trois fois le terrain sur lequel j'étais trembla sous mes pieds ; entre chaque secousse il y eut un intervalle d'environ huit minutes, et les trois furent si violentes que les édifices les plus solides et les plus forts en auraient été renversés. Tout le côté d'un rocher situé à environ un demi-mille de moi tomba avec un bruit qui égalait celui du tonnerre. L'Océan même me parut fortement agité, et je crois que les secousses étaient encore plus sensibles au fond des eaux que dans l'île.

Je m'enfuis au plus vite vers mon échelle.

Le mouvement de la terre m'avait donné des nausées, comme aurait fait celui d'un vaisseau battu par la tempête si j'avais été sur mer : je n'avais jamais vu ni entendu citer rien de semblable ; l'étonnement dont j'étais saisi glaçait mon sang dans mes veines, et enchaînait en quelque façon toutes les puissances de mon âme. Mais le fracas causé par la chute du rocher vint frapper mes oreilles, et m'arracher de l'état d'insensibilité où j'étais plongé, pour me remplir d'horreur et d'effroi, en ne me laissant apercevoir que des objets terribles, entre autres une montagne tout près de s'abîmer sur ma tente, et d'ensevelir dans ses ruines toutes mes richesses. Cette pensée me causa une nouvelle défaillance.

Mais enfin, voyant que les trois secousses n'étaient suivies d'aucune autre, je commençai à reprendre courage, sans oser néanmoins passer par-dessus ma muraille, de peur d'être enterré tout vif : je demeurais immobile assis à terre.

Cependant l'air s'obscurcissait, et le ciel se couvrait de nuages comme s'il allait pleuvoir; bientôt après, le vent s'éleva peu à peu et devint si violent, qu'en moins d'une demi-heure il y eut un ouragan affreux. La mer était blanche d'écume, et le rivage inondé par les flots; les arbres arrachés du sein de la terre indiquaient tous les ravages de la plus affreuse tempête. Elle dura près de trois heures, puis diminua; le calme se rétablit au bout de trois autres heures, et il commença à pleuvoir abondamment.

J'étais dans la même situation de corps et d'esprit, quand tout à coup je fis la réflexion que ces vents et cette pluie étant une suite naturelle du tremblement de terre, il fallait que ce dernier fût épuisé, et que je pouvais me hasarder à retourner dans ma demeure. Ces pensées me ranimèrent, et, la pluie aidant encore à me persuader, j'allai m'asseoir dans ma tente; mais j'y étais à peine que j'appréhendai de la voir renversée par la violence de la pluie, et je fus forcé de me retirer dans ma caverne, quoiqu'en même temps je tremblasse de peur qu'elle ne s'écroulât sur ma tête.

Ce déluge m'obligea de faire au travers de mes fortifications une espèce de canal ou de ruisseau afin de ménager un écoulement aux eaux; autrement elles eussent inondé ma caverne. Après être resté à l'abri pendant quelque temps, je commençais à retrouver ma tranquillité; et, pour soutenir mon courage, qui en avait assurément grand besoin, je m'en allai à l'endroit où était ma petite provision, pour me fortifier d'un trait de rhum; mais alors, comme en toute autre occasion, j'en usai fort sobrement, sachant très-bien que quand mes bouteilles seraient épuisées il n'y aurait plus moyen de les remplir.

Il continua de pleuvoir toute la nuit et une partie du lendemain, tellement qu'il n'y eut pas moyen de mettre le pied dehors; mais, comme j'étais moins troublé, je commençai à réfléchir sur le meilleur parti que j'avais à prendre. Je conclus que l'île était sujette à des tremblements; il ne fallait donc pas faire ma demeure d'une caverne; mais, au contraire, je devais songer à me bâtir une cabane dans un lieu découvert ou dégagé, où je me fortifierais d'une muraille telle que la première, persuadé que si je restais dans le même endroit, il deviendrait infailliblement mon tombeau. Les deux jours suivants, les 19 et 20 avril, je n'eus l'esprit occupé d'autre chose que de l'endroit que je choisirais pour y transférer ma demeure.

La crainte d'être enterré tout vif faisait que je ne dormais jamais tranquillement; celle que j'avais de coucher hors de ma forteresse, dans un lieu tout ouvert et sans défense, était presque aussi grande; et quand je regardais autour de moi, lorsque je considérais le bel ordre où j'avais mis toutes choses, combien j'étais sûrement caché, combien j'avais peu à craindre les attaques, je sentais la plus grande répugnance à déloger.

De plus, je me représentais que je serais longtemps à faire de nouveaux ouvrages, et qu'il me fallait, malgré les risques, rester où j'étais, jusqu'à ce que j'eusse formé une espèce de campement, et que je l'eusse suffisamment fortifié pour y prendre mon logement en toute sûreté. De cette manière je me mis l'esprit en repos pour un temps, et je résolus de travailler incessamment à la construction d'une muraille avec des palissades et des câbles, comme j'avais fait la première fois, de renfermer mes travaux dans un plus petit cercle, et d'attendre, pour déloger, qu'ils fussent finis et perfectionnés. C'est le 21 que ce dessein fut arrêté.

Le 23 avril, dès le matin, je songeai au moyen de le mettre à exécution; mais je me trouvai fort en arrière du côté de mes outils : j'avais trois besaiguës et une multitude de haches, parce que nous en avions embarqué une provision pour trafiquer avec les Indiens; mais ces instruments, à force de charpenter et de couper du bois dur et noueux, avaient le taillant tout émoussé et dentelé; et quoique je possédasse une pierre à aiguiser, je n'avais cependant pas le secret de la tourner pour en faire usage. Cet obstacle tourmenta beaucoup mon esprit. A la fin pourtant j'inventai une roue attachée à un cordon, par le moyen duquel je pusse donner le mouvement à la pierre avec mon pied, tandis que j'aurais les deux mains libres. Je n'avais jamais vu une pareille invention en Angleterre, ou du moins je n'avais point remarqué comment elle était pratiquée, quoiqu'elle y soit fort commune, à ce que j'ai pu voir depuis. Ma pierre était fort grosse et fort lourde, et cette machine me coûta une semaine entière de travail pour la rendre parfaite.

Le 28 et le 29 avril, j'employai ces deux jours à aiguiser mes outils, la machine que j'avais inventée pour tourner la pierre jouant à merveille.

Le 30, m'apercevant depuis longtemps que mon pain diminuait considérablement, j'en fis la revue, et je me réduisis à un biscuit par jour, ce qui était pour moi un véritable crève-cœur.

CHAPITRE VI

Le 1er mai, en regardant le matin vers la mer pendant la marée basse, je vis sur le rivage quelque chose d'assez gros et qui ressemblait à un tonneau; quand je me fus approché de cet objet, je reconnus qu'un petit baril et deux ou trois morceaux des débris du vaisseau avaient été poussés à terre par le dernier ouragan. Je regardai du côté du vasiseau, et je le vis un peu hors de l'eau. J'examinai le baril, qui était sur le rivage, et je vis que c'était un baril de poudre, mais qui avait pris l'eau, et que la poudre était collée et dure comme une pierre; néanmoins je le roulai plus avant par précaution afin de l'éloigner de l'eau; j'allai ensuite aussi près du vaisseau que je le pouvais sur le sable.

Quand je fus proche, je trouvai qu'il avait étrangement changé de situation : le gaillard d'avant, qui auparavant était enterré dans le sable, paraissait alors élevé de plus de six pieds; la poupe, mise en pièces et séparée du reste par la tempête, lorsque j'eus achevé d'y fouiller la dernière fois, semblait avoir été ballottée, et se montrait toute sur un côté, ayant devant elle des monceaux de sable si élevés, qu'au lieu de n'en pouvoir approcher, comme auparavant, que d'un demi-mille à la nage, il m'était aisé présentement d'aller à pied jusqu'au-dessus, quand le flux venait à se retirer. D'abord je fus surpris d'une telle situation; mais bientôt je pensai qu'elle avait été causée par le tremblement de terre. Par suite des secousses, le vaisseau s'était brisé et entr'ouvert beaucoup plus qu'il ne l'était auparavant, et il venait tous les jours à terre quantité de choses que la mer détachait, et que les vents et les flots faisaient rouler peu à peu sur la plage.

Ceci me fit entièrement abandonner mon projet de changer d'habitation; et ma principale affaire, ce jour-là, fut d'essayer si je pourrais pénétrer dans le vaisseau ; mais je vis que c'était une chose que je ne pouvais point espérer, parce que l'intérieur du bâtiment était rempli de sable jusqu'au bord. Néanmoins je résolus de mettre en pièces tout ce que je pourrais des débris du bâtiment, me persuadant que tout ce que j'en tirerais me servirait à quelque usage.

Le 3 mai, je me mis à travailler avec ma scie; je coupai de part en part un morceau de poutre qui soutenait une partie du demi-pont; puis j'écartai et j'ôtai le sable autant que je pus du côté le plus élevé. La marée survint, et m'obligea de finir pour ce jour-là.

Le 4, j'allai à la pêche; mais je n'attrapai pas un seul poisson que j'osasse manger, ce qui me dégoûta d'abord de ce passe-temps, et j'étais sur le point d'y renoncer lorsque je pris un petit dauphin. J'avais une grande ligne faite de fil de corde, mais je n'avais point d'hameçon; néanmoins je prenais autant de poisson que je pouvais en consommer : toute la préparation consistait à le faire sécher au soleil.

Le 5, j'allai travailler sur les débris; je coupai une autre poutre, et je tirai du pont trois grosses planches de sapin, que je liai ensemble, et je les fis flotter avec la marée jusqu'au rivage.

Le 6, je travaillai sur les débris, d'où j'enlevai plusieurs ferrailles : cela me coûta un long et pénible travail. J'arrivai fort las au logis, et j'avais quelque envie de renoncer à mes corvées.

Le 7 mai, je retournai aux débris sans avoir le dessein d'y travailler; mais je trouvai que la carcasse s'était élargie et affaissée sous le poids de sa charge depuis que j'avais coupé les deux poutres; plusieurs endroits du bâtiment étaient détachés du reste, et la cale tellement à découvert, que je pouvais voir dedans; elle était remplie de sable et d'eau.

Le 8, j'allai aux débris, et je portai avec moi un levier de fer, dans l'intention de démanteler le pont, où il n'y avait alors ni eau ni sable; j'enlevai deux planches, que je conduisis encore à l'aide de la marée. Je laissai le levier sur la place pour le lendemain.

Le 9, je me rendis aux débris; je pénétrai plus avant dans le corps du bâtiment : je sentis plusieurs tonneaux que je remuai bien, mais je ne pus les défoncer. Je sentis pareillement le rouleau de plomb d'Angleterre, et je le soulevai; mais il était trop pesant pour que je pusse l'emporter.

Les 10, 11, 12, 13 et 14 mai, j'allai tous ces jours aux débris, et j'en tirai plusieurs charpentes, nombre de planches, et deux à trois cents livres de fer.

Le 15 mai, je portai avec moi deux haches pour essayer si je ne pourrais point couper un morceau de plomb roulé, en y appliquant le taillant de l'une que je tâcherais d'enfoncer en frappant avec la tête de l'autre.

Le 16, il fit beaucoup de vent la nuit, et la carcasse du bâtiment en parut encore plus fracassée qu'auparavant; mais je demeurai si longtemps dans les bois à chercher des nids de pigeons pour ma cuisine, que je me laissai prévenir par la marée, qui m'empêcha d'aller aux débris.

Le 17, j'aperçus quelques morceaux de débris qui avaient été portés à terre à une distance de près de deux milles. Je voulus aller voir ce dont il s'agissait; il se trouva que c'était une pièce de la poupe trop pesante pour que je la pusse emporter.

Le 24, je travaillai sur les débris jusqu'à ce jour inclusivement; et, à force d'user du levier pendant tout cet intervalle, j'ébranlai si fort la carcasse, que la première marée fit flotter plusieurs tonneaux et deux coffres de matelots; mais, comme le vent soufflait de terre, rien ne vint au rivage ce jour-là, excepté des morceaux de bois, et un tonneau plein de porc du Brésil, que l'eau salée et le sable avaient entièrement gâté.

Je continuai ce travail jusqu'au 15 juin, sans pourtant rien prendre sur le temps nécessaire pour chercher ma nourriture, et que j'avais réglé sur la haute marée pour ces allées et venues, afin que je pusse toujours être disponible à la marée basse. J'avais amassé du merrain, des planches et du fer en assez grande quantité pour construire un bateau, si j'eusse su comment m'y prendre. J'avais encore enlevé pièce à pièce près de cent livres de plomb roulé.

Le 16 juin, en marchant vers la mer, je trouvai une tortue, la première que j'eusse vue dans l'île. Si j'avais été si longtemps sans découvrir aucun de ces animaux, c'était plutôt par un effet du hasard qu'à cause de la rareté de leur espèce; car je trouvai depuis lors que je n'aurais eu qu'à aller de l'autre côté de l'île pour en avoir des milliers chaque jour; peut-être aussi cette découverte m'aurait-elle coûté bien cher.

Le 17 juin, j'employai tout ce jour à préparer ma tortue; je trouvai dedans soixante œufs; et, comme depuis mon arrivée dans ce triste séjour je n'avais goûté que des viandes d'oiseau ou de bouc, sa chair me parut la plus savoureuse et la plus délicate du monde.

Le 18, il plut tout le jour, et je restai au logis. La pluie me semblait froide, et je me sentais glacé, chose que je savais n'être pas ordinaire dans cette latitude.

Les jours suivants, je me sentis malade; j'éprouvais des frissons, des tremblements et un violent mal de tête.

Le 27, la fièvre me prit si violemment, qu'elle me fit garder le lit tout le jour sans boire ni manger. Je mourais de soif; mais j'étais si faible, que je n'avais pas la force de me lever pour aller chercher de l'eau. Je priai Dieu de nouveau; mais j'étais en délire, et, en me quittant, ce délire me laissa dans un tel abattement, que je fus obligé de

Je me sentis malade.

me tenir couché; seulement je m'écriais : « Seigneur, tournez votre face vers moi; Seigneur, prenez pitié de moi. »

Je m'imagine que je ne fis autre chose durant deux à trois heures, jusqu'à ce que, la fièvre m'ayant enfin quitté, je m'endormis; je ne me réveillai que bien avant dans la nuit. Quand je me réveillai, je me sentis fort soulagé, quoique bien faible et altéré. Quoi qu'il en soit, il n'y avait point d'eau dans ma demeure, et je fus forcé de rester au lit jusqu'au matin, que je me rendormis. Dans ce sommeil, je fis le songe affreux dont vous allez entendre le récit.

Il me semblait que j'étais assis à terre, hors de l'enceinte de ma muraille, dans le même endroit où j'étais lors de la tempête qui suivit le tremblement; je voyais un homme qui, d'une noire et épaisse nuée, descendait à terre au milieu d'un tourbillon de feu et de flammes. Depuis les pieds jusqu'à la tête, il était aussi éclatant que l'astre du jour, tellement que mes yeux n'en pouvaient supporter la vue sans en être éblouis. Sa contenance portait la terreur, mais une terreur que je ne pus bien sentir et qu'on ne saurait exprimer. La terre, quand il la toucha de ses pieds, me parut s'ébranler, comme elle l'avait fait ci-devant pendant le tremblement; et la région de l'air embrasée paraissait n'être qu'une fournaise ardente.

A peine était-il descendu sur ce bas élément, qu'il s'achemina vers moi, armé d'une longue pique pour me tuer. Quand il fut parvenu à une certaine éminence, distante de quelques pas, il me parla, et d'une voix terrible proféra ces paroles encore plus terribles : « Puisque tu n'as pas été converti par tant d'avertissements, tu mourras. » A ces mots, il leva sa redoutable lance, et je le vis s'avancer pour me frapper.

De toutes les personnes qui liront cette relation, aucune ne devra me croire capable de représenter les horreurs où cette vision plongea mon âme : horreur d'autant plus étrange, que durant le songe je sentais un accablement réel. L'impression qu'en reçut mon esprit ne passa pas comme un songe : elle s'y grava profondément; et après mon réveil elle se conserva dans toute sa force, malgré les lumières du jour et de la raison.

Hélas! à peine avais-je quelque connaissance de la Divinité; ce que j'en avais appris chez mon père était oublié; les bonnes instructions qu'il m'avait données autrefois avaient eu le temps de s'effacer par une débauche non interrompue de huit ans, que j'avais passés à vivre et à converser avec des marins qui ne valaient pas mieux que moi, c'est-à-dire des gens pervers et profanes au suprême degré. Je ne sache pas que durant un si long espace il me soit jamais venu la moindre pensée de m'élever vers Dieu pour admirer sa sagesse, ou de descendre au dedans de moi-même pour y contempler ma misère. Une sorte d'abrutissement s'était emparé de moi, et en avait banni tout désir du bien et toute aversion pour le mal; j'avais tout l'endurcissement qu'il faut pour être un modèle de libertinage parmi des matelots de la pire espèce, n'ayant aucun sentiment de la crainte de Dieu dans les dangers qui se présentaient, ni de gratitude envers lui dans les délivrances qu'il opérait.

On n'aura pas de peine à croire ce que je viens de dire, si l'on réfléchit sur les faits précédents de mon histoire; et j'ajoute que, parmi cette foule de malheurs qui m'arrivèrent successivement, je ne m'avisai pas une seule fois de penser que c'était une punition de mes crimes, de ma désobéissance envers mon père ou du cours entier d'une mauvaise vie. Dans cette expédition désespérée que je fis sur les côtes désertes de l'Afrique, il ne m'arriva jamais de réfléchir à ce que serait ma fin, ni de m'adresser à Dieu pour le prier de diriger ma course et de me couvrir du bouclier de sa providence, pour me mettre en garde contre la férocité des bêtes et contre la cruauté des sauvages dont j'étais entouré de toutes parts. L'Être souverain n'était ni l'objet de mes pensées, ni la règle de ma conduite; j'agissais comme une brute, suivant l'instinct de la nature, et mettant en usage les principes du sens commun.

Lorsque je fus délivré, en pleine mer, par le capitaine portugais qui me reçut honorablement à son bord et me traita avec équité, avec humanité, je n'avais en moi nul sentiment de reconnaissance. Lorsque je fis naufrage sur la côte de l'île où je fus submergé et englouti à plusieurs reprises, où je devais périr cent fois pour une, je ne sentis point ma conscience touchée, et ne regardai point la chose comme un jugement de Dieu; mais je me contentai de croire qu'il y avait dans cet événement de la fatalité, et de me dire souvent à moi-même que j'étais une créature maudite, et que j'étais né pour être malheureux.

Il est vrai que dès que j'eus pris terre pour la première fois, quand je trouvai que tout le reste de l'équipage avait été noyé, et que seul j'avais été sauvé; il est vrai, dis-je, que j'eus alors une espèce d'extase et un ravissement de cœur, qui, assisté de la grâce divine, aurait ressemblé à une reconnaissance sincère; mais ce mouvement dégénéra en un transport de joie charnelle, provenant uniquement de ce que je me voyais encore en vie, sans que je considérasse que le bras du Tout-Puissant s'était signalé en ma faveur, qu'il m'avait tiré moi seul du nombre des morts pour me remettre sur la terre des vivants. Ma joie ne différait en rien de celle que ressentent communément les matelots qui se voient à terre après avoir échappé au naufrage, qui consacrent ces premiers moments à la boisson, et se hâtent de noyer au plus vite le souvenir de tout passé dans les verres et dans les pots. Telle était ma disposition, qui changea peu durant tout le cours de ma vie.

Quand la suite des temps et de mûres réflexions m'eurent fait sentir tout le poids de ma misère, quand je me représentais un naufrage étrange dans ses circonstances, affreux dans son issue; lorsque je me voyais séparé de tout le genre humain, sans nulle apparence d'y rentrer; que j'envisageais mes maux parvenus à leur comble, sans apercevoir dans l'avenir la moindre atténuation : dans cet état, si je venais à entrevoir l'espérance de pouvoir sustenter ma vie et la défendre contre la faim, c'en était assez pour charmer mes ennuis, pour servir de contre-poids à toutes mes afflictions. Dès lors je commençais à me mettre l'esprit en repos; j'étais bien éloigné de faire intervenir dans mes malheurs le courroux du Ciel et la main vengeresse de Dieu; mon esprit n'était guère accoutumé à remonter ainsi des effets à leur véritable cause.

Le blé dont j'ai fait mention dans mon journal, et que j'avais vu s'élever inopinément au pied du rocher, avait frappé mon âme aussitôt que ma vue; il lui avait inspiré une attention sérieuse et un mouvement de reconnaissance vers Dieu; mais ces bons sentiments s'étaient promptement dissipés.

Le tremblement de terre, quoique le phénomène le plus terrible en lui-même, et le plus propre à révéler une puissance invisible, qui seule tient en sa main les rênes de cet univers; le tremblement de terre, dis-je, n'eut pas plutôt cessé, que l'émotion, la crainte et généralement toutes les impressions qu'il avait faites en moi, s'évanouirent. Je ne pensais plus aux jugements de Dieu; je ne le regardais pas plus comme le juste dispensateur de mes maux que si j'eusse été dans la condition la plus douce et la plus fortunée de la vie.

Mais dès que je me vis malade, et que la mort, accompagnée de toutes ses horreurs, se présenta à mes yeux de façon que je pusse la contempler à loisir; quand mes forces commencèrent à succomber à la violence du mal, la nature étant épuisée par l'ardeur de la fièvre, alors la conscience depuis si longtemps assoupie se réveilla; je commençai à me reprocher une vie qui s'était signalée par le crime, qui avait armé contre moi la justice divine, qui m'en avait attiré les coups les plus inouïs, et me faisait actuellement gémir sous le poids de sa vengeance.

Ces réflexions m'accablèrent dès le second ou le troisième jour de ma maladie, et, jointes à la fièvre, aussi bien qu'aux reproches de ma conscience, arrachèrent de ma bouche quelques mots de prières, qui, n'étant pas accompagnées d'un désir sincère et d'une espérance vive, méritaient moins le nom de prières qu'elles n'étaient en réalité le langage de la frayeur et de l'angoisse. Mille pensées confuses agitaient mon esprit; la grandeur de mes crimes bourrelait ma conscience, la peur ou la seule idée de mourir dans ce misérable état me faisait monter les vapeurs au cerveau : dans cette détresse de mon âme, ma langue articulait je ne sais quoi d'une façon imparfaite et purement machinale; mais ce n'étaient qu'exclamations, comme : « Grand Dieu, que je suis misérable! Si mon mal continue, je mourrai faute d'assistance; mon Dieu! que deviendrai-je? » Après ce peu de paroles, un ruisseau de larmes coula de mes yeux, et je tombai dans un long et profond silence.

Dans cet intervalle se présentèrent à mon esprit les leçons salutaires de mon père, et puis la prédiction rapportée au commencement de cette histoire, qui disait que si je faisais la faute d'aller courir par le monde, Dieu ne me bénirait pas, et que j'aurais à l'avenir tout le loisir de réfléchir sur le mépris que j'aurais fait de ses conseils, quand personne peut-être ne pourrait plus me venir en aide. « C'est à présent, m'écriai-je tout haut, c'est à présent que s'accomplissent les paroles

Je commençai à me reprocher une vie qui s'était signalée par le crime

de mon père : le bras d'un Dieu vengeur m'a atteint; il n'y a personne pour m'assister ni pour m'entendre! Ah! j'ai rejeté la voix de la Providence, qui, par sa bonté infinie, m'avait placé dans un état de vie où je pouvais être heureux, et dont je n'ai pas voulu jouir ni connaître le prix, malgré mes parents, que je laissai dans un deuil qui n'avait d'autre objet que ma folie. L'état où je me vois aujourd'hui délaissé n'est qu'une suite de cette même folie : j'ai refusé l'aide de mes parents lorsqu'ils me voulaient établir dans le monde, et m'y mettre dans une position exempte de gêne et d'inquiétude; et maintenant il me faut lutter contre des obstacles trop rudes et peu proportionnés à la faiblesse de la nature, sans que j'aie ni assistance, ni consolation, ni conseil. » Alors je m'écriai : « Grand Dieu, venez à mon aide, car ma détresse est grande! »

Cette prière, s'il m'est permis de me servir de ce nom, était la première que j'eusse faite depuis plusieurs années. Mais retournons à notre journal.

Le 28 juin, me sentant un peu soulagé par le sommeil, et l'accès étant tout à fait passé, je me levai. La frayeur où m'avait jeté mon songe ne m'empêcha pas de considérer que l'accès reviendrait le jour suivant, et qu'il fallait profiter de cet intervalle pour reprendre des forces, et préparer des rafraîchissements auxquels je pourrais avoir recours lorsque le mal reviendrait. La première chose que je fis fut de verser de l'eau dans une grande bouteille carrée, et de la mettre sur ma table près de mon lit, et pour ôter la crudité de l'eau, j'y ajoutai environ le quart d'une pinte de rhum. J'allai couper un morceau de viande de bouc, que je grillai sur des charbons; mais je n'en pus manger que fort peu. Je sortis pour me promener : je me trouvai faible, triste, et le cœur serré à la vue de ma pitoyable condition, redoutant pour le lendemain le retour de mon mal. Le soir, je soupai avec des œufs de tortue que je fis cuire sous la braise et que je mangeai à la coque.

J'essayai encore de me promener; mais je me trouvai si faible, qu'à peine pouvais-je porter mon fusil, sans lequel je ne marchais jamais : aussi je n'allai pas loin; je m'assis à terre et me mis à contempler la mer, qui était alors calme et unie, et dans cette attitude il me vint à l'esprit des pensées de ce genre :

Qu'est-ce que la terre? Qu'est-ce que la mer sur laquelle j'ai tant vogué? Comment ces choses ont-elles été produites? Que suis-je moi-même? Que sont les autres créatures, humaines et brutes, privées et sauvages? Quelle est notre origine?

Certainement nous avons été tous faits par une puissance invisible, qui forma la terre et la mer, l'air et les cieux. Et quelle est cette puissance?

Alors j'inférai naturellement : C'est Dieu qui a créé toutes choses. Fort bien, dis-je en moi-même. Mais je n'en demeurai pas là; et, par une conséquence nécessaire des antécédents, je continuai de la sorte : Si Dieu a fait toutes choses, il guide ces mêmes choses et celles qui les concernent; car assurément il faut que la puissance qui les a faites ait le pouvoir de les gouverner et de les diriger.

Cela étant, rien ne peut arriver dans la vaste sphère de ses ouvrages sans sa connaissance ou sans son ordre. Or, s'il n'arrive rien sans sa connaissance, il sait que je suis ici, que j'y suis dans un état affreux; s'il n'arrive rien sans son ordre, il a voulu que cela m'arrivât.

Rien ne se présentait à mon esprit qui pût contredire une seule de ces conclusions : c'est pourquoi elles arrivèrent en moi avec toute la force possible ; elles me convainquirent que Dieu avait ordonné que toutes ces choses m'arrivassent, que c'était par une disposition de sa providence que je me voyais réduit à une extrême misère, parce que seul il avait en sa puissance, non pas seulement moi, mais encore tout ce qui existe et tout ce qui arrive dans le monde. Alors je me fis cette question :

Pourquoi Dieu m'a-t-il fait ces choses?

Qu'ai-je fait pour être ainsi traité?

Dans cette recherche, je sentis soudain ma conscience se relever comme si je venais de blasphémer; et il me sembla entendre une voix qui me faisait ce reproche : « Misérable! tu demandes ce que tu as fait : regarde en arrière pour y contempler le passé et pour te retracer une vie livrée au désordre ; demande plutôt ce que tu n'as pas fait, demande pourquoi tu n'as pas péri il y a longtemps. D'où vient, par exemple, que tu ne t'es pas noyé dans la rade d'Yarmouth ; que tu n'as pas péri dans le combat où tu as été pris par le corsaire de Salé ; que tu n'as pas été dévoré par les bêtes sauvages sur les côtes d'Afrique, et qu'en dernier lieu tu n'as pas été enseveli dans les eaux comme le reste de l'équipage? Après cela, oseras-tu bien demander encore ce que tu as fait?

Les réflexions que je fis sur mon peu de piété me rendirent muet ; et, bien loin d'avoir aucune réplique pour me justifier auprès de moi-même, je me levai tout pensif et mélancolique : je marchai vers ma retraite et je passai par-dessus ma muraille comme pour m'aller coucher; mais je me sentais l'esprit dans une grande agitation, et j'étais peu disposé à dormir; je m'assis sur ma chaise, et, comme il commençait déjà à faire nuit, j'allumai ma lampe. Déjà l'atteinte de la fièvre me donnait de terribles inquiétudes, lorsqu'il me vint à l'esprit que les Brésiliens ne prennent presque aucune autre médecine que du tabac, contre quelque sorte de maladie que ce puisse être. Je savais qu'il y avait dans un de mes coffres un morceau de rouleau de cette plante, dont les feuilles étaient mûres pour la plupart, quoiqu'il y en eût quelques-unes de vertes.

Je me levai et j'allai droit au coffre. Je l'ouvris, et j'y trouvai le tabac : comme le peu de livres que j'avais conservés y étaient aussi serrés, je pris la Bible dont il a été parlé dans l'énumération de mes effets, et que je n'avais pas eu jusqu'ici le loisir ou plutôt le désir d'ouvrir une seule fois; je la pris, dis-je, et la portai aussi sur ma table.

Je ne savais comment employer ce tabac pour ma maladie, ni s'il me serait bon ou contraire; mais j'en fis l'expérience de plusieurs manières, comme si je n'eusse pu manquer par cette voie de rencontrer la bonne méthode et de réussir. D'abord je pris un morceau de feuille que je mis dans ma bouche; et comme le tabac était vert et fort, et que je n'y étais pas accoutumé, il m'étourdit extraordinairement; ensuite j'en fis tremper une autre feuille dans du rhum, pour en prendre une dose une à deux heures après, en me couchant; enfin j'en grillai sur des charbons ardents, et je me tins le nez sur la fumée aussi près et

Je pris la Bible...

aussi longtemps que la crainte de me brûler ou d'être suffoqué pouvait le permettre.

Dans l'intervalle de ces préparatifs, j'ouvris la Bible et je commençai à lire; mais les fumées du tabac m'avaient trop ébranlé la tête pour que je pusse continuer ma lecture; néanmoins ayant jeté les yeux à l'ouverture du livre, les premières paroles qui se présentèrent furent celles-ci : « Invoque-moi au jour de ton affliction, et je te délivrerai, et tu me glorifieras. »

Ces paroles me touchèrent, et je les méditai avec recueillement. Il se faisait tard, et le tabac, comme je l'ai déjà dit, m'avait si fort appesanti la tête, qu'il me prit envie d'aller dormir : je laissai donc brûler ma lampe dans ma caverne, de peur que je n'eusse besoin de quelque chose pendant la nuit, ensuite je m'allai coucher; mais auparavant je me mis à genoux, je priai Dieu, le suppliant d'accomplir la promesse qu'il m'avait faite que, si je l'invoquais au jour de mon affliction, il me délivrerait. Ensuite je bus le rhum dans lequel j'avais fait infuser le

Je priai Dieu...

tabac, et dont la décoction était si forte, que j'eus beaucoup de peine à pouvoir l'avaler. Cette potion me porta brusquement à la tête, et je m'endormis d'un si profond sommeil, que quand je m'éveillai il ne pouvait pas être moins de trois heures après midi : je dirai plus, c'est que je ne saurais encore m'ôter de la tête que je dormis tout le lendemain de ma médecine, toute la nuit d'après et une partie du jour suivant; autrement je ne comprends pas comment j'aurais pu me trouver en défaut d'un jour dans mon calendrier, erreur que je reconnus quelques années après.

Quoi qu'il en soit de ce mécompte, je me trouvai à mon réveil extrêmement soulagé, plein de courage et de joie; quand je me levai, j'avais plus de force que le jour précédent : mon estomac s'était rétabli, l'appétit m'était revenu; en un mot, le lendemain l'accès ne reparut pas, et j'allai toujours de mieux en mieux. Ce jour était le 23.

Le 30 juin, d'après la marche de la maladie, était mon jour de calme; je sortis avec mon fusil, mais résolu à ne pas trop m'éloigner. Je tuai une couple d'oiseaux de mer assez semblables à des oies sauvages; je les portai au logis, mais je ne fus pas tenté d'en manger, et je me contentai de quelques œufs de tortue, qui étaient fort bons. Le soir je revins au remède que je supposai m'avoir fait du bien, c'est-à-dire du tabac infusé dans du rhum : j'usai pourtant de quelque restriction cette fois-ci; la dose fut plus modérée que la première; je ne mâchai point de tabac, et je ne me tins point le nez sur la fumée comme auparavant. Le lendemain 1er juillet, je ne fus pas aussi bien que je m'y étais attendu : j'eus quelques légers frissons.

Le 2, je réitérai la médecine de trois manières ; elle me porta à la tête comme il était arrivé la première fois, et je doublai la quantité de ma potion.

Le 3, la fièvre me quitta pour toujours; mais il se passa quelques semaines avant que je reprisse tout à fait mes forces.

Du 4 juillet jusqu'au 14, mon occupation principale fut de me promener mon fusil à la main : je réitérais souvent la promenade, mais je la faisais courte, comme un homme qui relève de maladie et qui tâche peu à peu de se rétablir, car il est difficile de comprendre combien j'étais épuisé et à quel point de faiblesse je me voyais réduit. Le remède dont je me servis était tout à fait nouveau, et n'avait peut-être jamais guéri de fièvre jusque-là; aussi l'expérience que j'en fis n'est-elle pas suffisante pour que j'ose la recommander à qui que ce soit, parce que, si d'un côté il emporta le mal, de l'autre il contribua extrêmement à m'affaiblir, et il m'en resta pendant quelque temps un ébranlement nerveux et de fortes convulsions par tout le corps.

Ces fréquentes promenades m'apprirent à mes dépens une particularité très-importante pour moi, savoir, qu'il n'y a rien de plus pernicieux pour la santé que de se mettre en campagne pendant la saison pluvieuse, surtout lorsque la pluie est accompagnée d'une tempête ou d'un ouragan. Comme la pluie qui survenait quelquefois dans la saison sèche ne tombait jamais sans orage, je la trouvais beaucoup plus dangereuse que celle de septembre ou d'octobre.

CHAPITRE VII

Il y avait près de dix mois que j'étais dans ce triste séjour; toute possibilité d'en sortir semblait m'être ôtée pour toujours, et je croyais fermement que jamais créature humaine n'avait mis le pied dans ce lieu sauvage. Ma demeure se trouvait, selon moi, suffisamment fortifiée : j'avais un grand désir de faire une reconnaissance plus complète de l'île, et de voir si je ne pourrais point découvrir des productions qui m'auraient été cachées jusqu'alors.

Ce fut le 15 juillet que je commençai à parcourir mon île plus attentivement que je ne l'avais encore fait. J'allai d'abord à la petite baie où j'avais abordé avec mes radeaux. Je marchai le long de la rivière, et quand j'eus fait environ deux milles en montant, je trouvai que la marée ne portait pas plus loin, et qu'il n'y avait plus qu'un petit ruisseau dont l'eau était fort douce et très-bonne. Comme c'était l'été, ou la saison sèche, il n'y avait presque point d'eau en certains endroits, du moins il n'en restait pas assez pour faire un courant visible.

Sur les bords de ce ruisseau je trouvai plusieurs prairies agréables, unies et couvertes d'une belle verdure. En s'en éloignant, elles s'élevaient insensiblement : dans les endroits où il n'y avait pas d'apparence qu'elles fussent jamais inondées, c'est-à-dire près des coteaux qui les bordaient, je trouvai quantité de tabac vert et dont la tige était extrêmement haute. Il y avait plusieurs autres plantes que je ne connaissais point, dont je n'avais jamais entendu parler, et qui pouvaient avoir des propriétés que je ne connaissais pas davantage.

Je me mis à chercher de la cassave, racine qui sert de pain aux

Américains dans tous les climats; il me fut impossible d'en découvrir. Je vis de beaux plants d'aloès; je n'en connaissais pas encore l'usage : je vis aussi plusieurs cannes à sucre, sauvages et imparfaites, faute de

Je commençai à parcourir mon île plus attentivement

culture. Je m'en revins en réfléchissant mûrement aux moyens par lesquels je pourrais m'instruire de la vertu des plantes et des fruits que je découvrirais à l'avenir; mais, après m'en être bien occupé, je ne pris aucun parti; car, je l'avouerai, j'avais été si peu soigneux de faire des observations dans les temps que j'étais au Brésil, que je ne connaissais guère les plantes de la campagne, ou du moins la connaissance que j'en avais ne pouvait m'être d'un grand secours dans l'état déplorable où je me trouvais.

Le lendemain, 16 du mois, je repris le même chemin, et, m'étant avancé un peu plus que je n'avais fait la veille, je trouvai que le ruisseau et les prairies ne s'étendaient pas plus loin, et que la campagne commençait à être couverte de bois. Là je trouvai plusieurs sortes de fruits, et particulièrement des melons qui couvraient la terre, des raisins qui pendaient enlacés dans les arbres, et dont la grappe vermeille était prête à être cueillie. Cette découverte me causa autant de surprise que de joie.

Mais je voulus modérer mon appétit, et profiter d'une expérience qui avait été funeste à d'autres; car je me souvenais d'avoir vu mourir en Barbarie plusieurs de nos esclaves qui avaient contracté la dyssenterie à force de manger des raisins. Je trouvai le moyen d'obvier à des suites si dangereuses, et de préparer ce fruit d'une manière excellente, en l'exposant et le faisant sécher au soleil après l'avoir récolté, et je le gardai comme on garde en Europe ce qu'on appelle des raisins secs; je me persuadais qu'après l'automne ce serait un manger aussi agréable que sain, et mon espérance ne fut point déçue.

Je passai là toute la journée; sur le tard, je ne jugeai pas à propos de m'en retourner au logis, et je me déterminai, pour la première fois de ma vie solitaire, à découcher. La nuit étant venue, je choisis un logement tout semblable à celui qui m'avait donné retraite lors de mon arrivée dans l'île : ce fut un arbre touffu sur lequel je me plaçai commodément, et m'endormis d'un profond sommeil. Le lendemain matin, je poursuivis ma découverte en marchant près de quatre milles, en jugeant de la longueur du chemin par celle de la vallée que je parcourais; j'allais droit au nord, laissant derrière et à ma droite une chaîne de monticules.

Au bout de cette marche, je me trouvai dans un pays découvert qui semblait avoir sa pente à l'occident; un petit ruisseau d'eau fraîche, sortant d'une colline, dirigeait son cours à l'opposite, c'est-à-dire à l'orient; toute cette contrée paraissait si tempérée, si verte, si fleurie, qu'on l'aurait prise pour un jardin planté avec art, et il était aisé de voir qu'il y régnait un printemps perpétuel.

Je descendis un peu sur la croupe de cette vallée délicieuse, et fis ensuite une station pour la contempler à loisir. D'abord l'admiration s'empara de mes sens : elle suspendit quelque temps mes soucis rongeurs pour me faire savourer le plaisir secret de voir que tout ce que je contemplais était mon bien, que j'étais le seigneur et le roi absolu de cette région, que j'y avais un droit de possession, et que si j'avais des héritiers, je pourrais le leur transmettre. J'y vis une grande quantité d'orangers, de limoniers et de citronniers, tous sauvages, et dont un petit nombre seulement portaient du fruit, du moins dans la saison où nous étions. Les limons verts que je cueillis étaient non-seulement agréables à manger, mais encore très-sains; et dans la suite j'en mêlai le jus avec de l'eau, qui en devenait par là plus rafraîchissante et plus salutaire.

Je me voyais maintenant assez d'ouvrage : il s'agissait de cueillir du fruit et de le transporter dans mon habitation; car j'avais résolu d'amasser une provision de raisins et de citrons pour me servir dans la saison pluvieuse.

A cet effet, j'en fis trois tas, deux de raisins, et l'autre de limons et de citrons mêlés ensemble. Je tirai de chacun une petite portion pour l'emporter, et je pris le chemin de la maison, résolu de revenir au plus tôt et de me munir d'un sac ou de quelque autre ustensile que je pourrais trouver, pour enlever le reste.

Après mon voyage, de trois jours, je me rendis chez moi : c'est ainsi que j'appellerai désormais ma tente et ma caverne. Mais, avant d'y arriver, mes raisins s'étaient froissés et écrasés, à cause de leur grande maturité et de leur poids, en sorte qu'ils ne pouvaient plus se conserver. Quant aux limons, ils devinrent très-bons; mais il n'y en avait qu'un petit nombre.

Le jour suivant, le 19, je retournai avec deux petits sacs que j'avais faits pour y mettre ma récolte; mais je fus surpris de voir mes raisins, que j'avais laissés la veille si appétissants et entassés avec soin, gâtés, mis en morceaux et dispersés çà et là : une partie en avait été rongée et dévorée. J'en conclus qu'il se trouvait dans le voisinage quelques animaux sauvages qui avaient fait ce dégât.

Enfin, voyant qu'il n'y avait pas moyen de les laisser en monceaux ni de les emporter dans un sac, parce que, d'un côté, ils seraient pressés et exprimés sous leur propre poids, et que, de l'autre, ce serait les livrer aux bêtes sauvages, je trouvai une troisième méthode qui me réussit : je cueillis une grande quantité de raisins et les suspendis au bout des branches des arbres pour les sécher et les cuire au soleil; quant aux limons et aux citrons, j'en emportai au logis assez pour plier sous ma charge.

Pendant mon retour de ce petit voyage, je contemplai avec admiration la fécondité de cette vallée, les charmes de sa situation, l'avantage qu'il y aurait de s'y voir à l'abri des orages du vent d'est, derrière ces bois et ces coteaux ; et je conclus que l'endroit où j'avais fixé mon habitation était sans contredit le moins avantageux de toute l'île. Je pensai dès lors à déloger et à me choisir, s'il était possible, dans ce séjour fertile et agréable, une place aussi forte que celle que je quitterais.

J'eus longtemps ce projet en tête, et la beauté du lieu en remplissait mon imagination avec délices; mais quand je vins à considérer les choses de plus près, et à réfléchir que mon ancienne demeure était proche de la mer, je trouvai que ce voisinage pourrait donner lieu à quelque événement favorable pour moi, et que, bien qu'il n'y eût pas beaucoup d'apparence que rien de semblable pût jamais m'arriver, néanmoins, si je venais à me renfermer dans les collines et dans les bois, au centre de l'île, ce serait éloigner toutes chances, et rendre mon affranchissement non-seulement peu probable, mais même impossible : je conclus donc que je ne devais point changer de demeure.

J'étais pourtant devenu tellement passionné pour ce bel endroit, que j'y passai presque tout le reste de juillet; et quoique, après m'être ravisé, j'eusse résolu de ne point changer de domicile, je ne pus m'empêcher de satisfaire en partie mon envie en y faisant une petite maison de plaisance au milieu d'une enceinte assez spacieuse, composée d'une double haie bien palissadée, aussi haute que je pouvais la faire, et garnie en dedans de petites plantations. Je couchai quelquefois deux ou trois nuits consécutives dans cette seconde forteresse, passant et repassant par-dessus la haie à l'aide d'une échelle, comme je faisais dans la première. Dès lors je me regardai comme un homme qui aurait deux maisons : l'une sur la côte, pour veiller au commerce et à l'arrivée des vaisseaux; l'autre à la campagne, pour faire la moisson et la vendange. Les ouvrages et le séjour que je fis dans cette dernière me tinrent jusqu'au 1er août.

Je venais de terminer mes fortifications, et je commençais à jouir de mes travaux, quand les pluies vinrent m'en déloger et me chasser dans ma première habitation, d'où je ne devais pas sortir de sitôt; car, quoique dans la nouvelle je me fusse fait une tente avec une pièce de voile, et que je l'eusse très-bien tendue, comme j'avais déjà fait dans l'ancienne, je n'étais plus là au pied d'un rocher élevé et à pic, qui me servît de boulevard contre le gros temps, et je n'avais pas derrière moi de caverne pour me retirer en cas de pluies extraordinaires.

J'avais achevé ma clôture au commencement d'août, et dès ce moment je commençai à jouir de mon travail. Au troisième jour du même mois, je trouvai les raisins que j'avais suspendus parfaitement secs, bien cuits au soleil, en un mot, excellents; je commençai donc à les ôter de dessus les arbres ; et je fis très-bien de prendre promptement cette précaution, autrement les pluies qui survinrent les auraient entièrement gâtés, et m'eussent fait perdre mes meilleures provisions d'hiver. J'avais plus de deux cents grappes; il me fallut du temps pour les détacher, les transporter chez moi et les serrer dans ma caverne. Je n'eus pas plutôt terminé cette opération que les pluies commencèrent et durèrent depuis le quatorzième jour d'août jusqu'à la mi-octobre : il est bien vrai qu'elles se ralentissaient parfois; mais aussi elles étaient de temps en temps si violentes, que je ne pouvais sortir de ma caverne pendant plusieurs jours.

Dans cette même saison, l'accroissement soudain de ma famille me causa bien de la surprise. Il y avait quelque temps que j'avais eu le chagrin de perdre un de mes chats, et je le croyais mort, lorsqu'à mon grand étonnement il revint à mon logis escorté de trois petits, sur la fin du mois d'août. Cette race faillit me ruiner dans la suite par sa trop féconde postérité.

Depuis le 12 du mois d'août jusqu'au 26, il plut sans relâche; et tellement, que je ne pus sortir de tout ce temps-là. J'étais devenu très-soigneux de me garantir de la pluie. Durant cette longue retraite, je commençai à me trouver un peu à court de vivres : m'étant hasardé deux fois à sortir, je tuai un bouc, et trouvai une tortue fort grosse, qui fut pour moi un grand régal. Je réglais mes repas de la manière suivante : je mangeais une grappe de raisin pour mon déjeuner, un morceau de bouc ou de tortue grillé pour mon dîner; car, par malheur, je n'avais aucun vaisseau propre à étuver ou à bouillir quoi que ce fût; à souper, je me contentais de deux ou trois œufs de tortue.

Pour me distraire et faire en même temps quelque chose d'utile dans cette espèce de prison où me confinait la pluie, je travaillais régulièrement deux à trois heures par jour à agrandir ma caverne; en conduisant ma sape peu à peu vers l'un des flancs du rocher, je parvins à le percer de part en part et à m'établir une entrée et une sortie libres derrière mes fortifications. Je conçus d'abord quelque inquiétude de me voir ainsi exposé; car j'avais primitivement ménagé les choses de manière à être parfaitement clos, au lieu qu'à présent j'étais en butte au premier agresseur qui viendrait m'attaquer. Il faut pourtant avouer que j'aurais de la peine à justifier la crainte qui me vint sur cet article, et que j'étais trop ingénieux à me tourmenter, puisque l'animal le plus gros que j'eusse encore vu dans l'île était un bouc.

Le 30 septembre ramena l'anniversaire de mon funeste débarquement. Je calculai les crans marqués sur mon poteau, et je trouvai qu'il y avait trois cent soixante-cinq jours que j'étais à terre. J'observai ce jour comme un jour de jeûne solennel, le consacrant tout entier à des exercices religieux. Je m'abstins de toute nourriture pendant douze heures et jusqu'au soleil couchant, puis je mangeai un biscuit avec une grappe de raisin, et terminant cette journée par la prière, comme je l'avais commencée, je m'allai coucher.

Jusqu'ici je n'avais observé aucun dimanche; n'ayant jamais eu nul sentiment de religion dans le cœur, j'omis, au bout de quelque temps, de distinguer les semaines en marquant pour le dimanche un cran plus long que pour les jours ouvrables : ainsi je ne pouvais plus discerner les uns des autres. Mais, quand j'eus une fois calculé les jours par le nombre de crans, comme je viens de le dire, je reconnus que j'avais été dans l'île pendant un an entier. Je divisai cette année en semaines, et je pris le septième jour de chacune pour mon dimanche; il est pourtant vrai qu'à la fin de mon calcul je trouvai un ou deux jours d'erreur.

Peu de temps après, je m'aperçus que mon encre me manquerait bientôt; je fus donc obligé d'en être très-ménager, me contentant d'écrire les circonstances les plus remarquables de ma vie, sans faire un détail journalier des autres choses.

Je m'apercevais déjà de la régularité des saisons : je ne me laissai plus surprendre ni par la pluie ni par la sécheresse, et je savais me pourvoir contre l'une et l'autre. Mais avant d'acquérir une pareille expérience, j'avais été obligé d'en faire les frais. J'ai dit plus haut que j'avais conservé le peu d'orge et de riz qui avait poussé d'une manière inattendue. Il pouvait bien y avoir trente épis de riz et vingt d'orge, et je croyais que c'était le temps propre à semer ce grain, parce que, les pluies étant passées, le soleil était parvenu au midi de la ligne.

D'après ce projet, je cultivai une pièce de terre du mieux qu'il me fut possible, avec une pelle de bois, et, l'ayant partagée en deux, je semai mon grain. Pendant cette opération, il me vint en pensée que je ferais bien de ne pas tout employer cette première fois, parce que je ne savais quelle saison était la plus propre pour les semailles; je risquai donc environ les deux tiers de mon grain, réservant à peu près une poignée de chaque sorte.

Je me sus bon gré dans la suite de m'y être pris avec cette précaution. De tout ce que j'avais semé, il n'y eut pas un seul grain qui vînt à maturité, parce qu'aux mois suivants, qui composaient la saison sèche, la terre n'ayant reçu aucune pluie après avoir été ensemencée, elle manqua de l'humidité nécessaire pour faire germer le grain, et elle ne produisit rien du tout jusqu'au retour de la saison pluvieuse, où il ne poussa que de faibles tiges, qui dépérirent.

Voyant que ma première semence ne croissait point, et devinant aisément qu'il n'en fallait point chercher d'autre cause que la sécheresse, je préparai un autre champ pour en faire un autre essai. Je bêchai donc une pièce de terre près de ma nouvelle enceinte, et je semai le reste de mon grain en février, un peu avant l'équinoxe du printemps. Cette semence, ayant été humectée durant les deux mois de mars et d'avril, poussa fort heureusement et fournit la plus belle récolte que je pusse attendre ; mais comme cette seconde semaille n'était qu'un reste de la première, n'osant la risquer tout entière, et que j'en avais épargné pour une troisième, elle ne me donna qu'une petite moisson qui pouvait monter à deux picotins, l'un de riz, l'autre d'orge.

L'expérience que je venais de faire me rendit très-habile sur ce point ; j'appris le moment juste où il fallait semer, et je vis que je pouvais faire deux semailles et recueillir deux moissons.

Pendant que mon blé croissait, je fis une découverte dont je sus bien profiter par la suite. Dès que les pluies furent passées, et que le temps devint beau, ce qui arriva vers le mois de novembre, j'allai faire un tour à ma maison de campagne. Après une absence de quelques mois, j'y trouvai les choses dans le même état où je les avais laissées, et même en quelque sorte améliorées. Le cercle ou la double haie que j'avais formée était non-seulement entière, mais encore les pieux, que j'avais faits avec des branches d'arbres coupées dans le voisinage, avaient tous poussé et produit de longues branches, comme auraient pu le faire des saules, qui repoussent généralement la première année, après qu'on les a élagués depuis le tronc jusqu'à la cime. Je ne saurais comment appeler les arbres dont les branches m'avaient fourni des pieux. J'étais bien étonné de voir croître ces jeunes plants ; je les taillai et les cultivai de façon qu'ils pussent tous venir à un même niveau, s'il était possible. On ne saurait croire combien ils prospérèrent, ni le bel aspect qu'ils eurent au bout de trois ans : bien que mon enceinte eût environ vingt-cinq verges de diamètre, ils la couvrirent bientôt tout entière et formèrent enfin un ombrage si épais, qu'on aurait pu loger dessous durant toute la saison sèche. Je résolus donc de couper d'autres pieux de la même espèce, et de faire une haie en forme de demi-cercle pour enfermer la muraille de ma première demeure ; et c'est aussi ce que j'exécutai : je plantai un double rang de ces pieux, qui devenaient des arbres, à la distance d'environ huit verges de mon ancienne palissade; ils crûrent fort vite, servirent d'abord de couverture pour mon habitation, et dans la suite même de rempart et de défense.

Je trouvai dès lors qu'on pouvait en général diviser les saisons de l'année, non pas en été et en hiver, comme on fait en Europe, mais en temps de pluie et de sécheresse, qui, se succédant alternativement deux fois l'un à l'autre, occupent ordinairement les mois de l'année selon l'ordre suivant :

La seconde moitié de février, mars, la première moitié d'avril.	Temps de pluie, le soleil étant dans l'équinoxe ou bien proche.
La seconde moitié d'avril, mai, juin, juillet, la première moitié d'août.	Temps sec, le soleil étant alors au nord de la ligne.
La seconde moitié d'août, septembre, la première moitié d'octobre.	Temps de pluie, le soleil étant retourné au voisinage de l'équinoxe.
La seconde moitié d'octobre, novembre, décembre, janvier, la première moitié de février.	Temps sec, le soleil étant au sud de la ligne.

Tel est le cours ordinaire des saisons, quoiqu'à la vérité il souffrît quelques changements de temps en temps, parce que la pluie durait plus ou moins, selon la direction ou la violence des vents qui soufflaient. J'avais appris à mes dépens combien les pluies sont contraires à la santé, et voilà pourquoi je faisais toutes mes provisions d'avance, de crainte d'être obligé d'aller dehors pendant les mois pluvieux. Mais il ne faut pas s'imaginer que je fusse oisif dans ma retraite : j'y trouvais assez d'occupations, et je manquais encore d'une infinité de choses dont je ne pouvais me pourvoir que par un rude travail et une application continuelle. Par exemple je voulus fabriquer un panier, et je m'y pris de plusieurs manières : les baguettes que j'employai d'abord pour cela étaient si fragiles, que je n'en pus rien faire. J'eus lieu, dans cette conjoncture, de me savoir bon gré de ce qu'étant encore petit garçon je m'étais fait un plaisir de fréquenter la boutique d'un vannier qui travaillait dans la ville où mon père faisait son domicile, et de lui voir faire ses ouvrages d'osier. Semblable à la plupart des enfants, je lui rendais de petits services; je remarquais soigneusement la manière dont il travaillait, je mettais quelquefois la main à l'œuvre, et enfin j'avais acquis une pleine connaissance des procédés de son art. Il ne me manquait plus que des matériaux, lorsqu'il me vint dans l'esprit que les petites branches de l'arbre sur lequel j'avais coupé les pieux qui avaient poussé, pourraient bien être aussi flexibles que celles du saule ou de l'osier; je résolus de l'essayer.

Dans ce dessein, je m'en allai le lendemain à la maison de campagne, et ayant coupé quelques branches de l'arbre dont je viens de parler, je les trouvai aussi propres que je pouvais les souhaiter pour ce

Je m'étais fait un plaisir de fréquenter la boutique d'un vannier.

que je voulais faire. Je retournai donc bientôt après avec une hache pour couper une grande quantité de ces petites branches; ce que je n'eus point de peine à faire, parce que l'arbre qui les produit était fort commun dans le canton. Je les plaçai et les étendis dans mon enclos pour les sécher; et, dès qu'elles furent propres à être mises en œuvre, je les portai dans ma caverne, où je m'occupai, pendant la saison suivante, à faire de mon mieux un bon nombre de paniers, soit pour transporter de la terre ou autre chose, soit pour serrer du fruit, soit enfin pour d'autres usages. Quoique je ne les fisse pas dans la dernière perfection, ils étaient suffisants pour leur destination. J'eus soin depuis ce temps-là de ne m'en laisser jamais manquer : à mesure que les vieux dépérissaient, j'en faisais de nouveaux. Je m'attachai surtout à confectionner quelques paniers solides et profonds pour enfermer mon blé, au lieu de le mettre dans des sacs, dans le cas d'une bonne récolte.

Quand je fus venu à bout de cette difficulté, je mis en mouvement les ressorts de mon imagination pour voir s'il ne serait pas possible de suppléer au besoin extrême que j'avais de deux autres choses. D'abord je manquais de vaisseaux propres à contenir les liquides, n'ayant que deux petits barils dans lesquels il y avait encore actuellement beaucoup de rhum, et quelques bouteilles de verre médiocrement grandes, les unes carrées, les autres rondes, qui contenaient de l'eau-de-vie ou d'autres liqueurs; je ne possédais pas seulement un pot pour faire cuire la moindre chose, excepté une grosse marmite que j'avais sauvée du vaisseau, mais qui, à raison de sa grande dimension, ne pouvait servir à faire du bouillon ou à étuver un morceau de viande. L'autre objet que j'aurais bien voulu avoir en ma possession était une pipe, ce qui me parut impossible pendant quelque temps; mais à la fin je parvins à m'en fabriquer une assez grossière, qui néanmoins me fut très-agréable.

Je m'occupais tantôt à planter mon second rang de palissades, tantôt à dresser des ouvrages d'osier; et j'allais ainsi voir la fin de mon été, lorsqu'une autre affaire vint me prendre une partie de mon temps, qui m'était si précieux. J'avais un grand désir de parcourir toute l'île; je m'étais avancé jusqu'à la source du ruisseau, et de là j'avais poussé jusqu'au lieu où était située mon exploitation rurale, et d'où rien n'arrêtait la vue jusqu'à l'autre côté de l'île et au rivage de la mer. Je voulus traverser jusque-là; je pris donc mon fusil, une hache et mon chien, une quantité plus qu'ordinaire de plomb et de poudre, et deux ou trois grappes de raisin que je mis dans mon sac, et je partis. Quand j'eus traversé toute la vallée dont j'ai déjà parlé, je découvris la mer à l'O.; et comme il faisait un temps fort clair, je vis au delà distinctement une terre : je ne pouvais dire si c'était une île ou un continent; mais je voyais qu'elle était très-élevée, qu'elle s'étendait de l'O. à l'O.-S.-O. et ne pouvait être éloignée de moins de quinze lieues.

Tout ce qu'il m'était permis de savoir de la situation de cette terre, c'est qu'elle était dans l'Amérique. Suivant tous les calculs que j'avais pu faire, elle devait confiner avec les pays espagnols : il était possible qu'elle fût entièrement habitée par des sauvages, qui, si j'eusse abordé, m'auraient sans doute fait subir un sort plus dur que n'était le mien. Je me rendis aisément aux dispositions de la Providence, que je reconnaissais enfin, et que je croyais capable de régler tout pour le mieux. Cette découverte ne porta aucune atteinte à mon repos, et je me donnai bien de garde de me tourmenter l'esprit par des souhaits impuissants.

En outre, quand j'eus mûrement considéré la chose, je trouvai que si cette côte faisait partie des conquêtes espagnoles, je verrais infailliblement passer et repasser de temps à autre quelques vaisseaux; que si, au contraire, je n'en voyais jamais un seul, il fallait que ce fût la côte qui sépare la Nouvelle-Espagne du Brésil, et qui est une retraite de sauvages, mais des plus cruels, puisqu'ils sont anthropophages, et qu'ils ne manquent point de massacrer et de dévorer tous ceux qui tombent entre leurs mains.

J'avançais à loisir en faisant ces réflexions. Ce côté de l'île me parut bien différent du mien : les paysages en étaient beaux, les plaines verdoyantes et émaillées de fleurs, les bois hauts et touffus. Je vis quantité de perroquets, et je désirai vivement d'en attraper un pour l'apprivoiser et lui apprendre à parler. Je me donnai bien du mouvement dans ce but; à la fin j'en attrapai un jeune, que j'abattis d'un coup de bâton. L'ayant relevé, je le mis dans mon sein : à force de soins je le fis revenir, et je l'emportai chez moi. Quelques années s'écoulèrent avant que je pusse le faire parler; mais enfin je lui appris à m'appeler par mon nom d'une manière tout à fait familière.

Ce voyage me procura beaucoup de plaisir; je trouvais dans les lieux bas des animaux que je prenais les uns pour des lièvres, les autres pour des renards; mais ils avaient quelque chose de bien différent de tous ceux que j'avais vus jusqu'alors; j'en tuai plusieurs, sans toutefois succomber à la tentation d'en manger. En effet, j'aurais eu grand tort de courir les moindres risques par rapport aux aliments, puisque j'en avais en quantité et de très-bons, entre autres des boucs, des pigeons et des tortues : si l'on y ajoute mes raisins, je défie tous les marchés de Leaden-Hall de mieux fournir une table, surtout en proportion des convives.

Durant ce voyage, je ne faisais jamais plus de deux milles ou environ par jour, à vol d'oiseau, mais avec tant de tours et de détours pour voir si je ne ferais pas quelque rencontre avantageuse, que j'arrivais toujours fatigué au lieu où je voulais choisir mon gîte pour la nuit; alors je montais sur un arbre, ou bien je me logeais entre deux, plantant un rang de pieux à chacun de mes côtés, pour me servir de barricades, ou du moins pour empêcher que les bêtes ne vinssent sur moi sans m'éveiller auparavant.

Dès que je fus arrivé au bord de la mer, mon admiration augmenta pour ce côté de l'île; tout ce qui se présenta à ma vue me confirma dans l'opinion où j'étais déjà, que le plus mauvais lot m'était échu en partage. Le rivage que j'habitais ne m'avait fourni que trois tortues en un an et demi, au lieu que celui-ci en était couvert. Tout y abondait en oiseaux de plusieurs sortes, dont quelques-uns m'étaient inconnus, mais la plupart très-bons à manger. J'en aurais pu tuer autant que j'eusse voulu, si j'eusse été moins économe de ma poudre et de mon plomb, et je souhaitais plutôt de tuer une chèvre, s'il était possible, parce qu'il y avait beaucoup plus à manger. Cependant, quoique cette partie de la côte fût plus abondante en boucs que celle que j'habitais, il était néanmoins plus difficile de les approcher, parce que, ce canton étant plat et uni, ils pouvaient m'apercevoir plus aisément que lorsque j'étais sur les rochers et sur les collines.

Quelque charmante que fût cette contrée, je ne sentais pourtant pas le moindre désir de changer d'habitation; j'étais accoutumé à celle où je m'étais fixé dès le commencement; et, dans le moment même où j'admirais mes belles découvertes, il me semblait que j'étais éloigné de chez moi et dans un pays étranger. Enfin je pris ma route le long de la côte, tirant à l'E., et je crois que je parcourus bien douze milles. Alors je plantai une grande perche sur le rivage pour me servir de marque, et je pris le parti de m'en retourner au logis, en décidant pourtant que la première fois que je me mettrais en chemin pour faire un autre voyage, je prendrais à l'E. de mon domicile, et qu'enfin je ferais la moitié du tour de l'île avant d'arriver à ma marque.

Je pris pour m'en retourner un autre chemin que celui par où j'étais venu, croyant que je pourrais aisément avoir l'aspect de toute l'île, et de ne pas manquer, en jetant la vue çà et là, de trouver mon ancienne demeure. Je me trompai dans mon calcul; car, lorsque je me fus avancé l'espace de deux à trois milles dans le pays, je me trouvai au milieu d'une vallée spacieuse, environnée de collines tellement couvertes de bois, qu'il n'y avait aucun moyen de deviner mon chemin, à moins que ce ne fût au cours du soleil; encore aurait-il fallu que j'eusse la position de cet astre ou l'heure du jour.

Il arriva, pour surcroît d'infortune, qu'il fit un temps sombre durant trois à quatre jours que je séjournai dans cette vallée. Comme je ne pouvais voir le soleil pendant ce temps-là, j'eus le déplaisir d'y être errant et vagabond, de me voir enfin obligé de gagner le bord de la mer, où je cherchai ma perche, et de reprendre le chemin que j'avais déjà fait. Je m'en retournai au logis à petites journées, supportant et le poids de la chaleur, qui était excessive, et celui de mon fusil, de mon fourniment, de ma hache et d'autres provisions.

Mon chien, dans cette caravane, surprit un jeune chevreau et le saisit. J'accourus d'abord, et je fus assez diligent pour sauver ce petit animal de la gueule du chien et le prendre en vie. Je souhaitais passionnément de le transporter au logis s'il était possible. Souvent je m'étais occupé, dans mes réflexions, de l'idée et du moyen de prendre un couple de ces jeunes animaux, et de les nourrir pour former un troupeau de boucs privés, lequel, au défaut de ma poudre et de mon plomb, pourrait un jour subvenir à ma nourriture.

Je fis un collier pour cette petite bête, je le lui passai autour du cou, et avec une corde que j'y attachai, je le menai à ma suite; ce ne fut pas sans peine que je m'en fis suivre jusqu'à mon enceinte extérieure. Quand je fus arrivé, je l'y enfermai et l'y laissai; car il me tardait bien d'être de retour, et de me trouver chez moi après un mois d'absence.

On ne saurait croire quelle satisfaction j'éprouvai à revoir mon ancien foyer et à étendre mes membres fatigués dans mon lit suspendu. Le voyage que je venais de faire, sans tenir de route certaine pendant le jour, sans retraite assurée pour la nuit, m'avait si fort lassé sur sa fin, que mon ancienne maison me parut un établissement parfait où rien ne manquait. Tout ce qui était autour de moi m'enchantait, et je résolus de ne plus m'éloigner désormais pour un temps un peu long, tant que ma destinée me retiendrait dans l'île.

Je gardai la maison pendant une semaine pour goûter les douceurs du repos et me refaire de mon long voyage. Cependant une affaire de grande importance m'occupait sérieusement : c'était une cage que je faisais pour mon perroquet; il commençait à être de la famille, et nous nous connaissions déjà parfaitement, lui et moi. Ensuite je pensai au pauvre chevreau que j'avais renfermé dans mon enclos, et je trouvai convenable de l'aller chercher, ou du moins de lui porter à manger. Quand il eut mangé, je l'attachai comme la première fois et l'emmenai. La faim qu'il avait soufferte l'avait maté et rendu souple, au point qu'il me suivait comme un chien, et que j'aurais pu me dispenser de le tenir à l'attache. J'en pris un soin particulier, ne cessant de lui donner à manger et de le caresser tous les jours. En peu de temps il devint si familier, que depuis il ne voulut jamais me quitter; et dès lors il fut admis au nombre de mes autres domestiques.

CHAPITRE VIII

La saison pluvieuse de l'équinoxe d'automne était revenue. Le 30 septembre était l'anniversaire de ma descente dans l'île, où j'étais depuis deux ans, et d'où je n'avais pas plus d'espérance de pouvoir sortir que le premier jour; je l'observai d'une manière aussi solennelle que l'année précédente. Je m'occupai tout le jour à m'humilier devant Dieu et à reconnaître sa miséricorde infinie, qui voulait bien accorder à ma vie solitaire des adoucissements sans lesquels elle m'aurait été insupportable.

Je reconnus alors plus sensiblement que je n'avais encore fait combien cette existence était moins déplorable que celle que j'avais menée pendant le cours de mes désordres. Mes chagrins et ma joie commençaient à changer d'objets; je concevais d'autres désirs et d'autres affections; je faisais mes délices de choses toutes nouvelles, et différentes de celles qui m'auraient charmé au commencement de mon séjour dans l'île, pour ne pas dire depuis tout le temps que j'y étais.

Autrefois, lorsque j'allais chasser ou visiter la campagne, j'étais sujet à tomber dans des réflexions chagrines à la vue de ma condition, et à me pâmer subitement de douleur lorsque je considérais les forêts, les montagnes, les déserts, où, sans compagnons et sans ressources, je me voyais renfermé par les barrières éternelles de l'Océan. Ces pensées me surprenaient souvent au milieu du plus grand calme comme un orage; elles me jetaient dans le trouble et le désespoir; alors je joignais les mains, et je pleurais comme un enfant. Quelquefois elles me prenaient au milieu de mon travail : alors je m'asseyais, soupirant amèrement, les yeux attachés à terre, durant deux à trois heures de suite : tout cela empirait ma condition.

Mais actuellement mon esprit se repaissait d'autres idées : la lecture de la parole de Dieu faisait partie de mes occupations journalières, et de cette source émanaient toutes les consolations dont j'avais si grand besoin.

Dès ce moment je conclus en moi-même qu'il était possible que je vécusse plus heureux dans cet état de solitude que je ne le ferais dans le commerce du monde et dans quelque profession que ce pût être. Dans la chaleur de cette conviction, j'allais rendre grâces à Dieu comme d'un bienfait singulier de m'avoir bien voulu amener en un tel lieu.

J'étais dans ces pieuses dispositions d'esprit quand je commençai ma troisième année. En général, il m'arrivait rarement d'être oisif; je partageais mon temps en autant de parties que de fonctions différentes auxquelles je m'étais obligé de vaquer. Telles étaient premièrement la prière et la lecture de mes livres de piété, les courses que je faisais avec mon fusil pour me procurer de quoi manger, lesquelles duraient ordinairement trois heures lorsqu'il ne pleuvait pas; et, en troisième lieu, les peines qu'il fallait que je me donnasse pour apprêter, pour cuire ce que j'avais tué, ou bien pour le conserver et en faire provision, ce qui me prenait une bonne partie de la journée. Il faut remarquer en outre que, pendant tout le temps que le soleil était à son apogée ou dans le voisinage de ce point, les chaleurs étaient excessives, et qu'il n'était pas possible de sortir : je ne pouvais donc disposer de plus de trois à quatre heures de l'après-dînée : seulement je convertissais parfois mes heures de chasse en heures de travail, en sorte que je travaillais le matin et que je sortais avec mon fusil sur le soir.

A cette brièveté du temps destiné au travail ajoutez la pénible difficulté de ce même travail, et les heures que le défaut d'outils, de commodités, d'habileté, m'obligeait souvent de retrancher de mes autres occupations, pour réussir à faire la moindre chose. Je citerai pour preuve quarante-deux jours entiers mis à fabriquer une planche pour me servir de tablette dans ma caverne; au lieu que deux scieurs, avec leurs outils et un atelier monté, en auraient fait dix d'un seul tronc en une seule journée.

Voici comment je m'y prenais. J'allais dans les bois choisir un gros arbre, parce que la planche devait être large. J'étais trois jours à couper cet arbre par le pied, et deux autres à l'ébrancher et à le réduire à une pièce de merrain. A force de hacher, de trancher et de charpenter, j'en réduisais les deux côtés en copeaux, jusqu'à ne lui laisser que trois pouces d'épaisseur. On conviendra qu'un tel ouvrage devait être un rude exercice pour mes mains; mais le travail et la patience m'en faisaient venir à bout comme de bien d'autres choses.

Le mois de novembre étant venu, j'attendais ma récolte d'orge et de riz. Le terrain que j'avais cultivé pour recevoir ces grains n'était pas grand; la quantité que j'avais semée de chaque espèce montait au plus, comme je l'ai déjà remarqué, à un demi-picotin, parce que j'avais perdu le fruit d'une saison pour avoir semé pendant la sécheresse. Mais pour le moment je me promettais une bonne récolte, lorsque je m'aperçus tout à coup que je serais en danger de perdre le tout, et de me le voir enlever par des ennemis de plusieurs sortes, dont il était presque impossible de défendre mon champ. Les premières hostilités furent commises par les boucs et ces autres animaux auxquels j'ai donné le nom de lièvres, qui tous, ayant une fois goûté la saveur du blé en herbe, y demeuraient campés nuit et jour, le mangeant à mesure qu'il poussait, et si près du pied, qu'il était impossible qu'il eût le temps de se former en épis.

Je ne vis point d'autre remède à ce mal que d'entourer complétement mon blé d'une haie. Il m'en coûta beaucoup de peines et de sueurs pour ce travail, d'autant plus que la chose était pressée et demandait une grande diligence. Cependant, comme la terre labourée était proportionnée à la semence que j'y avais mise, et par conséquent de petite étendue, je l'eus close et mise hors d'insulte en une semaine de temps environ. Pour mieux donner la chasse à ces maraudeurs, je tirais sur quelques-uns pendant le jour et leur opposais pendant la nuit mon chien, que je laissais attaché à un poteau, justement à l'entrée de mon enclos, d'où il s'élançait çà et là, aboyant contre eux de toutes ses forces. De cette manière les ennemis furent obligés d'abandonner la place, et bientôt je vis mon blé croître, prospérer et mûrir à vue d'œil.

Si les bêtes fauves avaient fait du dégât dans ma moisson dès qu'elle avait été en herbe, les oiseaux la menacèrent d'une ruine entière au moment où elle parut couronnée d'épis. Un jour, me promenant le long de l'allée pour voir comment allait mon blé, je vis la place entourée d'une multitude d'oiseaux de je ne sais combien de sortes, qui étaient aux aguets, et n'attendaient pour faire la picorée que le moment de mon départ. Je fis une décharge sur eux; car je n'allais jamais sans mon fusil. Dès que le coup fut tiré, je vis dans l'air une épaisse nuée d'oiseaux que je n'avais point remarqués, et qui s'étaient tenus cachés au fond du blé.

Ce spectacle fut bien douloureux pour moi ; car il me présageait l'anéantissement de mes espérances, la perte totale de ma récolte ; et ce qu'il y avait de pis c'est qu'en prévoyant ce malheur je ne savais pas encore comment le prévenir. Je résolus pourtant de ne rien négliger pour sauver mon grain, et de faire même sentinelle nuit et jour s'il le fallait. Avant tout je me portai sur les lieux pour constater le dommage. Ces harpies avaient, à la vérité, fait du dégât, mais non pas autant que je m'y étais attendu. La verdeur des épis avait un peu arrêté leur avidité, et si je pouvais sauver les restes, ils me promettaient encore une abondante et bonne moisson.

Je restai là quelques moments pour recharger mon fusil ; puis, me retirant un peu à l'écart, il me fut aisé de voir mes voleurs postés en embuscade sur tous les arbres d'alentour, comme s'ils n'épiaient pour faire leur irruption que l'instant de mon départ. L'événement ne me permit point de douter de leur projet : je m'éloignai de quelques pas, comme pour m'en aller tout à fait. A peine avais-je disparu, qu'ils descendirent de nouveau, l'un après l'autre, dans le champ de blé. J'en fus si irrité, que je n'attendis pas qu'ils y fussent assemblés en grand nombre : il me semblait qu'on me rongeait les entrailles, et que chaque grain qu'ils avalaient me coûtait la valeur d'un pain entier. Je m'avançai donc aussitôt près de la haie, je tirai sur eux un second coup, et j'en tuai trois. C'est justement ce que je souhaitais avec ardeur. Je les ramassai d'abord ; puis, afin de rendre leur punition exemplaire, je les traitai comme on fait en Angleterre avec les voleurs, que l'on condamne à rester attachés au gibet après leur exécution, afin d'inspirer de la terreur aux autres. On n'imaginerait pas quel bon effet cela produisit. Non-seulement, depuis ce temps-là, les oiseaux ne vinrent plus dans mon blé, mais encore ils abandonnèrent tout ce canton de l'île, et je n'en vis plus aucun dans le voisinage tout le temps que demeura l'épouvantail. J'en eus une joie extrême, et je fis ma récolte sur la fin de décembre, qui est, dans ce climat, l'instant favorable pour la seconde moisson.

Avant de commencer cette corvée, je ne savais comment suppléer à une faucille, instrument qui m'était absolument nécessaire pour couper le blé. Je n'eus d'autre parti à prendre que de m'en fabriquer une du mieux que je pus avec un des sabres ou coutelas que j'avais trouvés parmi les autres armes restées dans le vaisseau. Ma récolte ayant été peu de chose, celle-ci me coûta moins de peine à recueillir.

En glanant la paille, je n'y cherchai que les épis seuls, que j'égrenai ensuite entre mes mains. La moisson achevée, le demi-picotin que j'avais semé se trouva m'avoir produit près de deux boisseaux et demi d'orge, du moins autant que je pouvais l'estimer, puisque je n'avais aucune mesure : ce qui ne laissa pas de me donner beaucoup de courage : c'en était assez pour me faire connaître que la

Je fis ma récolte sur la fin de décembre.

divine providence voudrait bien un jour ne pas me laisser manquer de pain. Néanmoins je me voyais encore dans un grand embarras; car je ne savais ni comment moudre ce grain pour en faire du pain, ni comment cuire ce pain quand même je serais parvenu à le pétrir. Toutes ces difficultés se joignant au désir que j'avais d'amasser une bonne quantité de provisions et d'avoir par devers moi un grenier qui m'assurât du pain pour l'avenir, je résolus de ne point user de cette récolte, mais de la conserver et de l'employer tout entière en semence de la saison prochaine. Je voulus, en attendant, appliquer toute mon industrie et toutes les heures de mon travail à l'exécution du grand dessein qui avait pour objet de me pourvoir de blé et de pain.

Je pouvais bien dire alors, dans un sens propre et littéral, que je travaillais pour ma vie. Mais une chose étonnante et à laquelle je ne crois pas que beaucoup de gens réfléchissent, ce sont les préparations qu'il faut faire, la peine qu'il faut essuyer, les formes différentes qu'il faut donner à l'ouvrage, avant de pouvoir produire dans sa perfection ce qu'on appelle un morceau de pain.

C'est ce que je reconnus à mon grand dommage, moi qui étais réduit, pour ainsi dire, à l'état de nature primitif; et chaque jour aidait à m'en convaincre de plus en plus, même après que j'eus recueilli le peu de blé qui avait crû d'une manière si extraordinaire et si inattendue au pied du rocher.

Premièrement, je n'avais point de charrue pour labourer la terre, point de bêche pour la retourner; il est vrai que j'y suppléai avec la pelle de bois; mais aussi, dans cet ouvrage, reconnaissait-on aisément l'inhabileté de l'ouvrier. Quoiqu'elle m'eût coûté plusieurs jours à faire, comme elle n'était point garnie de fer, non-seulement elle s'usa plus tôt, mais encore je m'en servais avec plus de peine et moins de résultats. Cependant je me résignais à tout, et je supportais avec une patience inaltérable et la difficulté du travail et le peu de succès dont il était suivi.

Après que mon blé était semé, j'aurais eu besoin d'une herse; n'en ayant point, je me vis obligé de passer sur la terre labourée une grosse branche d'arbre que je traînais derrière moi, et avec laquelle je grattais, pour ainsi dire, plus que je ne hersais.

Quand mon grain était en herbe, en épi, ou parvenu à maturité, de combien de choses n'avais-je pas besoin pour le fermer d'un enclos, en écarter les bêtes fauves et les oiseaux, pour le faucher, le sécher, le voiturer, le battre, le vanner et le rentrer! Puis il me fallait encore un moulin pour le moudre, un tamis pour passer la farine, du levain et du sel pour faire fermenter, un four pour cuire mon pain. Voilà bien des instruments d'un côté, et de l'autre bien des ouvrages différents : je ferai pourtant voir que tous ceux-là me manquèrent, et que je ne manquai à aucun de ceux-ci. Mon blé m'exerçait beaucoup; mais il m'était aussi d'un plus grand secours que tout le reste, et je le regardais comme le plus précieux de tous mes biens. Cependant tant de choses à faire, et tant d'autres dont j'avais un besoin extrême m'auraient fait perdre patience sans la conviction qu'il n'y avait point de remède; d'ailleurs la perte de mon temps ne devait point me tenir au cœur, parce que, d'après la manière dont je l'avais divisé, il y avait une certaine partie du jour affectée à ces sortes d'ouvrages. Comme je ne voulais employer aucune portion de mon blé à faire du pain jusqu'à ce que j'en eusse une plus grande provision, j'avais par devers moi six mois pour tâcher de me pourvoir par mon industrie de tous les ustensiles propres à tirer le meilleur parti des grains que je recueillerais.

Il me fallait auparavant préparer un plus grand espace de terre, parce que j'avais déjà assez de grain pour ensemencer plus d'un arpent. Je ne pouvais préparer la terre sans me faire une bêche : c'est aussi par où je commençai, et il ne se passa pas moins d'une semaine entière avant que je l'eusse achevée; encore était-elle grossière et informe : de sorte que mon ouvrage en devint une fois plus pénible. Mais rien ne fut capable de me décourager ni de m'empêcher de passer outre. Enfin j'emblavai deux pièces de terre plates et unies, les plus proches de ma maison que je pus trouver, et les entourai d'une bonne haie. Cette clôture était composée de plants de même espèce que celle qui entourait ma maison. Je savais qu'elle croîtrait promptement, et que dans un an elle formerait une haie vive qui n'exigerait que peu de réparation. Cet ouvrage m'occupa durant trois mois, parce qu'une partie de ce temps était la saison pluvieuse, qui ne me permettait de sortir que rarement.

Pendant tout le temps que j'étais confiné dans ma maison par la continuation des pluies, je m'occupais de la manière que je raconterai tout à l'heure. En même temps que je travaillais, je ne laissais pas de m'amuser à parler à mon perroquet. Il apprit à dire son nom et son surnom, qui était *perroquet mignon;* et ces paroles furent les premières que j'eusse entendu prononcer dans l'île par une autre bouche que la mienne. Ce petit animal me servait de compagnon dans mon travail; les entretiens que j'avais avec lui me délassaient souvent de mes occupations, qui étaient graves et importantes, comme vous l'allez voir. Il y avait déjà longtemps que je songeais à part moi si je ne pourrais point me faire quelque vaisseau de terre, parce que j'en avais un besoin extrême; mais j'ignorais la méthode qu'il fallait suivre pour pourvoir à ce besoin. Néanmoins, quand je considérais la chaleur du climat, je ne doutai presque pas que, si je réussissais seulement à trouver de l'argile convenable, je ne pusse en former un pot, lequel, étant séché au soleil, serait assez dur et assez fort pour être manié, et pour qu'on pût y mettre des choses sèches de leur nature, et qui demanderaient à être tenues à l'abri de l'humidité. Comme je m'attendais à posséder bientôt une assez grande quantité de blé, de farine et d'autres choses, je me proposai aussi de les serrer de la manière que je viens de dire : en conséquence, je résolus de me façonner quelques pots et de les faire aussi grands qu'il me serait possible, afin qu'ils pussent se tenir fermes comme des jarres, et qu'ils fussent prêts à recevoir les différentes choses que je voulais y placer.

Le lecteur aurait pitié de moi, ou peut-être il s'en moquerait, si je lui disais de combien de manières bizarres je m'y pris pour disposer de ma matière; combien étrange et irrégulière fut la forme donnée à mes ouvrages, qui tombèrent par morceaux, les uns en dedans, les autres en dehors, parce que l'argile n'était pas assez ferme pour soutenir son propre poids; combien se fêlèrent à la trop grande ardeur du soleil, pour y avoir été exposés trop précipitamment; combien enfin se brisèrent en les changeant de place, soit avant qu'ils fussent secs, soit après qu'ils le furent : tellement que quand je me fus donné bien de la peine pour apprêter ma matière et la mettre en œuvre, je ne pus faire plus de deux grands et informes objets en terre, que je n'oserais appeler jarres, et qui me coûtèrent pourtant près de deux mois de travail.

Je ne pus faire plus de deux grands et informes objets en terre.

Néanmoins, comme ces deux vases s'étaient bien cuits et durcis au soleil, je les soulevai adroitement, et les mis dans deux grands paniers d'osier que j'avais faits exprès pour les empêcher de se casser; et comme il y avait du vide entre le pot et le panier, je le remplis avec de la paille de riz et d'orge, comptant que ces deux pots se tiendraient toujours secs, et que j'y pourrais serrer premièrement mon blé, et peut-être ensuite ma farine.

Si j'avais mal réussi dans la combinaison des grands vases, en revanche je parvins à en faire bon nombre de petits, comme des pots ronds, des plats, des cruches, des terrines : l'argile prenait sous ma main toutes sortes de figures, et elle recevait au soleil une grande consistance.

Tout cela ne répondait pas encore à la fin que je m'étais proposée, et qui était d'avoir un pot de terre capable de renfermer des choses liquides et de souffrir le feu, ce que ne pouvait faire aucun des ustensiles dont j'étais déjà pourvu. Au bout de quelque temps, il arriva qu'ayant un bon feu pour apprêter mes viandes, je découvris en fourgonnant dans mon foyer un morceau de ma vaisselle de terre qui se trouvait parfaitement cuit, dur comme une pierre et rouge comme une tuile. Je fus agréablement surpris, et je me dis qu'assurément mes pots pourraient très-bien cuire étant entiers, puisqu'il s'en cuisait dans une si grande perfection des morceaux séparés.

Cette découverte fut cause que je me mis à considérer comment je ferais pour disposer mon feu de manière que j'y pusse cuire des pots. Je n'avais aucune idée du genre de fourneau dont se servent les potiers, ni du vernis dont ils enduisent leur vaisselle, ne sachant pas que le plomb que je possédais était bon à cet usage. Je plaçai à tout hasard trois grandes cruches sur lesquelles je mis trois pots, le tout en forme de pile, avec un gros tas de cendres dessous. Je fis alentour un feu de bois qui flambait si bien aux côtés et par-dessus, qu'en peu de temps je vis mes vases tout rouges de part en part, sans qu'aucun parût être fêlé. Je les laissai à ce degré de chaleur cinq à six heures, jusqu'à ce que j'en aperçus un qui n'était pas fondu, à la vérité, mais qui commençait à fondre et à couler; le gravier, mêlé à l'argile, se liquéfiait par la violence du feu, et se serait tourné en verre si j'eusse continué. Je tempérai mon brasier par degrés, jusqu'à ce que les vases commençassent à perdre un peu de leur rouge; et je fus debout toute la nuit pour avoir l'œil dessus, de peur que le feu ne s'abattît trop soudainement. A la pointe du jour je me vis enrichi de trois cruches, qui étaient, je ne dirai pas belles, mais très-bonnes, et de trois autres pots de terre aussi bien cuits que je le pouvais souhaiter, et dont l'un avait reçu un parfait vernis par la fonte du gravier.

Après cette expérience, je ne me laissai plus manquer d'aucun vase de terre qui me pût être utile; mais leur forme était peu régulière, et l'on ne s'en étonnera pas si l'on considère que je n'avais aucun secours et aucune méthode fixe pour un tel travail.

Une chose si petite en elle-même me causa la plus grande joie qu'on ait jamais ressentie, quand je vis que j'avais fait un pot qui souffrirait le feu. Et à peine avais-je eu la patience d'attendre que mes vases fussent refroidis, que j'en posai un sur le feu, avec de l'eau dedans pour faire bouillir de la viande, ce qui me réussit parfaitement bien; car un morceau de bouc que j'avais mis dans le feu me fit un bon bouillon, quoique je manquasse des autres ingrédients nécessaires pour le rendre aussi complétement bon que je l'aurais souhaité.

La choses que je désirais avec le plus d'ardeur ensuite, c'était de me pourvoir d'un morceau de pierre sur lequel je pusse piler et battre du blé; car pour ce qui est d'un moulin, c'est une machine qui exige tant d'art, qu'il ne m'entra pas seulement dans l'esprit d'y pouvoir atteindre. J'étais bien embarrassé pour trouver comment je suppléerais à cet objet d'un besoin si indispensable. En effet, le métier de tailleur de pierre est, de tous, celui pour lequel je me sentais le moins de talent, outre que je n'avais aucun des outils qu'on y emploie. Je cherchai pendant plusieurs jours une pierre qui fût grosse, et qui eût assez de diamètre pour la pouvoir creuser et en faire un mortier; mais je n'en trouvai aucune dans toute l'île, excepté des blocs de rocher, où, faute d'instruments, je ne pouvais ni creuser ni tailler, et d'où par conséquent je ne pouvais rien tirer. Ajoutez que les rochers de l'île n'étaient pas d'une dureté convenable, mais de nature à s'émietter aisément; par conséquent ils n'auraient pas pu soutenir les coups redoublés d'un pilon; et le blé ne s'y serait pas broyé sans qu'il s'y mêlât des grains de sable. Après avoir perdu beaucoup de temps à la recherche d'une pierre, je désespérai d'y réussir, et je pris le parti de chercher dans les forêts quelque gros billot d'un bois très-dur. C'est ce qu'il me fut aisé de trouver; et, prenant le plus gros que je fusse capable de remuer, je l'arrondis et le façonnai en dehors avec ma hache et ma doloire; je le creusai avec un travail infini, en y appliquant le feu, moyen dont se servent les sauvages pour former leurs canots. Je fis ensuite un gros pilon du bois qu'on appelle bois de fer. Je mis à part ces outils ainsi préparés, en attendant ma seconde récolte, après laquelle je me proposais de moudre, ou plutôt de broyer mon blé pour le réduire en farine et en faire du pain.

Cette difficulté surmontée, la première qui se présentait était de me fabriquer un sas ou un tamis, pour préparer ma farine et la séparer du son; sans cela je ne voyais pas de possibilité d'avoir du pain. La chose était tellement difficile en elle-même, que j'avais à peine le courage d'y penser. En effet, j'étais loin d'avoir les choses nécessaires pour faire un tamis; il me fallait un bon canevas ou quelque autre étoffe claire pour passer la farine. Je demeurai dans l'inaction et dans l'incertitude pendant plusieurs mois. Tout ce qu'il me restait de toile n'était que des guenilles; j'avais à la vérité du poil de bouc; mais je ne savais comment le filer, ni comment le travailler au métier; et quand même je l'aurais su, il me manquait les instruments nécessaires. Je me fatiguais la tête à chercher quelque moyen de remédier à cette privation, lorsque je me rappelai enfin qu'il y avait, parmi les vêtements de nos mariniers que j'avais sauvés du vaisseau, quelques cravates de toile de coton. J'y eus recours : et en effet, avec quelques morceaux de ces cravates, je me fis trois petits sas assez propres à l'usage auquel je les destinais.

Ensuite venait la boulangerie, dont les fonctions devaient s'étendre tant à pétrir qu'à cuire au four. Premièrement, je n'avais pas de levain, et je n'entrevoyais aucune possibilité de me procurer une chose de cette nature; je résolus donc de ne plus m'en mettre en peine, et d'en rejeter jusqu'à la moindre pensée. Quant au four, mon esprit était en travail pour imaginer les moyens de m'en fabriquer un. A la fin je trouvai une invention qui répondait assez à mon dessein : je fis quelques vases de terre fort larges, mais peu profonds, c'est-à-dire qu'ils pouvaient avoir deux pieds de diamètre, sur neuf pouces au plus de profondeur. Je les fis cuire au feu, comme j'avais fait des autres, et les mis ensuite à part. Quand je voulais enfourner mon pain, je débutais par faire un grand feu sur mon foyer, qui était pavé de briques carrées, formées et placées à ma façon : j'avoue qu'elles n'étaient pas équarries selon les règles de la géométrie. J'attendais ensuite que l'âtre fût extrêmement chaud : alors j'écartais les charbons et les cendres en balayant proprement; puis je posais ma pâte, que je couvrais d'abord du vase de terre dont on a lu la description, et autour duquel je ramassais les charbons avec les cendres, pour y concentrer la chaleur. Ainsi je cuisais mes pains d'orge tout aussi bien que dans le meilleur four du monde, et, non content de faire le boulanger, je tranchais encore du pâtissier, car je me fis plusieurs gâteaux de riz. A la vérité, je n'allai pas jusqu'à faire des pâtés; mais, quand même je l'aurais entrepris, je ne sache pas bien ce que j'aurais pu mettre dedans, excepté de la chair de bouc ou d'oiseaux du pays; l'une ou l'autre aurait fait triste figure dans un pâté, faute des assaisonnements convenables.

On ne doit pas s'étonner quand j'avance que toutes ces choses m'occupèrent pendant la plus grande partie de la troisième année de mon séjour dans l'île, si l'on remarque que j'employais une partie de mon temps à vaquer à l'agriculture et aux moissons. En effet, je coupai mon blé dans la même saison; je le transportai au logis du mieux que je pus, et j'en conservai les épis dans mes grands paniers jusqu'à ce que j'eusse le loisir de les égrener entre mes mains, expédient auquel j'étais réduit faute d'aire et de fléau pour les battre.

Mais à présent ma provision augmentait; j'avais véritablement besoin d'élargir ma grange pour les loger. Mes semailles avaient été d'un si grand rapport, que ma dernière récolte montait à vingt boisseaux d'orge, et tout au moins à une pareille quantité de riz. Dès lors je me voyais en état de vivre à discrétion, moi qui faisais abstinence de pain depuis si longtemps, c'est-à-dire depuis que je n'avais plus de biscuit. Je voulais voir aussi quelle quantité de blé me suffirait pour une année, et si je ne pouvais pas me contenter de faire une seule semaille.

Tout bien calculé, je trouvai que quarante boisseaux suffiraient à ma consommation pendant un an. Ainsi je résolus de semer chaque année la même quantité que la dernière fois, espérant qu'elle me fournirait assez de pain.

Cependant mes pensées se reportaient sur la découverte que j'avais faite de la terre située en vue de l'île, et je ne pouvais la voir sans éprouver quelque désir secret d'y aborder. Je considérais que le pays où je me voyais était inhabité, que celui auquel j'aspirais faisait partie du continent, et que, de quelque nature qu'il fût, je pourrais de là passer plus loin et trouver le moyen de m'affranchir de ma misère.

Dans tous ces arrangements, je ne tenais aucun compte des dangers auxquels m'exposerait une telle entreprise, celui particulièrement de tomber entre les mains des sauvages, plus cruels que les tigres et les lions d'Afrique : ce serait un miracle s'ils ne me tuaient pas pour me dévorer; car je me souvenais d'avoir entendu dire que les habitants des côtes des Caraïbes étaient anthropophages, et je savais, par la latitude, que je ne pouvais être très-éloigné de ce pays-là. Toutes ces choses, que j'aurais dû considérer mûrement, et qui, dans la suite, amenèrent en moi bien des réflexions, ne m'entrèrent pas d'abord dans l'esprit. J'étais entièrement possédé du désir de traverser la mer pour prendre terre de l'autre côté.

C'était alors que je regrettai Xuri et le bateau sur lequel j'avais fait onze cents milles le long des côtes d'Afrique; mais, comme ces regrets n'aboutissaient à rien, il me vint à la pensée d'aller visiter la chaloupe de notre bâtiment, qui, après notre naufrage, avait été portée par la tempête bien avant sur le rivage, comme je l'ai déjà dit. Je la trouvai à peu près dans la même situation : elle était presque tournée sens dessus dessous, appuyée contre une longue éminence de gros sable, où la violence des flots l'avait portée et laissée à sec.

Si j'avais eu quelqu'un pour m'aider à la radouber et à la lancer à la mer, elle aurait pu me servir et me porter aisément au Brésil; mais j'aurais dû prévoir qu'il m'était aussi impossible de la retourner et de la poser sur sa quille que d'ébranler l'île. Quoi qu'il en soit, je m'en allai dans les bois, où je coupai des leviers et des rouleaux, que j'apportai à l'endroit où elle était, résolu à essayer mes forces à cet égard, et me persuadant que, si je la pouvais une fois dégager de là, il ne me serait pas difficile de réparer les avaries qu'elle avait reçues et d'en faire un bateau avec lequel je pourrais me hasarder en mer.

Je ne m'épargnai pas dans ce travail infructueux, et je pense que je n'y employai pas moins de trois à quatre semaines. Voyant enfin que mes forces étaient insuffisantes, je me mis à creuser par-dessous, plaçant en même temps plusieurs pièces de bois pour la diriger dans sa chute, de manière qu'elle pût tomber sur son fond. Mais j'eus beau faire, il ne me fut pas possible de la redresser, ni même de réussir à me glisser dessous, bien loin de la faire avancer vers l'eau. Je me vis contraint de me désister de ce projet; et cependant, chose étrange, tandis que les espérances que j'avais conçues s'évanouissaient, le désir de m'exposer sur mer pour gagner le continent m'aiguillonnait de plus en plus à mesure que la chose paraissait moins réalisable.

Je me mis à examiner s'il ne me serait pas possible, sans instruments et sans aide, de me construire, avec le tronc d'un arbre, un canot semblable à ceux que font les habitants originaires de ce pays; ce qui me parut non-seulement praticable, mais encore facile; et l'idée seule d'un tel projet me réjouissait. D'un côté je ne faisais aucune attention aux inconvénients particuliers qui viendraient à la traverse : entre autres, par exemple, le défaut de secours de qui que ce fût pour remuer mon canot, quand une fois il serait achevé, et pour le transporter à la mer; mais c'était une matière que je n'approfondis point, et je terminai tous mes doutes par cette solution extravagante : faisons-le seulement, et une fois, me disais-je, qu'il sera achevé, nous trouverons bien dans notre imagination le moyen de le mouvoir et de le mettre à flot.

Cette méthode était diamétralement opposée aux règles du bon sens; mais enfin mon entêtement avait pris le dessus, et je me mis à travailler. Je commençai par couper un cèdre : je doute que le Liban en ait jamais fourni un pareil à Salomon lorsqu'il bâtissait le temple de Jérusalem. Le diamètre de cet arbre était, par le bas, de cinq pieds dix pouces; à compter de là, il avait quatre pieds onze pouces sur une longueur de vingt-deux pieds; ensuite il allait en diminuant jusqu'au branchage. Ce ne fut pas sans un travail immense que j'abattis cet arbre; car je fus assidu pendant vingt jours à le hacher au pied. Je fus quinze jours de plus à l'ébrancher, et à en tailler le sommet, vaste et spacieux; j'y employai hache et besaiguës, tout ce que l'art du charpentier pouvait me fournir de plus puissant, et toute la vigueur dont j'étais capable. Il me fallut un mois de travail pour le façonner et le raboter, afin d'en faire quelque chose de semblable au dos d'un bateau, de manière qu'il pût flotter droit. Je ne mis guère moins de trois mois à travailler le dedans, et à creuser jusqu'au point d'en faire une chaloupe parfaite. Je vins même à bout de ce dernier point sans me servir du feu ni d'aucun autre moyen que celui du marteau, du ciseau, et grâce à une activité que rien ne put ralentir, jusqu'à ce que je me visse possesseur d'un canot fort beau, assez grand pour porter vingt-six hommes, et par conséquent plus que suffisant pour moi et toute ma cargaison.

Quand j'eus achevé cet ouvrage, j'en ressentis une joie extrême. A la vérité, c'était le plus grand canot ou la plus belle gondole faite d'une seule pièce que j'eusse vue de ma vie; mais aussi je laisse à penser quels rudes coups j'avais été obligé de frapper. La seule chose qui me restât à faire, c'était de le mettre en mer; et s'il m'eût été possible d'exécuter ce dernier point, je ne fais nul doute que je n'eusse entrepris le voyage le plus téméraire, et où il n'y avait pas la moindre apparence de pouvoir réussir.

Toutes les mesures que je pris pour mettre ce canot à flot avortèrent après m'avoir coûté un travail infini. J'eus la pensée de creuser un canal pour faire venir la mer à mon canot, puisque je ne pouvais pas faire aller mon canot jusqu'à la mer; mais je calculai qu'il me fallait, pour achever cette entreprise, dix à douze années de travail; je dus donc renoncer à mon projet, et je sentis, mais trop tard, quelle folie il y a d'entreprendre un ouvrage avant d'en avoir calculé les frais, et sans avoir pesé avec justesse si les difficultés qui se rencontreront dans l'exécution ne seront pas au-dessus de nos forces.

Au milieu de cette dernière entreprise, j'arrivai à la fin de la quatrième année de mon séjour dans l'île. J'en célébrai l'anniversaire avec la même ferveur et avec autant de consolation que je l'avais fait les années précédentes.

Je menais alors une vie beaucoup plus belle en elle-même que je ne l'avais fait au commencement, et cet heureux changement avait une influence égale sur l'esprit et sur le corps. Souvent, lorsque j'étais assis pour prendre mon repas, je rendais mes très-humbles actions de grâces à la Providence, je l'admirais de m'avoir ainsi dressé une table au milieu du désert. J'appris à donner plus d'attention au bon côté de ma condition qu'au mauvais, à considérer ce dont je jouissais plutôt que ce dont je manquais, et à trouver quelquefois dans cette méthode une source de consolations secrètes dont je ne puis exprimer la force par mes faibles paroles.

Non-seulement toutes ces réflexions me portèrent à une entière résignation à la volonté de Dieu, mais encore elles m'inspirèrent à son égard de vifs sentiments d'amour et de reconnaissance.

La seule chose qui me restât à faire, c'était de le mettre en mer.

CHAPITRE IX

Il y avait déjà longtemps qu'il ne me restait plus qu'un peu d'encre, et je tâchai de la conserver en y mettant de l'eau de temps en temps; mais enfin elle devint si pâle, qu'à peine pouvais-je en distinguer les traces sur le papier.

La première chose qui me manqua après l'encre fut le pain, ou plutôt le biscuit que j'avais apporté du vaisseau. Quoique je l'eusse ménagé avec une extrême frugalité, puisque je ne m'en étais accordé, pendant l'espace d'un an, qu'un petit morceau par jour, il me manquait tout à fait un an avant que j'eusse pu faire du pain avec le blé que j'avais semé.

Mes habits commençaient à tomber en lambeaux. Il y avait longtemps que je n'avais plus de linge, hors quelques chemises de toile rayée que j'avais trouvées dans les coffres des matelots, et que je conservais avec tout le soin possible, parce que souvent la chaleur ne me permettait pas de pouvoir supporter d'autre vêtement qu'une chemise. Ce fut un grand bonheur pour moi que parmi les habits des matelots j'en trouvasse trois douzaines. Je sauvai aussi quelques surtouts grossiers; mais ils me furent de peu d'usage, parce qu'ils étaient trop chauds.

Quoique les chaleurs fussent si violentes que je n'avais aucun besoin d'habits, et quoique je fusse seul, cependant je ne pus jamais me résoudre à rester nu. Je ne voulais pas, je n'en pouvais même supporter la pensée. D'ailleurs la chaleur du soleil m'était plus insupportable quand j'étais nu que lorsque j'avais quelques habits sur moi. La chaleur me causait souvent des cloches sur toute la peau, au lieu que, lorsque j'étais en chemise, l'air, entrant par-dessous, l'agitait de façon à me procurer de la fraîcheur. Il me fut également impossible de m'exposer habituellement au soleil sans avoir la tête couverte; il dardait ses rayons avec une telle vigueur, que, lorsque j'étais sans chapeau, je ressentais à l'instant de violents maux de tête, qui cessaient dès que je me couvrais.

Ces diverses expériences me firent songer à employer les haillons que j'avais, et que j'appelais des habits, à un usage conforme à ma position. Toutes mes vestes étant usées, je me mis à faire une espèce de robe avec les gros surtouts et quelques autres matériaux de cette nature que j'avais sauvés du naufrage. J'exerçai donc le métier de tailleur, ou, pour mieux dire, de ravaudeur, et je vins à bout, après bien des peines, de faire deux ou trois vestes et des culottes, ou plutôt des caleçons; mais ce travail ne faisait pas honneur à mon adresse.

J'avais eu soin de conserver les peaux de tous les quadrupèdes que j'avais tués; mais, comme je les avais étendues au soleil, la plupart devinrent si sèches et si dures que je ne pus les employer à aucun usage. Quant à celles dont je pus me servir, j'en fis d'abord un gros bonnet, en tournant le poil en dehors, afin de me mettre mieux à couvert de la pluie, et ensuite je m'en fabriquai un habit entier : je veux dire une large veste et des culottes ouvertes, car mes habits devaient me servir plutôt contre la chaleur que contre le froid. Au reste, si j'entendais assez peu le métier de charpentier, j'entendais encore moins celui de tailleur. Ces habits me furent pourtant fort utiles; car la pluie ne pouvait les percer.

Tous ces travaux finis, j'employai beaucoup de temps et de peine à faire un parasol. Ce travail me coûta infiniment; il se passa bien du temps avant que je pusse faire quelque chose qui fût capable de me préserver de la pluie et des rayons du soleil; encore ce premier essai ne put-il me satisfaire, ni même deux ou trois autres que je fis ensuite. Je pouvais bien les tendre; mais je ne pouvais les plier ni les porter autrement que sur ma tête, ce qui était trop embarrassant. Enfin je fis pourtant un parasol qui répondit à peu près à mes besoins, et je le couvris de peaux dont le poil était tourné en dehors. J'y étais à l'abri de la pluie comme sous un auvent, et je marchais par les chaleurs les plus brûlantes avec plus d'agrément que je ne faisais auparavant dans les jours les plus frais. Quand je n'en avais pas besoin, je le fermais et le portais sous mon bras.

Après avoir fini ces ouvrages, je demeurai cinq ans sans qu'il m'arrivât rien d'extraordinaire. Je continuai le même genre de vie. Ma principale occupation, outre celle de semer mon orge et mon riz, de sécher et de suspendre mes raisins, et d'aller à la chasse, fut, pendant ces cinq années, de faire un canot moins grand que le premier, dont je n'avais pu faire aucun usage. Je l'achevai, et, en creusant un canal profond de six pieds et large de quatre, je l'amenai dans ma baie.

Mon petit canot étant terminé, je ne pus me dissimuler que sa grandeur ne répondait point au dessein que j'avais en commençant à y travailler, qui était de hasarder un voyage d'environ quarante milles pour gagner la terre ferme. J'abandonnai donc encore ce projet; mais je résolus de faire au moins le tour de l'île. Je l'avais déjà traversée par terre, comme je l'ai dit, et les découvertes que j'avais faites alors me donnaient un vif désir de voir les autres parties des côtes de mon île.

Je ne songeai plus qu'à ce voyage, et, afin d'opérer avec plus de précaution et plus de sûreté, j'équipai mon canot du mieux qu'il me fut possible; j'y mis un mât et une voile. J'en fis l'essai, et, trouvant qu'il prenait très-bien le vent, je pratiquai un coffre à chacune de ses extrémités, afin d'y mettre mes provisions et mes munitions à l'abri de la pluie et de l'eau de la mer. Je plantai ensuite mon parasol à la poupe, afin de m'y procurer de l'ombre.

Je me servis de cette embarcation pour me promener de temps en temps sur la mer, mais sans m'écarter jamais de ma petite baie. Enfin, impatient de parcourir la circonférence de mon royaume, je résolus de faire cette excursion, et j'avitaillai mon bateau en conséquence. Je pris deux douzaines de mes pains d'orge, que je devrais plutôt appeler des gâteaux, un pot de terre plein de riz sec, dont je faisais un fréquent usage, une petite bouteille de rhum, la moitié d'une chèvre, de la poudre et du plomb pour en tuer d'autres; enfin deux gros surtouts dont j'ai parlé, l'un pour me coucher dessus, et l'autre pour me couvrir pendant la nuit.

C'était le 5 novembre, et l'an sixième de mon règne ou de ma captivité, que je m'embarquai pour ce voyage, qui fut plus grand que je ne m'y étais attendu. L'île en elle-même n'était pas fort large; mais elle avait, à l'E., une bordure de rochers qui s'étendaient à deux lieues en mer : les uns s'élevaient au-dessus de l'eau, et les autres étaient cachés; il y avait en outre, au bout de cette chaîne de rochers, un banc de sable qui était à sec, et formait un prolongement d'une demi-lieue, de telle sorte que pour doubler cette pointe j'étais obligé de m'avancer beaucoup en mer.

A la première vue de toutes ces difficultés, je renonçai d'abord à cette entreprise, par l'incertitude tant de la longue route qu'il me faudrait faire que de la manière dont je pourrais revenir sur mes pas. Je virai même de bord, et je mis mon canot à l'ancre; car je m'en étais fait une avec un fragment de grappin que j'avais sauvé du vaisseau.

Mon canot en sûreté, je pris mon fusil et débarquai ; puis je montai sur une petite éminence, d'où je découvris toute l'étendue de cette pointe; cela me permit de faire des observations d'après lesquelles je me décidai à effectuer mon voyage.

Je remarquai un courant rapide qui portait à l'E., et qui touchait la pointe de bien près; je l'étudiai autant que je pus; car j'avais tout lieu de craindre qu'il ne fût dangereux, et que, si j'y tombais, il ne me portât en pleine mer, d'où il me serait difficile de regagner mon île. La vérité est que les choses seraient arrivées comme je le dis, si je n'eusse pris la précaution de monter sur cette éminence; car le même courant régnait de l'autre côté de l'île, avec cette différence cependant qu'il s'en écartait bien davantage. Je reconnus aussi qu'il y avait une grande barre au rivage, d'où je conclus que je franchirais aisément toutes ces difficultés, si j'évitais le premier courant; car je me croyais sûr de pouvoir profiter de cette barre.

Je couchai deux nuits sur cette colline, parce que le vent, qui soufflait assez fort de l'E.-S.-E., portait contre le courant et causait divers brisements sur la pointe : il n'était donc pas sûr pour moi, ni de me tenir trop près du rivage, de peur d'échouer, ni de m'avancer trop en mer, car alors je risquais de tomber dans le courant.

Le troisième jour, le vent étant tombé et la mer étant calme, je commençai mon voyage. Je n'eus pas plutôt atteint la pointe, que je me trouvai dans une mer très-profonde, et dans un courant aussi violent que le pourrait être une écluse de moulin. Je n'étais pourtant guère éloigné de la terre que de la longueur de mon canot. Ce courant l'emporta avec une telle violence, qu'il me fut impossible de le maintenir auprès du rivage. Je me sentis entraîner loin de la barre, qui était à gauche. Le grand calme qui régnait ne me laissait rien espérer des vents, et toute ma manœuvre était inutile. Je me regardais comme un homme perdu; car je savais que l'île était entourée de deux courants, et que par conséquent, à la distance de quelques lieues, ils devaient se rejoindre. Je me crus irrévocablement destiné à périr, sans aucune chance de salut : non que je craignisse d'être noyé, la mer était calme; mais je ne voyais pas que je pusse échapper à la faim. Toutes mes provisions consistaient en un pot de terre plein d'eau fraîche et une grande tortue, ce qui assurément ne pouvait me suffire. Je prévoyais que ce courant me jetterait en pleine mer, où je n'avais espoir de rencontrer, après un voyage peut-être de plus de mille lieues, aucun rivage d'île ou de continent.

On ne saurait comprendre le désespoir où j'étais de me voir emporté, loin de ma chère île, vers la pleine mer. J'en étais alors éloigné de deux lieues, et je n'avais plus d'espérance de la revoir. Je travaillais cependant avec beaucoup de vigueur à diriger mon canot vers le N., autant qu'il m'était possible, c'est-à-dire vers le côté du courant où j'avais remarqué une barre. Sur le midi, je crus sentir une brise venant du S.-S.-E.; j'en éprouvai quelque joie, qui augmenta beaucoup, une demi-heure après, lorsqu'il s'éleva un vent très-favorable. J'étais alors à une distance prodigieuse de mon île; à peine pouvais-je la découvrir; et si le temps se fût couvert, c'en était fait de moi : j'avais oublié mon compas de mer; je ne pouvais donc me diriger que par la vue. Mais, le temps continuant au beau, je mis à la voile, et portai vers le N., en tâchant de sortir du courant.

Je n'eus pas plutôt déployé la voile, que j'aperçus par la limpidité de l'eau qu'il allait arriver quelque changement au courant; car, lorsqu'il était dans toute sa force, les eaux paraissaient sales, et elles devenaient claires à mesure qu'il diminuait. Je rencontrai à un demi-mille plus loin, vers l'E., un brisement causé par quelques rochers. Ces rochers partageaient le courant en deux; la plus grande partie s'écoulait par le S., laissant les rochers au N.-E., tandis que l'autre, repoussée par les écueils, portait avec force vers le N.-O.

Il me serait difficile d'exprimer l'empressement avec lequel je mis à la voile pour profiter du vent favorable et du courant de la barre dont j'ai parlé.

J'étais alors entre deux courants : l'un du côté du S., c'est celui qui m'avait entraîné; et l'autre du côté du N., qui en était éloigné de la distance d'une lieue, et qui portait d'un autre côté. La mer où je me trouvais était entièrement morte, ses eaux immobiles ne me portaient d'aucun côté; mais, à l'aide de la brise fraîche qui soufflait vers mon île, je fis voile et je m'en approchai, toutefois avec plus de lenteur que lorsque je cédais à la violence du courant.

Il pouvait être alors quatre heures du soir, et j'étais encore à une lieue de mon île, quand je découvris la pointe de rochers; ils s'étendaient au S.; et comme ils avaient formé ce terrible courant, ils y avaient fait aussi une barre qui portait au N. Elle était forte, et ne

Je remerciai Dieu de ma délivrance.

me conduisait pas directement vers mon île; mais, profitant du vent, je la traversai le moins obliquement que je pus, et au bout d'une heure j'arrivai à un mille du bord; l'eau y était tranquille : je ne tardai pas à gagner le rivage.

Dès que je fus abordé, me jetant à genoux, je remerciai Dieu de ma délivrance, et résolus de ne plus courir les mêmes risques pour me sauver. Je me rafraîchis du mieux que je pus; je mis mon canot

8

dans un réduit que j'avais remarqué sous les arbres, et, las comme je l'étais du travail et des fatigues de mon voyage, je fus bientôt endormi.

A mon réveil, j'étais fort en peine de savoir comment je pourrais faire arriver mon canot dans la baie voisine de ma maison : l'y conduire par mer, c'était trop risquer; je connaissais les dangers qu'il y avait du côté de l'E., et je n'osais me hasarder à prendre la route de l'O.; je résolus donc de côtoyer les rivages de l'O., espérant rencontrer quelque baie pour y mettre mon canot, afin de pouvoir le trouver en cas de besoin. Effectivement j'en rencontrai une après avoir côtoyé l'espace d'une lieue; elle me parut fort bonne, et allait en se rétrécissant jusqu'à un petit ruisseau qui s'y déchargeait. J'y mis mon canot, ne pouvant souhaiter de meilleur havre pour cette belle frégate : on aurait dit qu'il avait été travaillé exprès dans l'intention de la recevoir.

Je m'occupai ensuite à reconnaître où j'étais, et je vis qu'il n'y avait pas loin du point où je me trouvais à l'endroit où j'étais allé en traversant mon île. Ainsi, laissant toutes mes provisions dans le canot, hors le fusil et le parasol, car il faisait fort chaud, je me mis en chemin. Quoique je fusse très-fatigué, je marchais néanmoins avec assez de plaisir, et j'arrivai sur le soir à la treille que j'avais faite autrefois : tout y était dans le même état. Je l'ai depuis toujours cultivée avec beaucoup de soin; c'était, comme je l'ai dit, ma maison de campagne.

Je sautai par-dessus la haie, et je me couchai à l'ombre, car j'éprouvais une lassitude extrême, et je m'endormis tout d'abord. Vous qui lirez cette histoire, jugez quelle fut ma surprise de m'entendre éveiller par une voix qui m'appelait à diverses reprises par mon nom : « Robinson, Robinson, Robinson Crusoé, pauvre Robinson Crusoé, où avez-vous été? Robinson Crusoé, où êtes-vous? Robinson, Robinson Crusoé, où avez-vous été? »

Comme j'avais ramé tout le matin, et marché toute l'après-midi, j'étais fatigué au point que je ne m'éveillai pas entièrement. Je me sentais assoupi, moitié endormi et moitié éveillé, et je croyais rêver que quelqu'un me parlait. Cependant la voix continuait de répéter : « Robinson Crusoé, Robinson Crusoé. » Je m'éveillai enfin tout à fait, mais épouvanté et dans la dernière consternation. Je me rassurai néanmoins après avoir vu mon perroquet perché sur la haie : je reconnus d'abord que c'était lui qui m'avait parlé, car je l'avais instruit à prononcer ces mots. Souvent il venait se reposer sur mon doigt, et, approchant son bec de mon visage, il se mettait à crier : « Pauvre Robinson Crusoé, où êtes-vous? où avez-vous été? comment êtes-vous venu ici? » et autres choses semblables.

J'eus pourtant quelque peine à me rendre entièrement, quoique je fusse certain que personne ne pouvait m'avoir parlé que mon perroquet. Comment, disais-je, est-il venu dans cet endroit plutôt que dans tout autre? Il n'y avait pourtant que lui qui pût m'avoir parlé. J'abandonnai ces réflexions et l'appelai par son nom; aussitôt cet aimable oiseau vint se poser sur mon pouce et me dit, comme s'il eût été ravi de me revoir : « Pauvre Robinson Crusoé, où avez-vous été? » Je l'emportai ensuite au logis.

C'était assez de courses sur mer, et j'éprouvais un grand besoin de me reposer et de réfléchir sur les dangers que j'avais courus. J'aurais été ravi d'avoir mon canot dans la baie qui était près de ma maison; mais je ne voyais pas que cela fût possible. Je ne voulus plus me hasarder à faire le tour de l'île du côté de l'E. A cette seule pensée, mon cœur se serrait, et mon sang se glaçait dans mes veines. Pour l'autre côté de l'île, je ne le connaissais point; mais j'avais tout lieu de croire que le courant dont j'ai parlé y régnait aussi bien que vers l'E., et qu'ainsi je courais risque d'y être précipité et d'être emporté bien loin de mon île. Je me passai donc de canot, et me résolus ainsi à perdre les fruits d'un travail de plusieurs années.

Après cet incident, je menai pendant plus d'un an une vie retirée, comme on peut bien se l'imaginer. Durant ce laps de temps, je me perfectionnai beaucoup dans les professions mécaniques vers lesquelles mes besoins m'avaient porté, et je pus constater, vu le manque où j'étais de plusieurs outils, que j'avais des dispositions toutes particulières pour la charpenterie.

Je devins, en outre, un excellent potier; j'avais inventé une roue au moyen de laquelle je donnais à mes vases, auparavant d'une grossièreté choquante, un tour et une forme très-commodes. Je trouvai aussi le moyen de faire une pipe; cette invention me causa une joie extraordinaire, et, si j'ose le dire, une si grande vanité, que je n'en ai jamais ressenti de pareille dans toute ma vie. Quoiqu'elle fût inélégante, de la même couleur et de la même matière que mes autres ustensiles de terre, cependant elle donnait passage à la fumée, et suffisait pour me procurer le plaisir de fumer. J'avais cette habitude, j'y tenais; mais, croyant qu'il ne se trouvait point de tabac dans l'île, je n'avais pas voulu m'embarrasser des pipes qui étaient sur le vaisseau.

Je fis aussi des progrès considérables dans la vannerie : je trouvai moyen de fabriquer plusieurs corbeilles assez mal tournées, mais qui ne laissaient pas de m'être très-utiles. Elles étaient aisées à porter, et fort propres à serrer plusieurs choses et à en transporter d'autres. Si, par exemple, je tuais une chèvre, je la suspendais à un arbre, je l'écorchais, l'accommodais et la découpais, et je l'emportais ainsi

Je trouvai aussi le moyen de faire une pipe ; cette invention me causa une joie extraordinaire.

au logis. Je faisais de même pour la tortue, je l'éventrais, je prenais ses œufs et quelques morceaux de sa chair, que j'apportais au logis dans ma corbeille, laissant le reste. De profondes corbeilles me servaient de greniers pour mon blé, que j'accommodais aussitôt qu'il était sec.

Ma poudre commençait à diminuer; si elle venait à me manquer, j'étais tout à fait hors d'état d'y suppléer. Cette pensée me fit craindre pour l'avenir. Qu'aurais-je fait sans poudre ? Comment aurais-je pu tuer des chèvres ? Je nourrissais à la vérité une chevrette depuis longtemps; je l'avais apprivoisée dans l'espérance que j'attraperais peut-être quelque bouc; mais je ne pus le faire que lorsque ma chevrette fut devenue une vieille chèvre. Je n'eus jamais le courage de la tuer, et je la laissai mourir de vieillesse. Mais étant dans la onzième année de ma résidence, et mes provisions se trouvant fort diminuées, je commençai à songer au moyen d'avoir des chèvres par adresse. Je souhaitais fort d'en attraper plusieurs qui fussent en vie, et, s'il était possible, d'avoir des chevrettes pleines.

Dans ce but, je tendis des filets, et quelques-unes s'y prirent; mais comme le fil en était très-faible, elles s'échappèrent aisément. Je trouvais toujours les amorces mangées, mes filets rompus, et je n'en pouvais faire de plus forts, parce que je manquais de fil d'archal.

J'essayai de les prendre par le moyen d'un trébuchet. Je fis donc plusieurs fosses dans les endroits où elles avaient coutume d'aller paître; je les couvris de claies, que je chargeai de beaucoup de terre, les parsemant d'épis de riz et de blé. Mais mon projet ne réussit point : les chèvres venaient manger mon grain, s'enfonçaient même dans le trébuchet, et trouvaient ensuite le moyen d'en sortir. Je m'avisai enfin de tendre une nuit trois trappes; j'allai les visiter le lendemain matin, et je trouvai qu'elles étaient encore tendues, mais que les amorces en avaient été arrachées. Tout autre que moi se serait rebuté; moi, au contraire, je travaillai à perfectionner mes trappes, et, en allant un matin pour les visiter, je trouvai dans l'une un vieux bouc d'une taille extraordinaire, et dans l'autre trois chevreaux, un mâle et deux femelles.

Le vieux bouc était si farouche, que je n'en savais que faire : je n'osais ni entrer dans son trébuchet, ni par conséquent l'emmener vivant, ce que j'aurais néanmoins souhaité avec beaucoup d'ardeur. Il m'aurait été facile de le tuer, mais cela ne répondait point à mes vues; je le dégageai donc et le laissai en pleine liberté. Je ne crois pas qu'on ait jamais vu d'animal s'enfuir avec plus de frayeur. Il ne me vint pas dans l'esprit alors que par la faim on pouvait même apprivoiser les lions; car autrement je l'aurais laissé dans son trébuchet, et là, le faisant jeûner pendant trois à quatre jours, et lui apportant ensuite à boire et un peu de blé, je l'aurais apprivoisé avec la même facilité que les trois autres chevreaux. Ces animaux sont fort dociles pour la personne qui les nourrit.

Quant aux chevreaux, je les tirai de leur fosse un à un, et, les attachant tous trois à un même cordon, je les amenai chez moi, non sans beaucoup de difficultés. Il se passa quelque temps avant qu'ils voulussent manger; mais enfin, tentés par le bon grain que je mettais devant eux, ils commencèrent à manger et à s'apprivoiser. J'espérai pouvoir me nourrir de la chair de chèvre, quand même la poudre et le plomb me manqueraient. Selon toutes les apparences, disais-je, j'aurai dans la suite, et autour de ma maison, un troupeau à ma disposition.

Il me vint à la pensée que je devrais enfermer mes chevreaux dans un certain espace de terrain que j'entourerais d'une haie très-épaisse, afin qu'ils ne pussent pas se sauver, et que les chèvres sauvages ne les approchassent pas non plus, car j'appréhendais que ce contact ne les rendît sauvages. Le projet était vaste pour un seul homme; mais l'exécution en était d'une nécessité absolue. Je cherchai une pièce de terre propre au pâturage, où il y eût de l'eau pour les abreuver et de l'ombre pour les garantir des ardeurs excessives du soleil.

Ceux qui entendent la manière de faire cette espèce d'enclos me traiteront sans doute d'homme peu inventif, lorsqu'ils apprendront les arrangements que je fis après avoir trouvé un lieu tel que je le désirais : c'était une prairie traversée par deux ou trois petits filets d'eau, qui, d'un côté, était tout ouverte, et de l'autre aboutissait à de grands bois; ils ne pourront, dis-je, s'empêcher de rire de ma grande prévoyance, quand je leur dirai que, d'après mon plan, je devais faire une haie de la longueur de deux milles au moins. Le plus ridicule de ce plan n'était pas que la haie se trouvait hors de proportion avec l'enclos, mais que dans un enclos d'une si grande étendue les chèvres auraient pu devenir sauvages tout autant que si je leur eusse donné la liberté de courir dans l'île, et d'ailleurs je n'aurais jamais pu les attraper.

Ma haie était déjà poussée à environ cent cinquante pieds, lorsque cette pensée me vint. Je changeai donc mon plan, et je décidai que la largeur de mon enclos ne serait que d'environ trois cent soixante pieds, et sa longueur à peu près de six cents. Cet espace était assez étendu pour qu'un troupeau pût y vivre; s'il devenait très-nombreux, il m'était aisé d'élargir l'enclos.

Comme ce projet me paraissait bien imaginé, j'y travaillai avec beaucoup de vigueur; et pendant tout ce temps je faisais paître mes chevreaux auprès de moi, avec des entraves aux jambes, de crainte qu'ils ne s'échappassent. Je leur donnais souvent des épis d'orge et quelques poignées de riz. Ils les prenaient dans ma main, et de cette manière je les apprivoisai tellement, que lorsque mon enclos fut terminé et que je les eus débarrassés de leurs entraves, ils me suivaient partout pour quelques poignées d'orge ou de riz.

Dans l'espace d'un an et demi j'eus un troupeau de douze têtes, tant boucs que chèvres et chevreaux; deux ans après, j'en eus quarante-trois, quoique j'en eusse tué plusieurs pour mon usage. Je travaillai ensuite à faire cinq nouveaux enclos, mais plus petits que le premier; j'y ménageai plusieurs parcs pour y chasser les chèvres, afin de les prendre plus commodément, et des portes pour qu'elles pussent passer d'un enclos dans un autre.

Ce ne fut qu'assez tard que je songeai à profiter du lait de mes chèvres. La première pensée qui m'en vint me causa un très-grand plaisir,

Il n'y a pas de stoïcien qui ne se fût diverti de me voir dîner avec toute ma famille.

et sans balancer je fis une laiterie. Mes chèvres me donnaient quelquefois huit à dix pintes de lait par jour; seulement je n'avais jamais trait ni vache ni chèvre.

Que la bonté de Dieu paraît bien visiblement lorsqu'il tempère les conditions les plus affreuses par des marques toutes particulières de sa bienveillance et de sa protection! En combien de manières ne peut-il pas adoucir l'état le plus pénible, et fournir à ceux-là mêmes qui sont dans la plus grande détresse de puissants motifs pour lui rendre de sincères actions de grâces! Quelle apparence pour moi que dans ce désert, où je croyais périr de faim, je dusse trouver une table aussi abondante!

Il n'y a pas de stoïcien qui ne se fût diverti de me voir dîner avec toute ma famille. Je dînais, comme un roi, à la vue de toute ma cour : mon perroquet, comme s'il eût été mon favori, avait seul la permission de parler; mon chien, qui alors était devenu vieux et chagrin, et qui n'avait pas d'animaux de son espèce pour multiplier, était toujours assis à ma droite. Mes deux chats étaient l'un à un bout de la table, et l'autre à l'autre bout, attendant que, par une faveur spéciale, je leur donnasse quelques morceaux de viande.

CHAPITRE X

Je souhaitais beaucoup d'avoir un canot près de mon habitation; mais je ne pouvais me résoudre à courir de nouveaux hasards. Quelquefois je songeais aux moyens de l'amener, en côtoyant, jusque dans ma baie, et d'autres fois je me consolais de l'impossibilité de le faire. Il me prit un jour une si violente envie de me porter à la pointe de l'île où j'avais déjà été, et d'observer de nouveau les côtes en montant sur la petite colline dont j'ai parlé, que je ne pus résister à ce désir. Je me mis donc en route.

Si dans le comté d'York on rencontrait un homme dans l'équipage où j'étais alors, on s'épouvanterait ou l'on rirait aux éclats.

Je portais un chapeau d'une hauteur extraordinaire et d'une forme très-irrégulière, fait de peau de chèvre. J'y avais attaché par derrière la moitié d'une peau de bouc, qui me couvrait tout le cou, afin de me préserver des ardeurs du soleil et pour que la pluie ne pénétrât pas sous mes habits, car dans ces climats rien n'est plus dangereux.

J'avais une espèce de robe courte, en peau de chèvre comme mon chapeau, et dont les bords descendaient jusqu'au-dessous de mes genoux. Mes culottes étaient ouvertes; la peau d'un vieux bouc en avait fourni l'étoffe. Le poil était d'une longueur si extraordinaire, qu'il descendait, comme des pantalons, jusqu'au milieu de ma jambe. Je n'avais ni bas ni souliers; mais je m'étais fait une manière de chaussures qui ressemblait néanmoins assez à des bottines : je les attachais comme des guêtres; elles étaient, de même que tous mes autres habits, d'une forme étrange et bizarre.

J'avais un ceinturon de la même étoffe que les vêtements. Au lieu d'une épée et d'un sabre, je portais d'un côté une scie, et de l'autre

Si l'on rencontrait un homme dans l'équipage où j'étais, on rirait aux éclats.

une hache. Je portais aussi un baudrier qui descendait de mon épaule droite sous mon bras gauche, et à l'extrémité duquel pendaient deux poches faites de la même matière que le reste : dans l'une je mettais ma poudre, et dans l'autre ma dragée. Sur mon dos je portais une corbeille, sur l'épaule un fusil, et sur ma tête un parasol assez grossièrement travaillé, mais qui, après mon fusil, était ce dont j'avais le plus besoin.

Pour mon visage, il n'était pas aussi hâlé qu'on pourrait le croire d'un homme qui n'en prenait aucun soin, et qui n'était éloigné de la ligne que de huit à neuf degrés. Quant à ma barbe, je l'avais une fois laissée croître jusqu'à la longueur d'un pied; mais, comme j'avais des ciseaux et des rasoirs, je la taillais ordinairement assez courte, hors celle qui surmontait ma lèvre supérieure.

Je reviens au récit de mon voyage; j'y employai cinq à six jours, marchant d'abord le long des côtes, droit vers le lieu où j'avais mis autrefois mon canot à l'ancre. De là je découvris aisément la colline qui m'avait servi d'observatoire. J'y montai; et quel fut mon étonnement de voir la mer calme et tranquille! Point de mouvement impétueux, point de courant, non plus que dans ma petite baie.

Je me mis l'esprit à la torture pour pénétrer les raisons de ce changement. Je résolus d'observer la mer pendant quelque temps, parce que je soupçonnais que le courant dont j'ai parlé n'avait d'autre cause que la marée, et je ne tardai pas à pénétrer la vérité. Je vis à n'en pouvoir douter que le reflux, partant de l'O., et se joignant au cours de quelque rivière, était la seule cause du courant qui m'avait emporté avec tant de violence. Selon que les vents de l'O. et du N. étaient plus ou moins violents, le courant s'étendait jusque sur l'île, ou se perdait à une moindre distance dans la mer. C'était avant midi que je faisais toutes ces observations, et celles que je fis le soir me confirmèrent dans mon opinion. Je revis le courant de même que je l'avais vu autrefois, avec cette différence pourtant qu'au lieu de se porter directement vers mon île, il s'en éloignait d'une demi-lieue.

De toutes ces observations je conclus qu'en remarquant le temps du flux et du reflux de la marée, il me serait très-aisé d'amener mon canot auprès de ma maison. Mais le souvenir des dangers passés me causait une telle frayeur, que je n'osai jamais réaliser ce projet. J'aimai mieux former un autre plan, dont l'exécution était plus sûre, quoique plus laborieuse : c'était de faire un autre canot. Je me livrai à ce travail avec l'activité que je mettais dans toutes mes entreprises, et ainsi j'eus deux canots, un pour chaque côté de l'île.

J'avais aussi deux plantations. L'une était ma tente ou ma petite forteresse, entourée de sa palissade et creusée dans le roc. Je m'y étais ménagé plusieurs chambres; dans la moins humide et la plus grande, qui avait une porte pour sortir hors de la palissade, je tenais les grands pots de terre dont j'ai fait la description, et quatorze ou quinze grandes corbeilles, dont chacune contenait cinq à six boisseaux. Ces corbeilles me servaient à recueillir et à garder mes provisions, et particulièrement mes grains, les uns encore dans leurs épis, et les autres nus et détachés à la main.

Les pieux de ma palissade étaient devenus de grands arbres, et tellement touffus, qu'il était impossible de se douter qu'il existât au milieu d'eux aucun lieu habité.

Tout auprès, mais dans un endroit moins élevé, j'avais une espèce de petite terre pour y semer mes grains; et comme je la tenais toujours en bon état de culture, j'en tirais chaque année une abondante récolte. S'il y avait eu nécessité pour moi d'avoir plus de grain, j'aurais pu l'agrandir sans beaucoup de peine.

Outre cette plantation, j'en avais une autre assez considérable, que j'appelais ma maison de campagne. J'y entretenais un petit berceau avec beaucoup de soin; c'est-à-dire que j'émondais la haie qui fermait ma plantation, de manière qu'elle n'excédât pas une certaine hauteur. Les arbres, qui dans l'origine n'étaient que des pieux, devinrent avec le temps très-élevés; je les cultivais de façon qu'ils pussent étendre leurs branches, devenir touffus, et par là donner un agréable ombrage. Au milieu de ce circuit j'avais ma tente, formée d'une pièce de voile bien étendue sur des perches. Sous cette tente je plaçai un lit de repos, fait de la peau des bêtes que j'avais tuées et d'autres substances moelleuses. Une couverture de lit sauvée du naufrage et un gros surtout servaient à me couvrir. Voilà quelle était la maison de campagne où je me retirais lorsque mes affaires ne me retenaient point dans ma capitale.

A côté, et tout aux environs de mon bosquet, étaient les pâturages de mon bétail, c'est-à-dire de mes chèvres; et, comme j'avais pris des peines inconcevables pour partager ces pâturages en divers enclos, j'étais aussi fort soigneux d'en conserver les haies. Je portai même mon travail et mes soins sur cet article jusqu'à planter tout autour des haies de petits pieux en très-grand nombre et fort serrés. C'était une palissade où l'on ne pouvait fourrer la main, et ces pieux, ayant pris racine par le premier temps pluvieux, poussèrent des rejetons et rendirent mes haies aussi fortes et même plus solides que les meilleures murailles.

Tous ces travaux attestaient que je n'étais pas paresseux, et que je n'épargnais ni soins ni peines pour me procurer de quoi vivre avec quelque aisance. Le troupeau, disais-je, est pour toute ma vie, fût-elle de quarante années, un magasin vivant de viande, de lait, de beurre et de fromage. Je ne dois donc rien négliger pour ne pas les perdre.

Mes vignes étaient aussi dans ces quartiers; j'en tirais des provisions de raisins pour tout l'hiver. Je les ménageais avec toute la précaution possible, c'était un de mes mets les plus délicieux; ils me servaient de nourriture, de rafraîchissements et de médicaments.

Cet endroit se trouvait justement à mi-chemin de ma forteresse et de la baie où j'avais mis mon canot; lorsque j'allais le visiter, je m'arrêtais dans ce lieu et j'y couchais une nuit. J'avais grand soin de mon canot. Je prenais beaucoup de plaisir à me promener sur mer, mais je prenais garde à ne pas trop m'éloigner du rivage; je n'osais m'en écarter tout au plus que de deux jets de pierre. Je craignais que le vent, un courant ou quelque accident imprévu ne m'emportât loin de mon île.

Mais me voici insensiblement arrivé à un genre de vie bien différent de celui que j'ai dépeint jusqu'ici.

Un jour que j'allais à mon canot, je découvris très-distinctement sur le sable les marques d'un pied nu : jamais je ne fus saisi d'une plus grande frayeur; je m'arrêtai tout court comme si j'eusse été frappé de la foudre, ou comme si j'eusse eu quelque apparition. Je me mis aux écoutes, je regardai tout autour de moi; mais je ne vis et n'entendis rien. Je montai sur une petite éminence pour étendre ma vue au loin, j'en descendis et j'allai au rivage; mais je n'aperçus rien de nouveau, ni aucun autre vestige d'homme que celui dont je viens de parler. J'y retournai, dans l'espérance que ma crainte n'était peut-être qu'une illusion; mais je revis les mêmes marques d'un pied nu : les orteils, le talon et tous les autres indices d'un pied d'homme. Je ne savais qu'en conjecturer; je m'enfuis vers ma fortification, tout troublé, regardant derrière moi presque à chaque pas, et prenant tous les buissons que je rencontrais pour des hommes. Il n'est pas possible de décrire les formes diverses qu'une imagination effrayée trouve dans tous les objets. Combien d'idées folles et de pensées bizarres me sont venues à l'esprit pendant que je courais vers ma forteresse!

Je n'y fus pas plutôt arrivé, que je m'y jetai comme un homme qu'on poursuit; et je ne puis me souvenir si j'y entrai par l'échelle ou par le trou qui était dans le roc, que j'appelais une porte : j'étais trop effrayé pour que le souvenir m'en soit resté. Jamais lapin ni renard ne se terra avec plus de frayeur que je ne me sauvai dans mon château; car c'est ainsi que je l'appellerai dans la suite.

Je ne pus dormir de toute la nuit : à mesure que la cause de ma frayeur s'éloignait, mes craintes augmentaient davantage, au contraire de ce qui arrive ordinairement à tous les êtres effrayés. La terreur troublait si fort mes idées, que, quoique fort éloigné de l'endroit où j'avais pris l'alarme, mon imagination ne me représentait rien qui ne fût triste et affreux.

Revenant à des idées plus saines, je pensai enfin que ce ne pouvait être que des sauvages du continent, qui, ayant mis en mer avec leurs canots, avaient été portés dans l'île par les vents contraires ou par les

Je m'enfuis vers ma fortification.

courants, et qui avaient eu aussi peu d'envie de rester sur ce rivage désert que j'en avais moi-même de les y voir.

Pendant que ces réflexions roulaient dans mon esprit, je rendis grâces au Ciel de ce que je ne m'étais pas trouvé alors dans cet endroit de l'île, et de ce que ma chaloupe avait échappé aux yeux des sauvages, qui autrement se seraient aperçus que l'île était habitée, ce qui aurait pu les porter à me chercher, et peut-être m'aurait fait découvrir.

Dans certains moments je m'imaginais que ma chaloupe avait été trouvée, et cette pensée m'agitait de la manière la plus cruelle; je m'attendais à les voir revenir en plus grand nombre, et je craignais, lors même que je pourrais me dérober à leur barbarie, qu'ils ne trouvassent mon enclos. En effet, si ce malheur m'était arrivé, ils auraient détruit mon blé, emmené mon troupeau, et je me serais vu exposé à mourir de faim.

Aussitôt je me reprochai ma paresse à ne semer qu'autant de grain qu'il m'en fallait jusqu'à la saison nouvelle : et je trouvai ce reproche si juste que je pris la résolution de me pourvoir toujours pour deux à trois années, afin de n'être pas exposé à périr de faim, quelque accident qu'il pût m'arriver.

De combien de sources mystérieuses, opposées les unes aux autres, les différentes circonstances ne font-elles pas sortir nos passions! Nous haïssons le soir ce que nous avons chéri le matin; nous évitons aujourd'hui ce que nous avons cherché hier; nous désirons un objet avec passion, et quelques moments après nous ne saurions seulement en supporter l'idée. J'étais alors un triste et vivant exemple de cette vérité. Autrefois je m'affligeais mortellement de me voir entouré du vaste Océan, condamné à la solitude, banni de la société humaine; je me regardais comme un homme que le Ciel trouvait indigne d'être au nombre des vivants et de tenir le moindre rang parmi les créatures. La seule vue d'un homme m'aurait paru une espèce de résurrection et la plus grande grâce, après le salut, que je pusse obtenir de la bonté divine : à présent je tremble à la seule idée d'un être de mon espèce; l'ombre d'une créature humaine, un seul de ses vestiges me cause de mortelles frayeurs.

Telles sont les vicissitudes de la vie humaine, pour moi source féconde de réflexions lorsque je me trouvai dans une assiette plus calme.

Dès que je fus un peu remis de mes alarmes, je considérai que ma triste situation était l'effet d'une providence infiniment bonne, infiniment sage; qu'incapable, d'un côté, de pénétrer dans les vues de la sagesse suprême à mon égard, je commettrais, de l'autre, la plus haute injustice en prétendant me soustraire à la souveraineté d'un être qui, comme mon créateur, avait le droit absolu de disposer de mon sort, et, comme mon juge, était le maître de me punir comme il le jugerait à propos; puisque je m'étais attiré son indignation par mes péchés, c'était à moi de plier sous ses châtiments. Je songeais que Dieu, aussi puissant que juste, ayant trouvé bon de m'affliger, avait le pouvoir de me tirer de mes malheurs, et que, s'il continuait à appesantir sa main sur moi, j'étais obligé d'attendre dans une résignation parfaite les vues de sa providence, en continuant d'espérer en lui et de lui adresser mes prières.

Parmi ce flux et reflux de pensées et d'inquiétudes, je me mis un jour dans l'esprit que le sujet de ma crainte n'était peut-être qu'une chimère, et que le vestige que j'avais remarqué pourrait bien être la marque de mon propre pied.

Là-dessus je pris courage, et je sortis de ma retraite pour aller fureter partout à mon ordinaire. Je n'étais pas sorti de mon château depuis trois jours et autant de nuits, et je commençais à souffrir de la faim, n'ayant chez moi que quelques biscuits et de l'eau : je songeais d'ailleurs que mes chèvres avaient grand besoin que je vinsse les traire, ce qui était d'ordinaire mon passe-temps du soir. Je n'avais pas tort d'en être en peine sur ce point : les pauvres animaux avaient beaucoup souffert.

Encouragé par la pensée que je n'avais eu peur que de mon ombre, j'allai à ma maison de campagne : on m'aurait pris pour un homme agité par une conscience criminelle, à voir avec quelle crainte je marchais, combien de fois je regardais derrière moi, comme je posais de temps en temps à terre mon pot au lait, pour courir avec autant de vitesse que s'il se fût agi de sauver ma vie.

Cependant, après y être allé de cette manière pendant deux à trois jours, je devins plus hardi et je me confirmai dans le sentiment que j'avais été la dupe de mon imagination. Pour m'en convaincre pleinement, je me transportai sur les lieux, afin de mesurer le vestige qui m'avait causé tant d'inquiétude. Mais dès que je fus arrivé à l'endroit fatal, je vis clairement qu'il n'était pas possible que je fusse sorti de ma barque près de là, et, qui plus est, je trouvai le vestige dont il s'agit bien plus grand que mon pied, ce qui me causa de nouvelles angoisses. Un frisson me saisit comme si j'avais eu la fièvre, et je m'en retournai chez moi, persuadé que des hommes étaient descendus sur ce rivage, ou que l'île était habitée, et que je courais risque d'être attaqué à l'improviste, sans savoir de quelle manière me précautionner.

Je me proposai d'abord de jeter à bas mes enclos, de faire rentrer dans les bois mon troupeau apprivoisé, et d'aller chercher dans un autre coin de l'île des commodités pareilles à celles que je voulais sacrifier à ma conservation. Je résolus encore de renverser ma maison de campagne et ma hutte, et de bouleverser mes deux terres couvertes de blé, afin d'ôter aux sauvages jusqu'aux moindres soupçons capables de les amener à la découverte des habitants de l'île.

Je commençais même à me repentir d'avoir percé ma caverne si profondément, et de lui avoir donné une sortie dans l'endroit où ma fortification joignait le rocher. Pour remédier à cet inconvénient, je résolus de me faire un second retranchement également en demi-lune, à quelque distance de mon rempart, à la place même où, douze ans auparavant, j'avais planté une double rangée d'arbres. Je les avais mis si serrés, qu'il ne me fallait qu'un petit nombre de palissades entre deux pour me faire une fortification suffisante.

Je me trouvais ainsi derrière deux remparts ; celui de dehors était fortifié de pièces de bois, de vieux câbles, et de tout ce que j'avais jugé propre à le renforcer ; et je lui donnai une épaisseur de plus de dix pieds, à force d'y apporter de la terre et de la tasser en marchant dessus. Je pratiquai cinq ouvertures assez larges pour y passer le bras, dans lesquelles je plaçai cinq mousquets, en guise de canons, sur des espèces d'affûts ; de telle sorte que je pouvais faire feu de toute mon artillerie en deux minutes. Je me fatiguai pendant plusieurs mois à terminer ce retranchement, et je n'eus point de repos avant de le voir fini.

Cet ouvrage achevé, je remplis un grand espace de terre hors du rempart de rejetons d'un bois semblable à de l'osier, propre à s'affermir et à croître en peu de temps. Je crois que j'en plantai en une seule année plus de vingt mille, de manière que je laissai un vide assez grand entre ces plants et mon rempart, afin de pouvoir découvrir l'ennemi, et qu'il ne pût me dresser des embuscades au milieu de ces jeunes arbres. Deux ans après, ils formaient déjà un bocage épais, et, au bout de six ans, j'avais devant ma demeure une forêt d'une telle épaisseur et d'une si grande force, qu'elle était absolument impénétrable : personne ne se serait imaginé qu'elle cachât l'habitation d'une créature humaine.

Comme je n'avais point laissé d'avenue à mon château, je me servais, pour y entrer et pour en sortir, de deux échelles : avec la première, je montais jusqu'à un endroit du roc où il y avait une place pour poser la seconde, et quand je les avais retirées l'une et l'autre, il n'aurait été possible à personne de venir à moi sans courir les plus grands dangers. D'ailleurs, si quelqu'un avait eu assez de bonheur pour descendre du roc, il se serait encore trouvé au delà de mon retranchement extérieur.

C'est ainsi que je pris pour ma conservation toutes les mesures que la prudence humaine pouvait me suggérer ; et l'on verra bientôt que ces précautions n'étaient pas inutiles, quoiqu'elles ne me fussent alors inspirées que par une crainte vague.

Pendant ces occupations, je ne laissais pas d'avoir l'œil sur mes autres affaires ; je m'intéressai surtout à mon petit troupeau de chèvres, qui commençait non-seulement à m'être d'une grande ressource dans les occasions présentes, mais qui, pour l'avenir, me faisait espérer une grande économie de plomb, de poudre et de fatigues, que sans lui j'aurais dû employer à la chasse des chèvres sauvages. J'aurais été au désespoir de perdre un avantage si considérable, et d'être obligé de prendre la peine d'assembler et d'élever un nouveau troupeau.

Après une mûre délibération, je ne trouvai que deux moyens de mettre mes chèvres hors d'insulte. Le premier était de creuser une autre cave sous terre, et de les y faire entrer toutes les nuits; et le second, de faire deux ou trois autres petits enclos éloignés les uns des autres, et cachés autant que possible, dans chacun desquels je pusse renfermer une demi-douzaine de jeunes chèvres, afin que, si quelque désastre arrivait à la masse du troupeau, je me trouvasse en état de le remettre sur pied en peu de temps et sans trop de peine. Quoique ce dernier parti fût d'une exécution longue et difficile, il me parut le plus raisonnable.

Pour réaliser ce dessein, je me mis à parcourir tous les recoins de l'île, et je trouvai bientôt un endroit aussi détourné que je le souhaitais. C'était une pièce de terre unie, au milieu des bois les plus épais, où j'avais failli me perdre un jour en revenant de la partie orientale de l'île. Elle offrait une espèce de parc dont la nature avait déjà fait presque tous les frais, et qui par conséquent n'exigeait pas un travail aussi rude que celui que j'avais consacré à mes autres enclos.

Je mis aussitôt la main à l'œuvre; et, en moins d'un mois, j'avais si bien aidé à la nature, que mes chèvres, déjà passablement apprivoisées, pouvaient être en sûreté dans cet asile. J'y conduisis d'abord deux femelles et deux mâles; puis je me mis à perfectionner mon ouvrage à loisir.

Le seul vestige d'un homme me coûta tout ce travail, et il y avait déjà deux ans que je vivais dans ces alarmes incessantes.

Un jour, m'avançant vers la pointe occidentale de l'île plus que je n'avais encore fait, je crus apercevoir, d'une hauteur où j'étais, une chaloupe bien loin en mer. J'avais trouvé quelques lunettes d'approche dans un des coffres du vaisseau; mais par malheur je n'en avais pas alors sur moi, et je ne pus distinguer l'objet en question, quoique j'eusse fatigué mes yeux à force de tendre mes regards sur ce point. Ainsi je restai incertain si c'était une chaloupe ou non. Dès lors je pris la résolution de ne plus sortir sans emporter une de mes lunettes.

Étant descendu de la colline, et me trouvant dans un endroit que je n'avais jamais visité, je fus pleinement convaincu qu'un vestige d'homme n'était pas une chose fort rare dans mon île, et que si la Providence ne m'avait pas jeté du côté où les sauvages ne venaient jamais, j'aurais su qu'il était très-ordinaire aux canots du continent de chercher une rade dans cette île quand ils se trouvaient par hasard trop avant dans la pleine mer. J'aurais appris encore qu'après quelque combat entre les canots des différentes peuplades, les vainqueurs menaient leurs prisonniers sur mon rivage pour les tuer et pour les manger.

Un spectacle qui s'offrit alors à moi, sur le rivage du côté du S.-O., m'instruisit de toutes ces particularités; ce spectacle me remplit d'étonnement et d'horreur : j'aperçus la terre parsemée de crânes, de mains, de pieds et d'autres ossements humains; près de là étaient les restes d'un feu et un banc creusé dans la terre, en forme de cercle, où sans doute ces cannibales s'étaient placés pour faire leur épouvantable festin.

Cette affreuse découverte suspendit pour quelque temps l'idée de mes propres dangers; toutes mes appréhensions étaient étouffées par les impressions que me donnait cette cruauté repoussante. J'en avais souvent entendu parler, et cependant la vue ne m'en choqua pas moins que si la chose ne m'était jamais venue à l'imagination. Je détournai mes yeux de ces restes affreux; j'éprouvais des angoisses déchirantes, et je serais tombé en faiblesse, si la nature ne m'avait soulagé par un vomissement violent : quoique revenu à moi-même, je ne pus me résoudre à rester dans cet endroit, et je tournai mes pas vers ma demeure.

Quand je me fus éloigné de cet horrible spectacle, je m'arrêtai comme un homme frappé de la foudre, et, reprenant mes sens, j'élevai mes mains au ciel, le cœur attendri et les yeux pleins de larmes; je rendis grâces à Dieu de ce qu'il m'avait fait naître dans une partie du monde éloignée de ce peuple barbare.

L'âme pleine de ces sentiments de reconnaissance, je revins chez moi plus tranquille que je ne l'avais encore été; car j'étais persuadé que ces êtres féroces n'abordaient jamais dans l'île avec le dessein d'y faire quelque butin, n'ayant besoin d'y rien chercher, ou ne croyant pas y trouver grand'chose, pensée dans laquelle ils étaient peut-être confirmés par les courses qu'ils pouvaient avoir faites dans les forêts.

J'avais déjà passé dix-huit ans sans rencontrer personne, et je pouvais espérer d'en passer encore autant avec le même bonheur, pour peu que je ne me découvrisse pas moi-même; ce qui n'était nullement mon dessein, à moins que je ne trouvasse l'occasion de faire connaissance avec une espèce d'hommes autres que des cannibales.

Cependant l'horreur qui me resta de leur barbare coutume me jeta dans une espèce de mélancolie, et me tint pendant deux ans renfermé dans mes domaines : j'entends par là mon château, ma maison de campagne et mon nouvel enclos dans les bois. Je n'allais dans ce dernier lieu, qui était la demeure de mes chèvres, que quand il le fallait absolument, tant je craignais de rencontrer ces hommes sauvages et féroces. Je n'avais garde non plus d'aller examiner l'état de ma chaloupe, et je résolus d'en construire une autre; car il ne fallait plus songer à faire le tour de l'île avec la vieille, puisque c'était le vrai moyen de les rencontrer en mer et de tomber entre leurs mains.

Enfin le temps, et la certitude où j'étais que je ne courais aucun risque d'être découvert, me firent reprendre peu à peu ma première façon de vivre; seulement j'avais l'œil plus au guet qu'auparavant, et je ne tirai plus de coups de fusil, de peur d'attirer les sauvages, si par hasard il s'en trouvait dans l'île. C'était un grand bonheur pour moi de m'être pourvu d'un troupeau de chèvres apprivoisées, et de n'être pas contraint d'aller à la chasse. Si de temps à autre, au dehors, j'en attrapais quelqu'une, ce n'était que par le moyen de mes piéges.

Je ne sortais jamais sans mon mousquet, et comme j'avais sauvé trois pistolets du vaisseau, j'en portais toujours deux à ma ceinture de peau de chèvre; j'y ajoutai un de mes grands coutelas bien fourbi, et pour lequel j'avais fait un baudrier de la même étoffe. On croira facilement que dans mes sorties j'avais l'air formidable, si l'on ajoute à la description que j'ai faite auparavant de ma personne ces deux pistolets et le large sabre sans fourreau qui pendait à mon côté.

Sauf ces précautions indispensables, regardant ma condition d'un œil plus tranquille, je commençai à la trouver encore supportable, au moins relativement à bien d'autres.

Quoique peu de choses me manquassent, je remarquai pourtant avec chagrin que mes frayeurs, et les soins que j'avais pris pour ma conservation, avaient dérouté mon adresse ordinaire dans la recherche des choses qui pouvaient m'être utiles : ces craintes m'avaient fait négliger entre autres une heureuse idée qui m'avait occupé autrefois, savoir : de sécher une partie de mon grain et de le rendre propre à faire de la bière.

Ce projet me paraissait fort bizarre, à cause du grand nombre d'ustensiles qui me manquaient pour parvenir à mon but : je ne possédais point de tonneaux, et j'avais autrefois employé le travail de plusieurs mois pour en construire sans en venir à bout; j'étais dépourvu de houblon pour rendre la bière plus propre à se conserver, de levûre pour la faire fermenter, et de chaudière pour la faire bouillir. Malgré tous ces inconvénients, je suis persuadé que, sans les appréhensions que m'avaient causées les sauvages, je l'aurais entrepris, et peut-être avec succès, puisque rarement j'abandonnais

Je ne faisais que songer au moyen de détruire quelques-uns de ces monstres.

un dessein quand il m'était bien entré dans la tête et lorsque j'avais commencé à y mettre la main.

Mais à présent mon esprit inventif s'était tourné d'un tout autre côté, et je ne faisais que songer nuit et jour aux moyens de détruire quelques-uns de ces monstres au milieu de leurs divertissements sanguinaires et de sauver leurs victimes, s'il était possible. Mais tout cela n'aboutissait à rien; mon unique ressource était en moi-même : et que pouvait faire un seul homme au milieu d'une trentaine de gens armés de javelots, de dards et de flèches, dont les coups étaient aussi sûrs que ceux des armes à feu?

Quelquefois je songeais à creuser une mine sous l'endroit où ils faisaient leur brasier, et à placer cinq à six livres de poudre à canon, qui, s'allumant dès que le feu y pénètrerait, ferait sauter en l'air tout ce qui se trouverait aux alentours; mais je ne pouvais me décider à employer tout d'un coup autant de poudre, car ma provision n'était plus que d'un seul baril. En outre, je ne pouvais avoir aucune certitude quant au bon effet de ma mine, qui peut-être n'aurait fait que leur griller les oreilles, sans leur causer assez de frayeur pour les chasser de l'île à tout jamais. Je renonçai donc à cette entreprise, et je me proposai de me mettre en embuscade dans un lieu convenable, avec mes trois fusils portant double charge, et de tirer sur eux au milieu de leur cérémonie sanguinaire, bien certain d'en tuer et d'en blesser au moins deux ou trois à chaque coup, et de venir facilement à bout du reste, fussent-ils une vingtaine, en tombant sur eux avec mes trois pistolets et mon sabre.

J'employai plusieurs jours à chercher un endroit favorable à mon embuscade, et je descendis même fréquemment vers le lieu de leur festin, avec lequel je commençai à me familiariser, surtout dans le temps où mon esprit était plein d'idées de vengeance et de carnage; car les preuves de barbarie de ces anthropophages m'excitaient fortement à l'exécution de mon dessein.

A la fin je trouvai une place commode sur un des côtés de la colline d'où je pouvais attendre en sûreté l'arrivée de leurs barques, et, pendant qu'ils débarqueraient, me glisser dans le plus épais du bois. J'avais découvert un arbre assez creux pour me cacher entièrement : de là je pouvais épier tous leurs mouvements et viser sur eux quand ils se trouvaient si serrés autour de leur épouvantable festin, qu'il me serait presque impossible de n'en pas mettre du premier coup trois ou quatre hors de combat.

Satisfait de cette découverte, et décidé à exécuter mon plan, je préparai deux mousquets et mon fusil de chasse; je chargeai chacun des premiers de ferrailles et de quatre ou cinq balles de pistolet, et l'autre d'une poignée de la plus grosse dragée; je fis couler quatre balles dans chaque pistolet, et, ainsi pourvu de munitions pour une seconde et une troisième décharge, je me préparai au combat.

Dans cette résolution, je ne manquai pas de me trouver tous les matins au sommet de la colline, éloignée de mon château d'un peu plus d'une lieue; mais je fus plus de deux mois en sentinelle de cette manière sans faire la moindre découverte, et sans voir une seule barque non-seulement près du rivage, mais même dans tout l'Océan,

Durant tout ce temps, je persistai dans mon projet avec la même ardeur, et je continuai à être dans la disposition nécessaire pour massacrer une trentaine de ces sauvages, afin de les punir d'un crime auquel je n'étais intéressé que par la chaleur d'un faux zèle.

La fatigue d'une entreprise si longtemps et si vivement prolongée m'amena à raisonner avec plus de justesse sur l'action que j'allais commettre. Quelle autorité, dis-je, quelle mission ai-je reçue pour m'établir juge et bourreau de ces gens, à qui, depuis plusieurs siècles, le Ciel a permis d'être les exécuteurs de sa justice les uns contre les autres? Quel droit ai-je de venger le sang qu'ils répandent tour à tour? Comment saurai-je ce que la Divinité elle-même pense de cette action qui me paraît si criminelle? Du moins est-il certain que ces peuples, en la commettant, ne pèchent point contre les lumières de leur conscience, et que, fort éloignés de la regarder comme un crime, ils n'ont pas la plus légère intention de braver la justice divine, comme nous faisons nous autres dans la plupart de nos péchés; ils ne se font pas une plus grande affaire de tuer un prisonnier et de le manger, que nous de tuer un bœuf ou de manger un mouton.

Il suivait de là que mon entreprise n'était rien moins que légitime, et que ces sauvages ne devaient pas plus être regardés comme des meurtriers, que les chrétiens qui passent sans quartier au fil de l'épée des troupes entières de leurs ennemis, quoiqu'elles aient mis bas les armes.

Ces considérations calmèrent ma fureur, et peu à peu je renonçai aux mesures que j'avais prises, en concluant qu'elles étaient injustes, et qu'il fallait attendre pour les exécuter que les sauvages eussent commencé les hostilités.

Je pris cette résolution d'autant plus volontiers, que le premier parti, loin d'être un moyen de me conserver, tendait absolument à ma ruine; car c'était assez qu'un seul sauvage échappé à mes mains pût donner de mes nouvelles à tout son peuple, pour l'amener dans l'île afin de venger la mort de ses compatriotes, et une pareille visite n'avait rien qui pût me tenter.

Je conclus donc que la raison et la politique devaient me dissuader également de me mêler des actions des sauvages, et que mon unique affaire était de me tenir à l'écart, et de ne pas faire soupçonner par la moindre marque qu'il y eût dans l'île un être humain.

Cette prudence était soutenue par la religion, qui me défendait de tremper mes mains dans le sang innocent.

Je trouvais tant d'évidence dans toutes ces différentes réflexions, que j'eus une satisfaction inexprimable de n'avoir pas commis une action que la raison me dépeignit enfin comme aussi noire qu'un meurtre volontaire; et, me jetant à genoux, je rendis grâces à Dieu d'avoir préservé mes mains du sang innocent, en le suppliant de me sauver par sa providence de celles des barbares, et de m'empêcher de rien tenter contre eux, sinon dans la nécessité d'une défense légitime.

Je restai pendant une année entière si éloigné de la pensée d'attaquer les sauvages, que je ne daignai pas monter une seule fois sur la colline pour examiner s'ils avaient débarqué ou non, craignant toujours d'être tenté par quelque occasion avantageuse de renouveler mes desseins contre eux. Je ne fis qu'éloigner de là mon canot et le conduire au côté oriental de l'île, où je le plaçai dans une anse que je trouvai sous des rochers élevés, et que les courants rendaient inabordable pour des sauvages.

CHAPITRE XI

Je vécus depuis ce temps-là plus retiré que jamais, ne sortant que pour vaquer à mes occupations ordinaires, c'est-à-dire pour traire mes chèvres et pour nourrir le petit troupeau que j'avais caché dans le bois, qui, étant de l'autre côté de l'île, se trouvait à l'abri de toute insulte; car, selon les apparences, les cannibales n'étaient pas d'humeur à abandonner jamais le rivage où ils avaient souvent abordé, aussi bien avant qu'après que j'eus pris toutes mes précautions. Je ne pouvais penser sans horreur à la situation où je me serais trouvé si je les eusse rencontrés quand, nu et désarmé, je n'avais pour ma défense qu'un seul fusil chargé de dragées. Je parcourais sans cesse dans ce temps-là toute mon île : quelle aurait été ma frayeur, si, au lieu de voir un seul vestige, j'eusse trouvé une vingtaine de sauvages qui n'auraient pas manqué de me donner la chasse, et de m'atteindre bientôt, grâce à la vitesse extraordinaire de leur course!

J'avoue que les inquiétudes et les dangers dans lesquels je passais ma vie m'avaient détourné entièrement du soin de mes commodités, et que je songeais plus à vivre qu'à vivre agréablement. Je ne me souciais plus d'enfoncer quelque part un clou, ni d'affermir un morceau de bois, dans la crainte de faire du bruit; j'avais encore moins la hardiesse de tirer un coup de fusil; et c'était avec toute l'inquiétude possible que je me hasardais à allumer du feu, dont la fumée, visible à une grande distance, pouvait aisément me trahir. Je transportai les choses qui demandaient l'emploi du feu du côté de mon appartement dans le bois, où je trouvai enfin, après plusieurs allées et venues, et avec tout le ravissement imaginable, une cave naturelle d'une grande étendue, dont j'étais sûr que jamais sauvage n'avait vu l'ouverture, bien loin d'être assez hardi pour y pénétrer, ce que peu d'hommes eussent osé hasarder, à moins d'avoir, comme moi, un besoin extrême d'une retraite assurée.

L'entrée de cette caverne était derrière un grand rocher, où je la découvris par hasard, ou, pour parler plus sagement, par un effet particulier de la Providence, en coupant quelques grosses branches d'arbres pour les brûler, et pour en conserver le charbon, moyen dont je m'étais avisé pour éviter de faire de la fumée en cuisant mon pain et en préparant mes autres mets.

Dès que j'eus trouvé cette ouverture derrière quelques broussailles épaisses, ma curiosité me porta à y entrer; ce que je fis avec peine. J'en trouvai l'intérieur suffisamment élevé pour m'y tenir debout; mais j'avoue que j'en sortis avec plus de précipitation que je n'y étais entré, après que, portant mes regards plus loin dans cet antre obscur, j'y aperçus deux grands yeux brillants comme deux étoiles, sans savoir si c'étaient les yeux d'un homme ou ceux d'un animal redoutable.

Après quelques moments de délibération, je revins à moi et je me reprochai ma faiblesse, moi qui vivais depuis vingt ans dans ce désert et qui avais l'air plus effroyable peut-être que tout ce qu'il pouvait y avoir d'affreux dans la caverne. Je repris courage, et, saisissant un tison enflammé, je rentrai dans l'antre d'une manière brusque. Mais à peine eus-je fait trois pas en avant que ma frayeur fut redoublée par un soupir profond que j'entendis, suivi d'un son semblable à des paroles mal articulées et d'un autre soupir encore plus terrible. Une sueur froide couvrait mon corps, et si j'avais eu un chapeau sur ma tête, je crois que mes cheveux, en se dressant, l'auraient fait tomber à terre. Je fis cependant tous mes efforts pour dissiper ma crainte, et, avançant avec intrépidité, je découvris un vieux bouc d'une grandeur extraordinaire, couché à terre et près de mourir de vieillesse.

Je le poussai un peu, afin d'essayer de le faire sortir de là; il fit quelques efforts pour se lever, sans y réussir. Je m'en mettais peu en peine, persuadé que, tant qu'il serait en vie, il ferait la même peur à tout sauvage assez hardi pour pénétrer dans cet antre.

Pleinement tranquillisé, je portai les yeux de tous côtés, et je trouvai la caverne assez étroite et sans régularité; la nature seule y avait travaillé, sans aucun secours de l'industrie humaine. Je découvris dans l'enfoncement une seconde ouverture, mais si basse, qu'il était impossible d'y entrer autrement qu'en se traînant sur les pieds et les mains, ce que je différai jusqu'à ce que je fusse muni de lumière. J'y revins le lendemain avec une provision de six grosses chandelles de graisse de chèvre; et, après avoir rampé par cette ouverture étroite l'espace de quinze pieds, je me vis beaucoup plus au large. Je me trouvais sous une voûte d'environ vingt pieds de haut, et je puis

Je découvris un vieux bouc.

assurer que dans toute l'île il n'y avait rien de si beau et de si digne d'être visité que ce souterrain. La lumière des deux chandelles que j'avais allumées était reproduite par mille reflets sur les parois de la grotte. Je ne saurais dire ce qui leur donnait cet éclat : étaient-ce des cristaux, des pierres précieuses, ou de l'or?

C'était la plus charmante grotte qu'on puisse imaginer, quoique complétement obscure : le fond en était uni et sec, couvert d'un gravier fin; on n'y voyait aucune trace d'animal venimeux, aucune vapeur ne s'y faisait sentir, aucune humidité ne se manifestait sur les murailles.

Le seul désagrément était la difficulté de l'entrée; mais ce désagrément même en faisait la sûreté. J'étais charmé de la découverte, et je résolus d'abord de porter dans cette grotte tout ce dont la conservation m'importait le plus, surtout mes munitions et mes armes de réserve.

Ce dessein me donna l'occasion d'ouvrir ce baril de poudre que j'avais sauvé de la mer. Je trouvai que l'eau y avait pénétré de tous côtés à peu près à la profondeur de trois à quatre pouces, et que la poudre mouillée formait une espèce de croûte qui avait conservé le reste, comme une noix est garantie par sa coque; il restait au centre

J'avais enseigné à parler à mon perroquet.

du baril environ soixante livres de bonne poudre, que je portai dans la grotte avec le plomb que j'avais encore, et je n'en gardai dans mon château que ce qui m'était nécessaire pour me défendre en cas de surprise.

Dans cette situation, je me comparais aux géants de l'antiquité qui habitaient des antres inaccessibles, persuadé que, lorsque les sauvages me donneraient la chasse, en quelque nombre qu'ils fussent, ils ne m'atteindraient pas, ou du moins n'oseraient m'attaquer de vive force dans ma nouvelle grotte.

Le jour qui suivit ma découverte, le vieux bouc mourut à l'entrée de ma caverne, où je trouvai plus à propos de l'enterrer que de chercher à tirer son cadavre dehors.

J'étais alors dans la vingt-troisième année de ma résidence en cette île, et si accoutumé à ma manière d'y vivre, que, sans la crainte des sauvages, j'aurais été en quelque sorte content d'y passer le reste de mes jours, et de mourir dans la grotte où j'avais donné la sépulture au pauvre animal. Je m'étais même ménagé de quoi m'amuser et me divertir, ressource qui m'avait manqué autrefois : j'avais enseigné à parler à mon perroquet, comme je l'ai dit auparavant, et il s'en acquittait si bien, que sa conversation fut un grand agrément pour moi pendant tout le temps que nous avons vécu ensemble. Mon chien me fut encore un agréable et fidèle compagnon pendant seize ans, après lesquels il mourut de vieillesse. Pour les chats, ils s'étaient tellement multipliés, comme j'ai déjà dit, que, de peur qu'ils ne me dévorassent avec tout ce que je possédais, j'avais été obligé d'en tuer plusieurs à coups de fusil : je n'en avais gardé auprès de moi que deux ou trois favoris, dont j'avais grand soin de noyer les petits dès qu'ils venaient au monde. Le reste de ma maison consistait en deux chevreaux que

Mon chien mourut de vieillesse.

j'avais accoutumés à manger dans ma main, et deux autres perroquets qui jasaient assez bien pour prononcer *Robinson Crusoé*, mais qui étaient fort éloignés de la perfection de l'autre, pour lequel aussi j'avais pris beaucoup de peine. Je possédais encore quelques oiseaux de mer, dont j'ignorais les noms; je les avais attrapés sur le rivage et

J'étais content, encore un coup!

leur avais coupé les ailes; ils habitaient et pondaient dans le jeune bois planté de mes mains devant le retranchement de mon château, et ils contribuaient beaucoup à mon divertissement. J'étais content, encore un coup, pourvu que les sauvages ne vinssent pas troubler ma tranquillité.

Le Ciel en avait ordonné autrement, et je conseille à tous ceux qui liront mon histoire d'en tirer les conclusions suivantes : Combien de fois n'arrive-t-il pas, dans le cours de notre vie, que le mal que nous évitons avec le plus grand soin et qui nous paraît le plus terrible quand nous y sommes tombés, est, pour ainsi dire, la porte de notre délivrance et l'unique moyen de finir nos malheurs? Cette vérité a été surtout remarquable durant les dernières années de ma vie solitaire dans cette île, comme le lecteur le verra bientôt.

C'était au mois de décembre, temps ordinaire de ma moisson, qui m'obligeait à passer presque les jours entiers à la campagne, lorsque, sortant un peu avant le lever du soleil, je fus surpris par la vue d'une lumière sur le rivage, à une grande demi-lieue de moi. Elle ne s'offrait pas du côté où j'avais observé que les sauvages abordaient d'ordinaire, et je vis avec la plus vive douleur que c'était du côté de mon habitation.

La peur d'être surpris me fit rentrer bien vite dans ma grotte, où

Je fus surpris par la vue d'une lumière sur le rivage.

j'avais beaucoup de peine à me croire en sûreté, parce que mon grain, à moitié coupé, pouvait découvrir aux sauvages que l'île était habitée, et les porter à me chercher partout, jusqu'à ce qu'ils m'eussent déterré.

Dans cette appréhension, je retournai vers mon habitation, et, ayant retiré mon échelle après moi, je me préparai à la défense : je chargeai tous mes pistolets et l'artillerie que j'avais placée dans mon nouveau retranchement, résolu à me battre jusqu'à mon dernier soupir; et dans cette posture j'attendis l'ennemi pendant deux heures, fort impatient de savoir ce qui se passait au dehors.

N'ayant personne pour aller à la découverte, et incapable de soutenir plus longtemps une si cruelle incertitude, je m'enhardis à monter sur le haut du rocher par le moyen de mes deux échelles, et, me mettant ventre à terre, je me servis de ma lunette d'approche pour reconnaître l'état des choses. Je vis d'abord neuf sauvages assis en rond autour d'un petit feu, non pour se chauffer, car il faisait une chaleur extrême, mais apparemment pour préparer quelques mets de chair humaine destinés à leurs horribles festins.

Ils avaient avec eux deux canots qu'ils avaient attirés sur le rivage, et, comme c'était alors le temps du flux, ils paraissaient attendre le reflux pour s'en retourner, ce qui calma mon inquiétude : en effet, je conclus de là qu'ils venaient et s'en retournaient toujours de la même manière, et que je pouvais battre la campagne sans danger durant le reflux, pourvu que je n'eusse pas été découvert auparavant sur le rivage. Cette observation me fit continuer ma moisson dans la suite avec assez de tranquillité.

La chose arriva précisément comme je l'avais conjecturé : dès que la marée commença à porter du côté de l'occident, je les vis se jeter dans leurs barques, faire force de rames, après s'être divertis auparavant par des danses, par des postures et par des gesticulations bizarres.

Après qu'ils se furent éloignés, je sortis avec un fusil sur chaque épaule, deux pistolets à ma ceinture, mon large sabre à mon côté, et avec tout l'empressement possible je gagnai la colline d'où j'avais vu pour la première fois les marques des festins horribles de ces cannibales. Là je reconnus qu'il y avait eu de ce côté trois autres canots qui étaient en mer aussi bien que les autres pour regagner le continent.

Descendu sur le rivage, je revis les horribles traces de leur brutale coutume, et j'en conçus tant d'indignation, que je résolus de nouveau de tomber sur la première troupe que je rencontrerais, quelque nombreuse qu'elle pût être.

Les visites qu'ils faisaient dans l'île devaient être fort rares, puisqu'il se passa plus de quinze mois avant que j'en revisse le moindre vestige. Je vécus pendant ce temps dans de cruelles appréhensions, dont je ne voyais aucun moyen de me délivrer.

J'étais néanmoins toujours dans mon humeur meurtrière, et j'employais presque toutes les heures du jour, dont j'aurais pu faire un meilleur usage, à dresser mon nouveau plan d'attaque, pour la première fois que j'en aurais l'occasion, surtout si leurs forces étaient divisées comme la dernière. Je ne considérais pas qu'en ne tuant qu'une partie de leurs gens, ce serait toujours à recommencer, et qu'à la fin cependant je deviendrais un plus grand meurtrier que ceux-là mêmes dont je voulais punir la barbarie.

Mes inquiétudes, renouvelées par cette dernière rencontre, répandaient beaucoup d'amertume sur ma vie. Quand je me hasardais à sortir de ma retraite, c'était avec toute la précaution possible, et en tournant les yeux continuellement sur tous les objets dont j'étais environné. Quel bonheur pour moi d'avoir mis mon troupeau en sûreté, et d'être dispensé de faire feu sur les chèvres dans les bois! Il est vrai que le bruit aurait pu mettre en fuite un petit nombre de sauvages effrayés; mais je devais être convaincu qu'ils reviendraient avec plusieurs centaines de canots, et je savais ce que j'avais alors à craindre de leur inhumanité. Cependant je fus assez heureux pour n'en plus voir

Je fus surpris d'un bruit semblable à celui d'un coup de canon.

jusqu'au mois de mai de la vingt-quatrième année de ma vie solitaire, dans lequel j'eus avec eux une rencontre surprenante.

Vers le milieu du mois de mai (selon le poteau où je marquais chaque jour, et qui me servait de calendrier), il s'éleva une tempête horrible, avec force tonnerres et éclairs. La nuit suivante ne fut pas moins épouvantable, et je fus surpris d'un bruit semblable à celui d'un coup de canon tiré en mer.

Cette surprise était bien différente de celle qui m'avait saisi jusqu'alors : je me levai avec tout l'empressement possible, et en un instant je parvins au haut du rocher par le moyen de mes échelles. Dans le même moment, une lumière me prépara à entendre un second coup de canon, qui frappa mes oreilles une demi-minute après, et dont le son devait venir du côté de la mer où j'avais été emporté dans mon canot par les courants.

Je jugeai d'abord que ce devait être un vaisseau en péril, qui par ses signaux demandait du secours à quelque autre bâtiment qui allait avec lui de conserve. Je songeai, d'après cette circonstance, que si j'étais incapable de lui donner du secours, il pourrait peut-être m'en donner; et, dans cette vue, je ramassai tout le bois sec qui était aux environs; j'en fis un feu au haut de la colline. Quoique le vent fût violent, il ne laissa pas de s'enflammer à merveille, et j'étais sûr qu'il devait être aperçu par ceux du vaisseau, si mes conjectures là-dessus étaient justes. Ils le virent sans doute; car à peine mon feu était-il dans toute sa force, que j'entendis un troisième coup de canon suivi de plusieurs autres, venant tous du même endroit. J'entretins mon feu toute la nuit, et, quand il fit jour et que le ciel se fut éclairci, je vis quelque chose à une grande distance, à l'E. de l'île, sans pouvoir le distinguer même avec mes lunettes.

J'y fixai mes yeux constamment pendant toute la matinée; et, comme je voyais l'objet dans le même lieu, je crus enfin que c'était un vaisseau à l'ancre. Je pris mon fusil et m'avançai à grands pas du côté de la partie méridionale de l'île, où les courants m'avaient porté autrefois au pied de quelques rochers; je montai sur le plus haut de tous, et, le temps étant alors serein, je vis, à mon grand regret, le corps d'un vaisseau qui s'était brisé pendant la nuit sur les rocs cachés que j'avais trouvés quand je mis en mer avec mon canot, et qui, résistant à la violence de la marée, faisaient une espèce de contre-marée par laquelle j'avais été délivré d'un des plus grands dangers que j'eusse courus dans ma vie.

C'est ainsi que ce qui sauve l'un perd l'autre; car je crois que ces gens, n'ayant aucune connaissance de ces rochers entièrement cachés sous l'eau, y avaient été portés pendant la nuit par un vent qui était tantôt E. et tantôt E.-N.-E. S'ils avaient découvert l'île, ce qu'apparemment ils ne firent point, ils auraient sans doute tâché de se sauver à terre dans la chaloupe. Les coups de canon qu'ils avaient tirés en voyant mon feu firent naître une foule de pensées différentes dans mon imagination : tantôt je croyais qu'apercevant cette lumière ils s'étaient mis dans leur chaloupe pour gagner le rivage, mais que les flots, extrêmement agités, les avaient emportés; tantôt je m'imaginais qu'ils avaient commencé par perdre leur chaloupe, ce qui arrive souvent quand les vagues, entrant dans le vaisseau, forcent les matelots à mettre la chaloupe en pièces, ou à la jeter dans la mer. D'autres fois je trouvais vraisemblable que les vaisseaux qui allaient avec celui-ci de conserve, avertis par des signaux, en avaient sauvé l'équipage. Dans d'autres moments je pensais qu'ils étaient entrés dans la chaloupe tous ensemble et que les courants les avaient emportés sur le

Je vis le corps d'un vaisseau qui s'était brisé pendant la nuit.

vaste Océan, où il n'y avait point de salut à attendre pour eux, et où ils mourraient peut-être de faim, à moins de se manger les uns les autres.

Tout cela n'était que conjectures, et, dans l'état où je me trouvais, je ne pouvais que jeter un regard de pitié sur la misère de ces pauvres gens, dont je tirai, par rapport à moi, cet avantage, que j'en devins de plus en plus reconnaissant envers Dieu, qui m'avait donné tant de consolations dans ma situation déplorable, et qui, des deux équipages perdus sur ces côtes, avait trouvé bon de sauver ma vie seule. J'appris par là à remarquer de nouveau qu'il n'y a pas d'état si bas, point de misère si grande, où l'on ne trouve quelque sujet de reconnaissance, en voyant au-dessous de moi des situations encore plus déplorables.

Je ne trouvai point de paroles assez énergiques pour exprimer le désir que j'avais d'en voir au moins un seul homme de sauvé, afin de trouver un compagnon unique, du commerce duquel je pusse jouir dans ma solitude : je n'avais jamais tant langui après la société des hommes, ni senti si vivement le malheur d'en être privé.

Mais ce n'était pas là le sort de ces malheureux ni le mien ; car, jusqu'à la dernière année de mon séjour dans cette île, j'ai ignoré si quelqu'un s'était sauvé de ce naufrage. Quelques jours après, j'eus seulement la douleur de voir sur le sable le cadavre d'un mousse noyé. Il avait pour habillement une veste de matelot, une mauvaise paire de culottes et une chemise de toile blanche, de manière qu'il m'était impossible de deviner de quelle nation il pouvait être ; tout ce qui se trouva dans ses poches consistait en deux pièces de huit et une pipe, infiniment plus précieuse pour moi que l'argent.

La mer était cependant devenue calme, et j'avais grande envie de visiter le vaisseau, moins dans l'espérance d'y trouver quelque chose d'utile que pour voir s'il n'y avait pas quelque créature vivante dont je pusse sauver la vie, en même temps que je rendais par là la mienne beaucoup plus agréable. Cette pensée faisait une si forte impression sur moi, que je n'eus de repos ni jour ni nuit que mon dessein ne fût exécuté.

Je préparai donc tout pour mon voyage. Je pris une bonne quantité de pain, un pot rempli d'eau fraîche, une bouteille de rhum, dont j'étais encore suffisamment pourvu, et un panier plein de raisins secs. Chargé de ces provisions, je redescendis vers ma chaloupe, je la nettoyai, je la mis à flot et j'y portai toute ma cargaison ; ensuite je retournai pour chercher le reste de ce qui m'était nécessaire, savoir : du riz, un parasol, deux douzaines de mes gâteaux, un fromage et un pot de lait de chèvre. Mon petit bâtiment ainsi chargé, je priai Dieu de bénir mon voyage, et, rasant le rivage, je vins à la dernière pointe de l'île du côté du N.-E., d'où il fallait entrer dans l'Océan, si j'étais assez hardi pour mener à fin mon entreprise. Je regardai avec beaucoup de frayeur les courants qui avaient autrefois failli me faire périr, et ce souvenir ne pouvait que me décourager ; car, si j'avais eu le malheur d'y donner, ils m'eussent emporté certainement bien avant dans la mer, hors de la vue de mon île ; et si un vent un peu fort se levait, c'en était fait de moi.

J'en fus effrayé au point que je commençai à abandonner ma résolution. Ayant tiré ma chaloupe dans une petite anse, je me posai sur un tertre, flottant entre la crainte et le désir d'achever mon voyage. J'y restai aussi longtemps que je vis que la marée changeait et que le flux commençait à venir, ce qui rendait mon dessein impraticable pendant quelques heures. Ensuite il me passa par l'esprit de monter sur la dune la plus élevée pour observer quelle route prenaient les courants pendant le flux, afin de juger si, emporté par un des courants en me mettant en mer, je ne pouvais pas être ramené par un autre avec la même rapidité. Je trouvai bientôt une hauteur d'où l'on pouvait observer la mer de côté et d'autre, et de là je vis clairement que, comme le courant du flux sortait du côté de la pointe méridionale de l'île, ainsi le courant du reflux rentrait du côté N., et qu'il était propre à me reconduire chez moi.

Enhardi par cette observation, je résolus de sortir le lendemain au commencement de la marée, et je le fis après avoir reposé la nuit dans ma barque. Je dirigeai d'abord ma course vers le N., jusqu'à ce que je commençasse à sentir la faveur du courant, qui m'emporta bien avant du côté de l'E., sans me maîtriser assez néanmoins pour m'ôter toute la direction de mon bâtiment, qui avait un bon gouvernail et que j'aidais encore par ma rame; de cette manière j'allai droit vers le bâtiment, et j'y arrivai en moins de deux heures.

C'était un bien triste spectacle : le vaisseau, qui paraissait espagnol par sa structure, était comme cloué entre deux rochers; la poupe et une partie du corps de bâtiment étaient fracassés par la mer, et, comme la proue avait donné contre les rochers avec une extrême violence, le grand mât et le mât d'artimon s'étaient brisés; mais le beaupré était resté en bon état et paraissait ferme vers la pointe de l'éperon.

Lorsque j'en fus tout près, un chien parut sur le tillac; me voyant venir, il se mit à aboyer. Je l'appelai, il sauta dans la mer, et je l'aidai à entrer dans ma barque; il était à moitié mort de faim et de soif; je lui donnai un morceau de pain, qu'il engloutit comme un loup qui aurait erré pendant quinze jours dans la neige; je lui fis boire ensuite de l'eau fraîche, et si je l'avais laissé faire, il se serait étouffé.

Un spectacle bien touchant s'offrit à mes yeux dans le vaisseau : ce fut celui de deux hommes noyés, qui se tenaient embrassés l'un l'autre dans la chambre de l'avant. Il est probable que, lorsque le bâtiment avait touché, la mer y était entrée si abondamment et avec tant de violence, que ces pauvres gens en avaient été étouffés, de même que s'ils eussent été continuellement sous l'eau. Excepté le chien, il n'y avait rien de vivant dans tout le bâtiment.

Presque toute la cargaison me parut détériorée par l'eau ; je vis pourtant quelques tonneaux remplis probablement de vin ou d'eau-de-vie, mais ils étaient trop gros pour que je pusse en tirer le moindre parti. Il y avait encore plusieurs coffres; j'en mis deux dans ma chaloupe, sans examiner ce qu'ils contenaient. Je jugeai ensuite par ce que j'y trouvai que le vaisseau devait être richement chargé; et, si je puis former quelques conjectures d'après le cours qu'il prenait, il y a toute apparence qu'il était destiné pour Buenos-Ayres, ou bien pour Rio-de-la-Plata, de là pour la Havane et ensuite pour l'Espagne.

Outre ces deux coffres, je trouvai un petit tonneau qui pouvait contenir environ vingt pots, et je le mis dans ma chaloupe avec bien de la peine. J'aperçus dans une des chambres plusieurs fusils et un grand cornet à poudre qui en contenait environ quatre livres ; je m'en saisis, mais je laissai là les armes, parce que j'en avais suffisamment. Je m'appropriai encore une pelle à feu et des pincettes, dont j'avais un extrême besoin; deux chaudrons de cuivre, un gril et une chocolatière. Je m'en retournai avec cette charge et avec le chien, voyant venir la marée qui devait me ramener chez moi ; et, le même soir, je revins à l'île extrêmement fatigué de ma course.

Après avoir reposé cette nuit dans la chaloupe, je résolus de porter mes nouvelles acquisitions dans ma grotte plutôt que dans mon château; mais je trouvai bon d'en faire auparavant l'examen. Le petit tonneau était rempli d'une espèce de rhum qui n'avait pas la qualité de celui qu'on trouve dans le Brésil. Pour les deux coffres, ils étaient pleins de plusieurs objets d'une grande utilité pour moi; j'y trouvai une cave remplie de liqueurs excellentes : elles étaient dans des bouteilles ornées d'argent et qui contenaient chacune trois pintes. J'y vis encore deux pots de confitures si bien fermés que l'eau n'avait pu y pénétrer, et deux autres qui étaient gâtés par l'eau de mer. Il y avait en outre de fort bonnes chemises, quelques cravates de différentes couleurs, une demi-douzaine de mouchoirs de toile blanche, qui me servirent à m'essuyer le visage dans les grandes chaleurs; toutes ces découvertes m'étaient extrêmement agréables.

Au fond du coffre, je trouvai trois grands sacs de pièces de huit, au nombre à peu près de onze cents, outre un petit papier qui renfermait six doubles pistoles et quelques petits joyaux d'or qui pouvaient peser ensemble environ une livre. Je trouvai dans le second coffre une cinquantaine de pièces de huit, mais point d'or; d'où je pouvais inférer qu'il avait appartenu à un maître plus pauvre que celui du premier, qui était sans doute quelque officier d'un grade assez élevé.

Dans l'autre coffre, il y avait quelques habits, mais de peu de valeur, et trois flacons pleins d'une poudre à tirer très-fine, destinée apparemment pour la charge des fusils de chasse. Au total, je tirai peu de fruit de ce voyage; l'argent ne m'était de nulle valeur, et j'aurais donné tout ce que j'en avais trouvé pour trois ou quatre paires de bas et de souliers; j'en avais grand besoin, car depuis nombre d'années j'avais été obligé de m'en passer. Il est vrai que je m'appropriai deux paires de souliers des pauvres matelots que j'avais trouvés noyés dans le vaisseau; mais ils ne valaient pas les souliers anglais, ni pour la commodité ni pour le service.

Je ne laissai pas de porter tout cet argent dans ma grotte, auprès de celui que j'avais sauvé de notre vaisseau. Je regrettai vivement de n'avoir pu pénétrer dans le fond du bâtiment; car j'en aurais pu tirer de quoi charger plus d'une fois ma chaloupe, et j'aurais ramassé un trésor considérable, qui aurait été en sûreté dans ma grotte, et que j'aurais pu aisément faire parvenir dans ma patrie, si la bonté du Ciel permettait un jour que je sortisse enfin de l'île : tant il est vrai que, même dans les positions de la vie où l'or est le moins nécessaire, il suffit d'être à portée d'en acquérir pour être atteint du désir de cette possession! Ce penchant se manifeste surtout chez l'homme riche corrompu par la civilisation trop avancée, et qui s'adonne avec fureur à la vile passion du jeu.

Après avoir mis mes acquisitions en lieu sûr, je replaçai ma barque dans sa rade ordinaire, et je m'en revins à ma demeure, où je trouvai tout dans l'état où je l'avais laissé. Je me remis à vivre à ma manière accoutumée et à m'appliquer à mes affaires domestiques. Pendant quelque temps, je jouis d'un assez grand repos, si ce n'est que j'étais toujours sur mes gardes et que je sortais rarement; encore ne le faisais-je jamais qu'avec beaucoup d'inquiétude, à moins que je ne tournasse mes pas du côté de l'O., où j'étais sûr que les sauvages ne venaient jamais : ainsi je me dispensais d'être armé de pied en cap, ce qui me surchargeait et m'accablait dans mes autres promenades.

CHAPITRE XII

Je vécus ainsi deux ans de suite passablement heureux, si mon esprit, qui paraissait être fait pour rendre mon corps misérable, ne s'était rempli de mille projets pour sortir de l'île. Quelquefois je voulais faire une seconde visite au vaisseau échoué, où je ne devais plus m'attendre à rien trouver qui valût la peine du voyage; tantôt je songeais à m'échapper d'un côté ou d'un autre, et je crois fermement que si j'avais eu en ma possession la chaloupe avec laquelle j'avais quitté Salé, je me serais mis en mer à tout hasard.

J'en vins à penser que le seul moyen d'exécuter mon dessein avec succès était d'attraper quelque sauvage, et surtout, s'il était possible, quelque prisonnier qui me sût gré de sa délivrance; mais j'y voyais cette terrible difficulté, que pour réussir il fallait absolument massacrer une caravane entière, entreprise désespérée qui pouvait échouer très-facilement.

Après avoir pesé longtemps le pour et le contre, je sentis la passion l'emporter en moi sur l'humanité, et je me déterminai à faire tout ce qui m'était possible pour m'emparer d'un de ces sauvages, à quelque prix que ce fût. La question était de savoir comment je pourrais réussir; mais, comme je ne pouvais d'avance prendre à cet égard des mesures plausibles, je résolus seulement de me mettre en sentinelle pour découvrir mes ennemis quand ils débarqueraient, et d'arrêter alors mon plan conformément aux circonstances qui s'offriraient à moi.

Dans cette vue je ne manquai pas un jour d'aller reconnaître le terrain; mais je ne découvris rien durant l'espace de dix-huit mois, et quoique pendant tout ce temps j'allasse sans relâche sur les parties du rivage les plus fréquentées par les sauvages. La fatigue que me donnaient ces sorties inutiles, bien loin de me dégoûter, comme autrefois, de mon entreprise et d'énerver ma passion, ne fit que l'enflammer davantage; je souhaitais aussi ardemment de rencontrer les cannibales que j'avais autrefois désiré de les éviter.

J'avais même alors tant de confiance en mes moyens, que je me faisais fort de subjuguer trois de ces sauvages, au point de les assujettir entièrement et de leur ôter toute faculté de me nuire : je me complaisais dans cette idée avantageuse de mon savoir-faire, et rien ne me manquait, selon moi, que l'occasion de l'employer.

Elle parut enfin se présenter : un matin je distinguai sur le rivage jusqu'à six canots, dont les sauvages étaient à terre et hors de la portée de ma vue. Je savais qu'ils venaient d'ordinaire au moins cinq ou six dans chaque barque; par conséquent, leur nombre dérangeait toutes mes mesures. Quelle possibilité pour un seul homme d'en venir aux mains avec une trentaine? Cependant, après avoir été dans l'irrésolution pendant quelques moments, je préparai tout pour le combat. J'écoutai attentivement si j'entendais quelque bruit; ensuite, laissant mes deux fusils au pied de mon échelle, je me plaçai de manière que ma tête n'en dépassât pas le sommet. De là j'aperçus, par le moyen de mes lunettes, qu'ils étaient trente au moins, qu'ils avaient allumé du feu pour préparer leur festin, et qu'ils dansaient alentour avec mille postures et mille gesticulations bizarres, selon la coutume du pays.

Un moment après, je les vis tirer d'une barque deux misérables pour les mettre en pièces. Un des deux tomba bientôt à terre, assommé, à ce qu'il me sembla, d'un coup de massue ou de sabre en bois; sans délai, deux ou trois de ses bourreaux se jetèrent dessus, lui ouvrirent le corps et en préparèrent les morceaux pour leur infernale cuisine, tandis que l'autre victime se tenait près de là, attendant son tour d'être immolée. Ce malheureux se trouvant alors un peu en liberté, la nature lui inspira quelque espérance de se sauver, et il se mit à courir avec toute la vitesse imaginable, directement de mon côté, je veux dire du côté du rivage qui menait à mon habitation.

J'avoue que je fus terriblement effrayé en le voyant prendre ce chemin, surtout parce que je m'imaginais qu'il allait être poursuivi par toute la troupe. Je restai néanmoins dans le même endroit, et j'eus bientôt lieu de me rassurer en voyant que trois hommes seulement le poursuivaient et qu'il gagnait considérablement de terrain sur eux, de manière qu'il devait leur échapper indubitablement s'il soutenait cette course pendant une demi-heure.

Il y avait au rivage, entre lui et mon château, une petite baie où il devait être arrêté nécessairement, à moins qu'il ne la passât à la nage; mais quand il fut arrivé là, il ne s'en mit point en peine, et, quoique la marée fût haute, il s'y jeta à corps perdu, gagna l'autre bord en une trentaine d'élans tout au plus; ensuite il se mit à courir avec la même vitesse qu'auparavant. Quand ses trois ennemis arrivèrent dans le même endroit, je remarquai qu'il n'y en avait que deux qui sussent nager, et que le troisième, après s'être arrêté un instant sur le bord, s'en retourna à petits pas vers le lieu du festin; ce n'était pas un léger bonheur pour celui qui fuyait. J'observai encore que les deux qui nageaient mettaient à passer cette eau le double de temps que leur prisonnier y avait employé.

Je fus alors pleinement convaincu que l'occasion était favorable pour m'acquérir un compagnon, et que j'étais évidemment appelé par le Ciel à sauver la vie à ce pauvre malheureux. Dans cette persuasion, je descendis précipitamment du rocher pour prendre mes fusils, et, remontant avec la même ardeur, je m'avançai vers la mer : je n'avais pas grand chemin à faire, et bientôt je me jetai entre les poursuivants et le poursuivi, en tâchant de lui faire entendre par mes cris de s'arrêter. Je lui fis encore signe de la main; mais je crois qu'au commencement il avait tout aussi peur de moi que de ceux auxquels il tâchait d'échapper. J'avançai cependant vers eux à pas lents, et ensuite, me jetant brusquement sur le premier, je l'assommai d'un coup de crosse : j'aimais mieux m'en défaire de cette manière que de faire feu sur lui, de peur d'être entendu des autres, quoique la chose fût fort difficile à une si grande distance; il eût d'ailleurs été impossible aux sauvages de savoir ce que signifiait ce bruit inconnu.

Le second, voyant tomber son camarade, s'arrête tout court, comme effrayé : je continue d'aller droit à lui; mais en approchant, je le vois armé d'un arc auquel il ajuste une flèche, ce qui me décide à le prévenir, et je le jette à terre roide mort du premier coup. Pour le pauvre fuyard, quoiqu'il vît ses deux ennemis hors de combat, il était si épouvanté du feu et du bruit, qu'il s'arrêta tout à coup, sans sortir du même endroit, et je vis dans son air troublé plus d'envie de s'enfuir que d'approcher. Je lui fis encore signe de venir à moi; il fait quelques pas, puis il s'arrête encore, et continue ce même manége pendant quelques moments : il s'imaginait sans doute qu'il était devenu prisonnier une seconde fois et qu'il allait être tué comme ses deux ennemis. Enfin, après que je lui eus fait signe d'approcher pour la troisième fois de la manière la plus propre à le rassurer, il s'y hasarda en se mettant à genoux à chaque dix ou douze pas, pour me témoigner son obéissance. Pendant tout ce temps, je lui souriais aussi gracieusement qu'il m'était possible. Enfin, étant arrivé près de moi, il se jette à mes genoux, il baise la terre, il prend un de mes pieds

Étant arrivé près de moi, il se jette à mes genoux.

et le pose sur sa tête pour me faire comprendre sans doute qu'il me jurait fidélité et qu'il me rendait hommage en qualité d'esclave. Je le relevai en lui faisant des caresses pour l'encourager de plus en plus. Mais l'affaire n'était pas encore finie : je vis bientôt que le sauvage que j'avais fait tomber d'un coup de crosse n'était pas mort, et qu'il n'avait été qu'étourdi; je le fis remarquer à mon prisonnier, qui là-dessus prononça quelques mots que je n'entendis pas, mais qui ne laissèrent pas de me charmer, car c'était le premier son d'une voix humaine qui eût frappé mes oreilles depuis vingt-cinq ans.

Il n'était pas temps encore de m'abandonner à ce plaisir : le sauvage avait déjà repris assez de force pour se mettre sur son séant, et la frayeur s'empara de mon captif; néanmoins, dès qu'il me vit faire mine de lâcher mon second coup de fusil sur ce malheureux, il me fit entendre par signes qu'il souhaitait m'emprunter mon sabre, ce que je lui accordai. A peine s'en est-il saisi, qu'il se jette sur son ennemi et lui tranche la tête d'un seul coup, aussi vite et aussi adroitement que pourrait le faire le plus habile bourreau de toute l'Allemagne. C'était pourtant la première fois de sa vie qu'il voyait une épée, à moins qu'on ne veuille donner ce nom aux sabres de bois qui sont les armes ordinaires de ces peuples : cependant j'ai appris dans la suite que ces sabres sont d'un bois si dur et si pesant, et qu'ils savent si bien les affiler, que d'un seul coup ils font voler une tête de dessus les épaules.

Après avoir fait cette expédition, il revint à moi en riant et en sautant pour célébrer son triomphe; puis, avec mille gestes dont j'ignorais le sens, il mit son sabre à mes pieds avec la tête du sauvage. Ce qui l'embarrassa extraordinairement, c'était la manière dont j'avais tué l'autre à une si grande distance; et, me le montrant, il me demanda par signes la permission de le voir de près. Arrivé tout près, sa surprise augmente; il le regarde, le retourne tantôt d'un côté, tantôt de l'autre; il examine la blessure que la balle avait faite justement dans la poitrine, et qui n'avait pas saigné beaucoup. Après l'avoir longtemps considéré, il revint à moi avec l'arc et les flèches du mort; et moi, résolu de m'en aller, je lui ordonnai de me suivre, en lui faisant entendre que je craignais que les sauvages ne fussent bientôt suivis d'un plus grand nombre.

Il me fit signe ensuite qu'il allait enterrer les cadavres, de peur qu'ils ne nous fissent découvrir; je le lui permis, et en un instant il eut creusé deux trous dans le sable, où il les plaça l'un et l'autre. Cette précaution prise, je l'emmenai avec moi, non dans le château, mais dans la grotte que j'avais plus avant dans l'île.

Arrivé dans ma grotte, je lui donnai du pain, une grappe de raisin sec et de l'eau, dont il avait surtout si grand besoin, étant fort altéré par la fatigue d'une si longue course. Je lui fis signe d'aller dormir, en lui montrant un tas de paille de riz avec une couverture qui me servait de lit assez souvent à moi-même.

C'était un grand garçon bien découplé, de vingt-cinq ans à peu près; il était parfaitement bien fait : tous ses membres, sans être fort gros, annonçaient un homme adroit et robuste; son air mâle ne présentait aucun mélange de férocité; au contraire, on voyait dans ses traits, surtout quand il souriait, cette douceur et cet agrément qu'on observe chez les Européens. Ses cheveux ne ressemblaient pas à de la laine frisée; ils étaient longs et noirs. Son front était grand et élevé, ses yeux brillants et pleins de feu. Son teint n'était pas noir, mais fort basané, sans avoir rien de cette désagréable couleur tannée des habitants du Brésil et de la Virginie; il tirait plutôt sur une nuance olivâtre dont il n'est pas aisé de donner une idée juste, mais qui a quelque chose de fort agréable. Il avait le visage rond et le nez bien fait, la bouche belle et les lèvres minces, les dents bien rangées et blanches comme l'ivoire.

Après avoir plutôt sommeillé que dormi pendant une demi-heure, il se réveilla et sortit de la grotte pour me rejoindre; j'avais été traire mes chèvres, qui étaient dans l'enclos tout près de là. Il vint à moi en courant, se jeta à mes pieds avec toutes les marques d'une âme véritablement reconnaissante, et me renouvela la cérémonie de me jurer fidélité en posant mon pied sur sa tête; en un mot, il faisait tous les gestes imaginables pour m'exprimer son intention de m'obéir toujours. J'entendais la plupart de ses signes, et je fis de mon mieux pour lui faire connaître que j'étais content de lui. Je commençai tout de suite à lui parler, et il m'apprit à parler à son tour; je lui enseignai d'abord qu'il s'appellerait *Vendredi*, nom que je lui donnai en mémoire du jour auquel il était tombé en mon pouvoir. Je lui appris encore à me nommer son maître et à dire oui et non. Je lui donnai ensuite du lait dans un pot de terre; j'en bus le premier, et j'y trempai mon pain; m'ayant imité, il me fit signe qu'il le trouvait bon.

Je restai avec lui toute la nuit suivante dans la grotte; mais, dès que le jour parut, je lui fis comprendre qu'il eût à me suivre, et que je lui donnerais des habits, car il était absolument nu. En passant par l'endroit où il avait enterré les deux sauvages, il me le montra ainsi que les marques qu'il avait laissées pour le reconnaître, en me faisant signe qu'il fallait déterrer ces corps et les manger. Je me donnai là-dessus l'air d'un homme fort en colère; je lui exprimai l'horreur que j'avais d'une pareille pensée en faisant comme si j'allais vomir, et je lui ordonnai de s'écarter de ces cadavres, ce qu'il fit dans le moment avec beaucoup de soumission. Je le menai ensuite avec moi au haut de la colline, pour voir si les ennemis étaient partis; et, en me servant de ma lunette, je ne découvris que la place où ils avaient été, sans apercevoir ni eux ni leurs bâtiments, marque certaine qu'ils s'étaient rembarqués.

Je n'étais pas encore entièrement satisfait de cette découverte, et me trouvant à présent plus de courage, et par conséquent plus de curiosité, je pris mon esclave avec moi, armé de mon épée, et l'arc avec les flèches sur le dos; je lui fis porter un de mes mousquets, j'en gardai deux moi-même, et de cette manière nous marchâmes vers le lieu du festin.

En y arrivant, mon sang se glaça par l'horreur du spectacle, qui ne fit pas le même effet sur Vendredi : la place était couverte d'ossements et de chairs à moitié mangées, en un mot, de toutes les marques du repas de triomphe par lequel les sauvages avaient célébré leur victoire sur leurs ennemis. Je vis à terre trois crânes, cinq mains, les os de deux ou trois jambes et autant de pieds; et Vendredi me fit entendre par des signes qu'ils avaient amené avec eux quatre prisonniers, qu'ils en avaient mangé trois, lui-même étant le quatrième; qu'il y avait eu une grande bataille entre eux et sa nation, et qu'on avait fait de part et d'autre beaucoup de prisonniers, tous destinés au sort qu'avaient subi ceux dont je voyais les restes.

Je les fis ramasser en monceaux par mon esclave et réduire en cendres au moyen d'un grand brasier dont il les entoura. Je voyais bien que son estomac était avide de cette chair, et que dans le cœur il était encore un vrai cannibale; mais je lui témoignai tant d'horreur pour un appétit si dénaturé, qu'il n'osait pas le découvrir, de crainte que je ne le tuasse.

Cette opération terminée, nous nous en retournâmes dans mon château, où je me mis à travailler aux habits de Vendredi. Je lui donnai d'abord une culotte de toile que j'avais trouvée dans le coffre d'un des matelots, ce qui lui alla passablement bien. J'y ajoutai une veste de peau de chèvre; et, comme j'étais devenu tailleur dans les formes, je lui fis encore un bonnet de la peau d'un lièvre, dont la façon n'était pas trop mauvaise. Il était charmé de se voir presque aussi bien mis que son maître, quoique d'abord il eût l'air fort grotesque dans ces habillements, auxquels il n'était pas accoutumé. Sa culotte l'incommodait fort, et les manches de la veste le gênaient aux épaules et sous les bras; mais tout cela s'élargit peu à peu dans les endroits nécessaires, et commença bientôt à lui devenir familier.

Le jour d'après, je me mis à délibérer où je logerais mon domestique d'une manière commode pour lui, sans que j'en eusse rien à craindre pour moi, s'il était assez ingrat pour attenter à ma vie. Je ne trouvai rien de plus convenable que de lui faire une hutte entre mes deux retranchements; et je pris toutes les précautions nécessaires pour l'empêcher de venir dans mon château malgré moi; de

Il était charmé de se voir presque aussi bien mis que son maître.

plus je résolus d'emporter chaque nuit dans ma demeure tout ce que j'avais d'armes en ma possession.

Heureusement toutes ces précautions n'étaient pas fort nécessaires : jamais homme n'eut un serviteur plus fidèle, plus rempli de candeur et d'affection pour son maître; il s'attachait à moi avec une tendresse véritablement filiale; il n'était ni fantasque, ni opiniâtre, ni capable d'emportement, et en toute occasion il aurait sacrifié sa vie pour sauver la mienne. Il m'en donna en peu de temps un si grand nombre de preuves, qu'il me fut impossible de douter de son bon cœur et de l'inutilité de ma défiance à cet égard.

Enfin j'étais charmé de mon nouveau compagnon; je me faisais une affaire sérieuse de l'instruire et de lui enseigner à parler, et je le trouvai le meilleur écolier du monde. Il était gai, et si ravi quand il pouvait m'entendre ou faire en sorte que je l'entendisse, qu'il me communiquait sa joie et me faisait trouver du plaisir et du piquant dans nos conversations. Mes jours s'écoulaient alors dans une douce tranquillité; et, pourvu que les sauvages me laissassent en paix, je consentais volontiers à finir ma vie dans ces lieux.

Trois à quatre jours après que j'eus commencé à vivre avec Vendredi, je résolus de le détourner de son appétit cannibale en lui faisant goûter de mes viandes. Je le conduisis un matin dans le bois, où j'avais dessein de tuer un de mes chevreaux pour l'en régaler. En y entrant, je découvris une chèvre couchée à l'ombre, accompagnée de deux de ses petits; j'arrêtai Vendredi, en lui faisant signe de ne point remuer, et en même temps je fis feu sur un des chevreaux et le tuai. Le pauvre sauvage, qui m'avait vu terrasser de loin un de ses ennemis, sans savoir comment j'y étais parvenu, effrayé de nouveau, tremblait comme la feuille; sans tourner les yeux du côté du chevreau, pour voir si je l'avais tué ou non, il ne songea qu'à ouvrir sa veste pour examiner s'il n'était pas blessé lui-même. Il croyait sans doute que j'avais résolu de me défaire de sa personne; car il vint se jeter à mes pieds, et, embrassant mes genoux, il me tint d'assez longs discours où je ne comprenais rien, sinon qu'il me suppliait de ne pas le tuer.

Pour le désabuser, je le pris par la main en souriant; je le fis lever, et lui montrant du doigt le chevreau, je lui fis signe de l'aller chercher. Pendant qu'il était occupé à découvrir comment cet animal avait été tué, je rechargeai mon fusil. Au moment même, j'entrevis sur un arbre un oiseau, que je pris d'abord pour un oiseau de proie, mais qui se trouva être un perroquet. J'appelle mon sauvage, et, lui montrant du doigt mon fusil, le perroquet et la terre, je lui fais entendre mon dessein d'abattre l'oiseau : effectivement je le jetai à bas, et je vis mon sauvage épouvanté de nouveau, malgré tout ce que j'avais tâché de lui faire comprendre. Ne m'ayant rien vu mettre dans mon fusil, il le regarda comme une source inépuisable de destruction. De longtemps il ne put revenir de sa surprise, et, si je l'avais laissé faire, je crois qu'il aurait adoré mon fusil aussi bien que moi. Il n'osa pas y toucher pendant plusieurs jours; il lui parlait, comme si cet instrument eût été capable de lui répondre : c'était, ainsi que je l'ai appris dans la suite, pour le prier de ne pas lui ôter la vie.

Quand je le vis revenu un peu de sa frayeur, je lui fis signe d'aller chercher l'oiseau; ce qu'il exécuta : mais voyant qu'il avait de la peine à le trouver, parce que la bête, n'étant pas tout à fait morte, s'était traînée assez loin de là, je pris ce temps pour recharger mon fusil. Il revint bientôt après avec ma proie, et, ne trouvant plus l'occasion de l'étonner encore, je m'en retournai avec lui dans ma demeure.

Le même soir, j'écorchai le chevreau; je le dépeçai, et j'en mis quelques morceaux sur le feu dans un pot; j'en fis un bouillon, et je donnai une partie de cette viande ainsi préparée à Vendredi, qui, voyant que j'en mangeais, se mit à la goûter aussi. Il me fit signe qu'il y prenait plaisir; mais ce qui lui parut étrange, c'est que je mangeais du sel avec mon bouilli. Pour me faire comprendre que le sel n'était pas bon, il en mit quelques grains dans sa bouche; il le rejeta, et fit une grimace comme s'il avait mal au cœur; ensuite il se rinça la bouche avec de l'eau fraîche. Moi, au contraire, je fis les mêmes grimaces en prenant une bouchée de viande sans sel; mais je ne pus le porter à en faire de même, et il fut fort longtemps sans pouvoir s'y accoutumer.

Après l'avoir ainsi apprivoisé avec cette nourriture, je voulus, le jour suivant, le régaler d'un plat de rôti, ce que je fis en attachant un morceau de chevreau à une corde, et en le faisant tourner continuellement devant le feu, comme je l'avais vu pratiquer quelquefois en Angleterre. Dès que Vendredi en eut goûté, il fit tant de grimaces pour me dire qu'il le trouvait excellent et qu'il ne mangerait plus de chair humaine, qu'il y aurait eu bien de la stupidité à ne le pas entendre.

Le jour d'après, je l'occupai à battre du blé et à le vanner à ma manière, ce qu'en peu de temps il fit aussi bien que moi; il apprit de même à pétrir du pain; en un mot, il ne lui fallut que peu de jours d'apprentissage pour être capable de me servir de toutes les manières.

J'avais à présent deux bouches à nourrir, et par conséquent besoin d'une plus grande quantité de grain que par le passé. Je choisis donc un champ plus étendu, et je me mis à l'enclore, comme j'avais fait pour mes autres terres. Vendredi m'aida, non-seulement avec beaucoup d'adresse et de diligence, mais encore avec beaucoup de plaisir, sachant que c'était pour augmenter mes provisions et pour être en état de les partager avec lui. Il parut fort sensible à mes soins, et il me fit entendre que sa reconnaissance l'animerait à travailler avec d'autant plus d'assiduité. C'est là l'année la plus agréable que j'aie passée dans l'île. Vendredi commençait à parler passablement ; il savait les noms de presque tous les objets dont je pouvais avoir besoin et de tous les lieux où j'avais à l'envoyer, ce qui me rendit l'usage de ma langue, qui m'avait été si longtemps inutile, du moins quant à la parole.

Ce n'était pas seulement sa conversation qui me plaisait; j'étais charmé de plus en plus de sa fidélité, et je commençais à l'aimer avec la plus vive affection, voyant qu'il avait pour moi tout l'attachement possible.

Un jour je désirai savoir s'il regrettait beaucoup sa patrie ; et, comme il savait assez d'anglais pour répondre à la plupart de mes questions, je lui demandai par suite de quelles circonstances il avait été fait prisonnier. Il me répondit que sa nation était forte et souvent victorieuse, mais qu'un jour il avait été surpris avec un petit nombre des siens par des ennemis nombreux qui l'avaient enlevé. Il ajouta que ses compatriotes avaient, comme leurs ennemis, l'habitude de manger leurs prisonniers, et que lui-même était venu une fois sur mon île prendre part à une de ces horribles fêtes. Il me dit qu'à quelque distance en mer on trouvait tous les matins le même vent et le même courant, et tous les soirs un vent et un courant directement opposés. C'était grâce à la connaissance de ces faits que les sauvages effectuaient la traversée aussi facilement. Plus tard je compris que ce phénomène était causé par le grand fleuve d'Orénoque, dans l'embouchure duquel mon île était située. Je pus dès lors inférer des réponses de mon sauvage que les peuples au milieu desquels il était né étaient des Caraïbes.

Je ne négligeai pas, au milieu de ces différentes conversations, de jeter dans l'âme de Vendredi les semences de la foi chrétienne. Un jour, entre autres, je lui demandai qui l'avait fait. Ne me comprenant pas, il crut que je lui demandais qui était son père. Je donnai donc un autre tour à ma question, et je lui demandai qui avait fait la mer, la terre, les collines, les forêts. Il me dit que c'était un vieillard nommé Bénakmukée, qui survivrait à toutes choses, et qui était fort âgé, plus âgé que la mer, la lune et les étoiles.

Je tirai de là occasion de l'instruire dans la connaissance du vrai Dieu : je lui dis que le Créateur de tous les êtres gouverne tout par le même pouvoir et par la même sagesse par lesquels il a tout formé, qu'il est tout-puissant, capable de faire tout pour nous, de nous donner tout, de nous ôter tout. Je lui ouvris ainsi les yeux par degrés. Il m'écoutait avec attention et paraissait recevoir avec plaisir la notion de Jésus envoyé au monde pour nous racheter, et de la véritable manière d'adresser nos prières à Dieu, qui pouvait les entendre quoiqu'il fût dans le ciel.

Je continuai donc, d'après ces premières bases posées, de prier

Je ne négligeai pas de jeter dans l'âme de Vendredi les semences de la foi chrétienne.

Dieu ardemment de disposer le cœur de ce malheureux sauvage à la connaissance de la vraie foi; je le suppliai de guider tellement ma langue, que son esprit pût être convaincu et son âme sauvée. Il y avait plus de bonne volonté que de lumière dans ma manière d'instruire le pauvre Vendredi, et j'avoue qu'il m'arriva ce qui arrive en pareil cas à bien d'autres : en travaillant à son instruction, je m'instruisis moi-même sur plusieurs points qui m'avaient été inconnus jusque-là, ou que du moins je n'avais pas considérés avec assez d'attention, mais qui se présentèrent naturellement à mon esprit lorsque j'en eus besoin.

Dès que Vendredi et moi fûmes en état de conférer ensemble, et qu'il commença à parler anglais, je lui fis le récit de mes aventures, au moins de celles qui avaient quelque rapport avec mon séjour dans cette île et avec la manière dont j'y avais vécu. Je lui révélai le mystère de la poudre et des balles, et je lui enseignai la manière de tirer; de plus, je lui donnai un couteau, qu'il se faisait un plaisir extraordinaire de posséder, et je lui fabriquai un ceinturon avec une gaîne suspendue comme celles où l'on met les couteaux de chasse, mais disposée pour porter une hache, dont l'utilité est beaucoup plus générale.

Je lui fis encore une description de l'Europe, et principalement de l'Angleterre, ma patrie; je lui dépeignis notre manière de vivre, notre culte religieux, le commerce que nous faisons dans tout l'univers par le moyen de nos vaisseaux; je n'oubliai pas de lui donner une idée de celui que j'étais allé visiter, et de l'endroit où il avait échoué.

Je lui fis remarquer aussi les restes de la chaloupe que nous perdîmes quand je m'échappai du naufrage. A peine y eut-il jeté les yeux, qu'il se mit à réfléchir avec un air d'étonnement, sans dire un seul mot. Je lui demandai quel était le sujet de sa méditation, et il me répondit : *Moi voir telle chaloupe ainsi chez ma nation.*

Je fus assez longtemps à comprendre ce qu'il voulait dire; mais, après un plus mûr examen, je devinai qu'il voulait me faire entendre qu'une semblable chaloupe avait été portée par une tempête sur le rivage de sa nation. J'en conclus que quelque vaisseau européen devait avoir fait naufrage sur ces côtes, et que peut-être les vents, ayant détaché la chaloupe, l'avaient poussée sur le sable; mais je fus assez simple pour ne pas me mettre dans l'esprit que ceux qui la montaient avaient pu se sauver du naufrage par ce moyen. L'unique chose à laquelle je songeai fut de demander à mon sauvage une description de la chaloupe en question.

Il s'en acquitta passablement; puis il me fit entrer tout à fait dans sa pensée. *Nous sauver les hommes blancs de noyer.* Je lui demandai aussitôt s'il y avait donc quelques hommes blancs dans cette chaloupe. *Oui*, dit-il, *la chaloupe pleine d'hommes blancs.* Et, en comptant sur ses doigts, il me fit comprendre qu'il y en avait jusqu'à dix-sept, et qu'ils demeuraient chez sa nation.

Ce discours remplit ma tête de nouvelles chimères : je m'imaginai d'abord que les gens du vaisseau échoué à la vue de mon île s'étaient jetés dans la barque, et que par bonheur ils s'étaient sauvés sur les côtes des sauvages. Cette pensée me porta donc à demander avec plus d'exactitude ce qu'ils étaient devenus. Il m'assura qu'ils étaient dans son pays depuis quatre ans, subsistant des vivres que leur fournissait sa nation; et lorsque je lui demandai pourquoi ils n'avaient pas été mangés, il répondit : *Nous faire frères avec eux, non manger les hommes que quand la guerre fait battre :* c'est-à-dire que sa nation avait fait la paix avec eux, et qu'elle ne mangeait que les prisonniers de guerre.

Assez longtemps après il arriva qu'étant au haut d'une colline, du côté de l'E., d'où, comme je l'ai déjà dit, l'on pouvait découvrir par un temps serein le continent de l'Amérique, après avoir attentivement regardé de ce côté-là, il parut tout ravi : il se mit à sauter et à gambader. Je lui en demandai le sujet; alors il cria de toutes ses forces : *O joie! ô plaisir! là voir mon pays, là ma nation.*

Le sentiment de la plus vive allégresse était répandu sur tout son visage, et je crus lire dans le feu de ses yeux un désir violent de retourner dans sa patrie. Cette découverte me rendit moins tranquille sur son compte, et je ne doutai pas que, si jamais il trouvait une occasion d'y retourner, il n'oubliât et ce que je lui avais enseigné sur la religion, et toutes les obligations qu'il pouvait m'avoir. Je craignis même qu'il ne fût capable de me découvrir à ses compatriotes et d'en amener dans l'île quelques centaines pour les régaler de ma chair, avec le même plaisir qu'il prenait autrefois à manger quelqu'un de ses ennemis. Mais j'étais injuste envers ce pauvre garcon, ce dont j'eus regret plus tard.

En effet, l'ayant interrogé avec attention sur ce point, je reconnus de la manière la plus positive qu'il ne désirait quitter l'île que si j'en sortais avec lui, et qu'il voulait m'emmener dans son pays, espérant que je pourrais instruire et améliorer ses compatriotes.

Je n'eus donc plus d'autre pensée que celle de préparer une embarcation sur laquelle je pusse effectuer la traversée; je cherchai un arbre assez fort pour que l'on pût le convertir en barque, et assez rapproché de la mer pour qu'il fût possible de le lancer sans trop de difficulté. Mon sauvage en trouva bientôt un d'un bois qui m'était inconnu, mais qu'il savait propre à cette destination. Il était d'avis de le creuser en le brûlant à l'intérieur; mais après que je lui eus enseigné l'usage des coins de fer, il s'y prit fort adroitement, et après un mois d'un rude travail il termina son ouvrage. La barque était fort proprement faite, surtout quand, à l'aide de nos haches, nous lui eûmes donné en dehors la forme d'une véritable chaloupe; ensuite nous fûmes encore occupés pendant une quinzaine de jours à la mettre à l'eau, en l'y conduisant au moyen de quelques rouleaux.

J'étais surpris de voir avec quelle adresse mon sauvage savait la manier et la tourner, quelque grande qu'elle fût. Je lui demandai si elle était assez forte pour qu'on y hasardât le passage; il m'assura que nous le pouvions, même par un grand vent. J'avais pourtant encore un projet qui lui était inconnu : c'était d'y ajouter un mât, une voile, une ancre et un câble. A cet effet, je choisis un jeune cèdre fort droit, et j'employai Vendredi à l'abattre et à lui donner la forme convenable. Je fis mon affaire de la voile : je savais qu'il me restait un grand nombre de morceaux de vieilles voiles; mais, comme je n'avais été guère soigneux de les conserver pendant vingt-six ans, je craignais qu'ils ne fussent absolument pourris. J'en trouvai pourtant deux lambeaux passablement bons; je me mis à y travailler, et après la fatigue d'une couture longue et pénible, faute d'aiguilles, j'en fis une mauvaise voile triangulaire, telle qu'on en emploie d'ordinaire dans les chaloupes de nos vaisseaux : c'était celle dont la manœuvre m'était la plus familière, parce que, avec une pareille voile, je m'étais échappé autrefois de la côte barbaresque.

Je mis près de deux mois à arranger mon mât et mes voiles, et à mettre la dernière main à tout ce qui était nécessaire à la barque; j'y ajoutai un petit étai et une misaine, pour rider le bâtiment en cas qu'il fût trop emporté par la marée; et, de plus, j'attachai un gouvernail à la poupe. Quoique je fusse un assez mauvais charpentier, comme je savais l'utilité et même la nécessité de cette pièce, je travaillai avec tant d'application, que j'en vins à bout. Mais je suis persuadé que le gouvernail seul me coûta autant de peine que toute la barque.

Il s'agissait alors d'enseigner la manœuvre à mon sauvage; car, quoiqu'il sût parfaitement diriger un canot à force de rames, il était ignorant dans le maniement d'une voile et d'un gouvernail. Il montrait un étonnement inexprimable quand il me voyait virer et manœuvrer ma barque à ma fantaisie, et quand il voyait changer la direction des voiles, qui s'enflaient du côté où je voulais faire route. Un peu d'habitude lui rendit toutes ces choses familières, et en peu de temps il devint un très-bon matelot : cependant il fut impossible de lui faire comprendre l'usage de la boussole. Ce n'était pas un grand malheur, car nous avions rarement un temps couvert et jamais de brouillards; de manière que la boussole nous devenait assez inutile, puisque pendant la nuit nous pouvions voir les étoiles, et pendant le jour découvrir le continent même, excepté dans les saisons pluvieuses, époque à laquelle personne ne s'aviserait de mettre en mer.

CHAPITRE XIII

J'étais alors entré dans la vingt-septième année de ma déportation dans cette île, quoique je ne puisse guère appeler de ce nom les trois dernières, où j'ai joui de la compagnie de mon fidèle sauvage. Je continuai toujours à célébrer l'anniversaire de mon naufrage avec la même reconnaissance envers Dieu. J'étais persuadé que l'année ne se passerait pas sans voir mes vœux accomplis; mais cette persuasion ne me faisait rien négliger de mon économie ordinaire : je labourais la terre comme de coutume, je plantais, je faisais des enclos, je séchais mes raisins : en un mot, j'agissais comme si je devais finir ma vie dans l'île.

La saison des pluies survenue, je me vis obligé de garder la maison plus qu'en d'autres temps; j'avais déjà pris mes mesures pour mettre notre bâtiment en sûreté; je l'avais fait entrer dans la petite baie dont j'ai déjà parlé plusieurs fois; je l'avais tiré sur le rivage pendant la haute marée, et Vendredi lui avait creusé un petit bassin assez profond pour pouvoir lui donner autant d'eau qu'il en fallait pour le mettre à flot, et pendant la marée basse, nous avions pris toutes les précautions nécessaires pour empêcher l'eau de la mer d'entrer malgré nous dans ce bassin. Afin de le mettre à l'abri de la pluie, nous couvrîmes notre esquif d'un si grand nombre de branches d'arbres, qu'un toit de chaume n'est pas plus impénétrable. De cette manière nous attendîmes le mois de novembre et de décembre, dans l'un desquels j'étais déterminé à hasarder le passage.

Mon désir d'exécuter cette entreprise s'affermit avec le retour de la belle saison, et j'étais continuellement occupé à tout préparer, principalement à rassembler les provisions nécessaires pour notre voyage, ayant dessein de mettre en mer au bout d'une quinzaine de jours. Un matin, pendant que je travaillais à ces préparatifs, j'ordonnai à Vendredi d'aller sur le bord de la mer pour chercher quelques tortues, dont la prise nous était fort agréable, tant à cause des œufs que de la chair même. Il n'y avait qu'un moment qu'il était sorti, quand je le vis revenir à toutes jambes et voler par-dessus mon retranchement extérieur, comme si ses pieds ne touchaient pas à terre. Sans me donner le temps de lui faire des questions, il se mit à crier : « *O maître, maître, ô triste! ô mauvais!* — Qu'y a-t-il, Vendredi? lui dis-je. — *Oh!* répondit-il, *là-bas! un, deux, trois canots; un, deux, trois.* » Je conclus de sa manière de s'exprimer qu'il devait y avoir six canots; mais je trouvai dans la suite qu'il n'y en avait que trois.

En vain je m'efforçai de le rassurer; le pauvre garçon continuait d'être dans des alarmes mortelles, se persuadant que les sauvages étaient venus exprès pour le mettre en pièces et pour le dévorer. « Courage, Vendredi! lui dis-je, je suis dans un aussi grand danger que toi; s'ils nous attrapent, ils n'épargneront pas plus ma chair que la tienne; il faut donc affronter la bataille. Sais-tu te battre, mon enfant? — *Moi tirer,* répliqua-t-il; *mais venir là plusieurs, beaucoup.* — Peu importe, lui dis-je, nos armes à feu effraieront ceux qu'elles ne tueront pas; je suis résolu à hasarder ma vie pour toi, pourvu que tu m'en promettes autant, et que tu veuilles exactement suivre mes ordres. — *Oui,* répondit-il, *moi mourir quand maître ordonne de mourir.* »

Là-dessus je lui fis boire un coup de rhum pour lui fortifier le cœur. Je lui fis prendre mes deux fusils de chasse, que je chargeai de la plus grosse dragée; je pris quatre mousquets, dans chacun desquels je mis deux clous et cinq petites balles; je chargeai mes pistolets à proportion; je mis à mon côté mon grand sabre nu, et j'ordonnai à Vendredi de prendre sa hache.

M'étant préparé de cette manière, je pris une de mes lunettes, et je montai au haut de la colline pour découvrir ce qui se passait sur le rivage. J'aperçus bientôt que nos ennemis y étaient au nombre de vingt et un, avec trois prisonniers; qu'ils étaient venus en trois canots, et qu'ils avaient dessein de faire un festin de triomphe des corps de ces malheureux.

J'observai encore qu'ils étaient débarqués non dans l'endroit où

Vendredi leur avait échappé, mais plus près de ma petite baie, sur un rivage très-bas, où un bois épais s'étendait presque jusqu'à la mer. Cette découverte m'anima d'un nouveau courage, et, retournant vers Vendredi, je lui dis que j'étais déterminé à les tuer tous, s'il voulait m'assister avec vigueur. Sa peur étant alors passée, et le rhum ayant

Moi mourir quand maître ordonne de mourir.

mis son sang en mouvement, il parut plein de feu et répéta avec un air ferme : *Moi mourir quand maître ordonne de mourir.*

Pour mettre à profit ce moment d'ardeur, je partageai les armes entre nous; je lui donnai un pistolet pour le fixer à sa ceinture; je lui plaçai trois fusils sur l'épaule, j'en pris autant pour moi, et nous nous mîmes en marche. Outre mes armes, je m'étais pourvu d'une bouteille de rhum, et j'avais chargé Vendredi d'un sac plein de poudre et de balles. Le seul ordre qu'il eût à suivre était de marcher sur mes pas, de ne faire aucun mouvement, de ne pas dire un mot sans mon commandement. Je cherchai à main droite un détour pour passer de l'autre côté de la baie et pour gagner le bois, afin d'avoir les cannibales à portée de fusil avant qu'ils m'eussent découvert. Je vins aisément à bout de trouver une route semblable par le moyen de ma lunette d'approche.

Tout en marchant, mes réflexions ralentirent beaucoup l'ardeur qui m'avait porté à cette entreprise; ce n'était pas que le nombre des ennemis me fît peur : ils étaient nus, et certainement j'avais lieu

Me glissant derrière quelques broussailles, je parvins à cet endroit.

de nous croire plus forts qu'eux; mais les mêmes raisons qui m'avaient donné autrefois de l'horreur pour un pareil massacre faisaient encore de vives impressions sur mon esprit. Quelle nécessité, dis-je en moi-même, me porte à tremper mes mains dans le sang d'un peuple qui n'a jamais eu la moindre intention de m'offenser?

Ces pensées me jetèrent dans une grande incertitude, d'où je sortis enfin en me déterminant seulement à approcher du lieu de leur barbare festin, pour agir selon que le Ciel m'inspirerait.

Dans cette vue, j'entrai dans le bois avec toute la précaution et tout le silence possibles, ayant Vendredi sur mes traces; je m'avançai jusqu'à ce qu'il n'y eût qu'une petite pointe de bois entre nous et les sauvages. Apercevant alors un arbre fort élevé, j'appelle Vendredi tout doucement, et lui ordonne de percer jusque-là pour découvrir ce que les sauvages faisaient. Il obéit, et vint bientôt me rapporter qu'on les voyait distinctement de cette place, qu'ils étaient tous autour de leur feu, se régalant de la chair d'un de leurs prisonniers, et qu'à quelques pas de là il y en avait un autre garrotté et étendu sur le sable, qui aurait bientôt le même sort; que ce dernier n'était pas de leur nation, mais un des hommes barbus qui étaient arrivés dans son pays avec une chaloupe. Ce rapport, et surtout la particularité du prisonnier barbu, rallumèrent toute ma fureur : je m'avançai vers l'arbre, et je vis clairement un homme blanc couché sur le sable, les mains et les pieds garrottés : les habits dont je le vis couvert ne me laissèrent plus de doute que ce ne fût un Européen.

Il y avait un autre arbre, entouré d'un petit buisson, plus rapproché de leur horrible festin d'environ cinquante verges, où, sans être aperçu si je pouvais y parvenir, je vis que je les avais à demi-portée de fusil. Grâce à cette découverte, je fus assez prudent pour me maîtriser quelques moments, quoique ma rage fût montée au plus haut degré; et, me glissant derrière quelques broussailles, je parvins à cet endroit : je trouvai une petite élévation d'où je découvris, à quatre-vingts verges de moi, tout ce qui se passait.

Je vis qu'il n'y avait pas un instant à perdre; dix-neuf de ces barbares étaient assis à terre, serrés les uns contre les autres, ayant détaché deux d'entre eux sans doute pour leur apporter le pauvre chrétien membre à membre. Ils étaient déjà occupés à lui délier les pieds, quand me tournant vers Vendredi : « Allons, lui dis-je, suis mes ordres exactement; fais avec précision ce que tu me verras faire, sans manquer dans le moindre point. » Il me le promit. Posant à terre un de mes mousquets et un de mes fusils de chasse, je le vis m'imiter parfaitement. Avec mon autre mousquet, je couchai les sauvages en joue, lui ordonnant d'en faire autant : « Es-tu prêt? lui dis-je. — Oui, » répondit-il; nous fîmes feu l'un et l'autre en même temps.

Vendredi m'avait tellement surpassé dans la justesse du coup d'œil, qu'il en tua deux et en blessa trois, tandis que je n'en blessai que deux et n'en tuai qu'un seul. On peut juger si les autres étaient dans la consternation; tous ceux qui n'avaient pas été blessés se levèrent précipitamment, sans savoir de quel côté tourner leurs pas pour éviter un danger dont l'origine leur était inconnue. Vendredi cependant avait toujours les yeux fixés sur moi, pour observer et imiter mes mouvements. Après avoir vu l'effet de notre première décharge, je jetai mon mousquet pour prendre mon fusil de chasse, et Vendredi fit de même. Il coucha en joue comme moi. « Es-tu prêt? » lui demandai-je encore, et dès qu'il m'eut répondu oui, « Feu donc! » lui dis-je; et en même temps nous tirâmes parmi la troupe effrayée. Comme nos armes étaient chargées d'une dragée grosse comme de petites balles de pistolet, il n'en tomba que deux; mais il y avait tant de blessés, que nous les vîmes courir la plupart çà et là tout couverts de sang, et qu'un moment après il en tomba trois à demi morts.

Ayant jeté alors à terre nos armes déchargées, je saisis mon second mousquet; j'ordonnai à Vendredi de me suivre, ce qu'il fit avec beaucoup d'intrépidité. Nous sortîmes brusquement, et dès que nous fûmes à découvert, nous poussâmes un grand cri; ensuite je me mis à courir de toutes mes forces, autant que le permettait le poids de mes armes, vers la pauvre victime, qui était étendue sur le sable, entre le lieu du festin et la mer. Les bouchers qui allaient s'exercer sur ce malheureux l'avaient abandonné au bruit de notre première décharge, et, prenant la fuite avec une terrible frayeur du côté de la mer, s'étaient jetés dans un des canots, où ils furent suivis par trois autres. Je criai à Vendredi de courir de ce côté-là et de tirer dessus. Il m'entendit, et, s'étant avancé sur eux d'une quarantaine de verges, il fit feu. Je m'imaginai au commencement qu'il les avait tous tués, les voyant tomber les uns sur les autres, mais j'en revis bientôt trois sur pied.

Pendant que mon sauvage s'attachait ainsi à la destruction de ses ennemis, je tirai mon couteau pour couper les liens du prisonnier, et, ayant mis en liberté ses pieds et ses mains, je le plaçai sur son séant, et je lui demandai en portugais qui il était; il me répondit en latin : *Christianus*. Le voyant si faible qu'il avait de la peine à se tenir debout et à parler, je lui donnai ma bouteille et lui fis signe de boire. Il le fit, et mangea en outre un morceau de pain que je lui avais donné pareillement. Après avoir repris un peu ses sens, il me fit entendre qu'il était Espagnol et qu'il m'avait toutes les obligations imaginables pour l'immense service que je venais de lui rendre. Me servant de tout l'espagnol que je pouvais recueillir dans ma mémoire, je lui dis : « Nous parlerons une autre fois; mais à présent, s'il vous reste quelque force, prenez ce pistolet et cette épée, et faites-en un bon usage. » Il les prit d'un air reconnaissant, et il semblait que ces armes lui rendissent toute sa vigueur. Il tomba au même instant sur ses ennemis comme un furieux, et en un tour de main il en dépêcha deux à coups de sabre. Il est vrai qu'ils ne se défendaient guère. Ces barbares étaient si effrayés du bruit de nos fusils, qu'ils se trouvaient aussi peu en état de songer à leur conservation que leur chair avait été incapable de résister à nos balles. Je m'en étais bien aperçu lorsque Vendredi avait fait feu sur ceux qui étaient dans la barque; car les uns avaient été terrassés par la peur, aussi bien que les autres par les blessures.

Je tenais toujours mon dernier fusil à la main, sans le tirer, pour n'être pas pris au dépourvu. C'était tout ce que j'avais pour me défendre, ayant donné mon pistolet et mon sabre à l'Espagnol. J'ordonnai cependant à Vendredi de retourner à l'arbre où nous avions

L'Espagnol mit la main à son pistolet et tua son ennemi.

commencé le combat, et d'y chercher nos armes déchargées; ce qu'il fit avec une grande promptitude. Pendant que je m'étais mis à les recharger de nouveau, je vis un combat très-acharné entre l'Espagnol et un des sauvages, qui l'avait attaqué avec un des sabres de bois destinés à le priver de la vie si je ne l'avais empêché. L'Espagnol, qui, bien que faible, était aussi brave et aussi hardi qu'il soit possible de l'être, avait déjà combattu le sauvage pendant quelque temps et lui avait fait deux blessures à la tête, quand l'autre, l'ayant saisi par le milieu du corps, le jette à terre et fait tous ses efforts pour lui arracher mon épée. L'Espagnol ne perdit pas son sang-froid dans cette occasion : il quitta sagement le sabre, mit la main à son pistolet et tua son ennemi sur-le-champ. Vendredi, qui n'était plus à portée de recevoir mes ordres, se voyant en pleine liberté, poursuivit les autres sauvages avec sa hache, et acheva d'abord trois de ceux qui avaient été jetés à terre par nos décharges, et ensuite tous ceux qu'il put atteindre. De l'autre côté, l'Espagnol, ayant pris un de mes fusils, se mit à la poursuite des deux autres, qu'il blessa tous deux; mais comme il n'avait pas la force de courir, ils se sauvèrent dans le bois, où Vendredi en tua encore un; pour le second, qui était d'une agilité extrême, il lui échappa, s'étant jeté à corps perdu dans la mer, et ayant gagné le canot, où il y avait trois de ses camarades : ces quatre furent les seuls qui se sauvèrent de nos mains.

Ils faisaient force de rames pour se mettre hors de la portée du fusil, et, quoique mon esclave leur tirât encore deux ou trois coups, je n'en vis pas un montrer qu'il en fût atteint. Il souhaitait fort que nous prissions un des canots pour leur donner la chasse, et ce n'était pas sans raison; car il était fort à craindre, s'ils échappaient, qu'ils ne fissent le récit de leur triste aventure à leurs compatriotes, et qu'ils ne revinssent avec quelques centaines de barques pour nous accabler par leur nombre : j'y consentis donc. Je me jetai dans l'un de leurs canots, en commandant à Vendredi de me suivre; mais je fus bien surpris en y voyant un troisième prisonnier garrotté de la même manière que l'avait été l'Espagnol, et presque mort de peur, n'ayant pas su ce qui se passait, car il était tellement lié, qu'il était hors d'état de lever la tête, et qu'il lui restait à peine un souffle de vie.

Je me mis d'abord à lui couper les cordes qui l'incommodaient si fort, et m'efforçai de le soulever; mais il n'avait pas la force de se soutenir ni de parler. Il jetait seulement des cris sourds et lamentables, craignant sans doute qu'on ne le déliât que pour lui ôter la vie.

Dès que Vendredi fut entré dans la barque, je lui dis de l'assurer de sa délivrance et de lui donner un coup de rhum; ce qui, joint à la bonne nouvelle à laquelle il ne s'attendait pas, le fit revivre et lui donna assez de force pour se mettre sur son séant.

Quelques instants après que Vendredi l'eut regardé et l'eut entendu parler, c'était un spectacle à tirer les larmes des yeux de l'homme le plus insensible, de le voir embrasser ce sauvage, pleurer, rire, sauter, danser alentour, ensuite se tordre les mains, se battre le visage, et puis sauter, danser de nouveau, enfin se comporter comme s'il eût été hors de sens. Pendant quelques moments il n'eut pas la force de m'expliquer la cause de tant de mouvements opposés; mais, étant revenu un peu à lui, il me dit enfin que ce sauvage était son père.

Il m'est impossible d'exprimer jusqu'à quel point je fus touché des transports que l'amour filial produisit dans le cœur de ce pauvre garçon à la vue de son père délivré de la main de ses bourreaux. Il m'est tout aussi difficile de bien dépeindre toutes les tendres extravagances où ce spectacle le jeta : tantôt il entrait dans le canot, tantôt il en sortait, puis il y entrait de nouveau; il s'asseyait auprès de son père, et, pour le réchauffer, il lui tenait la tête serrée contre sa poitrine; il lui prenait les mains et les pieds, roidis par la force dont ils avaient été liés, et il tâchait de les amollir en les frottant. Voyant quel était son dessein, je lui donnai de mon rhum pour rendre ce frottement plus utile, ce qui fit beaucoup de bien au pauvre vieillard.

Cet incident nous fit oublier de poursuivre le canot des sauvages, qui était déjà hors de notre vue : ce fut un bonheur pour nous; car, deux heures après, lorsqu'ils ne pouvaient encore avoir fait le quart du chemin, il s'éleva un vent terrible, qui continua pendant toute la nuit; et, comme il venait du N.-O., et qu'il leur était contraire, il ne me parut guère possible alors qu'ils pussent regagner leurs côtes.

Pour revenir à Vendredi, il était tellement occupé autour de son père, que pendant assez longtemps je n'eus pas le cœur de le retirer de là; mais quand je crus qu'il avait suffisamment satisfait ses transports, je l'appelai : il vint en sautant, en riant, et en marquant la joie la plus vive. Je lui demandai s'il avait donné du pain à son père. *Non,* dit-il, *moi, vilain chien, manger tout moi-même.* Là-dessus je lui donnai un gâteau d'orge que j'avais dans ma poche; j'y ajoutai un coup de rhum pour lui-même. Il n'y goûta pas, et alla porter le tout à son père, avec une poignée de raisins secs que je lui avais donnés.

Un moment après, je le vis sortir de la barque et se mettre à courir vers mon habitation avec une telle rapidité, que je le perdis de vue dans un instant, car c'était l'homme le plus agile et le plus léger que j'aie vu de mes jours. J'avais beau crier, il n'entendait rien; mais environ un quart d'heure après je le vis revenir avec moins de vitesse, parce qu'il portait quelque chose : c'était un pot rempli d'eau fraîche et quelques morceaux de pain qu'il me donna; quant à l'eau, il la porta à son père, après que j'en eus bu pour me désaltérer. Elle ranima entièrement le vieillard, et lui fit plus de bien que la liqueur forte qu'il avait prise, car il mourait de soif.

Quand il eut bu, et que je vis qu'il y avait encore de l'eau de reste, j'ordonnai à Vendredi de la porter à l'Espagnol avec un des gâteaux qu'il était allé me chercher. Celui-ci, extrêmement faible, s'était couché sur l'herbe à l'ombre d'un arbre; il se releva néanmoins pour manger et pour boire : et je m'approchai moi-même pour lui donner une poignée de raisins. Il me regarda d'un air tendre et plein de la plus vive reconnaissance; il avait si peu de force, quoiqu'il eût marqué tant de vigueur dans le combat, qu'il ne pouvait se tenir sur ses jambes; il l'essaya deux ou trois fois, mais en vain; ses pieds, enflés prodigieusement à force d'avoir été garrottés, lui causaient trop de douleur. Pour le soulager, j'ordonnai à Vendredi de les lui frotter avec du rhum, comme il avait fait à l'égard de son père.

Quoique mon sauvage s'acquittât de ce devoir avec affection, il ne pouvait s'empêcher, de moment à autre, de tourner les yeux vers son père, pour voir s'il était toujours dans le même endroit et dans la même posture. Une fois, entre autres, ne le voyant pas, il se lève avec précipitation et court vers lui avec tant de vitesse, qu'il était difficile de voir si ses pieds touchaient à terre; mais, entrant dans le canot, il vit qu'il n'y avait rien à craindre, et que son père s'était couché seulement pour se reposer. Dès qu'il fut de retour, je priai l'Espagnol de souffrir que Vendredi l'aidât à se lever et le conduisît vers la barque, pour le mener de là vers mon habitation, où j'aurais de lui tout le soin possible. Mon sauvage n'attendit pas que l'Espagnol fît le moindre effort; comme il était aussi robuste qu'agile, il le chargea sur ses épaules, le porta jusqu'à la barque et le fit asseoir sur un des côtés du canot près de son père; puis, sortant de la barque, il la lança à l'eau, et, quoiqu'il fît un grand vent, il la fit longer le rivage plus vite que je n'étais capable de marcher. Après l'avoir fait entrer dans la baie, il se mit de nouveau à courir pour chercher l'autre canot des sauvages qui nous était resté, et il arriva avec cette barque aussi vite que j'y étais venu par terre. Il me fit passer la baie, et ensuite il alla aider nos nouveaux compagnons à sortir du canot où ils étaient; mais ils ne se trouvaient ni l'un ni l'autre en état de marcher, de manière que Vendredi ne savait comment faire.

Après avoir médité sur les moyens de remédier à cet inconvénient, je priai mon sauvage de s'asseoir et de se reposer, et je me mis à travailler à une espèce de civière; nous les y posâmes tous deux, et les portâmes jusqu'à notre retranchement extérieur; mais là nous fûmes dans un plus grand embarras qu'auparavant. Je n'avais nul désir d'abattre ce rempart, et je ne voyais pas comment on pourrait les faire passer par-dessus. Le seul parti qu'il y eût à prendre, c'était de travailler de nouveau; et, avec l'aide de Vendredi, je dressai en moins de deux heures une jolie petite tente couverte de ramée et de vieilles voiles, entre mon retranchement extérieur et le bocage que j'avais eu soin de planter à quelques pas de là. Dans cette hutte, je leur fis deux lits de quelques bottes de paille, sur chacun desquels je mis une couverture pour les tenir chaudement.

Voilà mon île peuplée : je me voyais riche en sujets, et c'était une idée fort satisfaisante pour moi de me considérer comme un petit monarque. Toute cette île était mon domaine par des titres incontestables. Mes sujets m'étaient parfaitement soumis; j'étais leur législateur et leur souverain seigneur; ils m'étaient tous redevables de la vie, et tous ils étaient prêts à la risquer pour mon service dès que l'occasion s'en présenterait.

Dès que j'eus logé mes deux nouveaux compagnons, je songeai à rétablir leurs forces par un bon repas : je commandai à Vendredi d'aller prendre parmi mon troupeau un chevreau d'un an; je le mis en pièces, je le fis étuver, et je leur accommodai un fort bon plat, où j'avais mis de l'orge et du riz. Je portai le tout dans la nouvelle tente, et, ayant servi, je me mis à table avec mes nouveaux hôtes, que je régalai et encourageai de mon mieux, me servant de Vendredi comme de mon interprète, non-seulement auprès de son père, mais auprès de l'Espagnol, qui parlait fort bien la langue des sauvages.

Après avoir dîné, ou, pour mieux dire, soupé, j'ordonnai à Vendredi de prendre un des canots et d'aller chercher nos armes à feu que nous avions laissées sur le champ de bataille. Le jour suivant, je lui dis d'enterrer les morts, qui, étant exposés au soleil, nous auraient bientôt incommodés par leur mauvaise odeur, et d'ensevelir en même temps les restes affreux du festin, qui étaient répandus en quantité sur le rivage. J'étais si fort éloigné de le faire moi-même, que je ne pouvais y penser sans horreur, et que j'en détournais les yeux quand j'étais obligé de passer par cet endroit. Pour mon sauvage, il s'en acquitta si bien, qu'il ne resta pas seulement l'apparence ni du combat ni du festin, et que je n'aurais pu reconnaître le lieu sans la pointe du bois qui s'avançait de ce côté-là.

Je crus qu'il était temps alors d'entrer en conversation avec mes nouveaux sujets. Je commençai par le père de Vendredi, à qui je demandai ce qu'il pensait des sauvages qui s'étaient échappés, et si nous devions craindre leur retour dans cette île avec des forces capables de nous accabler. Son sentiment fut qu'il n'y avait aucune apparence qu'ils eussent pu résister à la tempête, et qu'ils devaient avoir tous péri, à moins d'avoir été portés du côté du S. sur certaines côtes où ils seraient dévorés indubitablement. A l'égard de ce qui pourrait arriver en cas qu'ils eussent été assez heureux pour regagner leur rivage, il me dit qu'il les croyait si fort effrayés par la manière dont ils avaient été attaqués, si étourdis par le bruit et par le feu de nos armes, qu'ils ne manqueraient pas de raconter à leur nation que leurs compagnons avaient été tués par la foudre et par le tonnerre, et que les deux ennemis qui leur avaient apparu étaient sans doute des esprits descendus d'en haut pour les détruire. Néanmoins je fus pendant quelque temps dans des appréhensions continuelles, qui m'obligèrent à être sur mes gardes et à tenir toutes mes troupes sous les armes. Nous étions quatre alors, et je n'aurais pas craint d'affronter une centaine de nos ennemis en rase campagne.

Cependant, comme je ne vis pas arriver un seul canot sur mon rivage pendant un assez long temps, mes frayeurs s'apaisèrent, et je commençai à délibérer sur mon voyage vers le continent, où le père de Vendredi m'assurait que je serais bien reçu par sa nation pour l'amour de lui.

L'exécution de mon dessein fut un peu suspendue par un entretien fort sérieux que j'eus avec l'Espagnol. Il m'apprit qu'il avait laissé sur le continent seize autres chrétiens, tant Espagnols que Portugais, qui, ayant fait naufrage et s'étant sauvés sur les côtes, y vivaient à la vérité en paix avec les sauvages, mais à peine avec assez de subsistance pour ne pas mourir de faim. Je lui demandai toutes les particularités de leur voyage, et je découvris qu'ils avaient monté un vaisseau espagnol venant de Rio-de-la-Plata pour porter des peaux à la Havane, et pour y échanger toutes les marchandises européennes qu'ils y pourraient trouver, qu'ils avaient sauvé d'un autre vaisseau cinq matelots portugais, mais qu'ils en avaient perdu un pareil nombre des leurs, et que les autres, à travers une infinité de dangers, étaient longtemps restés à demi morts de faim sur le rivage des cannibales, saisis de la crainte d'être dévorés aussitôt qu'on les aurait aperçus.

Il me raconta encore qu'ils avaient quelques armes avec eux, mais qu'elles leur étaient absolument inutiles, faute de balles et de poudre, dont ils n'avaient sauvé qu'une très-petite quantité, qui fut consumée dès les premiers jours de leur débarquement en allant à la chasse.

Je lui demandai s'ils seraient disposés à se rendre tous dans mon île, d'où il nous serait plus facile, étant réunis, de préparer notre commune délivrance. Il me répondit qu'ils s'estimeraient sans doute fort heureux, et que je pourrais compter sur leur gratitude et sur leur soumission. Il s'offrit à aller seul avec le vieux sauvage les pressentir à cet égard, ajoutant qu'il ne les amènerait qu'autant qu'ils prendraient l'engagement solennel de vivre sous mes ordres tant que nous resterions isolés du reste du monde. Nous nous arrêtâmes à ce parti; toutefois, comme il fallait avoir de quoi nourrir les nouveaux venus à leur arrivée, nous résolûmes d'ajourner l'exécution de notre projet jusqu'à la prochaine moisson.

Son conseil me parut si raisonnable et j'y trouvais tant de preuves de sa fidélité, que j'en fus charmé : je me déterminai donc à le suivre. Nous nous mîmes tous les quatre à labourer la terre autant que nos instruments de bois pouvaient nous le permettre; et, dans l'espace d'un mois, le temps d'ensemencer les terres étant venu, nous en avions défriché assez pour semer vingt-deux boisseaux d'orge et seize jarres de riz : c'était tout le grain que nous pouvions épargner. A peine nous en resta-t-il assez pour vivre pendant les six qui devaient s'écouler jusqu'à la prochaine récolte; car le grain demeure six mois en terre dans ce pays.

Étant alors assez forts pour ne rien craindre des sauvages, à moins qu'ils ne vinssent en très-grand nombre, nous nous promenions par toute l'île, sans aucune inquiétude, et, comme nous avions tous l'esprit plein de notre délivrance, il m'était impossible de ne pas songer aux moyens de l'effectuer. Je marquai plusieurs arbres qui me paraissaient propres à mes vues; j'employai Vendredi et son père à les couper, et je leur donnai l'Espagnol pour inspecteur. Je leur montrai par quel long et rude travail j'étais parvenu à faire une planche d'un arbre fort épais, et je leur recommandai d'agir de même. Ils me firent une douzaine de bonnes planches de chêne d'environ deux pieds de large et trente-cinq de long, et épaisses depuis deux pouces jusqu'à quatre. On peut comprendre quelle peine il fallut pour en venir à bout.

Je songeais en même temps à augmenter mon troupeau : tantôt j'allais à la chasse avec Vendredi, tantôt je l'envoyais avec l'Espagnol, et de cette manière nous attrapâmes vingt-deux chevreaux que nous joignîmes à notre troupeau. Quand il nous arrivait de tuer une chèvre, nous ne manquions jamais d'en conserver les petits; et la saison étant venue de cueillir le raisin, je fis sécher une si grande quantité de grappes, qu'on aurait pu en remplir plus de soixante barils. Ce fruit faisait, avec notre pain, une grande partie de nos aliments.

C'était alors le temps de la moisson, et notre grain se trouvait en fort bon état, quoique j'aie vu dans l'île des années plus fertiles. La récolte fut pourtant assez bonne pour répondre à nos désirs : pour vingt-deux boisseaux d'orge que nous avions semés, nous en recueillîmes deux cent vingt, et notre riz s'était multiplié à proportion ; ce qui était suffisant pour nous et pour les hôtes que nous attendions jusqu'à notre moisson prochaine; ou bien, s'il s'agissait du voyage projeté, il y en avait assez pour avitailler abondamment notre vaisseau, de quelque côté de l'Amérique que nous voulussions diriger notre course.

Après avoir ainsi récolté nos grains, nous nous mîmes à travailler en osier, et à faire quatre grands paniers pour les y conserver. L'Espagnol était extrêmement habile à ces sortes d'ouvrages, et il me blâmait souvent de n'avoir pas employé ce moyen pour faire mes enclos et mes retranchements; mais par bonheur la chose ne m'était plus nécessaire alors.

Tous ces préparatifs terminés, je permis à mon Espagnol de passer en terre ferme, pour aller retrouver ses compatriotes; et je lui donnai un ordre par écrit de ne pas emmener un seul homme sans l'avoir fait jurer devant lui et devant le vieux sauvage que, bien loin d'attaquer le maître de l'île et de causer le moindre chagrin à un homme qui avait la bonté de travailler à leur délivrance, il ne négligerait rien pour le défendre contre toute espèce d'attentat, et qu'il se soumettrait entièrement à ses commandements, de quelque côté qu'il trouvât bon de le mener. J'ordonnai encore à l'Espagnol de me rapporter un traité formel par écrit, signé de toute la troupe, sans songer que probablement elle n'avait ni papier ni encre.

Muni de ces instructions, il partit avec le père de Vendredi, dans le même canot qui avait servi à les amener sur le rivage où ils devaient être dévorés par les cannibales leurs ennemis. Je leur donnai à chacun un mousquet et environ huit charges de poudre et de balles, en leur recommandant d'en être très-économes, et de ne les employer que dans les occasions pressantes.

Telles furent les premières mesures décisives que je pris pour ma délivrance, après plus de vingt-sept ans de séjour dans cette île. Aussi ne négligeai-je aucune précaution nécessaire pour les rendre efficaces. Je donnai à mes voyageurs une provision de pain et de grappes sèches pour plusieurs jours, et une autre provision pour huit jours, destinée aux Espagnols; je convins encore avec eux d'un signal qu'ils devaient mettre au canot à leur retour, pour pouvoir les reconnaître avant qu'ils abordassent, et je leur souhaitai un heureux voyage.

Ils mirent en mer avec un vent frais, pendant la pleine lune. C'était au mois d'octobre, selon mon calcul; car pour un compte exact des jours, je ne pus jamais m'assurer de l'avoir juste, dès que je l'eus une fois perdu : je n'étais pas tout à fait sûr même d'avoir supputé exactement les années, quoique dans la suite je vis que mon calcul s'accordait parfaitement avec la vérité.

CHAPITRE XIV

J'avais attendu pendant huit jours le retour de mes députés, quand un matin, lorsque j'étais encore profondément endormi, Vendredi approcha de mon lit avec précipitation, en criant : « Maître, ils sont venus, ils sont venus! »

Je me lève, et, m'étant habillé, je me mets à traverser mon bois, songeant si peu au moindre danger, que j'étais sans armes, contre ma coutume. Je fus bien surpris, en tournant mes yeux vers la mer, de voir à une lieue et demie de distance une chaloupe avec une voile triangulaire, faisant cours vers mon île, et poussée par un vent favorable. Je vis d'abord qu'elle ne venait pas du côté directement opposé à mon rivage, mais du côté du S. Je dis à Vendredi de ne pas se donner le moindre mouvement, puisque ce n'étaient pas ceux que nous attendions, et que nous ne pouvions savoir s'ils étaient amis ou ennemis.

Pour en être mieux éclairci, j'allai chercher ma lunette d'approche, et, par le moyen de mon échelle, je montai au haut du rocher comme j'avais coutume de le faire quand j'appréhendais quelque événement, et que je voulais le découvrir sans être découvert moi-même.

A peine avais-je mis le pied sur le haut de la colline, que je vis clairement un vaisseau à l'ancre, à peu près à deux lieues et demie au S.-O. de mon habitation, et je crus remarquer par la structure de ce bâtiment qu'il était anglais aussi bien que la chaloupe.

Je ne saurais exprimer les impressions confuses que cette vue fit sur mon imagination. Quoique ma joie de voir un navire dont l'équipage devait être sans doute de ma nation fût extrême, je ne laissais pas de sentir quelques mouvements secrets, dont j'ignorais la cause, et qui m'inspiraient de la circonspection; je ne pouvais concevoir quelles affaires un vaisseau anglais pouvait avoir dans cette partie du monde, puisque ce n'était assurément la route d'aucun des pays où nous avions établi notre commerce : de plus, il n'y avait eu aucune tempête capable de les porter de ce côté malgré eux; par conséquent j'avais lieu de croire qu'ils n'avaient pas de bons desseins, et qu'il valait mieux demeurer dans ma solitude que de tomber entre les mains de voleurs et de meurtriers.

Je ne m'étais pas tenu longtemps dans cette posture sans voir clairement approcher la chaloupe du rivage, comme si elle cherchait une baie pour débarquer commodément; mais, ne découvrant pas celle dont j'ai parlé, ils poussèrent leur chaloupe sur le sable, environ à un demi-quart de lieue de moi. J'en étais ravi, car autrement ils auraient débarqué précisément devant ma porte : ils m'auraient chassé sans doute de mon château et auraient pillé tout mon bien.

Lorsqu'ils furent sur le rivage, je vis clairement qu'ils étaient Anglais, hormis un ou deux que je pris pour des Hollandais, mais qui pourtant ne l'étaient pas. Ils étaient onze en tout; mais il y en avait trois sans armes, et garrottés, comme je crus m'en apercevoir. Dès que cinq ou six d'entre eux eurent sauté sur le rivage, ils firent sortir les autres de la chaloupe, comme des prisonniers; je vis un des trois marquer par des gestes une affliction qui allait jusqu'à l'extravagance; les deux autres levaient quelquefois les mains vers le ciel et paraissaient fort affligés; mais leur douleur me semblait plus modérée.

J'étais dans une grande incertitude, sans concevoir ce que signifiait un pareil spectacle. Vendredi s'écria : « O maître, vous voyez hommes anglais manger prisonniers aussi bien qu'hommes sauvages; voyez eux les vouloir manger. — Non, non, dis-je, Vendredi; je crains seulement qu'ils ne les massacrent; mais je suis sûr qu'ils ne les mangeront pas. » Je tremblais cependant, et j'étais pénétré d'horreur à cette vue; à chaque moment je m'attendais à ce qu'ils fussent assassinés; une fois même un de ces scélérats leva un grand sabre pour frapper un de ces malheureux, et je crus que je l'allais voir tomber à terre, ce qui glaça tout mon sang dans mes veines.

Dans ces circonstances, je regrettai extrêmement mon Espagnol et mon vieux sauvage, et je souhaitai fort de pouvoir joindre ces indignes

Anglais, sans en être découvert, à portée de fusil, pour délivrer les prisonniers de leurs cruelles mains, car je ne leur voyais point d'armes à feu; mais il plut à la Providence de me faire réussir d'une autre manière.

Pendant que ces insolents matelots rôdaient par toute l'île, comme s'ils voulaient aller à la découverte du pays, j'observai que les trois prisonniers étaient en liberté d'aller où ils voulaient; mais ils n'en eurent pas le courage : ils s'assirent à terre d'un air pensif et désespéré.

Leur triste contenance me fit souvenir de celle que j'avais eue autrefois en abordant le même rivage, me croyant perdu, tournant mes yeux de tous côtés, rempli de la crainte des bêtes sauvages, et réduit par mes frayeurs à passer une nuit entière sur un arbre.

Comme alors je ne m'étais attendu à rien moins qu'à voir notre vaisseau porté près du rivage par la tempête et par la marée, et de trouver ainsi l'occasion d'en tirer les moyens de subsister, de même ces malheureux n'avaient pas la moindre idée de la délivrance prochaine que le Ciel leur préparait à l'instant même où ils croyaient tout secours impossible.

La marée était justement au plus haut quand ces gens étaient venus à terre; partie en parlant à leurs prisonniers, partie en rôdant par tous les coins de l'île, ils s'étaient amusés jusqu'à ce que la mer, s'étant retirée par le reflux, eût laissé leur chaloupe à sec.

Il restait deux hommes qui, à force de boire de l'eau-de-vie, s'étaient endormis; cependant l'un, s'éveillant plus tôt que son camarade, et trouvant la chaloupe trop enfoncée dans le sable pour l'en tirer tout seul, fit approcher les autres par ses cris; mais ils n'eurent pas assez de force tous ensemble pour la tirer de là, parce qu'elle était extrêmement pesante, et que de ce côté le rivage n'était guère qu'un sable mouvant.

Voyant cette difficulté, comme de véritables gens de mer, c'est-à-dire les plus insouciants de tous les hommes, ils résolurent de n'y plus songer, et ils se mirent à parcourir l'île. J'en entendis un qui appelait un de ses camarades pour le faire venir à terre : « Hé! John, lui cria-t-il, laisse-la en repos si tu peux, la marée prochaine la remettra bientôt à flot. » Ce discours me confirma encore dans l'opinion que c'étaient des compatriotes.

Pendant tout ce temps, je me tins dans l'enceinte de mon château, sans aller plus loin que mon observatoire, et je m'estimai très-heureux d'avoir eu la prudence de fortifier si bien mon habitation : je savais que la chaloupe ne pouvait être à flot avant dix heures du soir, qu'alors il ferait obscur, et que je pourrais en toute sûreté entendre leurs discours.

En attendant, je me préparai pour le combat, mais avec plus de précaution que jamais, persuadé que j'aurais affaire à d'autres ennemis que par le passé. J'ordonnai à Vendredi d'en faire de même, et je m'en promettais de grands secours, parce qu'il tirait avec une justesse étonnante : je lui donnai trois mousquets, et je pris moi-même deux fusils. Ma figure était effroyable : j'avais sur la tête mon terrible bonnet de peau de chèvre; à mon côté pendait mon sabre nu, et je portais deux pistolets à ma ceinture et un fusil sur chaque épaule.

Mon dessein était de ne rien entreprendre avant la nuit; mais sur les deux heures, au plus chaud du jour, je trouvai qu'ils étaient allés tous dans le bois, apparemment pour s'y reposer; et, quoique les prisonniers ne fussent pas en état de dormir, je les vis couchés à l'ombre d'un grand arbre assez près de moi et hors de la vue des autres.

Là-dessus je résolus de me découvrir à eux pour être instruit de leur situation, et dans le moment je me mis en marche. Vendredi me suivait d'assez loin, armé d'une manière aussi formidable que moi, mais ne ressemblant pas autant à un spectre.

Après que je me fus approché des prisonniers, sans être découvert autant qu'il me fut possible, je leur dis en espagnol, d'un ton élevé : « Qui êtes-vous, Messieurs? » Ils ne répondirent rien, et je les vis sur le point de s'enfuir, quand je me mis à leur parler anglais. « Messieurs, leur dis-je, n'ayez pas peur, peut-être avez-vous trouvé ici un ami sans vous y attendre. — Ce serait donc un être envoyé du Ciel, répondit un d'entre eux d'une manière grave et le chapeau à la main; car nos malheurs sont au-dessus de tout secours humain. — Tout secours vient du Ciel, Monsieur, lui dis-je; mais ne voudriez-vous pas enseigner à un étranger le moyen de vous secourir? car vous paraissez accablés d'une grande affliction; je vous ai vus débarquer, et quand vous vous êtes entretenus avec les scélérats qui vous ont conduits ici, j'en ai vu un tirer le sabre comme s'il eût voulu vous tuer. »

Le pauvre homme, tremblant et les yeux pleins de larmes, me répondit d'un air étonné : « Parlé-je à un homme, à un Dieu ou à un ange? — Tranquillisez-vous, Monsieur, lui dis-je; si Dieu avait envoyé un ange à votre secours, il paraîtrait à vos yeux sous de meilleurs habits et avec d'autres armes. Je suis réellement un homme, je suis même un Anglais, et tout disposé à vous rendre service. Je n'ai avec moi qu'un esclave; mais nous avons des armes et des munitions; dites librement si nous pouvons vous rendre service, et expliquez-moi la nature de vos malheurs.

— Hélas! Monsieur, dit-il, le récit en serait trop long pour vous être fait pendant que nos ennemis sont si proches; il suffira de vous dire que j'ai été commandant du vaisseau que vous voyez; mes matelots se sont révoltés contre moi, peu s'en faut qu'ils ne m'aient

Ce serait donc un être envoyé du Ciel, répondit un d'entre eux.

massacré; mais, ce qui vaut presque autant, ils veulent m'abandonner dans ce désert avec ces deux hommes, dont l'un est mon contremaître, et l'autre un passager. Nous nous sommes attendus à périr ici dans peu de jours, croyant l'île inhabitée, et nous ne sommes pas encore rassurés.

— Mais, lui dis-je, que sont devenus vos rebelles? — Les voilà couchés, répondit-il en montrant du doigt une touffe d'arbres fort épaisse; je tremble de peur qu'ils ne nous aient entendus parler, car il est certain qu'ils nous massacreraient tous. »

Je lui demandai si les mutins possédaient des armes à feu, et j'appris qu'ils n'avaient avec eux que deux fusils dont l'un était resté dans la chaloupe. « Laissez-moi donc faire, lui répondis-je :

ils sont endormis, rien n'est plus aisé que de les tuer, à moins que vous n'aimiez mieux les faire prisonniers. » Alors il me conta qu'il y avait parmi eux deux scélérats dont on ne pouvait rien espérer de bon, et que, si on mettait ceux-là hors d'état de nuire, il croyait que le reste rentrerait facilement dans le devoir; il ajouta qu'il ne pouvait me les indiquer de si loin et qu'il était prêt à suivre mes ordres en tout. « Eh bien! dis-je, commençons par nous éloigner, de peur qu'ils ne nous aperçoivent en s'éveillant, et suivez-moi vers un lieu où nous pourrons délibérer à loisir. »

Après que nous nous fûmes mis à couvert dans le bois : « Monsieur, lui dis-je, je veux hasarder tout pour votre délivrance, mais à deux conditions. » Il m'interrompit pour m'assurer que, si je lui rendais sa liberté et son vaisseau, il emploierait l'un et l'autre à me témoigner sa reconnaissance, et que, si je ne pouvais lui rendre que la moitié de ce service, il était résolu à vivre ou à mourir avec moi dans quelque partie du monde que je voulusse le conduire. Ses deux compagnons me donnèrent les mêmes assurances.

« Écoutez mes conditions, leur dis-je; il n'y en a que deux : 1° Pendant que vous serez dans cette île avec moi, vous renoncerez à toute sorte d'autorité; si je vous mets les armes en main, vous me les rendrez dès que je le trouverai bon; vous serez entièrement soumis à mes ordres, sans songer jamais à me causer le moindre préjudice. 2° Si nous réussissons à reprendre le vaisseau, vous me mènerez en Angleterre avec mon esclave, sans rien demander pour le passage. »

Il me le promit dans les termes les plus formels et les plus expressifs qu'un cœur reconnaissant puisse dicter.

Je leur donnai alors trois mousquets avec des balles et de la poudre, et je demandai au capitaine de quelle manière il jugeait à propos de diriger cette entreprise. Il me témoigna toute la gratitude imaginable, et me dit qu'il se contenterait de suivre exactement mes ordres, et qu'il me laissait avec plaisir toute la conduite de l'affaire. Je lui répondis qu'elle me paraissait assez épineuse; que cependant le meilleur parti, selon moi, était de faire feu sur eux tous en même temps, pendant qu'ils étaient couchés, et que si quelqu'un, échappant à notre première décharge, voulait se rendre, nous pourrions lui sauver la vie.

Il me répliqua avec beaucoup de modération qu'il serait fâché de les tuer, s'il y avait moyen de faire autrement; « mais pour les deux scélérats incorrigibles dont je vous ai parlé, continua-t-il, et qui ont été les auteurs de la révolte, s'ils nous échappent, nous sommes perdus à coup sûr; ils amèneront tout l'équipage pour nous détruire.

— Il faut donc, repris-je, s'en tenir à mon premier avis; une nécessité absolue rend l'action légitime. » Cependant, lui voyant toujours de l'éloignement à répandre tant de sang, je lui dis de prendre les devants avec ses compagnons et d'agir selon les circonstances.

Au milieu de cet entretien, nous vîmes deux des mutins se lever et se retirer; je demandai au capitaine si c'étaient les chefs de la rébellion. Il me dit que non. « Eh bien donc! lui dis-je, laissons-les échapper, puisque la Providence semble les avoir éveillés exprès pour leur sauver la vie; quant aux autres, s'ils ne sont point à vous, c'est votre faute. »

Animé par ces paroles, il s'avance un mousquet au bras et un pistolet à la ceinture, précédé de ses deux compagnons; le bruit de leur approche éveille un des mutins, qui se met à crier pour éveiller ses camarades; mais en même temps le contre-maître et le passager font feu tous deux; le capitaine, gardant son coup avec beaucoup de prudence, et visant avec toute la justesse possible les chefs des mutins, en tue un sur la place. L'autre, dangereusement blessé, crie au secours; le capitaine le joint, lui dit qu'il n'est plus temps de demander du secours, qu'il n'a plus qu'à prier Dieu de lui pardonner sa trahison, et l'assomme aussitôt d'un coup de crosse de fusil.

Il en restait encore trois, dont l'un était légèrement blessé; mais, me voyant arriver et sentant qu'il leur était impossible de résister, ils demandèrent quartier. Le capitaine y consentit, à condition qu'ils prouveraient l'horreur qu'ils devaient avoir de leur crime, en l'aidant fidèlement à recouvrer son vaisseau et à le ramener à la Jamaïque, d'où il venait. Ils lui donnèrent toutes les assurances de repentir et de bonne volonté qu'il pouvait désirer, et il leur promit de leur sauver la vie, ce que je ne désapprouvai pas; je l'obligeai seulement à les garder pieds et poings liés, tant qu'ils resteraient dans l'île.

Sur ces entrefaites, j'envoyai Vendredi et le contre-maître vers la chaloupe, avec ordre d'en ôter les rames et les voiles. Les trois matelots qui s'étaient écartés de la chaloupe revinrent au bruit des mousquets; et voyant leur capitaine, de prisonnier qu'il était, devenu leur maître, ils se soumirent à lui et consentirent à se laisser garrotter comme les autres.

Tous nos ennemis étant ainsi hors de combat, j'eus le temps de faire au capitaine le récit de mes aventures; il m'écouta avec une attention qui allait jusqu'à l'extase, et surtout lorsque j'arrivai à la manière miraculeuse dont je m'étais pourvu de munitions et de vivres. Cet enchaînement de prodiges fit une forte impression sur lui; mais quand il vint à réfléchir sur son propre sort et à considérer que la Providence ne paraissait m'avoir conservé que pour lui sauver la vie, il fut si touché qu'il répandit un torrent de larmes, sans pouvoir prononcer une seule parole.

Notre conversation finie, je le conduisis avec ses deux compagnons dans mon château; je leur donnai tous les rafraîchissements que j'étais en état de leur fournir, et je leur montrai toutes mes inventions depuis mon arrivée dans l'île.

Tout ce que je disais au capitaine, tout ce que je lui montrais, lui paraissait merveilleux : il admirait surtout ma fortification et la manière dont j'avais caché ma retraite par le moyen du bocage que j'avais planté il y avait déjà vingt ans. Ce petit bois était devenu d'une épaisseur impénétrable de toutes parts, excepté du côté où je m'étais ménagé un petit passage tortueux. Je lui dis que ce qu'il voyait était mon château, le lieu de ma résidence, mais que j'avais encore, à l'exemple d'autres princes, une maison de campagne que je lui montrerais une autre fois; car, pour le présent, il fallait songer aux moyens de nous rendre maîtres du vaisseau. Il en convint; mais il m'avoua qu'il ne voyait pas quelle mesure il y avait à prendre. « Il y a encore, dit-il, vingt-six hommes à bord. Sachant que, par leur conspiration, ils ont mérité de perdre la vie, ils s'y opiniâtreront par désespoir; car ils sont tous persuadés sans doute qu'en cas qu'ils se rendent ils seront pendus dès qu'ils arriveront en Angleterre ou dans quelque colonie de la nation : le moyen donc de songer à les attaquer avec un nombre si inférieur au leur? »

Je ne trouvai ce raisonnement que trop juste, et je vis qu'il n'y avait rien à faire, sinon de tendre quelque piége à l'équipage et de l'empêcher au moins de débarquer et de nous détruire. J'étais sûr qu'en peu de temps les gens du vaisseau, étonnés du retardement de leurs camarades, mettraient leur autre chaloupe en mer, pour venir voir ce qu'ils étaient devenus, et je craignais fort qu'ils ne vinssent armés en trop grand nombre pour que nous pussions leur résister.

Je dis au capitaine que la première chose que nous avions à faire, c'était de couler la chaloupe à fond, afin qu'ils ne pussent l'emmener; ce qu'il approuva. Nous mîmes aussitôt la main à l'œuvre, en commençant par ôter tout ce qui y restait, c'est-à-dire une bouteille d'eau-de-vie et une autre pleine de rhum, quelques biscuits, un cornet rempli de poudre et un pain de sucre d'environ six livres, enveloppé d'une pièce de canevas. L'eau-de-vie et le sucre me furent très-agréables, car j'avais eu presque le temps d'en oublier le goût.

Après avoir porté ces objets à terre, nous fîmes un grand trou au fond de la chaloupe. A dire la vérité, je ne pensais guère sérieusement à recouvrer le vaisseau; ma seule vue était, en cas qu'ils partissent en nous laissant la chaloupe, de la réparer et de la mettre en état de nous mener vers nos amis les Espagnols, dont je n'avais pas perdu l'idée.

Non contents d'avoir fait à la chaloupe un trou assez grand pour qu'il ne fût pas possible de la boucher en peu de temps, nous mîmes toutes nos forces à la pousser assez avant sur le rivage, afin que la marée même ne pût la mettre à flot. Au milieu de cette occupation pénible, nous entendîmes un coup de canon, et nous vîmes en même temps sur le vaisseau le signal ordinaire pour faire venir la chaloupe à bord; mais ils avaient beau multiplier les signaux et redoubler leurs coups de canon, la chaloupe n'avait garde d'obéir.

Dans le même instant nous les vîmes, par le moyen de nos lunettes, mettre leur autre chaloupe en mer et se diriger sur le rivage à force de rames. Quand ils furent à la portée de notre vue, nous aperçûmes distinctement qu'ils étaient au nombre de dix et qu'ils avaient des armes à feu. Nous pûmes distinguer jusqu'aux traits de leurs visages pendant assez longtemps, parce qu'ayant dérivé par la marée ils furent obligés de suivre le rivage pour débarquer dans le même endroit où avait abordé la première chaloupe.

De cette manière, le capitaine pouvait les examiner à loisir; il n'y manqua pas, et il me dit qu'il voyait parmi eux trois fort braves garçons, et qu'il était sûr que les autres les avaient entraînés par force dans la conspiration; mais que pour le bosseman qui commandait la chaloupe et pour les autres, c'étaient les plus grands scélérats de tout l'équipage, qui n'auraient garde de se désister de leur entreprise, et qu'il craignait bien qu'ils ne fussent trop forts pour nous.

Je lui répondis en souriant que, dans notre situation, nous devions être au-dessus de la peur; que, voyant presque toutes les conditions meilleures que la nôtre, il fallait considérer la mort même comme une espèce de délivrance, et qu'une vie comme la mienne, et qui avait été sujette à tant de revers, méritait bien que je hasardasse quelque chose pour la rendre plus heureuse. « Qu'est devenue, continuai-je, votre conviction que la Providence ne m'avait conservé ici que pour vous sauver la vie? Ayez bon courage; je ne vois pour nous, dans toute cette affaire, qu'une seule circonstance embarrassante. — Laquelle donc? me dit-il. — C'est, répondis-je, qu'il y a parmi cette petite troupe quelques honnêtes gens qu'il faut songer à conserver. S'ils étaient tous les plus grands scélérats de l'équipage, je croirais que la Providence les aurait séparés du reste pour les livrer entre nos mains; car, fiez-vous-en à moi, tout ce qui débarquera doit tomber en notre pouvoir, et nous serons maîtres de leur vie et de leur mort. »

Ces paroles, prononcées d'une voix ferme et avec une contenance dégagée, lui rendirent le courage, et il se mit à m'aider vigoureusement à faire nos préparatifs. A la première apparence de la chaloupe qui venait à nous, nous avions déjà songé à séparer nos prisonniers et à les mettre en lieu sûr.

Il y en avait deux dont le capitaine était moins assuré que des autres; je les avais fait conduire par Vendredi et par un compagnon du capitaine dans ma grotte, d'où ils n'avaient garde de se faire voir ou de se faire entendre, ni de trouver le chemin à travers nos bois, quand même ils parviendraient à se débarrasser de leurs liens. Je leur avais donné quelques provisions, en les assurant que, s'ils se tenaient en repos, je les remettrais dans quelques jours en pleine liberté; mais que, s'ils faisaient la moindre tentative pour se sauver, il n'y aurait point de quartier pour eux. Ils me promirent de souffrir leur prison patiemment, et ils me marquèrent une vive reconnaissance de la bonté que j'avais de leur donner des provisions et de la lumière, car Vendredi leur avait laissé quelques chandelles; ils s'imaginaient qu'il devait rester en sentinelle devant la grotte.

Nos autres prisonniers se trouvaient plus heureux; à la vérité, nous en avions garrotté deux qui étaient encore suspects; mais, pour les deux autres, je les avais pris à mon service, à la recommandation du capitaine, et sur le serment solennel de nous être fidèles jusqu'à la mort. De cette manière, nous étions sept bien armés, et j'étais persuadé que nous étions en état de venir à bout de nos ennemis, surtout eu égard à ce que le capitaine m'assurait avoir découvert d'honnêtes gens parmi eux.

Dès qu'ils furent débarqués, ils poussèrent leur chaloupe sur le sable, et, la quittant tous en même temps, ils la tirèrent après eux sur le rivage, ce qui me fit plaisir; car je craignais qu'ils ne la laissassent à l'ancre, à quelque distance, avec quelques-uns d'entre eux pour la garder, et qu'ainsi il nous fût impossible de nous en saisir.

La première chose qu'ils firent fut de courir vers la chaloupe échouée, et nous nous aperçûmes aisément de leur surprise en la voyant percée dans le fond et dépouillée de ses agrès. Un moment après,

Ils poussèrent deux ou trois grands cris pour se faire entendre de leurs compagnons.

ils poussèrent tous en même temps deux ou trois grands cris pour se faire entendre de leurs compagnons; mais, voyant que c'était peine perdue, ils se mirent en cercle, et firent une décharge générale de leurs armes, dont le bruit fit retentir tout le bois : nous étions bien sûrs pourtant que les prisonniers de la grotte ne l'entendraient pas, et que ceux que nous gardions nous-mêmes n'avaient pas le courage d'y répondre.

Les rebelles, ne recevant pas le moindre signe de vie de la part de leurs compagnons, étaient dans une telle surprise, qu'ils prirent la résolution de retourner tous à bord du vaisseau, pour y raconter que l'esquif était coulé à fond et que leurs camarades devaient être massacrés : aussi les aperçûmes-nous lancer leur chaloupe en mer et y entrer tous.

A peine avaient-ils quitté le rivage, que nous les vîmes revenir, après avoir délibéré apparemment sur quelques nouvelles mesures pour trouver leurs compagnons; il en resta trois dans la chaloupe, et les autres entrèrent dans le pays pour aller à la découverte.

Je considérais le parti qu'ils venaient de prendre comme un grand inconvénient pour nous : en vain nous rendrions-nous maîtres des sept qui étaient à terre, si la chaloupe nous échappait; car ceux qui restaient dedans auraient regagné certainement leur navire, qui n'aurait pas manqué de faire voile, ce qui nous eût ôté toute possibilité de le recouvrer.

Cependant le mal était sans remède, d'autant plus que nous vîmes la barque s'éloigner du rivage et jeter l'ancre à quelque distance de là. Tout ce qu'il nous restait à faire, c'était d'attendre l'événement.

Les sept qui étaient débarqués se tenaient serrés en marchant de front du côté de la colline sous laquelle était mon habitation, et nous pouvions les voir clairement sans être aperçus. Nous souhaitions bien qu'ils approchassent davantage, afin de faire feu sur eux, ou bien qu'ils s'éloignassent pour que nous pussions sortir de notre retraite sans être découverts.

Quand ils furent au haut de la colline, d'où ils pouvaient découvrir une grande partie des bois et des vallées de l'île, surtout du côté du N.-E., où le terrain est le plus bas, ils se mirent de nouveau à crier jusqu'à ce que la voix leur manquât, et, n'osant sans doute se hasarder à pénétrer plus avant dans le pays, ils s'assirent pour délibérer ensemble. S'ils avaient trouvé bon de s'endormir, comme avaient fait les prisonniers, ils nous auraient rendu un grand service; mais ils étaient trop effrayés pour le risquer, quoique assurément ils n'eussent aucune idée du danger qui les menaçait.

Le capitaine, croyant deviner le sujet de leur délibération, et s'imaginant qu'ils allaient risquer une seconde décharge pour se faire entendre de leurs camarades, me proposa de tomber sur eux tous à la fois dès qu'ils auraient tiré, et de les forcer à se rendre sans répandre de sang. Je goûtai fort ce conseil, pourvu qu'il fût exécuté avec promptitude, et que nous fussions assez près d'eux pour qu'ils n'eussent pas le temps de recharger leurs armes.

Mais ce dessein s'évanouit faute d'occasion, et nous fûmes fort longtemps sans savoir quel parti prendre. Enfin je dis qu'il n'y avait rien à faire avant la nuit, et que si alors ils n'étaient pas rembarqués, nous pourrions trouver le moyen d'attirer à terre ceux qui étaient dans la chaloupe, et ensuite de les attaquer et de les vaincre.

Après avoir attendu longtemps le résultat de leur délibération, nous les vîmes, à notre grand regret, se lever et marcher vers la mer : ils avaient apparemment une idée si affreuse des dangers qui les attendaient dans cet endroit, qu'ils avaient résolu, croyant leurs compagnons perdus sans ressource, de retourner à bord du vaisseau et de poursuivre leur voyage.

Le capitaine, voyant qu'ils s'en retournaient définitivement, en était au désespoir; mais je m'avisai d'un stratagème pour les faire revenir sur leurs pas, et le succès répondit exactement à mes vues.

J'ordonnai au contre-maître et à Vendredi de passer la petite baie du côté de l'O., vers l'endroit où j'avais sauvé ce dernier de la fureur de ses ennemis : je leur recommandai qu'aussitôt qu'ils seraient parvenus à quelque colline ils se missent à crier de toutes leurs forces, qu'ils restassent là jusqu'à ce qu'ils fussent assurés d'avoir été entendus par les matelots, et qu'ils poussassent un nouveau cri dès que les autres leur auraient répondu; qu'ensuite, se tenant toujours hors de la vue de ces gens, ils tournassent en cercle, en continuant de pousser des cris de chaque colline qu'ils rencontreraient, afin de les attirer par là bien avant dans les bois, et qu'enfin ils revinssent à moi par les chemins que je leur indiquais.

Les rebelles mettaient justement le pied dans la chaloupe, quand les nôtres poussèrent le premier cri. Ils l'entendirent d'abord, et courant vers le rivage du côté de l'O., d'où ils avaient entendu la voix, ils furent arrêtés par la baie, qu'il leur fut impossible de passer, à cause de la hauteur des eaux, ce qui les porta à y faire venir la chaloupe, comme je l'avais prévu.

Quand elle les eut mis de l'autre côté, j'observai qu'ils la faisaient monter plus haut dans la baie, comme dans une bonne rade, et qu'un des matelots en sortait, n'y laissant que deux de ses compagnons, qui attachèrent la barque au tronc d'un arbre.

C'était justement ce que je souhaitais : laissant Vendredi et le contremaître exécuter tranquillement mes ordres, je pris les autres avec moi, et, faisant un détour pour venir de l'autre côté de la baie, nous surprîmes ceux de la chaloupe à l'improviste. L'un y était resté; nous trouvâmes l'autre couché sur le sable : le capitaine, qui était le plus avancé, sauta sur lui, lui cassa la tête d'un coup de crosse, et cria ensuite à celui qui était dans l'esquif de se rendre, ou qu'il était mort. Il ne fallut pas beaucoup de peine pour l'y résoudre; il se voyait arrêté par cinq hommes, son camarade était assommé, et d'ailleurs c'était un de ceux dont le capitaine m'avait dit du bien : aussi ne se rendit-il pas seulement, mais encore il s'engagea avec nous et nous servit très-fidèlement.

Pendant ce temps, Vendredi et le contre-maître remplirent si bien leur mission, qu'en criant et en répondant aux cris des mutins ils les menèrent de colline en colline, jusqu'à ce qu'ils fussent sur les dents. Ils ne les laissèrent en repos qu'après les avoir attirés assez avant dans les bois pour que ceux-ci ne pussent regagner leur chaloupe avant qu'il fît tout à fait obscur.

Ils étaient bien fatigués eux-mêmes en revenant à moi : il est vrai qu'ils avaient du temps pour se reposer, puisque le plus sûr pour nous était d'attaquer les ennemis pendant l'obscurité.

Ceux-ci ne regagnèrent leur chaloupe que quelques heures après le retour de Vendredi, et nous pouvions entendre distinctement les plus avancés crier aux autres de se presser; mais ces derniers répondaient qu'ils étaient à moitié morts de lassitude, ce qui nous était fort agréable à entendre.

Il n'est pas possible d'exprimer quel fut leur étonnement quand ils virent la marée écoulée, la chaloupe engagée dans le sable et sans gardes.

Ils se mirent à crier de nouveau, et appelèrent leurs deux camarades par leurs noms; mais point de réponse. Nous les vîmes alors, à l'aide du peu de jour qui restait encore, courir çà et là, et se tordre les mains comme des gens désespérés. Tantôt ils rentraient dans la chaloupe pour s'y reposer, tantôt ils en sortaient pour courir sur le rivage, et ils continuèrent ce manége sans relâche pendant quelque temps.

Mes gens avaient grande envie de les attaquer tous ensemble; mais mon dessein était de les prendre avec avantage, afin d'en tuer le moins qu'il me serait possible et de ne pas hasarder la vie d'un seul d'entre nous. Je résolus donc d'attendre, dans l'espérance qu'ils se sépareraient; et, pour qu'ils ne s'échapassent point, je rapprochai mon embuscade, et j'ordonnai à Vendredi et au capitaine de se traîner à plat ventre, pour se placer aussi près d'eux qu'il serait possible sans se découvrir.

Ils n'avaient pas été longtemps dans cette position, quand le bosseman, chef principal de la mutinerie, et qui se montrait, dans son malheur, plus lâche et plus désespéré qu'aucun autre, tourna ses pas vers ce côté-là. Le capitaine était tellement animé contre ce scélérat, qu'il avait de la peine à le laisser approcher assez pour être sûr de ne pas le manquer : il se retint pourtant; mais, après avoir mis encore un peu de patience, il se lève tout à coup et fait feu dessus.

Le bosseman fut tué sur la place, et un autre blessé dans le ventre; mais il n'en mourut que deux heures après, et le troisième se sauva.

Au bruit de ces coups, j'avançai brusquement avec toute mon armée, qui consistait en huit hommes. J'étais moi-même généralissime, Vendredi était mon lieutenant général, et nous avions sous nos ordres le capitaine avec ses deux compagnons et les trois prisonniers auxquels j'avais confié des armes.

La nuit était fort obscure, de manière qu'il leur fut impossible de connaître notre nombre; en conséquence, j'ordonnai à celui que nous avions trouvé dans l'esquif, et qui était alors un de mes soldats, de les appeler par leurs noms, pour savoir s'ils voulaient capituler; ce qui me réussit, comme il est aisé de le croire.

Le capitaine, qui prit la parole à son tour, promit la grâce à tous, excepté à Atkins.

Ils parurent tous fort repentants, et demandèrent la vie d'un air très-soumis. Il leur répondit qu'ils n'étaient pas ses prisonniers, mais ceux du gouverneur de l'île. « Vous avez cru, continua-t-il, me reléguer dans une île déserte; mais il a plu à Dieu de vous diriger d'une telle manière, que cet endroit se trouve habité, et même gouverné par un Anglais. Ce gouverneur est le maître de vous perdre tous; mais, vous ayant donné quartier, il pourrait bien vous envoyer en Angleterre pour être livrés entre les mains de la justice, excepté Atkins, à qui j'ai ordre de dire, de sa part, de se préparer à la mort; car il doit être pendu demain matin. »

Cette fiction produisit tout l'effet imaginable : Atkins se jeta à genoux afin de prier le capitaine d'intercéder pour lui auprès du gouverneur, et les autres le conjurèrent, au nom de Dieu, de faire en sorte qu'ils ne fussent pas envoyés en Angleterre.

Comme je m'étais mis dans l'esprit que le temps de ma délivrance allait finir, je me persuadai que tous ces matelots pourraient être aisément portés à s'employer de tout leur cœur pour recouvrer le vaisseau. Pour les tromper davantage, je m'éloignai d'eux, afin de ne pas leur faire voir quel personnage ils avaient pour gouverneur. J'ordonnai alors qu'on fît venir le capitaine, et là-dessus un de mes gens, qui était à quelque distance de moi, se mit à crier : « Capitaine, le gouverneur veut vous parler. — Dites à Son Excellence, répondit d'abord le capitaine, que je vais à elle dans le moment. » Ils donnèrent dans le piége à merveille, et ne doutèrent pas un moment que le gouverneur ne fût près de là avec ses cinquante soldats.

Quand le capitaine fut venu, je lui communiquai le dessein que j'avais formé pour nous emparer du vaisseau. Il l'approuva fort, et résolut de le mettre à exécution le lendemain. Pour nous y prendre d'une manière plus sûre, je crus qu'il fallait séparer nos prisonniers, et j'ordonnai au capitaine et à ses deux compagnons de saisir Atkins avec deux autres des plus criminels de la troupe, pour les ramener dans la grotte, où il y en avait déjà deux autres, et qui certainement n'était pas un lieu fort agréable, surtout pour des gens effrayés.

J'envoyai le reste à ma maison de campagne, qui était entourée d'un enclos; et, comme ils étaient garrottés et que leur sort dépendait de leur conduite, je pouvais être sûr qu'ils ne m'échapperaient pas.

Ce fut à ceux-là que j'envoyai le lendemain le capitaine, pour tâcher de pénétrer leurs sentiments, et pour voir s'il était prudent de les employer dans l'exécution de notre projet. Il leur parla de leur mauvaise conduite et du triste sort où elle les avait réduits; il leur répéta que, quoique le gouverneur leur eût donné quartier, ils ne laisseraient pas d'être certainement pendus, si on les envoyait en Angleterre. « Cependant, ajouta-t-il, si vous voulez me promettre de m'aider fidèlement dans une entreprise aussi juste que celle de m'emparer de mon vaisseau, le gouverneur s'engagera formellement à obtenir votre pardon. »

On peut juger quel effet une pareille proposition devait produire sur ces malheureux. Ils se mirent à genoux devant le capitaine, et lui promirent, avec force serments, qu'ils lui seraient fidèles jusqu'à la dernière goutte de leur sang, qu'ils le suivraient partout où il voudrait les mener, et qu'ils le considèreraient toujours comme leur père, puisqu'ils lui seraient redevables de la vie.

« Eh bien! dit le capitaine, je vais communiquer vos promesses au gouverneur, et je ferai tous mes efforts pour vous le rendre favorable. » Il me vint rapporter leur réponse, en ajoutant qu'il ne doutait pas de leur sincérité.

Cependant, afin de ne rien négliger pour notre sûreté, je le priai de retourner et de leur dire qu'il consentait à en choisir cinq d'entre eux pour les employer dans son entreprise; mais que le gouverneur garderait comme otages les deux autres, avec les trois prisonniers qu'il avait dans son château, et qu'il ferait pendre sur le bord de la mer ces cinq otages, si leurs camarades étaient assez perfides pour manquer à leurs serments.

Cette apparence de sévérité faisait voir que le gouverneur ne plaisantait pas. Les cinq dont il s'agissait acceptèrent ce parti avec joie, et c'était autant l'intérêt des otages que du capitaine que de les exhorter à faire leur devoir.

Tel était l'état des forces que nous avions alors : 1° le capitaine, son contre-maître et son passager; 2° deux prisonniers faits dans la première rencontre, auxquels, à la recommandation du capitaine, j'avais donné la liberté et mis les armes à la main; 3° les deux que j'avais tenus jusqu'alors garrottés dans ma maison de campagne, mais que je venais de relâcher à la prière du capitaine; 4° les cinq que j'avais mis en liberté les derniers. D'après ce calcul, ils étaient douze en tout, outre les cinq otages.

C'était là tout ce que le capitaine pouvait employer pour se rendre maître du vaisseau; car, pour Vendredi et moi, nous ne pouvions abandonner l'île, où nous avions sept prisonniers que nous devions tenir séparés et pourvoir de vivres.

Quant aux cinq otages qui étaient dans la grotte, je trouvai bon de les tenir garrottés; mais Vendredi avait ordre de leur apporter à manger deux fois par jour. Pour les deux autres, je les employais à porter les provisions à une certaine distance, où Vendredi devait les recevoir d'eux.

La première fois que je m'étais montré à ces derniers, c'était en compagnie du capitaine, qui leur dit que j'étais l'homme que le gouverneur avait destiné pour avoir l'œil sur leur conduite, avec défense pour eux d'aller nulle part sans ma permission, sous peine d'être menés dans le château et mis aux fers.

Comme ils ne me connaissaient pas en qualité de gouverneur, je pouvais jouer un autre personnage devant eux, ce que je fis à merveille, en parlant toujours avec beaucoup d'ostentation du château, du gouverneur et de la garnison.

La seule chose qui restât encore à faire au capitaine pour se mettre en état d'exécuter son dessein, c'était de gréer les deux chaloupes et de les équiper. Dans l'une il mit son passager pour capitaine avec quatre hommes; il monta lui-même dans l'autre avec son contre-maître et cinq autres matelots, et il conduisit parfaitement son opération.

Il était environ minuit quand il découvrit le vaisseau. Dès qu'il l'aperçoit à la portée de la voix, il ordonne à Jackson de crier et de dire à l'équipage qu'ils ramenaient la première chaloupe avec les matelots, mais qu'ils avaient été longtemps avant de les rencontrer. Jackson amusa les mutins par ces discours et d'autres semblables, jusqu'à ce que l'esquif fût sous le navire. Le capitaine et le contremaître y montèrent les premiers avec leurs armes; ils assommèrent

Il ne laissa pas de brûler la cervelle au nouveau capitaine.

d'abord à coups de crosse le second maître et le charpentier; et, fidèlement secondés par les autres, ils se rendirent maîtres de tout ce qu'ils trouvèrent sur les ponts. Ils étaient déjà occupés à fermer les écoutilles afin d'empêcher ceux d'en bas de venir au secours de leurs camarades, lorsque les gens de la seconde chaloupe montèrent du côté de la proue, nettoyèrent tout le gaillard d'avant, et s'emparèrent de l'écoutille qui menait à la chambre du cuisinier, où ils firent prisonniers trois des mutins.

Ainsi maître de tout le tillac, le capitaine commanda au contremaître de prendre trois hommes avec lui et de forcer la chambre où était le nouveau commandant. Celui-ci, ayant pris l'alarme, s'était levé, et, assisté de trois matelots, s'était saisi d'armes à feu. Dès que le contre-maître eut ouvert la porte par le moyen d'un levier, ces quatre rebelles firent feu sur lui et ses compagnons, sans en tuer un seul; mais ils en blessèrent deux légèrement et cassèrent un bras au contre-maître, qui ne laissa pas, tout blessé qu'il était, de brûler la cervelle au nouveau capitaine d'un coup de pistolet. La balle lui entra dans la bouche, et sortit derrière l'oreille. Ses compagnons, le voyant mort, prirent le parti de se rendre. Le combat finit là, et le capitaine recouvra son vaisseau, sans être obligé de répandre plus de sang.

Il m'instruisit d'abord du succès de son entreprise en faisant tirer sept coups de canon; c'était là le signal dont nous étions convenus ensemble. On peut juger si j'étais charmé de les entendre, puisque je m'étais tenu sur le rivage depuis le départ des chaloupes jusqu'à deux heures après minuit.

CHAPITRE XV

Dès que je fus sûr de cette heureuse nouvelle, je me mis au lit; et, m'étant excessivement fatigué le jour précédent, je dormis profondément jusqu'à ce que je fus réveillé par un nouveau coup de canon. A peine me fus-je levé pour en apprendre la cause, que je m'entendis appeler par mon titre de gouverneur. Je reconnus d'abord la voix du capitaine, et, dès que je fus monté au haut du rocher où il m'attendait, il me serra dans ses bras de la manière la plus affectueuse, et tendant la main vers le vaisseau : « Mon cher ami, me dit-il, mon cher libérateur, voilà votre vaisseau; il vous appartient, aussi bien que nous et tout ce que nous possédons. »

Alors je tournai les yeux vers la mer, et je vis effectivement le vaisseau qui était à l'ancre à un petit quart de lieue du rivage : le capitaine avait fait voile dès qu'il eut exécuté son entreprise; et, comme le temps était beau, il avait pu conduire le bâtiment jusqu'à l'embouchure de ma petite baie; la marée étant haute alors, il était venu avec sa pinasse, pour ainsi dire, jusqu'à ma porte.

Je l'embrassai alors à mon tour comme mon libérateur, en lui disant que je le regardais comme un envoyé du Ciel, et que je trouvais, dans tout le cours de notre aventure, un enchaînement de merveilles propres à démontrer évidemment que l'univers est gouverné par une Providence qui fait trouver des ressources inespérées, dans les coins les plus reculés du monde, aux malheureux qu'elle veut honorer des marques de sa bonté infinie.

Je me mis à délibérer avec le capitaine sur ce que nous devions faire de nos prisonniers : la chose en valait la peine, surtout à l'égard des deux chefs des mutins, dont nous connaissions la méchanceté incorrigible. Le capitaine m'assura que les bienfaits étaient aussi peu capables de les réduire que les punitions, et que, s'il s'en chargeait, ce ne serait que pour les conduire, les fers aux pieds, en Angleterre ou à la première colonie anglaise, afin de les mettre à

Je l'embrassai alors à mon tour comme mon libérateur.

la disposition de la justice. Comme je voyais le capitaine assez humain pour ne prendre ce parti qu'à regret, je lui dis que je savais un moyen de porter ces deux scélérats à lui demander comme une grâce la permission de demeurer dans l'île, et il y consentit de tout son cœur.

J'envoyai là-dessus Vendredi et deux des otages que je venais de mettre en liberté, parce que leurs compagnons avaient fait leur devoir; je les envoyai, dis-je, à la grotte pour amener les cinq matelots garrottés à ma maison de campagne et pour les y garder jusqu'à mon arrivée.

J'y vins quelque temps après paré de mon habit neuf, en compagnie de mon capitaine; et c'est alors qu'on me traita ouvertement de gouverneur. Je me fis d'abord amener les prisonniers, et je leur dis d'un ton sévère que j'étais parfaitement instruit de leur conspiration contre le capitaine et des mesures qu'ils avaient prises ensemble pour commettre des pirateries avec le vaisseau dont ils s'étaient emparés; mais que, par bonheur, ils étaient tombés eux-mêmes dans l'abîme qu'ils avaient creusé pour les autres, puisque le vaisseau venait d'être saisi par mes ordres, et qu'ils verraient dans le moment leur prétendu capitaine, pour prix de sa trahison, pendu à la grande vergue; que, quant à eux, je consentais à entendre les raisons qu'ils avaient à me donner pour m'empêcher de les punir, comme j'étais en droit de le faire, en qualité de pirates pris sur le fait.

Un d'eux me répondit qu'ils n'avaient rien à dire en leur faveur, sinon que le capitaine, en les prenant, leur avait promis le vie et qu'ils demandaient grâce. Je repartis que je ne savais pas trop bien quelle grâce j'étais en état de leur faire, puisque j'allais quitter l'île et m'embarquer pour l'Angleterre; et qu'à l'égard du capitaine, il ne pouvait les emmener que garrottés et dans le dessein de les livrer à la justice comme mutins et comme pirates, ce qui les conduirait tout droit à la potence; qu'ainsi je ne trouvais pas de meilleur parti pour eux que de rester dans l'île, que j'avais permission d'abandonner avec tous mes gens, et que j'étais assez porté à leur pardonner, s'ils voulaient se contenter du sort qu'ils pouvaient s'y ménager.

Ils parurent recevoir ma proposition avec reconnaissance, en me disant qu'ils préféraient infiniment ce séjour à la destinée qui les attendait en Angleterre. Mais le capitaine fit semblant de ne point approuver et de ne pas oser y consentir : alors j'affectai de lui dire d'un air piqué qu'ils étaient mes prisonniers et non les siens; que, leur ayant offert leur grâce, je n'étais pas homme à leur manquer de parole, et que, s'il y trouvait à redire, je les remettrais en liberté comme je les avais trouvés, sauf à lui de courir après eux et à les attraper s'il pouvait.

Je le fis comme je l'avais dit, et, les ayant fait délier, je leur dis de gagner les bois, et je leur promis de leur laisser des armes à feu, des munitions, et les instructions nécessaires pour vivre à leur aise, s'ils voulaient les suivre. Ensuite je communiquai au capitaine mon dessein de rester encore cette nuit dans l'île, afin de préparer tout pour mon voyage; je le priai de retourner cependant au vaisseau pour y tenir tout en ordre, et d'envoyer le lendemain sa chaloupe. Je l'avertis aussi de ne pas manquer de faire pendre à la vergue le nouveau capitaine qui avait été tué, afin que nos prisonniers pussent l'y voir.

Dès que le capitaine fut parti, je les fis venir à mon habitation, et j'entrai dans des explications très-sérieuses touchant leur situation. Je les louai du parti qu'ils avaient pris, puisque le capitaine, s'il les avait amenés à bord du vaisseau, les aurait fait pendre certainement aussi bien que leur chef, que je leur montrai attaché à la grande vergue.

Quand je les vis déterminés à rester dans l'île, je leur donnai tous les détails nécessaires sur la manière de faire du pain, d'ensemencer les terres et de sécher les raisins; en un mot, je les instruisis de tout ce qui pouvait leur rendre la vie agréable et commode. Je leur parlai encore des seize Espagnols qu'ils devaient attendre, et pour lesquels je leur laissai une lettre, en leur faisant promettre de vivre avec eux en bonne amitié.

Je leur laissai mes armes, savoir : mes mousquets, trois fusils de chasse et trois sabres; de plus, je possédais encore un baril et demi de poudre, car j'en avais consommé fort peu. Je leur enseignai aussi la manière d'élever des chèvres, de les traire, de les engraisser et de faire du beurre et du fromage. De plus, je leur promis de faire en sorte que le capitaine leur laissât une plus grande provision de poudre et quelques graines potagères, dont j'aurais été ravi d'être fourni moi-même quand j'étais dans leur cas. Je leur fis encore présent d'un sac plein de pois que le capitaine m'avait donné, et je leur expliquai jusqu'à quel point ils se multiplieraient s'ils avaient soin de les semer.

Le jour suivant, je les quittai et je m'embarquai; mais nous ne pûmes faire voile ce jour-là ni la nuit suivante. Il était environ cinq heures du matin quand nous vîmes deux de ceux que nous avions laissés dans l'île arriver à la nage, et prier, au nom de Dieu, qu'on leur permît d'entrer dans le vaisseau, quand ils devraient être pendus un quart d'heure après, puisque certainement les trois autres scélérats les massacreraient s'ils restaient parmi eux.

Le capitaine fit quelques difficultés de les recevoir, sous prétexte qu'il n'en avait pas le pouvoir sans moi; mais il se laissa gagner à la fin par les promesses qu'ils lui firent de se bien conduire; et effectivement ils devinrent de fort braves garçons.

Quelque temps après, la chaloupe fut envoyée à terre avec les provisions que le capitaine avait promises aux exilés, et auxquelles il avait fait ajouter en ma faveur leurs coffres et leurs habits, qu'ils reçurent avec beaucoup de gratitude.

En disant adieu à mon île, je pris avec moi mon grand bonnet de peau de chèvre, mon parasol et mon perroquet; je n'oubliai pas non plus l'argent dont j'ai fait mention, et qui était resté enfoui si longtemps, qu'il était tout rouillé, sans pouvoir être reconnu pour ce que c'était avant d'avoir été frotté; je n'y laissai pas non plus la petite somme que j'avais tirée du vaisseau espagnol naufragé.

C'est ainsi que j'abandonnai mon île, le 19 décembre de l'an 1686, selon le calcul du vaisseau, après un séjour de vingt-huit ans deux mois et dix-neuf jours; délivré de cette triste vie le même jour que je m'étais échappé autrefois de la captivité des Maures de Salé. Mon voyage fut heureux; j'arrivai en Angleterre le 11 juin de l'an 1687, après avoir été hors de ma patrie trente-cinq ans.

Quand j'arrivai dans mon pays natal, je m'y trouvai aussi étranger que si jamais je n'y eusse mis les pieds. Ma fidèle gouvernante, à qui j'avais confié mon petit trésor, vivait encore; mais elle avait éprouvé de grands malheurs, et elle était devenue veuve pour la seconde fois. Je la soulageai beaucoup quant à la somme dont elle m'était redevable; et non-seulement je lui protestai que je ne l'inquièterais pas, mais encore, pour la récompenser de sa fidélité dans l'administration de mes affaires, je lui fis autant de bien que ma position pouvait me le permettre.

J'allai ensuite dans la province d'York; mais mon père et ma mère étaient morts, et ma famille éteinte, excepté deux sœurs, et deux enfants d'un de mes frères. Comme depuis longtemps je passais pour défunt, on m'avait oublié dans le partage des biens, de manière que je n'avais d'autre ressource que mon petit trésor, qui ne suffisait pas pour me procurer un établissement.

A la vérité, je reçus un bienfait auquel je ne m'attendais pas. Le capitaine que j'avais si heureusement sauvé avec son vaisseau et sa cargaison ayant donné aux propriétaires une information favorable de ma conduite à cet égard, ils me firent venir, m'honorèrent d'un compliment fort gracieux et d'un présent d'à peu près deux cents livres sterling.

Cependant, en faisant réflexion sur les différentes circonstances de ma vie, et sur le peu de moyens que j'avais de m'établir dans le monde, je résolus de m'en aller à Lisbonne, pour chercher à y obtenir des renseignements précis sur l'état de ma plantation dans le Brésil, et sur ce que pouvait être devenu mon associé, qui sans doute devait me tenir pour mort.

Dans cette vue, je m'embarquai pour Lisbonne, et j'y arrivai au

Je trouvai, après maintes recherches, le vieux capitaine qui m'avait reçu à son bord.

mois de septembre suivant avec Vendredi, qui m'accompagnait dans toutes mes courses, et qui me donnait de plus en plus des marques de son attachement et de sa probité.

Arrivé dans cette ville, je trouvai après maintes recherches, et à mon grand étonnement, le vieux capitaine qui m'avait reçu à son bord en pleine mer quand je m'étais sauvé des côtes de Barbarie.

Il était fort vieilli, et il avait abandonné son état, après avoir mis à sa place son fils, qui dès sa première jeunesse l'avait accompagné dans ses voyages, et continuait pour lui son négoce du Brésil. Je le reconnus à peine, et il lui en arriva autant à mon égard; mais en lui disant qui j'étais, une reconnaissance mutuelle eut bientôt lieu.

Après avoir renouvelé cette vieille connaissance, on peut croire que je m'informai de ma plantation et de mon associé. Le bonhomme me dit que depuis neuf ans il n'était point allé au Brésil; qu'il pouvait m'assurer néanmoins qu'à son dernier voyage mon associé était encore vivant, mais que les facteurs que je lui avais adjoints dans l'administration de mes affaires étaient morts; qu'il croyait pourtant que je pourrais avoir des renseignements fort justes là-dessus, puisque, la nouvelle de ma mort s'étant répandue partout, mes facteurs avaient été obligés de donner le compte des revenus de ma portion au procureur fiscal, qui se l'était appropriée, en cas que je ne revinsse jamais pour la réclamer; qu'il en avait assigné un tiers au roi, et deux tiers au monastère de Saint-Augustin, pour être employé au soulagement des pauvres et à la conversion des Indiens à la foi catholique; que cependant, si mon bien était réclamé par moi-même ou quelqu'un en mon nom, il ne manquerait pas d'être remis à son propriétaire, excepté les revenus, qui seraient réellement employés pour des usages charitables.

N'ayant point de preuves de ma mort, il n'avait pu être mis en possession de ce que je lui avais laissé par testament; seulement il avait reçu mes revenus pendant les premières années de mon absence, et voulut m'en tenir compte. J'acceptai cent moïdores qui venaient assez à propos; mais, comme le brave capitaine n'était pas riche, je ne voulus pas prendre tout ce qui me revenait.

Cependant je pris les mesures légales pour faire parvenir mes réclamations au Brésil, et sept mois après je reçus les comptes de mes facteurs et une lettre du prieur du monastère qui avait été mis en possession d'une partie de mes biens. Il me revenait de tous ces côtés beaucoup d'argent; mais je ne tirai jamais rien de ce que le roi s'était approprié. Mon associé me faisait parvenir en même temps les détails les plus satisfaisants sur ma plantation.

Mes facteurs m'adressaient, à valoir sur ce qui me revenait, une énorme cargaison de sucre et de tabac, dont je tirai un fort bon parti. Je me trouvai tout d'un coup maître de 50,000 livres sterling en argent et d'une propriété au Brésil de plus de 1,000 livres sterling de revenu, dont j'étais aussi sûr qu'aucun Anglais peut l'être d'un bien qu'il possède dans sa propre patrie. En un mot, je me trouvais dans une telle prospérité, que j'avais de la peine à la comprendre moi-même, et je ne savais trop comment me conduire pour en jouir à mon aise.

Ma première pensée fut de récompenser mon bienfaiteur le capitaine portugais, qui m'avait donné tant de marques de sa charité dans mes malheurs et tant de preuves de sa probité dans ma bonne fortune.

Je pensai aussi à témoigner ma reconnaissance à la pauvre veuve dont le mari était mon premier bienfaiteur, et qui elle-même avait été ma fidèle gouvernante et la sage directrice de mes affaires. Dans ce dessein, je lui envoyai 100 livres sterling, en lui promettant qu'elle ne manquerait jamais de rien. En même temps j'envoyai 100 livres sterling à chacune de mes sœurs, qui vivaient à la campagne, et qui, bien qu'elles ne fussent pas dans une nécessité absolue, étaient bien éloignées pourtant d'une position aisée.

Comme la flotte du Brésil partait, j'écrivis au prieur pour lui exprimer toute ma reconnaissance de sa conduite si délicate à mon égard, et je lui fis abandon de ce qu'il me devait encore, le priant seulement de consacrer une somme à certaines bonnes œuvres que je lui indiquais; j'écrivis aussi à mon associé et à mes facteurs pour leur donner mes instructions.

Ayant achevé de vendre ma cargaison et converti mes marchandises en argent, je pris le parti de retourner en Angleterre; mais j'éprouvais une profonde aversion pour la mer, et je résolus de traverser l'Espagne et la France; je formai donc une petite caravane avec deux marchands portugais qui se rendaient à Paris et un voyageur anglais, je m'adjoignis plusieurs domestiques, et nous nous mîmes en route. Bien m'en prit d'avoir évité la voie de mer; car le bâtiment sur lequel j'avais d'abord songé à m'embarquer périt corps et biens. Toutefois mon voyage ne fut pas exempt de dangers. En traversant les Pyrénées, nous fûmes surpris par la neige et obligés de nous défendre à coups de fusil contre les loups affamés qui s'acharnaient à notre poursuite, et qui faillirent dévorer notre guide.

Nous pressâmes donc nos montures, et nous ne nous sentîmes à l'aise que quand nous nous vîmes à l'abri de ces ennemis.

Quand nous racontâmes notre aventure, on nous dit que rien n'était plus ordinaire que d'en avoir de semblables au pied des montagnes, surtout quand il y avait de la neige; on était fort surpris de ce que nous avions trouvé un guide assez hardi pour nous mener par cette route dans une saison si rigoureuse, et l'on nous assura que nous devions nous trouver fort heureux d'avoir sauvé notre vie de la fureur de tant de loups affamés.

Je ne dirai rien de mon voyage en France, puisque plusieurs autres ont parlé de tout ce qui concerne ce pays infiniment mieux que je ne saurais le faire. Je passai de Toulouse à Calais par Paris, et j'arrivai à Douvres le 11 janvier, après avoir essuyé un froid très-pénible.

J'étais alors parvenu au but de mes désirs : j'avais avec moi tout mon bien; toutes mes lettres de change avaient été payées sans aucun délai.

J'avais renoncé au projet de me rendre au Brésil, et je me décidai à rester dans ma patrie, surtout si j'étais assez heureux pour trouver le moyen de me défaire avantageusement de ma plantation. Dans cette intention, j'écrivis à mon vieil ami de Lisbonne, qui me répondit qu'il me procurerait aisément le moyen de la vendre dans le pays même; qu'il jugerait à propos, si j'y consentais, de l'offrir en mon nom aux deux héritiers de mes facteurs, qui étaient riches, et qui, se trouvant sur les lieux, en connaissaient parfaitement la valeur; que, pour lui, il était sûr qu'ils seraient d'avis d'en faire l'acquisition, et qu'ils m'en donneraient au moins quatre à cinq mille pièces de huit de plus que je n'en pourrais trouver de tout autre. J'y consentis; l'affaire fut bientôt réglée, et huit mois après, la flotte du Brésil étant arrivée en Portugal, j'appris par une lettre du capitaine que mon offre avait été acceptée et que mes facteurs avaient envoyé à leur correspondant de Lisbonne trente-trois mille pièces de huit pour payer le prix convenu.

Je ne balançai pas un moment à signer les conditions de la vente telles qu'on les avait dressées à Lisbonne, et j'en envoyai l'acte à mon vieil ami, qui me fit tenir des lettres de change de la valeur de trente-deux mille huit cents pièces de huit pour le prix de ma plantation, avec la condition qu'elle resterait chargée du paiement de cent moïdores par an pour le capitaine tant qu'il vivrait, et de cinquante pendant toute la vie de son fils.

C'est là que s'arrête la première partie de l'histoire de ma vie. On y voit une si grande variété d'aventures, que je doute fort que celle d'aucun autre homme puisse en fournir autant. Elle commence par des extravagances qui ne préparent le lecteur à rien d'heureux, et elle finit par un bonheur que ne promettait aucun des événements qu'on y trouve.

Je pris sous ma tutelle mes deux neveux. L'aîné avait quelque bien, ce qui me détermina à l'élever avec distinction, et à faire en sorte qu'après ma mort il pût soutenir la manière de vivre que je lui faisais prendre. Pour l'autre, je le confiai à un capitaine de navire, et, le trouvant, après cinq années de voyages, sensé, courageux et entreprenant, je lui confiai le commandement d'un vaisseau.

Je me mariai d'une manière avantageuse, et je devins père de trois enfants, deux garçons et une fille; je goûtai alors les douceurs de la vie de père de famille, dont je m'étais cru privé à jamais. Je reconnus enfin, mieux que je n'avais encore pu le faire, combien mon vénérable père avait eu raison de me vanter les plaisirs purs d'une condition moyenne et les jouissances de la vie privée. Mais comme il n'est pas de bonheur parfait sur la terre, et que toute situation agréable ne saurait durer, je perdis mon épouse chérie. On verra bientôt comment, privé de cette douce compagne, je me rejetai dans les hasards où j'allai m'exposer à de nouveaux dangers, pour satisfaire une fantaisie qui vint me surprendre au milieu d'un bonheur acheté par tant de traverses.

SECONDE PARTIE

CHAPITRE I

Après avoir lutté trente-cinq ans contre une série de malheurs dont les exemples sont fort rares, j'avais joui pendant sept années de tout ce que l'abondance et la tranquillité de corps et d'esprit ont de plus agréable; j'étais déjà fort avancé en âge, et j'avais appris par une longue expérience que rien n'est plus propre à rendre l'homme heureux que la médiocrité. Qui n'eût cru que, dans cette douce situation, le goût inné des voyages et des aventures se serait éteint en moi avec le feu de la jeunesse, et qu'à l'âge de soixante et un ans j'aurais banni tout désir de m'éloigner de mon pays!

Le motif qui détermine ordinairement ce parti ne pouvait plus avoir d'influence sur moi : il ne s'agissait plus de faire fortune, car j'étais dans une position à ne pouvoir me croire plus riche par le gain d'une centaine de mille francs; j'avais du bien suffisamment pour moi et mes héritiers; il s'augmentait même de jour en jour; car, ma famille étant peu nombreuse, je ne pouvais dépenser mes revenus, à moins de mener un train au-dessus de ma condition, et de m'embarrasser d'équipages, de domestiques et de tout l'appareil du faste, dont j'avais à peine une idée, bien loin d'y être porté par mon inclination. Ainsi, le seul parti qu'un homme sage aurait pris à ma place eût été de jouir paisiblement des dons de la Providence, et de s'abandonner à la satisfaction de les voir s'accroître dans ses mains.

Ces considérations ne furent pas assez puissantes pour me fortifier longtemps contre le besoin de parcourir de nouveau le monde. C'était une véritable maladie; je désirais surtout revoir mon île, mes plantations; le souvenir de la colonie que j'y avais laissée ne

Ma femme me dit qu'elle était prête à m'accompagner.

me permettait pas un moment de repos : c'était l'unique sujet de mes pensées pendant tout le jour et de mes rêves pendant la nuit.

Ces préoccupations s'emparèrent tellement de mon esprit, que je ne trouvais plus aucune douceur dans mon existence tranquille, et que je n'avais plus une idée qui ne se rapportât à mon île et à mes projets de voyage. Ma femme, me voyant dans cet état, me dit que, si je ne pouvais résister aux désirs qui m'entraînaient vers ma colonie, il fallait y céder, et qu'elle était prête à m'accompagner; toutefois elle me fit sentir tout ce qu'il y aurait d'extravagant pour un homme de mon âge à se précipiter de nouveau, sans aucun motif plausible, dans les hasards d'où j'étais sorti si heureusement. Ces tendres paroles me touchèrent, et je pensai que le seul moyen de chasser les pensées qui m'obsédaient était de chercher une occupation qui absorbât toutes mes facultés et m'ôtât le

Je fus frappé par un coup imprévu..., ce fut la mort de ma femme.

loisir de m'abandonner à mes folles imaginations. Dans cette pensée, j'achetai une métairie dans le comté de Bedford, et j'allai m'y établir pour la cultiver moi-même. Je trouvai bientôt un grand charme à ce travail, et je croyais avoir enfin atteint cette heureuse médiocrité dont mon père m'avait si souvent fait l'éloge, lorsque je fus frappé par un coup imprévu dont les conséquences me plongèrent plus profondément que jamais dans mes chimères. Ce fut la perte de ma femme, qui était devenue l'âme de tous mes projets et de mon bonheur.

Dans ce triste état, je me voyais aussi étranger au sein de ma patrie que je l'étais au Brésil lorsque j'y abordai ; environné de domestiques, je me trouvai presque aussi seul que je l'avais été dans mon île.

Mon imagination s'ouvrait de nouveau aux courses et aux aventures : tous mes amusements, mes terres, mon jardin, ma famille, mon bétail, qui m'avaient assuré une occupation si satisfaisante, n'avaient plus de charmes pour moi. Cette triste insensibilité pour tout ce qui m'avait procuré quelque temps auparavant les plus

Mon imagination s'ouvrait de nouveau aux courses et aux aventures.

doux plaisirs, me fit prendre le parti d'abandonner la campagne et de retourner à Londres.

Le même ennui m'y accompagna : n'ayant aucune affaire, je courais çà et là, sans dessein, comme un homme désœuvré, absolument inutile parmi tous les êtres créés, et dont la vie et la mort devaient être également indifférentes aux autres hommes.

C'était de toutes les situations de la vie humaine celle pour laquelle j'avais le plus d'aversion, accoutumé comme je l'étais dès ma plus tendre jeunesse à une vie active.

Au commencement de l'année 1693, celui de mes neveux que j'avais elevé pour la mer, et à qui j'avais donné un vaisseau à commander, revint d'un petit voyage qu'il avait fait à Bilbao, le premier qu'il eût entrepris en qualité de maître.

M'étant venu voir, il me dit que les marchands lui avaient proposé de faire pour eux un voyage dans les Indes et à la Chine : « Eh bien, mon oncle, dit-il, feriez-vous si mal de venir avec moi? Je vous promets de vous procurer le plaisir de revoir votre île; car j'ai ordre de toucher au Brésil. »

Le projet répondait avec tant de justesse à la disposition de mon

Eh bien, mon oncle, feriez-vous si mal de venir avec moi?

esprit, que j'y consentis, et je lui dis que, s'il s'accordait avec ses marchands relativement à ses voyages, j'étais décidé à le suivre, pourvu que je ne fusse pas obligé d'aller plus loin que mon île. « J'espère, me dit-il, que vous n'avez pas envie d'y rester pour y vivre de nouveau à votre ancienne manière? — Ne pouvez-vous pas, lui répondis-je, me reprendre en revenant des Indes? » Il me répliqua qu'il n'y avait pas d'apparence que ses marchands lui permissent de faire un si long détour avec un vaisseau chargé.

Il y avait beaucoup de bon sens dans cette objection; mais nous trouvâmes un moyen pour remédier à cet inconvénient : ce fut d'embarquer avec nous toutes les pièces servant à former une grande chaloupe, et quelques charpentiers qui pussent, en cas de besoin, les joindre ensemble et leur donner la dernière main dans l'île, ce qui me faciliterait les moyens de passer de là sur le continent.

Je ne fus pas longtemps à prendre ma dernière résolution : car les instances de mon neveu répondaient si bien à mon inclination, qu'aucun motif au monde ne fut capable de m'ébranler. D'un autre côté, ma femme étant morte, il n'y avait personne qui s'intéressât assez à mes affaires pour me détourner de ce dessein; je fis mon testament, et laissai mes biens en de si bonnes mains, que j'étais persuadé que mes enfants ne perdraient rien de ce côté-là, quelque accident qui pût m'arriver; et pour la manière de les élever, je m'en remis entièrement à la bonne veuve qui m'avait toujours montré tant d'amitié, à qui je destinai en même temps un petit revenu suffisant pour qu'elle vécût à son aise. J'ai vu dans la suite que jamais bienfait ne fut mieux employé, qu'une mère ne pouvait avoir des soins plus tendres pour ses propres enfants, et qu'il était impossible de se conduire avec plus de prudence. Cette bonne dame vécut assez longtemps pour me voir de retour et pour sentir de nouveau les effets de ma reconnaissance.

Mon neveu fut prêt à mettre à la voile au commencement de janvier 1694, et je m'embarquai avec mon fidèle Vendredi dans les Dunes[1], le 18, ayant avec moi, outre ma chaloupe démontée, une cargaison considérable de toutes sortes de choses nécessaires à ma colonie, avec le dessein de tout garder dans le vaisseau, si je ne trouvais pas mes sujets dans des dispositions convenables.

Premièrement, j'avais avec moi plusieurs serviteurs, que mon intention était de laisser dans l'île et d'y faire travailler pour mon compte pendant mon séjour, en leur permettant d'y rester ou de me suivre quand je prendrais le parti d'en sortir. Il y avait parmi eux deux charpentiers, un serrurier et un autre ouvrier fort ingénieux, tonnelier de son métier, mais entendu dans toute espèce de travaux mécaniques. Il excellait à faire des roues et des moulins à bras pour moudre le blé; de plus, il était tourneur et potier, et capable de fabriquer dans la perfection toutes sortes d'ouvrages en bois ou en terre : en un mot, il méritait fort bien le nom de *factotum*, que nous lui donnâmes.

Je menais encore avec moi un tailleur, qui, s'étant offert pour aller aux Indes à la suite de mon neveu en qualité de passager,

1. Grande rade sur la côte orientale d'Angleterre, dans le comté de Kent.

consentit ensuite à s'établir dans ma colonie. C'était un garçon fort adroit, et en qui je trouvai, dans l'occasion, de grandes ressources pour différentes choses même étrangères à son métier.

Ma cargaison consistait en une assez grande quantité de toiles et de petites étoffes minces propres à habiller les Espagnols que je m'attendais à trouver dans mon île; il y en avait assez, selon mon calcul, pour les tenir bien vêtus pendant plus de sept ans. Si l'on y ajoute tous les autres objets nécessaires à les couvrir, comme gants, chapeaux, souliers, bas, il y en avait environ pour trois cents livres sterling, y compris tout ce qu'il fallait pour des lits, la batterie de cuisine, pots, chaudrons, et du cuivre pour en faire un plus grand nombre. J'y avais joint à peu près cent livres pesant de fer travaillé, comme clous, outils de toute espèce, crochets, gonds, serrures, etc.

Je ne dois pas oublier une centaine d'armes à feu de réserve, mousquets, fusils, pistolets, beaucoup de plomb de tout calibre, et deux pièces de canon de bronze. Comme il m'était impossible de prévoir les dangers auxquels ma colonie pouvait être exposée un jour, j'avais encore chargé le vaisseau d'une centaine de barils de poudre à canon, d'épées, de sabres et de plusieurs fers de piques et de hallebardes. Je priai en outre mon neveu de prendre avec lui deux petits canons de tillac en sus du nombre qu'il lui fallait, afin de les laisser dans l'île, s'il était nécessaire d'y bâtir un fort et de le mettre en défense contre quelque ennemi. Cette précaution n'était pas inutile, comme j'eus lieu de le penser en arrivant, et l'on verra par la suite de cette histoire qu'il n'en fallait pas moins pour se maintenir dans la possession de l'île.

Ce voyage réussit beaucoup mieux que les autres que j'avais faits sur mer; cependant nous eûmes d'abord des vents contraires, et quelques autres contre-temps, qui firent durer le voyage plus que je n'avais pensé. Le soir du 20 février, le matelot qui était en sentinelle vint nous dire qu'il avait vu de loin un éclat de lumière suivi d'un coup de canon; et, immédiatement après, un mousse annonça que le bosseman en avait entendu un second. Nous montâmes aussitôt sur le tillac, où pendant quelques moments nous n'entendîmes rien; mais peu de minutes après nous découvrîmes une grande lumière, et nous conjecturâmes que c'était celle d'un incendie à bord d'un vaisseau. Une demi-heure après, poussés par un vent favorable, quoique assez faible, et le temps s'étant un peu éclairci, nous aperçûmes distinctement un grand vaisseau dévoré par le feu au milieu de la mer.

J'ordonnai qu'on fît feu de cinq canons, l'un immédiatement après l'autre, afin de leur apprendre qu'il y avait à peu de distance un navire prêt à les secourir, et qu'ils redoublassent d'efforts pour se sauver de notre côté avec leur chaloupe; car, bien que nous pussions voir leur vaisseau éclairé par la flamme, il leur était impossible de nous apercevoir, à cause de l'obscurité de la nuit.

Nous mîmes à la cape [1] pendant quelque temps, et, en attendant le jour, nous laissâmes aller le vaisseau du côté où nous découvrions le bâtiment embrasé; mais pendant cette manœuvre nous vîmes avec une grande frayeur, quoique nous eussions lieu de nous y attendre, le navire sauter en l'air, et, quelques moments après, le feu s'éteindre tout à coup, parce que sans doute le reste du vaisseau était allé à fond.

Le lendemain, à huit heures environ, nous découvrîmes, par le moyen de nos lunettes d'approche, deux chaloupes surchargées de monde, et nous aperçûmes que ces infortunés, ayant le vent contraire, ramaient de toutes leurs forces, et que, nous ayant vus, ils multipliaient les signaux pour diriger nos regards vers eux.

Nous leur donnâmes à notre tour le signal ordinaire de venir à bord, et en même temps nous fîmes plus de voiles pour nous mettre plus à portée. En moins d'une demi-heure nous les joignîmes et les fîmes tous entrer dans le vaisseau. Ils étaient pour le moins soixante, tant hommes que femmes et petits enfants; car il y avait parmi eux plusieurs passagers.

Il m'est impossible de dépeindre les gestes bizarres, les extases et les postures diverses avec lesquels ces malheureux exprimaient la joie qu'ils ressentaient d'une délivrance si peu attendue.

Il y avait deux prêtres parmi ces malheureux, l'un encore jeune, l'autre avancé en âge. Dès que le plus vieux eut mis pied sur le bord de notre vaisseau, il tomba roide comme s'il était mort. Notre chirurgien mit d'abord en usage les remèdes propres à le faire revenir à lui, étant le seul dans le vaisseau qui lui crût encore un souffle de vie : après lui avoir frotté les bras, il le saigna. Le sang ne coula d'abord que goutte à goutte, mais il sortit ensuite avec plus de liberté. Trois minutes après, le vieillard ouvrit les yeux, et en un quart d'heure il parla et se rétablit peu à peu.

Le jeune prêtre nous donna le véritable modèle d'un esprit sensé et

1 *Mettre à la cape*, c'est ne se servir que de la *grande voile*, portant le *gouvernail* sous le vent, pour laisser aller le vaisseau à la *dérive*, c'est-à-dire hors de la route qu'il tient.

maître de lui-même. Dès qu'il fut à notre bord, il se prosterna pour rendre grâces à Dieu de son heureuse délivrance : je fus assez malheureux pour le troubler dans cette louable action, le croyant éva-

Il m'est impossible de dépeindre les gestes avec lesquels ces malheureux exprimaient leur joie.

noui. Alors il leva la tête pour me dire d'un air fort tranquille qu'il était occupé à témoigner sa reconnaissance à Dieu. « Je vous conjure, ajouta-t-il, de me permettre de continuer encore quelques moments; je m'empresserai ensuite de vous remercier comme celui à qui, après le Ciel, je suis redevable de la vie. » J'étais très-mortifié de l'avoir interrompu, et non-seulement je le laissai en repos, mais j'empêchai les autres de le troubler dans sa dévotion.

Après être demeuré dans cette posture pendant quelques minutes, il vint me joindre, et d'une manière tendre et grave en même temps, les yeux pleins de larmes, il me remercia et rendit grâces à Dieu de s'être servi de moi pour sauver la vie à tant d'autres malheureux. Je lui répondis que j'étais charmé de lui avoir donné cette occasion de montrer sa reconnaissance envers le Ciel; que je n'avais rien fait que ce que la raison et l'humanité doivent inspirer à tous les hommes, et que je croyais devoir de mon côté remercier le Seigneur de ce qu'il s'était servi de moi pour conserver à tant de créatures la vie qu'elles lui devaient.

Après cette conversation; cet homme de bien fit tous ses efforts pour calmer ses compatriotes, et pour qu'ils continssent leur joie dans les bornes de la modération. Il réussit assez bien avec quelques-uns; mais la plupart ne se possédaient pas assez pour profiter de ses leçons.

Ils nous prodiguèrent les marques de leur reconnaissance avec autant de politesse que de sincérité. Le capitaine et l'un des religieux vinrent me voir le lendemain pour me dire qu'ils désiraient me parler, ainsi qu'à mon neveu, afin de nous consulter sur leur sort. Dès que mon neveu fut venu, ils commencèrent par nous dire que tout ce qu'ils avaient au monde était insuffisant pour reconnaître le service important que nous leur avions rendu. Le capitaine prit alors la parole, et me dit qu'ils avaient sauvé de l'argent, qu'ils avaient dans leurs chaloupes d'autres objets de prix arrachés des flammes à la hâte, et qu'ils avaient ordre de nous offrir tout si nous voulions bien l'accepter; qu'ils nous conjuraient seulement de les mettre à terre en quelque endroit d'où il leur fût possible de gagner la France.

Je répondis au capitaine français que, si nous l'avions secouru lui et les siens dans le malheur, nous n'avions fait que ce que l'humanité exigeait que nous fissions pour notre prochain, et que nous souhaitions qu'on agît de même envers nous en pareille nécessité. « Mais, ajoutai-je, nous ne sommes pas les maîtres de changer notre route pour vous obliger; mon neveu le capitaine ne pourrait se justifier devant les propriétaires, auprès desquels il s'est engagé à continuer son voyage après avoir touché au Brésil. Tout ce qu'il nous est possible de faire en votre faveur, c'est de diriger notre course du côté où nous pouvons attendre et rencontrer des navires qui reviennent des Indes occidentales, et de vous procurer par là le moyen de passer en Angleterre ou en France. »

Ils me conjurèrent, puisque nous étions tellement dérivés du côté de l'O. avant de les rencontrer, d'avoir du moins la bonté de suivre le même cours jusqu'au banc de Terre-Neuve, où peut-être ils pourraient louer quelque bâtiment pour retourner au Canada, d'où ils étaient partis.

Je trouvai cette proposition raisonnable, et j'étais fort porté à la leur accorder : je considérais que traîner tout cet équipage jusqu'aux Indes ne serait pas seulement un parti triste et insupportable pour eux, mais qu'il pourrait entièrement ruiner notre voyage, en faisant une brèche irréparable à nos provisions de bouche. Je consentis donc à diriger notre route comme ils le souhaitaient; et, si les vents rendaient la chose impossible, je leur promis de les débarquer à la Martinique.

Le temps continuait à être beau; mais il régnait un vent assez vigoureux, qui resta quelques jours entre le N.-E. et le S.-E., ce qui nous fit manquer plusieurs occasions d'envoyer nos gens en Europe. Nous rencontrâmes, il est vrai, plusieurs vaisseaux destinés pour cette partie du monde; mais ils avaient lutté si longtemps contre les vents contraires, qu'ils n'osaient se charger de passagers, de peur de mourir de faim tous ensemble. De cette manière, nous fûmes forcés de pousser notre voyage jusqu'au banc de Terre-Neuve, où nous arrivâmes après une semaine de navigation. Nous mîmes nos Français dans une barque qu'ils avaient louée en pleine mer pour les descendre à terre, et de là les conduire en France, s'il leur était possible de trouver en cet endroit assez de provisions pour s'avitailler.

Le seul passager français qui resta sur notre bord fut le jeune prêtre; ayant appris que nous avions dessein d'aller aux Indes, il souhaita de faire le voyage avec nous, et d'être mis à terre sur la côte de Coromandel. J'y consentis avec plaisir. Cet homme me plaisait beaucoup, et non sans raison. Quatre matelots s'engagèrent avec nous : c'étaient de braves gens qui nous furent d'une grande utilité.

De là nous prîmes la route des Indes orientales, en faisant cours du côté S. et S. quart E., sans avoir beaucoup de vent pendant une vingtaine de jours. Nous étions dans cette situation, quand nous trouvâmes de nouveau l'occasion d'exercer notre humanité sur un sujet tout aussi déplorable que le premier.

Le 19 mars 1695, étant dans la latitude séptentrionale de 27° 5' et faisant cours S.-E. et S.-E. quart S., nous découvrîmes un grand vaisseau venant à nous. Nous ne pûmes d'abord le voir distinctement; mais, en étant plus près, nous aperçûmes qu'il avait perdu le perroquet du grand mât, le mât d'artimon et le beaupré. Il tira d'abord un coup de canon pour nous faire savoir sa détresse. Nous avions un vent frais N.-N.-E., et en peu de temps nous fûmes à portée de le héler.

Nous apprîmes qu'il était de Bristol et qu'il revenait des Barbades; mais qu'aux Barbades mêmes il avait été jeté hors de sa route par un furieux ouragan, quelques jours avant d'être prêt à mettre à la voile, et lorsque le capitaine et le premier contre-maître étaient encore à terre : de manière qu'outre la violence de la tempête il avait manqué à ce vaisseau des hommes capables de le conduire. Il avait été attaqué par un second orage, qui l'avait absolument dérouté du côté de l'O., et réduit dans le triste état où nous le rencontrâmes. L'équipage s'était attendu à découvrir les îles de Bahama; mais il s'en était vu éloigné et jeté vers le S.-E. par un vent gaillard de N.-N.-E., précisément celui que nous avions alors : enfin, n'ayant qu'une voile au grand mât et une autre attachée à une espèce de mât d'artimon dressé à la hâte, il ne put serrer le vent, de sorte que l'équipage avait fait en vain tous les efforts possibles pour atteindre les îles Canaries.

Ce qui mettait le comble à leur malheur, c'est que, outre la fatigue que leur avaient causée ces deux tempêtes, ils mouraient de faim. Il ne leur restait pas une seule once de pain ni de viande depuis plus de onze jours, et leur unique consolation était de n'avoir pas entièrement consommé leur eau; ils avaient encore environ un demi-tonneau de farine. Pour du sucre, il leur en restait abondamment, sans compter sept barils de rhum; ils avaient dévoré une assez grande quantité de confitures.

Il y avait à bord, comme passagers, un jeune homme avec sa mère et une servante. Croyant le vaisseau prêt à mettre à la voile, ils s'étaient embarqués par malheur le soir avant ce terrible ouragan, et, n'ayant plus rien de leurs provisions particulières, ils s'étaient trouvés dans une situation plus déplorable que les matelots, qui, réduits à la dernière extrémité eux-mêmes, n'avaient pas été susceptibles de compassion. On peut juger s'il est facile de décrire la malheureuse situation où s'était trouvée cette famille.

Peut-être n'aurais-je jamais su cette particularité, si, le temps se trouvant être doux et la mer calme, ma curiosité ne m'eût porté à venir à bord de ce malheureux navire. Le second contre-maître, forcé, dans cette extrémité, de prendre le commandement du vaisseau, s'étant rendu à notre bord, m'avait parlé de ces passagers comme de gens qu'il croyait morts; il n'en avait plus rien appris depuis plus de deux jours, parce qu'il avait craint de s'en informer, n'étant pas en état de les soulager dans leur misère.

Nous fîmes d'abord tous nos efforts pour donner à ce malheureux équipage le secours qui était en notre pouvoir, et j'avais assez d'empire sur l'esprit de mon neveu pour le porter à les avitailler entièrement, quand même nous aurions été par là contraints d'aller dans la Virginie, ou sur quelque autre côte de l'Amérique, faire de nouvelles provisions pour nous-mêmes. Mais heureusement nous ne fûmes pas obligés de pousser la charité jusqu'à ce point.

Ces malheureux étaient alors exposés à un nouveau péril. Il y avait tout à craindre de leur voracité. Le contre-maître nous en amena dans sa chaloupe six qui paraissaient autant de squelettes et qui avaient à peine la force de remuer les rames. Il était lui-même à moitié mort, n'ayant rien réservé pour lui et s'étant contenté de la portion donnée au moindre matelot.

En mettant quelques mets devant lui, je l'avertis d'en user avec lenteur et avec sobriété; mais à peine eut-il mangé trois bouchées, qu'il se trouva mal. Il fut assez prudent pour s'arrêter d'abord, et notre chirurgien lui fit préparer un bouillon propre à lui servir de remède et de nourriture tout ensemble. Il fut mieux dès qu'il l'eut pris. Je n'oubliai cependant pas ses compagnons, à qui je donnai aussi de quoi manger. Ils dévoraient véritablement, étant si affamés qu'ils en avaient contracté une espèce de rage qui les empêchait d'être en aucune manière maîtres d'eux-mêmes. Il y eut deux d'entre eux qui mangèrent avec tant d'avidité, que le jour suivant ils en manquèrent mourir.

Ce spectacle était fort touchant pour moi, et me rappelait la misère à laquelle je m'étais attendu autrefois en mettant le pied sur le rivage de mon île, sans avoir la moindre provision et sans connaître aucun moyen de trouver des vivres pour une seule journée, exposé à servir moi-même de nourriture aux bêtes féroces.

Pendant tout le temps que le contre-maître fut occupé à me faire le récit détaillé de la détresse de son équipage, mes pensées roulaient sans cesse sur le sort des trois passagers, la mère, le fils et la servante, dont il n'avait rien entendu dire depuis deux jours, et que la disette extrême de ses propres gens l'avait forcé à négliger selon son propre aveu. Je compris qu'à la fin il ne leur avait donné aucune nourriture, et j'en conclus qu'ils devaient tous trois être morts de faim.

Je retins le contre-maître, que nous appelions alors le capitaine, à notre bord avec ses gens, pour qu'ils reprissent vigueur par de bons aliments; et, songeant à rendre le même service au reste de l'équipage, je fis conduire à leur navire notre contre-maître avec la chaloupe montée de douze hommes et chargée d'un sac plein de pains et de six grosses pièces de bœuf. Notre chirurgien donna ordre à mes matelots de faire bouillir cette viande en leur présence, de placer des sentinelles dans la chambre du cuisinier pour empêcher ces gens affamés de dévorer la viande crue, et de ne leur en donner d'abord qu'une petite portion. Cette sage précaution les sauva, et si on l'avait négligée, ils eussent péri par ces mêmes aliments qui leur étaient donnés pour leur conserver la vie.

J'ordonnai à notre contre-maître d'aller dans la chambre des passagers prendre connaissance de leur état et de leur donner les rafraîchissements nécessaires, s'ils étaient encore en vie. Le chirurgien l'avait pourvu en conséquence d'une grande écuelle pleine de bouillon préparé qui avait fait tant de bien au pauvre contre-maître, et qui, selon lui, était capable de les rétablir par degrés.

Peu satisfait de toutes ces mesures, et désirant voir de mes propres yeux le triste spectacle que ce vaisseau me fournirait, je suivis nos gens avec la chaloupe.

Je trouvai tous ces pauvres affamés presque en état de révolte, et prêts à enlever par la force la viande du chaudron; mais mon contre-maître, faisant son devoir, avait placé une sentinelle à la porte de la chambre du cuisinier, et, voyant qu'il n'obtenait rien par ses exhortations, il employa la violence pour leur faire du bien en dépit d'eux-mêmes. Il eut pourtant la condescendance de tremper quelques biscuits dans le pot et de leur en donner un à chacun pour apaiser la fureur de leur appétit, les priant de croire que c'était pour leur propre conservation qu'il ne leur en donnait que peu à la fois. Mais rien n'était capable de les calmer; si je ne fusse survenu avec leurs propres officiers, et si je n'avais pas ajouté à mes exhortations la terrible menace de ne rien leur donner à moins qu'ils ne se tinssent en repos, je crois en vérité qu'ils auraient forcé la chambre du cuisinier et qu'ils auraient dévoré la viande avant qu'elle fût cuite. Nous les apaisâmes pourtant; et, commençant à les nourrir par degrés, nous leur permîmes à la fin de manger autant qu'ils le désiraient; et tout alla mieux que je ne l'eusse pensé.

La misère des passagers était plus terrible que celle de l'équipage. Comme les matelots avaient eu d'abord peu de chose pour eux-mêmes, ils leur avaient donné des portions extrêmement petites; à la fin ils les avaient absolument négligés; en sorte que, depuis six à sept jours, ils n'avaient eu rien du tout à manger, et fort peu de chose les deux à trois jours précédents. La pauvre mère, à ce que l'équipage nous rapporta, était une femme de bon sens et de bonne naissance, qui, ayant épargné pour son fils, avec une tendresee véritablement maternelle, tout ce qu'elle pouvait, avait enfin perdu ses forces. Quand notre contre-maître entra dans sa chambre, il la vit assise à terre, appuyée contre un des côtés du vaisseau, entre deux chaises liées ensemble, la tête enfoncée entre ses épaules, et semblable à un cadavre, quoiqu'elle ne fût pas tout à fait morte. Il fit tout ce qu'il put pour la rappeler à elle et lui rendre des forces; il lui mit un peu de bouillon dans la bouche avec une cuiller; elle ouvrit les lèvres, leva une de ses mains et s'efforça enfin de lui parler. Elle entendit ce qu'il lui disait; mais, en lui faisant signe que ce secours venait trop tard pour elle, elle lui montra du doigt son fils, comme si elle voulait le prier d'en avoir soin.

Touché d'une pitié profonde pour cette tendre mère, il redoubla d'efforts pour lui faire avaler un peu de bouillon, et, à ce qu'il crut, il en fit descendre dans son estomac deux ou trois cuillerées. Quoi qu'il en soit, ses peines furent inutiles, puisque la nuit suivante elle mourut.

Le jeune homme, dont elle avait conservé la vie aux dépens de la sienne, n'était pas réduit à une extrémité aussi désespérée; nous le trouvâmes cependant étendu roide dans un petit lit et à moitié mort. Il tenait dans la bouche un morceau d'un vieux gant dont il avait mangé le reste. Le contre-maître réussit à lui faire avaler un peu de bouillon, et il sembla se ranimer; mais lorsque, quelques moments après, il lui en fit avaler trois ou quatre cuillerées, le pauvre garçon les rendit immédiatement.

La servante, étendue près de sa maîtresse, luttait contre la mort: d'une de ses mains elle avait saisi le pied d'une chaise et le tenait si ferme qu'on eut bien de la peine à lui faire lâcher prise; son autre bras était étendu au-dessus de sa tête, et ses deux pieds appuyés avec force contre une table. En un mot, elle semblait être à l'agonie; mais elle n'était pas morte.

Cette pauvre fille n'avait pas été seulement affaiblie par la famine et effrayée par la pensée d'une mort prochaine, mais elle était extrêmement inquiète pour sa maîtresse, qu'elle voyait mourante depuis quelques jours, et pour qui elle avait tout l'attachement imaginable.

Nous ne savions comment faire avec cette malheureuse fille; car, lorsque notre chirurgien, homme savant et expérimenté, lui eut rendu, pour ainsi dire, la vie, il eut une seconde cure à faire, celle de son cerveau, qui parut pendant plusieurs jours complétement bouleversé.

Quiconque lira le récit de ce tragique accident doit songer qu'il n'est pas possible, de quelque humanité qu'on soit animé, de faire sur mer ce que l'on peut faire sur terre. Il s'agissait de donner du secours à ce malheureux équipage, mais non de rester avec lui; et, quoiqu'il désirât fort d'aller de conserve avec nous pendant quelques jours, nous n'avions pas le loisir d'attendre un vaisseau qui avait perdu ses mâts. Néanmoins, lorsque le capitaine nous conjura de l'aider à dresser un perroquet au grand mât, et un autre à son artimon, nous voulûmes bien mettre à la cape pendant trois à quatre jours. Ensuite, après lui avoir donné cinq ou six tonneaux de bœuf et de lard, une bonne provision de biscuit, de la farine et des pois, et avoir accepté pour paiement trois caisses de sucre, une quantité assez grande de rhum et quelques pièces de huit, nous le quittâmes, en prenant sur notre bord, à leur instante prière, un prêtre avec le jeune homme, la servante et tout ce qui leur appartenait.

Le jeune homme était un garçon de dix-sept ans, bien fait, modeste et fort raisonnable. Il paraissait accablé de la mort de sa mère, ayant déjà depuis peu perdu son père dans les Barbades. Il s'était adressé au chirurgien pour me prier de le prendre dans mon vaisseau et de le tirer d'avec ceux qu'il appelait les meurtriers de sa mère. Le chirurgien me fit cette proposition d'une manière si pathétique, que je l'acceptai, et je les pris tous deux avec tout leur bien, excepté onze caisses de sucre qu'il fut impossible de déplacer; mais comme le jeune homme en avait une reconnaissance, je fis signer un billet au commandant, par lequel il promettait d'aller, dès son arrivée à Bristol, chez un certain M. Roger, parent du jeune homme et marchand de cette ville, et de lui donner une lettre de ma part avec tout ce qui avait appartenu à la défunte veuve. Mais il paraît que toutes ces précautions ont été inutiles; car je n'ai jamais appris que ce vaisseau fût arrivé à Bristol. Il est très-probable qu'étant fort endommagé, et faisant eau de toutes parts, il aura coulé bas à la première tempête.

Nous étions à la latitude de 19° 32', et nous avions eu jusqu'alors un voyage assez heureux quant au temps, si ce n'est qu'au commencement nous avions éprouvé des vents contraires. Mon dessein n'est pas de fatiguer mes lecteurs du récit de quelques accidents peu notables, comme changements de vents, ouragans, beaux temps et pluies, etc. Je dirai donc que je découvris mon île le 10 avril 1695. Ce ne fut pas sans de très-grandes difficultés que je la retrouvai; j'y étais entré autrefois, et j'en étais sorti du côté du S.-E. vers le Brésil; mais, faisant route alors entre l'île et le continent, et n'ayant point de carte de cette côte, ni aucun indice particulier auquel je pusse la reconnaître, je la vis sans savoir que ce fût elle.

Nous croisâmes pendant longtemps de côté et d'autre; nous mîmes pied à terre dans plusieurs îles situées à l'embouchure du fleuve Orénoque, mais sans parvenir à notre but; j'appris seulement, en suivant ces côtes, que j'avais été autrefois dans l'erreur en supposant que la terre que je découvrais était le continent. C'était une île fort étendue, ou plutôt une longue suite d'îles situées vis-à-vis du grand espace qu'occupe l'embouchure de ce fleuve. Les sauvages qui abordaient de temps en temps à mon île n'étaient pas des Caraïbes, mais des insulaires qui habitaient les lieux les plus proches de moi. Je visitai en vain, comme j'ai dit, plusieurs de ces îles; j'en trouvai quelques-unes habitées, et d'autres désertes. Dans une d'elles, entre autres, je vis quelques Espagnols, et je crus d'abord que c'étaient ceux que j'avais attirés dans mes domaines; mais en leur parlant, je sus qu'ils avaient près de là une petite chaloupe, et qu'ils étaient venus en cet endroit pour y chercher du sel et quelques huîtres à perles : en un mot, j'appris qu'ils n'étaient point de mes sujets, et qu'ils appartenaient à l'île de la Trinité, qui est plus rapprochée du nord de dix à onze degrés de latitude.

Enfin, allant d'une île à l'autre, tantôt avec le vaisseau et tantôt avec la chaloupe du vaisseau français, qui était parfaitement bonne et qu'on nous avait cédée avec plaisir, je gagnai le côté méridional de mon île, que je reconnus aussitôt. Je fis mettre le vaisseau à l'ancre dans une rade sûre, vis-à-vis de la petite baie près de laquelle était mon ancienne habitation.

Dès que j'eus fait cette découverte, j'appelai Vendredi, et je lui demandai s'il savait où il était. Il regarda fixement pendant quelque temps, et puis, frappant de joie ses mains l'une contre l'autre, il s'écria : « Oui, oui, oh! voilà, oh! voilà. » Et, montrant du doigt mon château, il se mit à chanter et à faire des gambades comme un fou; j'avais même bien de la peine à l'empêcher de sauter dans la mer et d'aller à terre à la nage.

« Eh bien! Vendredi, lui dis-je, qu'en penses-tu? trouverons-nous quelqu'un ou non? ton père y sera-t-il? » Au nom de son père, le pauvre garçon, dont le cœur était si sensible, parut tout troublé; et je vis les larmes couler de ses yeux en abondance. « Qu'y a-t-il donc, Vendredi? lui dis-je; est-tu affligé parce qu'il y a apparence que tu verras ton père? — Non, non, non, non, répondit-il en secouant la tête, moi ne plus voir lui. — Eh! qu'en sais-tu, mon enfant? lui dis-je. — Oh! reprit-il, lui mort longtemps, lui beaucoup vieux homme. — La chose n'est pas encore sûre, lui dis-je; mais enfin crois-tu que nous trouverons quelque autre de nos gens? » Il avait sans doute les yeux meilleurs que les miens; car, quoique nous fussions à une demi-lieue de terre, il me montra du doigt la colline qui était au-dessus de mon château, s'écriant : « Moi voir beaucoup hommes là, là et là. Je tournai les yeux vers cet endroit; mais je ne vis rien, pas même avec ma lunette d'approche : ce qui venait probablement de ce que je ne l'avais pas dirigée avec justesse. Il ne laissa pas d'avoir raison, comme je le sus le lendemain; car cinq ou six de mes sujets s'étaient portés en cet endroit pour voir le vaisseau, ne sachant qu'en penser.

Dès que Vendredi m'eut dit qu'il voyait du monde, je fis arborer le pavillon anglais et tirer deux coups de canon, pour leur donner à entendre que nous étions amis, et un demi-quart d'heure après nous vîmes une fumée s'élever du côté de la petite baie. J'ordonnai en ce moment qu'on mît la chaloupe en mer, avec un drapeau blanc en signe de paix, et, prenant avec moi Vendredi et le jeune missionnaire, je me fis descendre à terre. J'avais fait au dernier un récit exact de la manière dont j'avais vécu dans cette île, sans oublier aucune particularité, tant par rapport à moi qu'à l'égard de ceux que j'y avais laissés, et cette histoire lui avait donné grande envie de m'accompagner. J'avais de plus seize hommes bien armés dans ma chaloupe, de peur de rencontrer quelques nouveaux hôtes qui ne fussent pas de nos sujets; mais heureusement cette précaution ne se trouva point nécessaire.

Comme nous allions vers le rivage, dans un moment où la marée était presque haute, nous entrâmes tout droit dans une petite baie, et le premier homme sur lequel je fixai les yeux fut l'Espagnol auquel j'avais sauvé la vie; je reconnus parfaitement ses traits. J'ordonnai d'abord que tout le monde restât dans la chaloupe et que personne ne me suivît à terre; mais il n'y eut pas moyen de retenir Vendredi : ce tendre fils avait découvert son père à une si grande distance des autres Espagnols, qu'il ne me fut pas possible de le voir, et il est certain que, si on avait voulu l'empêcher d'aller à terre, il se serait jeté dans la mer pour y aller à la nage. A peine avait-il mis le pied sur le rivage, qu'il vola du côté du vieux sauvage avec la vitesse d'une flèche décochée par un bras vigoureux. L'homme le plus insensible n'aurait pu s'empêcher de verser des larmes en voyant les transports de joie auxquels ce pauvre garçon s'abandonna en joignant son père. Il l'embrassa, et le prit entre ses bras pour le mettre à terre sur le tronc d'un arbre, le regarda fixement, comme un homme qui considère avec étonnement un tableau extraordinaire; ensuite il se plaça près de lui, l'embrassa de nouveau, le remit sur ses pieds et continua de le regarder avec attention, comme ravi et stupéfait tout à la fois de le revoir. Le lendemain, ses tendresses extravagantes prirent un autre cours. Il se promena plusieurs heures avec lui sur le rivage, le tenant par la main, et de temps en temps il lui allait chercher quelque chose dans la chaloupe, tantôt un morceau de sucre, tantôt un verre de liqueur, tantôt un biscuit, enfin tout ce qu'il croyait susceptible de plaire au vieillard. L'après-dînée, il s'y prit encore d'une nouvelle manière : il mit le bonhomme à terre, et commença à danser autour de lui avec mille postures plus burlesques les unes que les autres; en même temps il lui parlait et lui rapportait, pour le divertir, quelques particularités de ses voyages.

Je n'aurais jamais fini si je voulais raconter en détail toutes les civilités que me firent les Espagnols. Le premier, que je reconnaissais parfaitement, comme je l'ai déjà dit, s'approcha de la chaloupe, portant un drapeau de paix, et accompagné d'un de ses compatriotes. Non-seulement il ne me reconnut pas d'abord, mais il n'avait pas même la pensée que ce pût être moi avant que je lui eusse parlé. « Comment! lui dis-je d'abord en portugais, vous ne me reconnaissez pas? » Il ne me répondit pas un mot; mais, donnant son fusil à son compagnon, il ouvrit les bras et vint m'embrasser, disant en espagnol plusieurs choses dont je n'entendis qu'une partie. Il me serra dans ses bras, et me demanda mille pardons de n'avoir pas reconnu ce visage qu'il avait considéré autrefois comme celui d'un ange envoyé du ciel pour lui sauver la vie. Il tint encore beaucoup d'autres propos que la politesse espagnole fournissait à son cœur véritablement reconnaissant, et ensuite, se tournant vers son compagnon, il lui ordonna de faire venir toute la troupe. Il me demanda si j'avais envie de me promener du côté de mon château, afin qu'il eût le plaisir de m'en remettre en possession, sans avoir la satisfaction pourtant de m'y montrer les augmentations et les embellissements auxquels je devais naturellement m'attendre.

Il ouvrit les bras et vint m'embrasser.

Je le voulus bien; mais il me fut aussi impossible de retrouver ma demeure que si je n'y eusse jamais été. Ils avaient planté un si grand nombre d'arbres, ils les avaient arrangés d'une manière si bizarre, et les avaient placés si près les uns des autres, que ces arbres, ayant pris un accroissement extraordinaire pendant les dix années de mon absence, rendaient mon château absolument inaccessible; on n'en pouvait approcher que par des chemins si tortueux, que c'était un vrai labyrinthe pour tout autre que pour les habitants.

Quand je lui demandai quelle raison l'avait porté à faire tant de fortifications, il me dit que j'en verrais assez la nécessité quand il m'aurait donné un détail de tout ce qui s'était passé depuis l'arrivée des Espagnols dans mon île. « Quoique alors, poursuivit-il, je fusse dans une grande consternation de votre départ, je ne laissai pas d'être charmé du bonheur qui vous avait procuré si à propos un navire pour vous tirer de ce désert. J'ai eu fort souvent, continua-t-il, certains pressentiments qui me persuadaient que vous y reviendriez un jour; mais je dois avouer que rien ne m'est jamais arrivé dans le cours de ma vie de plus triste et de plus mortifiant que d'apprendre votre départ quand j'ai conduit ici mes compatriotes. »

Il ajouta encore qu'il avait une longue histoire à nous raconter touchant les trois barbares que j'avais laissés dans l'île (il entendait par là les trois matelots séditieux), et il m'assura que les Espagnols s'étaient trouvés moins à l'aise avec eux qu'avec les sauvages parmi lesquels ils avaient mené une si triste vie, excepté que les premiers étaient moins à craindre à cause de leur petit nombre; « car, s'ils avaient été plus nombreux, il y aurait longtemps que nous serions morts. J'espère, Monsieur, poursuivit-il, que vous apprendrez sans chagrin qu'une nécessité absolue et le soin de notre propre conservation nous ont forcés de les désarmer et de les soumettre. Vous nous pardonnerez cette action assurément, quand vous saurez qu'ils ont voulu être non-seulement nos maîtres, mais encore nos meurtriers. » Je lui répondis que j'avais déjà tout redouté de la scélératesse de ces malheureux en quittant l'île, et que j'aurais fort souhaité de le voir auparavant de retour avec ses compagnons, et de les mettre en possession de l'île en plaçant les Anglais sous leur domination, comme ils ne l'avaient que trop mérité; que j'étais ravi qu'ils y eussent songé pour moi, bien loin d'y trouver à redire, et que je ne savais que trop que c'étaient des coquins incorrigibles et capables de toutes sortes de crimes.

Pendant ce discours, nous vîmes approcher l'homme qu'il avait envoyé pour avertir ses compagnons de mon arrivée; il était suivi de onze Espagnols, qu'à leur habillement il était impossible de reconnaître pour tels. Il commença par nous faire connaître les uns aux autres; il se tourna d'abord de mon côté en me disant : « Monsieur, voilà quelques-uns des gentilshommes qui vous sont redevables de la vie; » ensuite il leur dit qui j'étais et quelle obligation ils m'avaient. Là-dessus ils s'approchèrent tous l'un après l'autre, non comme une troupe de simples matelots qui voudraient faire connaissance avec un homme de leur profession, mais comme des ambassadeurs chargés de haranguer un monarque ou un conquérant. Toutes leurs manières étaient obligeantes et polies, avec une nuance de gravité qui donnait un air de grandeur à leur soumission même. Je puis protester qu'ils savaient beaucoup mieux leur monde que moi, et que j'étais fort embarrassé pour recevoir leurs compliments, bien loin de me sentir en état de leur rendre la pareille.

L'histoire de leur arrivée et de leur conduite dans l'île est tellement remarquable, et présente tant d'incidents qui ont de la liaison avec ce que j'ai rapporté dans la première partie de cette histoire, que je ne saurais m'empêcher de la donner ici, avec toutes les particularités qui me semblent intéressantes.

CHAPITRE II

On n'a pas oublié peut-être que j'avais chargé un Espagnol et le père de Vendredi, sauvés tous deux de la fureur des cannibales, d'aller, dans un grand canot, chercher sur le continent les autres Espagnols et de les transporter dans l'île, afin de les tirer du triste état où ils étaient et de trouver avec eux le moyen de revenir en Europe. Je n'avais pas alors plus de raison de compter sur ma délivrance que je n'en avais eu, vingt ans auparavant, d'espérer l'arrivée d'un vaisseau anglais par le moyen duquel je pusse sortir de ma triste situation. Par conséquent, quand mes gens revinrent, ils ne purent qu'être extraordinairement étonnés en voyant que j'étais parti, et que j'avais laissé dans l'île trois étrangers en possession de tout ce qui m'appartenait : leur surprise fut d'autant plus grande, qu'ils s'attendaient à le partager avec moi.

Le voyage de mon Espagnol avec le père de Vendredi n'avait rien présenté de particulier, le temps s'étant trouvé fort doux et la mer très-calme. Ses compagnons furent charmés de le revoir; il se trouvait le principal personnage d'entre eux, et leur commandant depuis que le capitaine du vaisseau dans lequel ils avaient fait naufrage était mort. Ils furent d'autant plus surpris de le voir, qu'ils le savaient tombé entre les mains des sauvages et qu'ils supposaient qu'il avait été dévoré par eux, selon leur affreuse coutume.

L'histoire de sa délivrance, et la manière dont j'avais pouvu à ses besoins, leur parurent un songe. Mais lorsqu'il leur montra les provisions qu'il apportait pour leur voyage, les armes, la poudre et le plomb, ils revinrent de leur surprise : ils se formèrent une meilleure idée de leur sort, et firent tous les préparatifs nécessaires pour passer dans mon île.

Leur premier soin fut de se procurer des canots : obligés pour cela de sortir des bornes de la probité en trompant leurs amis les sauvages, ils leur empruntèrent deux grandes barques, sous prétexte d'aller se divertir en mer ou à la pêche. Le lendemain, ils s'embarquèrent dans les canots. Il ne leur fallut pas beaucoup de temps pour embarquer leurs richesses, n'ayant ni bagages, ni habits, ni vivres, rien, en un mot, que ce qu'ils avaient sur le corps et quelques racines dont ils faisaient usage en guise de pain.

Mes deux envoyés ne furent absents en tout que pendant trois semaines, et à leur retour ils trouvèrent mon domaine en proie à trois scélérats les plus audacieux, les plus déterminés et les plus intraitables qu'on eût pu trouver dans le monde entier.

La seule chose équitable que firent ces coquins fut de donner d'abord ma lettre aux Espagnols, et de leur mettre mes provisions entre les mains, comme je le leur avais ordonné. Ils leur remirent encore un grand écrit très-circonstancié, contenant mes instructions sur les moyens que j'avais employés pour fournir à ma subsistance et à mes commodités pendant mon séjour dans l'île. Il contenait la manière dont j'avais fait mon pain, élevé mes chèvres apprivoisées, semé mon blé, séché mes raisins, fait mes pots; en un mot, toute ma manière d'agir dans cette déplorable situation. Non-seulement ils livrèrent cet écrit aux Espagnols, dont deux savaient assez d'anglais pour en profiter, mais ils partagèrent avec eux mon château. Le chef des Espagnols avait déjà une idée exacte de ma manière de vivre, ce qui le rendait capable de conduire toutes les affaires de la colonie avec le secours du père de Vendredi. Quant aux Anglais, ils étaient trop grands seigneurs pour se mêler d'une occupation si basse : ils ne songeaient qu'à parcourir l'île, à tuer des perroquets et à prendre des tortues; le soir, quand ils revenaient au logis, ils trouvaient le souper prêt, grâce aux soins des Espagnols.

Ceux-ci s'en seraient consolés si les Anglais avaient seulement voulu les laisser en repos; mais ils n'étaient pas gens à vivre longtemps en paix : ils n'avaient pas la moindre envie de songer au bien de cette petite république, et ils ne voulaient pas souffrir que les autres les déchargeassent de ce soin.

Leurs différends, d'abord peu considérables, ne valent pas la peine d'être rapportés; mais tout d'un coup leur scélératesse éclata de la manière la plus extraordinaire qu'il soit possible d'imaginer. Ils se mirent à faire une guerre ouverte aux Espagnols avec une insolence incroyable, d'une manière contraire à la raison, à leurs intérêts, à la justice et même au sens commun, n'ayant pas seulement le moindre prétexte pour pallier la brutalité de leur conduite.

Il est vrai que je n'en sus d'abord les divers détails que par les Espagnols, qui étaient leurs accusateurs naturels, et dont le témoignage pouvait être suspect : cependant, quand j'eus le loisir de les examiner sur tous les chefs d'accusation, ils n'osèrent en nier un seul.

Mais, avant d'aller plus loin, il faut que je supplée ici à une omission que j'ai commise dans la première partie; j'ai oublié d'instruire le lecteur d'une particularité qui a une grande liaison avec ce qui va suivre.

Dans le moment où nous allions lever l'ancre pour quitter mon île, il s'éleva une petite querelle dans le vaisseau, et il était fort à craindre que l'équipage n'en vînt à une nouvelle sédition. La chose en serait arrivée là peut-être si le capitaine, s'armant de tout son courage et assisté de moi et de ses amis, n'avait saisi deux des plus opiniâtres et ne les eût fait mettre aux fers, en les menaçant, comme des rebelles en état de récidive et qui excitaient les autres par des discours factieux, de les tenir en prison jusqu'à ce qu'il les fît pendre en Angleterre.

Quoique le capitaine n'eût pas cette intention, il effraya tellement par là plusieurs matelots coupables de la première mutinerie, que ceux-ci persuadèrent à tout le reste qu'on les amusait seulement par de belles paroles, et qu'on les livrerait entre les mains de la justice dans le premier port d'Angleterre où le vaisseau entrerait. Le contre-maître en eut vent, et nous en avertit; il fut donc résolu que moi, qui passais toujours pour un homme de considération, j'irais leur parler avec le contre-maître, et les assurerais que, s'ils se comportaient bien pendant le reste du voyage, il ne serait jamais question du passé. Je m'acquittai de cette commission, et je leur donnai ma parole d'honneur qu'ils n'avaient rien à craindre du ressentiment du capitaine. Ce procédé les apaisa, surtout quand ils virent relâcher, à ma prière, les deux mutins à qui on avait mis les fers aux pieds.

Cependant cette affaire nous empêcha de faire voile pendant la nuit, et, le vent s'étant abattu, nous sûmes le lendemain que les prisonniers qu'on avait relâchés avaient volé chacun un mousquet, quelques autres armes, sans doute de la poudre, et que, s'étant glissés dans la pinasse, ils s'étaient sauvés à terre pour se joindre aux autres mutins, leurs dignes compagnons.

Dès que nous eûmes fait cette découverte, je fis mettre la chaloupe en mer, avec le contre-maître et douze hommes, pour chercher ces coquins; mais ils ne se trouvèrent pas, non plus que les trois autres, car ils avaient tous fui ensemble dans les bois, dès qu'ils avaient vu approcher la chaloupe.

Le contre-maître était sur le point de les punir une fois pour toutes de leurs mauvaises actions, en détruisant la plantation et en brûlant tout ce qui pouvait les faire subsister; mais, n'osant le faire sans ordre, il laissa tout dans l'état où il l'avait trouvé, et se contenta de revenir au vaisseau en ramenant la pinasse.

Par cette nouvelle recrue, le nombre des Anglais dans l'île montait à cinq; mais les trois premiers étaient si supérieurs en méchanceté aux nouveaux venus, qu'après avoir vécu deux jours avec eux ils les chassèrent de la maison, les obligèrent à pourvoir à leur propre subsistance, et, pendant quelque temps, poussèrent la dureté jusqu'à leur refuser la moindre nourriture. Tous ces événements eurent lieu avant l'arrivée des Espagnols.

Quand ceux-ci furent venus dans l'île, ils firent tous leurs efforts pour porter ces trois bêtes féroces à se réconcilier avec leurs compatriotes et à les reprendre dans leur demeure; mais les scélérats ne voulurent pas même en entendre parler.

Ainsi ces deux malheureux furent forcés de vivre à part, et, voyant qu'il n'y avait que l'industrie et l'application qui pussent les mettre en état de subsister, ils établirent leur demeure dans la partie septentrionale de l'île, mais un peu du côté de l'O., de peur des sauvages, qui d'ordinaire débarquaient dans l'île du côté de l'E. C'est là qu'ils construisirent deux cabanes, l'une pour eux et l'autre pour leur magasin. Les Espagnols leur ayant donné du blé pour semer et une partie des pots que je leur avais laissés, ils se mirent à creuser, à planter et à faire des enclos, d'après le modèle que je leur avais prescrit. Quoiqu'ils n'eussent d'abord ensemencé qu'une très-petite portion de terre, ils eurent assez de blé pour faire du pain; et comme un des deux avait été second cuisinier dans le vaisseau, il était fort habile à faire des soupes, des puddings et d'autres mets, autant que leur riz, leur lait et leur viande le permettaient

Ils étaient dans cette situation, quand les trois coquins dont j'ai parlé vinrent les insulter par pur divertissement. Ils dirent que c'était à eux que l'île appartenait, et que le gouverneur leur en avait donné la possession; que personne n'y avait le moindre droit qu'eux, et qu'aucun autre ne bâtirait de maison sur leur terrain à moins de leur en payer la rente, sinon qu'ils auraient à s'en repentir.

Les pauvres gens s'imaginèrent d'abord qu'ils plaisantaient : ils leur demandèrent s'ils voulaient entrer, pour voir à leur aise les beaux palais qu'ils avaient bâtis, et pour s'expliquer sur les rentes qu'ils demandaient. L'un, voulant badiner à son tour, leur dit que, s'ils étaient les maîtres du terrain, ils espéraient qu'en cas qu'ils réussissent à faire valoir convenablement leurs terres, les propriétaires voudraient bien leur accorder quelques années de franchise, à l'exemple des autres seigneurs, et il les pria de faire venir un notaire pour dresser un contrat. Un des trois bandits répondit, en jurant et en blasphémant, qu'ils allaient voir si tout ceci n'était qu'une raillerie, et, s'approchant d'un feu que ces malheureux avaient allumé pour apprêter leur dîner, il prend un tison, le jette dans une des cabanes et y met le feu. Elle aurait été consumée, si un des propriétaires n'eût couru à ce coquin, et, après l'avoir éloigné par force de sa hutte, n'avait éteint le feu en marchant dessus; encore eut-il bien de la peine à réussir.

Le scélérat était dans une telle rage en voyant le mauvais succès de sa barbarie, qu'il s'avança sur celui qui l'avait empêché de faire le mal, et il l'aurait assommé avec une perche qu'il tenait à la main, si l'autre n'eût adroitement évité le coup. Son compagnon, voyant le danger où il était, vint d'abord à son secours. Ils saisirent chacun un fusil, et celui qui avait été attaqué le premier renversa son ennemi à terre d'un coup de crosse, avant que les autres scélérats fussent à portée; voyant que ceux-ci se préparaient à les insulter, ils se serrèrent, et, leur présentant le bout de leurs fusils, ils les menacèrent de leur casser la tête s'ils ne se retiraient.

Leurs adversaires avaient des armes à feu; mais un des honnêtes gens, plus hardi que son camarade et désespéré par le danger où il se trouvait, leur dit que, s'ils faisaient la moindre mine de les coucher en joue, ils étaient morts, et leur commanda avec fermeté de mettre bas les armes. Ils n'en firent rien; mais, voyant les autres si déterminés, ils en vinrent à une capitulation et consentirent à s'en aller, pourvu qu'on leur laissât emporter leur compagnon blessé. Il l'était effectivement, et dangereusement même, mais par sa faute. Les deux insultés, voyant leur avantage, eurent tort de ne pas les désarmer réellement, comme ils étaient les maîtres de le faire, et de ne pas aller ensuite raconter le tout aux Espagnols : car, dans la suite, les trois coquins ne songèrent qu'à prendre leur revanche, et ils le dissimulèrent si peu, qu'ils ne voyaient jamais les autres sans les en menacer.

Ils les persécutèrent nuit et jour, et à différentes reprises ils foulèrent aux pieds leur blé, tuèrent à coups de fusil trois boucs et une

Ils les menacèrent de leur casser la tête s'ils ne se retiraient.

chèvre que ces pauvres gens élevaient pour leur subsistance ; en un mot, ils les traitèrent avec tant de cruauté et de barbarie, que ceux-ci, poussés à bout, prirent la résolution désespérée de les combattre à la première occasion. Dans ce dessein, ils prirent le parti d'aller au château où leurs ennemis demeuraient avec les Espagnols, et de leur livrer combat en hommes de cœur, en présence des étrangers.

Pour exécuter cette entreprise, ils se levèrent le matin avant le jour ; et, s'étant approchés du château, ils appelèrent les trois scélérats par leurs noms, et dirent à un Espagnol, qui leur répondit, qu'ils avaient à leur parler en particulier.

Le jour d'auparavant, deux Espagnols avaient rencontré dans le bois un de ces Anglais honnêtes gens, et ils avaient entendu de terribles plaintes sur les affronts et les dommages qu'ils avaient reçus de leurs barbares compatriotes, qui avaient ruiné leur plantation, détruit leur moisson et tué leur bétail, ce qui était capable de les faire mourir de faim si les Espagnols ne les secouraient.

Ces derniers, de retour au logis, et se trouvant à table avec les scélérats, prirent la liberté de les censurer, quoique d'une manière douce et honnête. L'un d'eux leur demanda comment ils pouvaient être si cruels à l'égard de leurs pauvres compatriotes, qui ne les avaient jamais offensés et qui ne songeaient qu'à trouver de quoi subsister; quelle raison ils pouvaient avoir pour leur en ôter les moyens, qui leur avaient coûté des travaux si fatigants.

Un des Anglais répliqua brusquement que ces gens n'avaient rien à faire dans l'île, qu'ils y étaient venus sans permission, que la terre ne leur appartenait point, et qu'ils ne souffriraient jamais qu'ils y bâtissent ni qu'ils y fissent des plantations. « Mais, Monsieur, dit l'Espagnol d'un ton fort modéré, ils ne doivent pas mourir de faim! — Qu'ils meurent de faim, répondit l'Anglais comme un vrai barbare, ils ne bâtiront ni ne planteront ici. — Que voulez-vous donc qu'ils fassent? répliqua l'Espagnol. — Ce que je veux qu'ils fassent! dit cet homme féroce, qu'ils soient nos esclaves et qu'ils travaillent pour nous. — Mais quelle raison avez-vous pour attendre d'eux cette soumission? Vous ne les avez pas achetés de votre argent, et vous n'avez pas le moindre droit de les réduire en esclavage. » Le coquin répondit que l'île leur appartenait à eux trois, que le gouverneur la leur avait laissée, et que personne n'y avait la moindre chose à dire qu'eux; que, pour le faire voir, ils allaient brûler les huttes de leurs ennemis, et que, quelque chose qui pût arriver, ils n'y souffriraient ni leurs cabanes ni leurs plantations.

« S'il en est ainsi, dit l'Espagnol, nous devrions être vos esclaves aussi. — Vous avez raison, répliqua-t-il avec impudence : nous comptons bien là-dessus, et vous vous en apercevrez bientôt. »

Cet insolent discours était relevé par des imprécations placées éloquemment dans les endroits les plus convenables. L'Espagnol se contenta d'y répondre par un sourire moqueur, et ne daigna pas seulement lui dire le moindre mot.

Cette conversation avait cependant échauffé les misérables, et, se levant avec fureur, l'un d'entre eux, nommé Williams Atkins, dit aux autres : « Allons! finissons-en avec eux; démolissons leur château, et ne souffrons pas qu'ils tranchent du maître dans nos domaines. »

Alors ils s'en allèrent tous trois, chacun armé d'un fusil, d'un pistolet et d'un sabre, tenant à demi-voix mille propos insolents sur la manière dont ils espéraient traiter les Espagnols à leur tour, dès qu'ils en trouveraient l'occasion; mais ceux-ci ne les entendirent qu'imparfaitement; ils parurent juger seulement qu'ils les menaçaient pour avoir pris le parti des autres Anglais.

On ne sait pas trop bien ce qu'ils firent pendant toute cette nuit; mais il paraît qu'ils parcoururent tout le pays pendant quelques heures, et qu'enfin, fatigués, ils s'étaient mis à dormir dans l'endroit que j'appelais autrefois ma maison de campagne, sans s'éveiller d'assez bon matin pour exécuter leurs projets abominables.

On sut après que leur but avait été de surprendre les deux Anglais dans leur sommeil, de mettre le feu à leur cabane pendant qu'ils y seraient couchés, et de les y brûler, ou de les tuer lorsqu'ils voudraient en sortir pour fuir l'incendie. Le méchant dort rarement d'un profond sommeil, et je m'étonne qu'ils n'aient pas eu la force de se tenir éveillés pour exécuter leur barbare dessein.

Cependant les autres avaient en même temps formé une entreprise contre leurs ennemis, mais plus digne de braves gens que l'incendie et le meurtre; et il arriva, heureusement pour tous, que ceux de la cabane étaient déjà en chemin avant que les brigands vinssent à leur demeure.

Ces derniers trouvèrent donc la hutte vide. Atkins, qui était le plus déterminé, cria à ses camarades : « Voici le nid; mais les oiseaux se sont envolés. » Ils s'arrêtèrent pendant quelques instants pour deviner la raison qui pouvait avoir engagé leurs ennemis à sortir de si bonne heure, et convinrent tous que les Espagnols devaient les avoir instruits du péril auquel ils allaient être exposés. Après cette conjecture, ils se donnèrent la main tous trois, et s'engagèrent par des serments horribles à se venger de ceux qui les avaient trahis. Immédiatement après, ils se mirent à travailler sur les huttes des pauvres Anglais; il les abattirent toutes deux, et n'en laissèrent pas une pièce entière, de manière qu'à peine pouvait-on reconnaître la place où elles avaient été; ils en réduisirent, pour ainsi dire, en poussière tous les meubles, et en répandirent si loin les débris, qu'ensuite ces malheureux trouvèrent plusieurs de leurs ustensiles à une demi-lieue de leur habitation.

Après cette expédition, ils arrachèrent tous les arbres que leurs ennemis avaient plantés, l'enclos dans lequel ils tenaient leur bétail et leur blé; en un mot, ils le saccagèrent tout aussi complétement qu'aurait pu le faire une horde de Tartares.

Pendant ce bel exploit, les deux Anglais les cherchaient pour les combattre partout où ils se trouveraient; et, quoiqu'ils ne fussent que deux contre trois, il est certain qu'il y aurait eu du sang répandu, car ils étaient tous également résolus à ne s'épargner en aucune manière.

Mais la Providence mit plus de soin à les séparer qu'ils n'avaient d'ardeur à se rejoindre : comme s'ils avaient voulu se croiser à dessein, lorsque les trois étaient allés du côté des huttes, les deux marchaient du côté du château; et lorsque ces derniers se remirent en chemin pour les chercher, les trois autres étaient revenus du côté de mon ancienne demeure.

Les trois retournèrent vers les Espagnols, la fureur peinte sur

Du premier coup de poing il le jeta à terre comme un bœuf qu'on assomme.

le visage; échauffés de l'expédition qu'ils avaient faite avec tant d'animosité, ils se vantent hautement de leur action, comme si elle avait été la plus héroïque du monde; et l'un d'entre eux marchant sur l'un des Espagnols d'un air arrogant, lui saisit son chapeau, et, le lui faisant pirouetter sur la tête, dit insolemment en lui riant au nez : « Et vous, seigneur, nous vous traiterons de même si vous n'avez soin de nous témoigner du respect. »

L'Espagnol, quoique doux et fort honnête, était un homme aussi courageux qu'on puisse l'être, adroit et robuste au suprême degré. Après avoir regardé fixement celui qui venait de l'insulter avec si peu de raison, il alla vers lui d'un pas fort grave, et du premier coup de poing il le jeta à terre comme un bœuf qu'on assomme; là-dessus un autre Anglais, aussi insolent que le premier, lui tira un coup de pistolet. Il ne le tua pourtant pas : les balles passèrent au travers de ses cheveux; mais l'une toucha le bout de l'oreille et le fit saigner beaucoup.

L'Espagnol, voyant couler son sang en abondance, crut être blessé plus dangereusement qu'il ne l'était, et, quoique jusque-là il eût agi avec toute la modération possible, il crut qu'il était temps de montrer à ces scélérats qu'ils avaient tort de se jouer à d'aussi braves gens : il arracha le fusil à celui qu'il avait jeté à terre, et il allait faire sauter la cervelle au coquin qui l'avait voulu tuer, quand les autres Espagnols, se montrant, le prièrent de ne point tirer sur lui, et se jetant sur ces misérables, les désarmèrent et les mirent hors d'état de leur nuire.

Quand ils se virent désarmés, et les Espagnols animés contre eux autant que les Anglais, ils commencèrent à se radoucir, et les prièrent de leur rendre leurs armes. Mais, considérant l'inimitié qu'il y avait entre eux et les deux habitants des huttes, et persuadés que le meilleur moyen d'empêcher qu'ils n'en vinssent aux mains était de laisser ceux-ci désarmés, les Espagnols dirent qu'ils n'avaient point intention de leur faire le moindre mal, et qu'ils continueraient à leur donner toute sorte d'assistance, s'ils voulaient vivre paisiblement, mais qu'ils ne trouvaient pas à propos de leur rendre leurs armes pendant qu'ils étaient irrités contre leurs propres compatriotes, et qu'ils avaient même déclaré ouvertement leur dessein de faire esclaves tous les Espagnols.

Ces hommes abominables, hors d'état d'entendre raison et voyant qu'on leur refusait leurs armes, sortirent de cet endroit la rage dans le cœur, et en jurant qu'ils sauraient bien se venger des Espagnols, quoiqu'ils fussent privés de leurs armes à feu. Mais ceux-ci, méprisant leurs bravades, leur dirent de prendre garde à rien entreprendre contre leurs plantations et contre leur bétail; que s'ils étaient assez hardis pour le faire, ils les tueraient comme des bêtes féroces partout où ils les trouveraient, et que si, après une telle hostilité, ils tombaient vifs entre leurs mains, ils les pendraient sans quartier. Ces menaces ne diminuèrent pas leur fureur, et ils s'en allèrent jetant feu et flammes, et proférant d'horribles imprécations.

A peine les avait-on perdus de vue, que les deux autres arrivèrent non moins exaspérés, mais à plus juste titre : étant allés à leur plantation, et l'ayant trouvée détruite de fond en comble, ils avaient de justes raisons pour s'emporter contre leurs barbares ennemis. Ils trouvèrent difficilement le temps de raconter leur malheur aux Espagnols, tant ceux-ci s'empressaient de les informer de leur propre aventure. C'était une chose étrange que de voir ainsi trois misérables insulter dix-neuf braves gens sans en recevoir la moindre punition.

Il est vrai que les Espagnols les méprisaient, surtout après les avoir désarmés et avoir par là rendu vaines leurs menaces; mais les Anglais étaient plus animés, et ils résolurent d'en tirer vengeance, quoi qu'il en pût arriver. Cependant les Espagnols les apaisèrent en disant que, ayant ôté leurs armes à leurs agresseurs, ils ne pouvaient permettre qu'on les attaquât et qu'on les tuât à coups de fusil. De plus, l'Espagnol qui était alors comme gouverneur de l'île les assura qu'il leur procurerait une satisfaction entière : « Car, dit-il, il ne faut pas douter qu'ils ne reviennent à nous quand leur fureur aura eu le temps de se ralentir, puisqu'ils ne sauraient subsister sans notre secours, et nous vous promettons qu'ils vous satisferont, à condition que, de votre côté, vous vous engagerez à n'exercer aucune violence contre eux que pour votre défense. »

Les deux Anglais y consentirent, mais avec beaucoup de peine; les Espagnols leur protestèrent qu'ils n'avaient point d'autre but que d'empêcher l'effusion du sang parmi eux, et de travailler au bien-être général : « Car, dirent-ils, nous ne sommes pas si nombreux qu'il n'y ait de la place ici pour nous tous, et c'est une grande pitié que nous ne puissions être tous amis. » Ces paroles finirent par les calmer complétement; ils s'engagèrent à tout ce que les Espagnols voulurent, et restèrent quelques jours avec eux, leur habitation ayant été détruite.

Environ cinq jours après, les trois vagabonds, las de se promener et à moitié morts de faim, ne s'étant soutenus que par quelques œufs de tortue, revinrent vers le château, et voyant le commandant espagnol, avec deux autres, se promener sur le bord de la petite baie, ils s'en approchèrent dans une attitude soumise, et lui demandèrent en grâce et avec humilité à être reçus de nouveau dans la famille. L'Espagnol les accueillit gracieusement; mais il leur dit qu'ils avaient agi avec leurs propres compatriotes d'une manière si barbare, et avec ses camarades d'une manière si brutale, qu'il lui était impossible d'acquiescer à leur demande sans en délibérer auparavant avec les Anglais et les autres Espagnols; qu'il allait sans retard en faire la proposition, et qu'il leur donnerait une réponse une demi-heure après. La faim leur fit trouver dure la condition d'attendre une demi-heure hors du château; n'en pouvant plus d'épuisement, ils supplièrent le gouverneur de leur donner du pain, ce qui leur fut accordé; il leur envoya en même temps une grosse pièce de chevreau et un perroquet rôti, et ils mangèrent le tout avec un très-grand appétit.

Après avoir attendu le résultat de la délibération pendant la demi-heure fixée, on les fit entrer, et il y eut une grande dispute entre eux et leurs compatriotes, qui les accusaient de la ruine totale de leur plantation et du dessein de les assassiner. Comme ils s'en étaient vantés auparavant, ils ne purent le nier alors. Le chef des Espagnols intervint à titre de médiateur, et comme il avait porté les deux Anglais à ne point attaquer les trois autres pendant qu'ils seraient désarmés et hors d'état de leur nuire, il obligea aussi les trois scélérats d'aller rebâtir leurs cabanes ruinées, l'une exactement telle qu'elle avait été, et l'autre plus spacieuse; il leur ordonna de faire de nouveaux enclos, de planter de nouveaux arbres, de semer du blé, pour remplacer celui qu'ils avaient arraché; en un mot, il exigea qu'ils remissent tout dans l'état où ils l'avaient trouvé, autant que cela était possible.

Ils se soumirent à toutes ces conditions, et, comme on leur donnait des vivres en abondance, ils commencèrent à vivre paisiblement, et toute la colonie était fort unie. Il n'y manquait rien, sinon qu'il était impossible de porter les trois vagabonds à travailler pour eux-mêmes.

Néanmoins les Espagnols furent assez obligeants pour leur déclarer que, pourvu qu'ils ne troublassent plus le repos de la société, et qu'ils voulussent prendre à cœur le bien général de la plantation, les autres travailleraient pour eux avec plaisir, et leur permettraient de se promener et de passer leur temps comme bon leur semblerait. Tout alla pour le mieux pendant un mois ou deux, et les Espagnols furent assez bons pour leur rendre leurs armes et la liberté dont ils avaient joui auparavant.

Huit jours après cet acte de générosité, ces scélérats, ingrats et incorrigibles, recommencèrent leurs insolences et formèrent le complot le plus odieux. Ils ne l'exécutèrent pourtant pas alors, à cause d'un accident qui mit toute la colonie en danger, et força les uns et les autres à renoncer à tout ressentiment particulier pour songer à leur propre conservation.

CHAPITRE III

Il arriva une nuit que le gouverneur espagnol ne put fermer les yeux, de quelque côté qu'il se tournât. Il se portait très-bien quant au corps; mais il se sentait troublé par de vagues inquiétudes, quoique d'ailleurs il fût parfaitement éveillé : son cerveau était plein d'images de gens qui se battaient et qui se tuaient les uns les autres. En un mot, il était resté quelque temps au lit dans ce trouble d'esprit, et, sentant son agitation redoubler de plus en plus, il se leva. Comme ils étaient tous couchés sur des tas de peaux de chèvres placées dans de petites couches qu'ils avaient dressées pour eux-mêmes et non pas dans des hamacs comme le mien, ils avaient peu de chose à faire pour se lever : il leur suffisait de se dresser sur leurs pieds, de mettre un justaucorps et leurs souliers, et ils étaient en état de sortir et de vaquer à leurs affaires.

S'étant donc levé, l'Espagnol sortit; mais l'obscurité l'empêchait de rien voir bien distinctement; d'ailleurs il en était empêché par les arbres que j'avais plantés, et qui, parvenus à une grande hauteur, lui barraient la vue; de sorte qu'il ne pouvait regarder qu'au-dessus de sa tête, et observer que le ciel était serein et parsemé d'étoiles. Il n'entendit pas le moindre bruit, et il prit le parti de se recoucher. Mais il ne put ni dormir ni se tranquilliser l'esprit; il se sentait toujours l'âme également troublée, sans en apercevoir la moindre cause.

Comme il avait fait quelque bruit en se levant et en se recouchant, en sortant et en rentrant, un de ses gens s'éveilla et demanda ce qui causait ce trouble; alors le gouverneur lui dépeignit la situation où il se trouvait. « Écoutez, lui dit l'Espagnol, de tels pressentiments ne sont point à négliger, je vous assure; il y a certainement quelque malheur qui menace nos têtes. Où sont les Anglais? poursuivit-il. — Il n'y a rien à craindre de ce côté-là, répondit le gouverneur; ils sont dans leurs huttes. » Il paraît que, depuis leur dernière mutinerie, les Espagnols s'étaient réservé mon château, et qu'ils avaient logé les Anglais dans un quartier à part, d'où ceux-ci ne pouvaient venir à eux sans qu'eux-mêmes y consentissent. « N'importe, répondit l'Espagnol, il y a quelque chose ici qui ne va pas bien; sortons d'ici, dit-il, examinons tout : si nous ne trouvons rien qui puisse justifier nos appréhensions, vous recouvrerez du moins votre tranquillité. »

Ils allèrent ensemble sur la colline d'où j'avais autrefois reconnu le pays en pareil cas, en y montant par le moyen d'une échelle que je tirais après moi, afin de parvenir jusqu'au second étage. Comme ils étaient alors en nombre dans l'île, ils ne s'avisèrent pas de toutes ces précautions : ils s'y rendirent par le bois; mais quelle ne fut pas leur surprise lorsqu'ils virent sur cette hauteur une grande lumière et qu'ils entendirent la voix de plusieurs hommes?

Dans chaque occasion où j'avais vu les sauvages débarquer, j'avais pris tout le soin imaginable pour leur cacher que l'île était habitée; et quand ils venaient à le découvrir, je le leur faisais sentir d'une manière si rude, que ceux qui s'en échappaient n'en pouvaient donner un récit fort exact; les seuls qui m'eussent vu, et qui s'en fussent allés en état de le raconter, étaient les trois sauvages qui, dans notre dernière rencontre, s'étaient sauvés dans un canot, et dont la fuite m'avait fort alarmé.

Il n'était pas possible aux Espagnols de savoir si les sauvages étaient débarqués en grand nombre, et s'ils avaient quelque dessein contre eux sur le rapport de ces fugitifs, ou si c'était par la même raison qui les y avait fait venir autrefois. Mais quoi qu'il en fût, il n'y avait pour eux que deux partis à prendre : ou de se cacher soigneusement et d'employer tous les moyens possibles pour laisser ignorer à ces cannibales que l'île était habitée, ou de tomber sur eux avec tant de vigueur, qu'il n'en échappât pas un seul, ce qui ne pouvait se faire qu'en leur coupant le chemin de leurs barques. Malheureusement mes gens n'eurent pas cette présence d'esprit, et ce manque de précaution troubla leur tranquillité pendant un temps considérable.

Le gouverneur et son compagnon, surpris de ce qu'ils voyaient, s'en retournèrent aussitôt pour éveiller leurs camarades et les instruire du danger qui les menaçait. Ils prirent d'abord l'alarme; mais il fut impossible de leur persuader de se tenir cachés : ils sortirent sur-le-champ pour voir eux-mêmes ce dont il s'agissait.

Le mal n'était pas grand tant qu'il faisait obscur, et ils eurent tout le loisir, pendant quelques heures, de regarder les sauvages à la clarté de trois feux qu'ils avaient allumés sur le rivage à quelque distance l'un de l'autre. Ils ne pouvaient comprendre quel était leur dessein, et ne savaient que résoudre eux-mêmes. Les ennemis étaient en grand nombre, et ce qu'il y avait de plus alarmant, c'est qu'au lieu de se trouver réunis, ils étaient séparés en plusieurs troupes assez éloignées l'une de l'autre.

Ce spectacle jeta les Espagnols dans une terrible consternation : ils les voyaient rôder partout, et appréhendaient fort que quelque accident ne vînt découvrir leur habitation aux sauvages, ou que quelque chose ne leur indiquât que le pays était peuplé. Ils craignaient surtout pour leur troupeau, qui ne pouvait être détruit sans les mettre en danger de mourir de faim. Pour prévenir ce désastre, ils détachèrent d'abord deux Espagnols et trois Anglais, avec ordre de chasser tout le troupeau dans la grande vallée où était ma grotte, et de le faire entrer dans ma grotte même, s'il était nécessaire.

Ils résolurent, s'il arrivait que les sauvages se réunissent en une seule troupe et s'éloignassent de leurs canots, de tomber sur eux, quand bien même ils seraient une centaine. Mais il ne fallait pas s'y attendre : il y avait entre leurs petites bandes la distance d'une grande demi-lieue, et, comme cela se vit ensuite, elles étaient de deux nations différentes.

Après s'être arrêtés quelque temps pour délibérer sur le meilleur parti à prendre dans cette conjoncture, ils résolurent d'envoyer le vieux sauvage, père de Vendredi, pour les reconnaître pendant qu'il faisait encore obscur, et pour se mêler avec eux afin de savoir leur dessein. Le bon vieillard accepta avec empressement et partit aussitôt. Après deux heures d'absence, il vint rapporter que c'étaient les partis de deux nations qui étaient en guerre l'une contre l'autre; qu'ils avaient donné une grande bataille dans leur pays, et qu'ayant fait quelques prisonniers de côté et d'autre, ils étaient venus par hasard dans la même île pour faire leur festin et pour se divertir; que dès qu'ils s'étaient découverts mutuellement, leur joie avait été extrêmement troublée, et qu'ils paraissaient dans une si grande rage, qu'il ne fallait pas douter qu'ils ne se battissent de nouveau à l'approche du jour. Il n'avait pas vu, du reste, la moindre apparence qu'ils soupçonnassent l'île d'être habitée, et qu'ils s'attendissent à y trouver d'autres gens que leurs ennemis. A peine ce bonhomme eut-il fini son rapport, qu'un bruit terrible fit comprendre aux nôtres que les deux armées étaient aux mains, et que le combat devait être furieux.

Le père de Vendredi employa toute son éloquence à persuader aux habitants de l'île de se tenir en repos et de ne pas se montrer. Il leur dit que c'était en cela seul que consistait leur sûreté; que les sauvages ne manqueraient pas de s'entre-tuer, et que ceux qui s'échapperaient s'embarqueraient sur-le-champ. Cette prédiction fut accomplie dans toutes ses circonstances.

Mes gens cependant ne voulurent point entendre raison, particulièrement les Anglais, qui, sacrifiant leur prudence à leur curiosité, sortirent tous pour aller voir le combat. Ils ne laissèrent pas néanmoins d'user de quelque précaution, et, au lieu d'avancer à découvert en devant de leur habitation, ils prirent un détour par le bois, et se placèrent avantageusement dans un endroit d'où ils pouvaient voir tout ce qui se passait sans être aperçus.

La bataille cependant était aussi terrible qu'opiniâtre; et, si je puis ajouter foi aux Anglais, il paraissait y avoir dans chacun des deux partis une bravoure extraordinaire, une résistance invincible et beaucoup d'adresse à ménager le combat. Il dura deux heures avant qu'on pût voir de quel côté se déclarerait la victoire. Alors la troupe la plus proche des Anglais s'affaiblit, se mit en désordre, et s'enfuit peu de temps après.

Nos gens craignaient fort que quelques-uns des fuyards ne se jetassent, pour se dérober à la fureur de leurs ennemis, dans la caverne qui était devant leur habitation, et ne découvrissent par hasard que le lieu était habité. Ils craignaient bien plus encore que les vainqueurs ne les y suivissent; ils résolurent donc de se tenir sous les armes en deçà du retranchement, de faire une sortie sur tous ceux qui voudraient entrer dans la caverne, avec l'intention de les tuer tous ou de les empêcher de donner des nouvelles de leur découverte. Leur dessein était de ne se servir pour cet effet que de leurs sabres ou des crosses de leurs fusils, de peur de faire du bruit et d'en attirer par là un plus grand nombre.

La chose arriva précisément comme ils s'y étaient attendus : trois d'entre les vaincus, s'enfuyant de toutes leurs forces et traversant la baie, vinrent directement vers cet endroit, ne songeant à autre chose qu'à chercher un asile dans ce qui leur paraissait un bois épais. Notre sentinelle vint aussitôt avertir mes gens, en ajoutant, à leur grande satisfaction, que les vainqueurs ne les poursuivaient pas et semblaient ignorer de quel côté ils s'étaient sauvés : alors le gouverneur espagnol, trop humain pour souffrir qu'on massacrât ces fugitifs, ordonna à trois des nôtres de passer par-dessus la colline, de se glisser derrière eux, de les surprendre et de les faire prisonniers : ce qui fut exécuté.

Le reste des sauvages s'enfuit du côté des canots et se mit en mer. Quant aux vainqueurs, ils ne les poursuivirent pas avec beaucoup d'ardeur; et, s'étant réunis, ils jetèrent deux grands cris, sans doute pour célébrer leur triomphe. Le même jour, à peu près à trois heures de l'après-midi, ils rentrèrent dans leurs barques; de cette manière la colonie en fut délivrée, et demeura plusieurs années sans revoir ces hôtes incommodes.

Après qu'ils se furent tous retirés, les Espagnols sortirent de leur embuscade pour aller examiner le champ de bataille. Ils y trouvèrent environ une trentaine de morts, dont quelques-uns avaient été tués par de grandes flèches qu'on leur voyait encore dans le corps; mais la plupart avaient perdu la vie par des coups terribles de certains sabres de bois, dont mes gens trouvèrent seize ou dix-sept sur la place, avec autant d'arcs et de javelots. Ces arcs étaient d'une pesanteur extraordinaire, et il fallait une force prodigieuse pour les manier avec facilité. La plupart de ceux qui avaient été tués avec ces armes avaient la tête brisée; d'autres, les jambes et les bras cassés : ce qui marque clairement qu'ils se battaient avec une grande animosité. On n'en trouva pas un qui ne fût mort. Leur coutume est, quoique blessés, de faire tête à l'ennemi jusqu'à la dernière goutte de leur sang; les vainqueurs ne manquent jamais d'emporter leurs propres blessés, et ceux d'entre les ennemis que leurs blessures empêchent de prendre la fuite.

Cet événement adoucit le caractère de mes Anglais pendant quelque temps : un pareil spectacle leur avait donné de l'horreur, et ils tremblaient à la seule idée de ces cannibales, entre les mains desquels ils ne pouvaient tomber sans être tués comme ennemis, et sans leur servir de nourriture comme un troupeau de bétail. Ils m'avouèrent ensuite que la pensée d'être mangés en guise de bœuf ou de mouton, bien que ce malheur ne pût leur arriver qu'après leur mort, avait à leurs yeux quelque chose de si effroyable, qu'elle les remplissait d'horreur, et que, pendant plusieurs semaines, les images affreuses qui leur roulaient dans l'esprit les avaient presque rendus malades.

Ils furent pendant quelque temps fort traitables et vaquaient aux affaires communes de la colonie. Ils plantaient, semaient, faisaient la moisson, comme s'ils eussent vécu dès leur enfance dans ce lieu; mais cette bonne conduite ne fut pas de longue durée : ils prirent bientôt de nouvelles mesures pour se venger de leurs compatriotes, et se précipitèrent eux-mêmes dans de grands malheurs.

Ils avaient fait trois prisonniers, comme j'ai dit : c'étaient des jeunes gens alertes et robustes, qui les servaient en qualité d'esclaves et leur furent d'une grande utilité. Mais ils ne s'y prirent pas, pour les gagner, de la manière dont j'avais usé avec Vendredi. Ils négligèrent de les rendre sensibles à l'humanité avec laquelle ils leur avaient sauvé la vie. Bien loin de leur donner quelques principes de religion, ils ne songèrent pas seulement à les civiliser et à leur inspirer une conduite raisonnable par des instructions sages et accompagnées de douceur. Ils les nourrissaient; mais en récompense ils les employaient au travail le plus rude et ne s'en faisaient servir que par force; de sorte qu'ils ne pouvaient compter sur eux quand il s'agirait de hasarder leur vie pour leurs maîtres, au lieu que Vendredi était homme à se précipiter vers une mort certaine pour me tirer du danger.

Quoi qu'il en soit, toute la colonie paraissait liée alors par une sincère amitié, le péril commun en ayant banni pour un temps toute animosité particulière. Dans cette situation, ils se mirent unanimement à délibérer sur leurs intérêts, et la première chose qui leur parut digne d'attention, ce fut d'examiner si, instruits par l'expérience que le côté de l'île qu'ils occupaient était le plus fréquenté par les sauvages, ils ne feraient pas bien de se retirer dans un endroit plus éloigné non moins propre à leur fournir abondamment la subsistance, et infiniment plus capable de mettre en sûreté leur blé et leur bétail.

Après beaucoup de raisonnements pour et contre, on résolut de ne point changer de demeure, parce qu'il pourrait arriver un jour que l'ancien gouverneur leur envoyât quelqu'un, qui les chercherait probablement en vain, s'ils s'éloignaient de son ancienne demeure, et qu'il les croirait tous morts, s'il voyait son château détruit : ce qui les priverait à jamais de tous les secours que j'aurais la bonté de leur donner. Mais, pour leur blé et leur bétail, ils tombèrent d'accord de les rentrer dans la vallée où était ma grotte, et où il y avait une grande étendue de fort bonne terre. Cependant, après y avoir pensé plus mûrement, ils changèrent de dessein et prirent la résolution de n'envoyer dans cette vallée qu'une partie de leur bétail et de n'y semer que la moitié de leur blé, afin que si quelque désastre venait à en détruire une partie, le reste pût être hors d'atteinte et leur fournir le moyen de réparer cette perte.

Ils prirent un parti fort prudent à l'égard de leurs prisonniers : ce fut de leur cacher soigneusement le bétail qu'ils nourrissaient dans cette vallée, et la plantation qu'ils avaient jugé à propos d'y faire. Surtout ils ne les laissèrent jamais approcher de la grotte, qu'ils considéraient comme un asile sûr en cas de nécessité, et où ils avaient caché les deux barils de poudre que je leur avais laissés en partant.

J'avais mis mon château à couvert par un retranchement et par un bois assez épais; ils virent aussi bien que moi que toute leur sûreté consistait à n'être pas découverts, et conséquemment ils résolurent de rendre leur habitation de plus en plus invisible. Pour cet effet, voyant que j'avais planté des arbres à une grande distance de l'entrée de ma demeure, ils suivirent le même plan, et en couvrirent tout l'espace qu'il y avait entre mon bocage et le côté de la baie où autrefois j'avais abordé avec mes radeaux. Ils poussèrent leur plantation jusqu'à l'endroit marécageux que la marée inondait, sans laisser aucune place commode pour débarquer, ni la moindre indication qu'on l'eût jamais fait.

Les arbres de cette espèce croissent en fort peu de temps; ceux qu'ils plantèrent étant beaucoup plus grands et plus avancés que ceux que j'avais choisis dans le seul dessein de mettre des palissades devant ma fortification, à peine eurent-ils été en terre pendant trois à quatre ans, que, se trouvant fort près l'un de l'autre, ils formèrent une haie impénétrable, même à la vue. Quant à ceux que j'avais plantés, et dont le tronc était de la grosseur de la cuisse, ils en mirent entre eux un si grand nombre de jeunes et les plantèrent si serrés, que pour pénétrer par force dans le château il aurait fallu une armée entière qui s'y fît une entrée à coups de hache, car à peine un chien aurait-il pu y trouver passage.

Ils pratiquèrent la même chose des deux côtés de mon habitation, et par derrière ils couvrirent d'arbres toute la colline, ne se laissant à eux-mêmes d'autre sortie que par le moyen de mon échelle, qu'ils tiraient après eux pour monter sur le second étage, précisément comme je m'y étais pris autrefois. Ainsi, quand l'échelle n'y était pas, il fallait des ailes ou du sortilége pour pénétrer dans le fort par ce côté.

Il n'y avait rien là qui ne fût parfaitement imaginé, et ils virent ensuite que toutes ces précautions n'avaient pas été inutiles.

Ils vécurent de cette manière deux années dans une parfaite tranquillité, sans recevoir la moindre visite de leurs incommodes voisins. Un matin seulement quelques Espagnols, étant allés de fort bonne heure du côté occidental de l'île, aperçurent une vingtaine de canots qui paraissaient sur le point d'aborder, et revinrent au logis à toutes jambes, dans une grande consternation.

On résolut de se tenir clos et cachés pendant tout ce jour et le suivant, et de ne sortir que la nuit pour aller à la découverte. Mais heureusement les sauvages ne débarquèrent point; ils avaient apparemment poussé plus loin pour exécuter quelque autre entreprise.

Peu de temps après les Espagnols eurent avec les trois Anglais une nouvelle dispute. Un d'entre eux, le plus violent de tous les hommes, fort irrité contre un esclave parce qu'il n'avait pas bien exécuté quelque ouvrage et qu'il avait marqué quelque dépit quand on avait voulu le redresser, saisit une hache, non pour le punir, mais pour le tuer.

Il avait envie de lui fendre la tête; mais, la rage ne lui permettant pas de bien diriger son coup, l'instrument tomba sur l'épaule du pauvre esclave : un des Espagnols, croyant qu'il lui avait coupé le bras, accourut pour le prier de ne pas massacrer ce malheureux, et pour l'en empêcher par la force, s'il était nécessaire. Alors ce furieux se jeta sur l'Espagnol lui-même, en jurant qu'il le tuerait à la place du sauvage; mais l'autre évita le coup, et, avec une pelle qu'il avait à la main (car ils étaient tous occupés au labourage), il le terrassa. Un autre Anglais, voyant son compagnon à terre, se précipite sur l'Espagnol et le terrasse à son tour. Deux autres Espagnols vinrent au secours de celui-ci, et le troisième Anglais se rangea du côté des deux autres. Ils n'avaient point d'armes à feu ni les uns ni les autres, mais assez de haches et d'autres outils pour s'assommer. Il est vrai qu'un des Anglais avait un sabre caché sous ses habits, avec lequel il blessa les deux Espagnols qui étaient venus pour seconder leurs compagnons. Toute la colonie fut en confusion, et les Anglais furent faits prisonniers tous trois. On délibéra d'abord sur ce qu'on en ferait. Ils avaient déjà excité tant de troubles, ils étaient si furieux, et, de plus, de si grands paresseux, qu'ils ne faisaient que nuire à cette petite société, sans lui être utiles en aucune manière; d'ailleurs c'étaient des traîtres et des perfides, et le crime ne leur coûtait rien.

Le gouverneur leur déclara ouvertement que s'ils étaient de son pays il les ferait pendre, puisque les lois de tous les gouvernements tendent à la conservation de la société, et qu'il est juste d'en ôter ceux qui tâchent de la détruire; mais qu'étant Anglais, il voulait

Alors ce furieux se jeta sur l'Espagnol lui-même.

les traiter avec la plus grande douceur, en considération d'un homme de leur nation auquel ils devaient tous la vie, et qu'il les abandonnait au jugement de leurs deux compatriotes.

Là-dessus un de ces derniers se leva et pria qu'on le dispensât de cette commission, puisqu'il serait obligé en conscience de les condamner à être pendus. Ensuite il raconta comment William Atkins leur avait fait la proposition de se réunir tous cinq pour assassiner les Espagnols pendant leur sommeil.

Le gouverneur, entendant une accusation si terrible, se tourna vers le scélérat. « Comment donc, Atkins, lui dit-il, vous avez voulu nous assassiner? Qu'avez-vous à répondre? » Ce misérable était si éloigné de le nier, qu'il en convint, au contraire, effrontément, en jurant qu'il était encore dans le même dessein. « Mais, Atkins, reprit l'Espagnol, qu'est-ce que nous avons fait pour mériter un pareil traitement, et que gagneriez-vous en nous massacrant? Par quel moyen réussirons-nous à vous en empêcher? Pourquoi faut-il que vous nous mettiez dans la nécessité ou de vous tuer, ou d'être tués par vous? Vous avez grand tort de nous réduire à cette cruelle alternative. »

La manière calme et douce dont l'Espagnol prononça ces paroles fit croire à Atkins qu'il se moquait de lui; alors il se mit dans une telle fureur, que, s'il avait eu des armes et s'il n'avait été retenu par trois hommes, il est à croire qu'il aurait tué le gouverneur au milieu de toute la compagnie.

Cette rage indomptable les contraignit à songer sérieusement au parti qu'ils avaient à prendre à l'égard de ces furieux. Les deux Anglais, et l'Espagnol qui avait empêché la mort de l'esclave, dirent qu'il fallait en pendre un pour servir d'exemple aux deux autres, et que ce serait celui qui avait voulu commettre avec sa hache un double meurtre. Il paraît effectivement qu'il avait eu ce dessein-là; car il avait si cruellement blessé le pauvre sauvage, qu'on regardait comme impossible qu'il en réchappât.

Le gouverneur néanmoins ne fut pas de cet avis; il répéta encore que c'était à un Anglais qu'ils étaient tous redevables de la vie, et qu'il ne consentirait pas à la mort d'un seul homme de cette nation, quand il aurait massacré la moitié de ses gens. Il ajouta que, fût-il lui-même assassiné par un Anglais, il emploierait ses dernières paroles à les prier de lui faire grâce.

Il insista là-dessus avec tant de force, qu'il fut impossible de le dissuader, et, comme d'ordinaire l'opinion qui tend vers la clémence prévaut dans un conseil quand elle est soutenue avec vigueur, ils entrèrent tous dans le sentiment de cet honnête homme. Il fallait pourtant songer aux moyens d'empêcher l'exécution de la barbare entreprise des criminels, et de délivrer une fois pour toutes la petite société de ses appréhensions si bien fondées. On délibéra avec beaucoup de réflexion, et l'on convint à la fin unanimement qu'ils seraient désarmés, et qu'on ne leur permettrait d'avoir ni fusil, ni poudre, ni plomb, ni sabre, ni aucune arme offensive;

Qu'il serait défendu, tant aux Espagnols qu'aux Anglais, de leur parler ou d'avoir le moindre commerce avec eux;

Qu'ils seraient chassés pour toujours de la société, avec permission pour eux de vivre où et comment ils le jugeraient à propos;

Qu'ils se tiendraient toujours à une certaine distance du château, et que, s'ils commettaient le moindre désordre dans la plantation, le blé ou le bétail appartenant à la société, il serait permis de les tuer comme des animaux malfaisants, partout où on les trouverait.

Le gouverneur, dont l'humanité était au-dessus de tout éloge, ayant réfléchi sur le contenu de cette sentence, se tourna du côté des deux Anglais et les pria de considérer que leurs malheureux compatriotes ne pouvaient avoir tout d'abord du grain et du bétail; que par conséquent il fallait leur donner quelques provisions pour ne pas les laisser mourir de faim. On en convint, et l'on résolut de leur donner du blé pour subsister pendant huit mois et pour semer, afin qu'ils en recueillissent après ce temps-là de leur cru. On ajouta six chèvres laitières, quatre boucs et six chevreaux destinés en partie à leur nourriture et en partie à leur former un nouveau troupeau. On ajouta encore tous les outils nécessaires, six haches et une scie, mais à condition qu'ils s'engageraient, par un serment solennel, à ne les employer jamais contre leurs compatriotes ni contre les Espagnols, et qu'ils ne songeraient de leur vie à leur causer le moindre dommage.

C'est ainsi qu'ils furent chassés de la société. Ils s'en allèrent d'un air très-mécontent, sans vouloir prêter le serment qu'on exigeait d'eux avec tant de justice. Ils dirent qu'ils allaient chercher un endroit pour s'établir et pour y faire une plantation, et on leur donna quelque peu de vivres, mais point d'armes.

Quatre à cinq jours après, ils revinrent de nouveau pour chercher des provisions, et ils indiquèrent au gouverneur l'endroit qu'ils avaient marqué pour y demeurer et pour y planter : c'était un lieu fort convenable, dans l'endroit le plus éloigné de l'île, du côté du N.-E., assez près de la côte où j'avais abordé dans mon premier voyage, après avoir été emporté par les courants en pleine mer.

Ils se bâtirent deux jolies cabanes sur le modèle de mon château, au pied d'une colline environnée de quelques arbres de plusieurs côtés, de manière qu'en en plantant un petit nombre d'autres ils se mettaient entièrement à couvert, à moins qu'on ne les cherchât avec beaucoup de soin. Ils demandèrent quelques peaux de chèvre pour leur servir de lit et de couvertures, et elles leur furent données. Étant alors d'une humeur plus pacifique, ils s'engagèrent solennellement à ne rien entreprendre contre la colonie; et à cette condition on leur donna tous les outils dont on pouvait se passer. On y ajouta des pois, du millet et du riz pour semer, en un mot, tout ce dont ils pouvaient avoir besoin, excepté seulement des armes et des munitions.

Ils vécurent dans cet état environ six mois, et ils firent leur moisson, qui était peu considérable, parce qu'ayant à s'occuper de tant d'autres choses, il n'avaient eu le loisir que de défricher un fort petit terrain.

Quand ils eurent à faire des planches et des pots, ils se trouvèrent fort embarrassés, et ne firent rien de bon. Ce fut une nouvelle peine pour eux quand vint la saison pluvieuse, n'ayant point de caves pour mettre leurs grains à l'abri de l'humidité. Cet inconvénient les força d'implorer le secours des Espagnols, que ceux-ci leur accordèrent volontiers. En moins de quatre jours, ils creusèrent dans un des côtés des flancs de la colline une cave suffisamment grande pour mettre à l'abri leurs grains et leurs autres provisions; mais c'était peu de chose en comparaison de la mienne, surtout dans l'état où elle fut, lorsque les Espagnols l'eurent considérablement élargie et qu'ils y eurent ajouté plusieurs compartiments.

Environ neuf mois après cette séparation, il leur prit un nouveau caprice dont les suites, jointes à celles de leurs crimes passés, les mirent dans un grand danger, eux et toute la colonie. Fatigués de leur vie laborieuse, et sans espérance d'une plus heureuse situation pour l'avenir, ils se mirent en tête d'entreprendre un voyage sur le continent d'où les sauvages étaient venus, pour essayer de faire quelques prisonniers propres à les décharger du travail le plus rude.

Ce projet n'était pas si mauvais, s'ils s'y étaient pris avec modération; mais ces malheureux ne faisaient rien sans un mélange de mal, soit dans le plan, soit dans l'exécution.

Ces trois compagnons en scélératesse vinrent un matin à mon château, demandant avec beaucoup d'humilité qu'il leur fût permis de parler aux Espagnols. Ces derniers y consentant, ils leur dirent qu'ils étaient fatigués de leur manière de vivre, qu'ils n'étaient pas assez adroits pour faire les choses qui leur étaient nécessaires, et que, n'ayant aucun secours pour en venir à bout, ils mourraient de faim indubitablement; que si les Espagnols voulaient leur permettre de prendre un des canots qui avaient servi à les transporter, et leur donner des armes et des munitions pour pouvoir se défendre, ils iraient chercher fortune sur le continent, et les délivreraient ainsi de l'embarras de leur fournir des provisions.

Les Espagnols n'auraient pas été fâchés d'en être débarrassés; mais ils ne laissèrent pas de leur représenter charitablement qu'ils allaient se perdre de propos délibéré, et qu'ils savaient par leur propre expérience qu'ils devaient s'attendre à mourir de misère sur le continent.

Ils répondirent d'une manière déterminée qu'ils périraient tous dans l'île, car ils ne pouvaient ni ne voulaient travailler; et que s'ils avaient le malheur d'être massacrés, ils mettraient ainsi fin à toutes leurs misères; que dans le fond ils n'avaient ni femmes ni enfants qui perdissent quelque chose par leur mort; en un mot, qu'ils étaient résolus de partir, quand même on leur refuserait des armes.

Les Espagnols leur répliquèrent avec beaucoup d'honnêteté que, s'ils voulaient absolument suivre ce dessein, ils ne permettraient pas qu'ils le fissent sans avoir de quoi se défendre, et que, malgré la disette d'armes à feu où ils étaient eux-mêmes, ils leur donneraient deux mousquets, un pistolet, un sabre et trois haches : c'était là tout ce qu'il leur fallait.

Les trois aventuriers acceptèrent l'offre. On leur remit du pain pour plus d'un mois, autant de chevreau frais qu'ils en pouvaient manger pendant qu'il serait bon, un grand panier rempli de raisins secs, un pot rempli d'eau fraîche et un jeune chevreau vivant. Avec ces provisions ils se mirent hardiment dans le canot, quoique le passage fût au moins de douze à quinze lieues.

La barque était assez grande pour porter une vingtaine d'hommes, et par conséquent elle était plutôt embarrassante dans cette occasion que trop petite; mais, comme ils avaient un vent frais et la marée favorable, ils la manièrent assez bien. Ils avaient mis en guise de mât une grande perche, avec une voile et quatre peaux de chèvres séchées et cousues ensemble. Ils s'embarquèrent dans un très-bon appareil, et les Espagnols leur souhaitèrent un heureux voyage, sans s'attendre à les revoir jamais.

Ceux qui étaient restés dans l'île, Anglais et Espagnols, ne pouvaient s'empêcher de se féliciter de temps en temps de la manière paisible dont ils vivaient ensemble depuis que ces gens intraitables s'en étaient allés. Le retour de ces hommes sanguinaires était la chose qu'ils attendaient le moins, quand, après une absence de vingt-deux jours, un des Anglais, s'occupant dans sa plantation, aperçut tout d'un coup trois étrangers s'avançant de leur côté avec des armes à feu.

D'abord il se mit à fuir comme le vent, et, tout effrayé, il alla dire au gouverneur espagnol que c'en était fait d'eux, qu'il y avait des étrangers qui étaient débarqués dans l'île, sans qu'il pût dire quels gens c'étaient. L'Espagnol, après avoir réfléchi pendant quelques moments, lui demanda ce qu'il voulait dire par là, « qu'il ne savait pas quelles gens c'étaient, » et dit que ce devait être assurément des sauvages. « Non, répondit l'Anglais, ce sont des gens habillés, et avec des armes à feu. — Eh bien! dit l'Espagnol, de quoi vous troublez-vous donc, si ce ne sont pas des sauvages? Ils sont nos amis; car il n'y a pas de nation chrétienne au monde qui ne soit plutôt portée à nous faire du bien que du mal. »

Pendant qu'ils étaient dans cette conversation, les Anglais, qui se tenaient derrière les arbres nouvellement plantés, se mirent à crier de toutes leurs forces. On reconnut d'abord leurs voix, et la première surprise fit aussitôt place à une autre.

On commença à s'étonner d'un si prompt retour, dont il était impossible de deviner la cause.

Avant de les faire entrer, on trouva bon de les questionner sur l'endroit où ils s'étaient rendus. Ils répondirent en peu de mots qu'ils avaient fait la traversée en deux jours, qu'ils avaient vu sur le rivage où ils avaient dessein d'aborder une prodigieuse quantité d'hommes qui paraissaient alarmés de leur aspect, et qui se préparaient à les recevoir à coups de flèches et de javelots s'ils eussent osé mettre le pied à terre; ils avaient rasé les côtes vers le N. l'espace de six à sept lieues, et ils s'étaient aperçus que ce que nous prenions pour le continent était une île; bientôt après ils avaient découvert une autre île à la main droite du côté du N., et beaucoup d'autres du côté de l'O. Étant résolus d'aller à terre à quelque prix que ce fût, ils étaient passés du côté d'une de ces îles occidentales, et avaient débarqué hardiment : là ils avaient trouvé le peuple honnête et sociable, et ils en avaient reçu plusieurs racines et quelques poissons secs.

Ils restèrent là quatre jours, et demandèrent par signes, du mieux qu'ils purent, quelles étaient les nations des environs. Les sauvages leur firent entendre que c'étaient des peuples cruels, habitués à manger les hommes, mais que pour eux ils ne mangeaient ni hommes ni femmes, excepté les prisonniers de guerre, dont la chair leur fournissait un festin de triomphe.

Les Anglais leur demandèrent de la même manière quand ils avaient eu un pareil festin. Ils firent comprendre qu'il y avait deux mois, en étendant la main du côté de la lune, et en montrant deux de leurs doigts. Ils ajoutèrent que leur roi était maître de deux cents prisonniers qu'ils avaient faits dans une bataille et qu'on les engraissait pour le festin prochain. Les Anglais parurent à ce sujet fort curieux de voir ces prisonniers; mais les sauvages, les entendant mal, s'imaginèrent qu'ils souhaitaient en avoir quelques-uns pour les manger, et, montrant du bout du doigt le couchant et l'orient, ils leur firent entendre qu'ils leur en apporteraient le lendemain. Ils leur tinrent parole, et leur firent présent de cinq femmes et de onze hommes, qu'ils leur amenèrent de la même manière que nous amenons vers quelque port de mer des bœufs et des vaches pour avitailler un vaisseau.

Quoique mes scélérats eussent donné dans notre île les plus grandes marques de barbarie, l'idée seule que ces prisonniers pussent être mangés leur fit horreur. Le grand nombre de ces pauvres gens était embarrassant; cependant ils n'osèrent refuser un présent de cette valeur : c'eût été faire un sanglant affront à cette nation sauvage. Ils se déterminèrent enfin à l'accepter, et donnèrent en récompense à ceux qui les en avaient gratifiés une de leurs haches, une vieille clef, un couteau, et cinq ou six balles de fusil, qui leur plaisaient fort, quoiqu'ils en ignorassent l'usage. Ensuite les sauvages, liant les pauvres captifs les mains derrière le dos, les portèrent eux-mêmes dans le canot.

Les Anglais furent obligés de quitter le rivage dans le moment, de peur que, s'ils fussent restés à terre, la bienséance ne les eût forcés de tuer quelques-uns de ces malheureux, de les mettre à la broche, et de prier à dîner ceux qui avaient eu la générosité de les pourvoir de cette belle provision.

Ayant donc pris congé de leurs hôtes avec toutes les marques de reconnaissance qu'il est possible de donner par signes, ils se remirent en mer et s'en retournèrent vers la première île, où ils rendirent la liberté à huit de leurs prisonniers, trouvant le nombre qu'ils en avaient trop grand pour ne leur être pas à charge.

Pendant le voyage, ils travaillèrent de leur mieux à lier quelque commerce avec les sauvages; mais il fut impossible de leur rien faire comprendre : ils s'étaient si fortement mis dans l'esprit qu'ils allaient bientôt servir de pâture à leurs possesseurs, qu'ils croyaient que tout ce qu'on leur disait et tout ce qu'on leur donnait tendait uniquement à ce triste but.

On commença par les délier, ce qui leur fit pousser des cris terribles, surtout aux femmes, comme si elles avaient déjà eu le couteau sur la gorge; car, à s'en rapporter aux coutumes de leur pays, ils ne pouvaient qu'en conclure qu'on allait les égorger à l'instant même.

Leurs craintes n'étaient guère moindres quand on leur donnait à manger. Ils s'imaginaient que c'était dans le dessein de conserver leur embonpoint pour les dévorer avec plus de volupté. Si les Anglais fixaient les yeux particulièrement sur quelqu'un de ces êtres misérables, celui sur qui ces regards tombaient s'imaginait aussitôt qu'on le trouvait le plus gras et le plus propre à être mis en pièces le premier. Lors même qu'ils furent arrivés dans notre île et qu'on les traitait avec beaucoup de douceur, ils s'attendaient tous les jours, pendant quelque temps, à servir de dîner ou de souper à leurs maîtres.

Lorsque les trois aventuriers eurent fini le merveilleux journal de leur voyage, le gouverneur leur demanda où étaient leurs nouveaux domestiques. Ayant appris qu'ils les avaient amenés dans une de leurs cabanes, et qu'ils venaient exprès demander des vivres, il résolut de s'y transporter avec toute la colonie, sans oublier le père de Vendredi.

Ils les trouvèrent dans la hutte tous liés; car leurs maîtres avaient jugé nécessaire d'user de cette précaution, de peur que, pendant leur absence, ils ne prissent le parti de se sauver avec le canot. Ils étaient assis à terre. Il y avait trois hommes, âgés d'environ trente à trente-cinq ans, tous bien tournés et paraissant adroits et robustes. Le reste consistait en cinq femmes, parmi lesquelles il y en avait deux de trente à quarante ans, deux de vingt-cinq à vingt-six, et une grande fille de seize à dix-sept.

Les Espagnols avaient toute la pitié possible pour ces pauvres gens, les voyant dans la plus triste situation et dans la plus mortelle inquiétude qu'on puisse s'imaginer, puisqu'ils s'attendaient à chaque moment à être traînés hors de la cabane pour être massacrés et servir d'aliments à leurs maîtres.

Afin de les tranquilliser, ils ordonnèrent au père de Vendredi d'aller voir s'il en connaissait quelqu'un et s'il entendait quelque chose à leur langage. Le bonhomme les regarda fort attentivement; mais il n'en reconnut pas un seul. Il avait beau parler; personne ne comprit d'abord ses paroles ni ses signes, excepté une des femmes. C'en était assez pour qu'on pût leur faire comprendre que leurs maîtres étaient chrétiens, qu'ils avaient en horreur les festins de chair humaine, et qu'ils pouvaient être sûrs qu'on ne les égorgerait pas.

Dès qu'ils en furent persuadés, ils marquèrent une joie extraordinaire par mille gestes comiques et différents, ce qui faisait voir qu'ils étaient de diverses nations.

La femme qui faisait l'office d'interprète eut ordre de leur demander s'ils consentaient à être esclaves et à consacrer leur travail aux hommes qui les avaient amenés afin de leur sauver la vie. Sur cette question, ils se mirent tous à danser et à prendre l'un une chose, l'autre une autre, et à les porter vers la cabane, pour marquer qu'ils étaient prêts à rendre à leurs maîtres toutes sortes de services.

Ensuite, sur la proposition du gouverneur, les cinq Anglais convinrent de se partager les femmes esclaves, et ils vécurent ainsi d'une manière toute nouvelle. Les Espagnols et le père de Vendredi continuèrent à demeurer dans mon ancienne habitation; ils avaient avec eux les trois esclaves faits prisonniers lorsque les sauvages avaient livré bataille : c'était là, pour ainsi dire, la capitale de la colonie, dont les autres tiraient des vivres et toute espèce de secours, selon que la nécessité l'exigeait.

Nos Anglais se mirent à travailler; aidés par les Espagnols, ils bâtirent en peu d'heures cinq nouvelles cabanes pour s'y loger, les autres étant presque entièrement remplies de leurs meubles, de leurs outils et de leurs provisions. Les trois mauvais sujets avaient choisi l'endroit le plus éloigné, et les deux bons le plus voisin de mon château; mais les uns et les autres s'étaient logés vers le nord de l'île, de manière qu'ils continuèrent à vivre séparément, et qu'il y avait dans mon île le commencement de trois colonies différentes.

Remarquons ici combien il est difficile aux hommes de pénétrer les secrets de la divine providence. Il arriva justement que les deux honnêtes gens eurent en partage les femmes qui avaient le moins de mérite; tandis que les trois scélérats, qui n'étaient bons à rien, incapables de faire du bien aux autres et à eux-mêmes, eurent des femmes adroites, diligentes, industrieuses et bonnes ménagères. Je ne veux pas dire par là que les autres fussent d'un mauvais naturel; elles étaient toutes les cinq également douces, patientes, tranquilles et soumises; je veux seulement faire entendre que les deux dont il s'agit étaient moins habiles que les autres et moins laborieuses.

Je dois faire ici une remarque en l'honneur des esprits appliqués et à la honte des naturels paresseux et négligents. Lorsque j'allai voir les différentes plantations et la manière dont chaque petite colonie les gouvernait, je trouvai que celle des Anglais honnêtes gens surpassait tellement celle des trois vauriens, qu'il n'y avait pas la moindre comparaison à faire. Il est vrai que les uns et les autres avaient cultivé autant de terre qu'il était nécessaire pour y semer du blé suffisamment; mais rien n'était plus aisé que de remarquer une très-grande différence dans la manière dont chaque petite colonie s'y était prise pour rendre les terres fertiles et pour les enfermer dans les enclos.

Les deux honnêtes gens avaient planté autour de leur cabane une quantité prodigieuse d'arbres qui la rendaient inaccessible et en cachaient la vue; et, bien que leur plantation eût été deux fois ruinée, la première fois par leurs propres compatriotes, et la seconde par les sauvages, comme on va le voir, tout était déjà rétabli et aussi florissant que jamais. Leurs vignes étaient arrangées comme si elles étaient venues des pays où elles se plaisent le plus, et les raisins étaient aussi bons que ceux de l'île, quoique leurs vignes fussent beaucoup plus jeunes que celles des autres, pour les raisons que je viens d'alléguer. De plus, ils s'étaient pratiqué une retraite dans le plus épais du bois, où, par un travail assidu, ils avaient creusé une cave qui leur servit dans la suite à cacher leur famille quand ils furent attaqués par les barbares. Ils avaient planté tout autour un si grand nombre d'arbres, qu'elle n'était accessible que par de petits chemins qu'ils étaient seuls capables de trouver.

Pour les trois autres, quoique leur nouvel établissement les eût bien civilisés en comparaison de leur brutalité passée, et qu'ils ne donnassent plus de si fortes marques de leur humeur mutine et querelleuse, il leur restait toujours un des caractères d'un cœur vicieux, je veux dire la paresse. Ils avaient semé du blé, construit des enclos, et parfaitement vérifié ces paroles de Salomon : *Je passai dans la vigne du paresseux, et elle était toute couverte d'épines.* Quand les Espagnols vinrent pour voir la moisson de ces trois Anglais, ils ne purent la découvrir qu'à grand'peine à travers les mauvaises herbes. Il y avait dans leur haie plusieurs trous que les boucs sauvages avaient faits pour manger les épis, et ils les avaient bouchés d'une manière telle quelle.

La plantation des deux autres, au contraire, offrait partout un air d'application et de prospérité. On ne découvrait pas une mauvaise herbe entre leurs épis, ni la moindre ouverture dans leur haie. Tout germait, tout croissait chez eux : ils jouissaient d'une pleine abondance; ils avaient plus de bétail que les autres, plus de meubles, plus d'ustensiles, et en même temps plus de moyens de se distraire.

Il est vrai que les femmes des trois premiers, très-propres, très-adroites, exécutaient parfaitement tout ce qui regardait l'économie intérieure, et qu'ayant appris la cuisine anglaise elles donnaient fort convenablement à manger à leurs maris, tandis qu'il avait été impossible d'y former les deux autres; mais, en récompense, celui qui avait été cuisinier s'en acquittait très-bien, sans négliger aucune de ses occupations. Les trois fainéants n'avaient d'autre affaire que de parcourir toute l'île, de chercher des œufs de tortue et de chasser : en un mot, ils s'occupaient de tout, excepté de ce qui était nécessaire. En récompense ils vivaient comme des mendiants, au lieu que l'existence des autres était agréable et aisée.

J'en viens maintenant à une scène tragique différente de tout ce qui était arrivé auparavant à la colonie et à moi-même; en voici le récit fidèle et circonstancié.

CHAPITRE VI

Un jour, de fort bon matin, cinq ou six canots, pleins de sauvages, abordèrent sans doute dans l'intention ordinaire de faire quelque festin. Cet accident était devenu si familier à la colonie, qu'elle ne s'en mettait plus en peine, et qu'elle ne songeait qu'à se tenir cachée, persuadée que, si elle n'était pas découverte par les sauvages, ils se rembarqueraient dès qu'ils auraient consommé leurs provisions, puisqu'ils n'avaient pas le moindre soupçon qu'elle fût habitée. Celui qui avait fait une pareille découverte se contentait d'en donner avis à toutes les plantations, afin qu'on se tînt clos et couvert, en plaçant seulement une sentinelle pour les avertir du rembarquement des sauvages.

Ces mesures étaient bonnes; mais un désastre imprévu les rendit inutiles et faillit causer la ruine de toute la colonie en la découvrant aux barbares. Dès que les canots des sauvages se furent mis en mer, les Espagnols sortirent de leur retraite, et quelques-uns d'entre eux eurent la curiosité d'aller examiner le lieu du festin.

A leur grand étonnement ils y trouvèrent trois sauvages étendus à terre et ensevelis dans un profond sommeil; sans doute ils s'étaient tellement repus de leurs horribles mets, qu'ils s'endormirent comme des brutes, sans vouloir se lever lorsque leurs compagnons sortirent; ou bien ils s'étaient peut-être égarés dans le bois, et n'étaient pas venus assez à temps pour se rembarquer avec eux.

Quoi qu'il en soit, les Espagnols étaient fort embarrassés, et le gouverneur, consulté sur cet accident, était aussi indécis que les autres. Ils avaient des esclaves autant qu'il leur en fallait, et il n'était pas d'humeur à tuer ceux-ci de sang-froid. Les pauvres gens ne leur avaient pas fait le moindre tort, et ils n'avaient aucun sujet de guerre légitime contre eux qui pût les autoriser à les traiter en ennemis.

Je dois rendre ici cette justice aux Espagnols, que, malgré tout ce qu'on raconte des cruautés que cette nation a exercées dans le Mexique et dans le Pérou, je n'ai vu de ma vie, dans aucun pays, dix sept hommes, de quelque nation que ce fût, si tempérants, si modérés, si honnêtes, si courtois, et d'un si bon naturel. Ils étaient incapables de la moindre inhumanité et d'aucune passion violente, et cependant ils avaient tous un grand courage et une noble fierté. La douceur de leurs mœurs, et l'empire qu'ils exerçaient sur leurs passions, avaient suffisamment paru dans la manière dont ils s'étaient conduits avec les trois Anglais, et dans cette circonstance ils donnèrent la plus forte preuve de leur humanité et de leur justice.

Le parti le plus naturel qu'il y eût à prendre, c'était de se retirer et de donner à ces sauvages le temps de s'éveiller et de sortir de l'île; mais une circonstance rendait ce parti inutile. Ils n'avaient point de barques; et, s'ils se mettaient à rôder dans l'île, ils pouvaient découvrir les plantations et par là causer la ruine de la colonie.

Voyant donc qu'ils continuaient à dormir, ils résolurent de les éveiller et de les faire prisonniers. Ces pauvres gens furent extrêmement surpris quand ils se virent saisis et liés, et parurent agités d'abord par les mêmes craintes qu'on avait remarquées dans les femmes de nos Anglais; car il semble que ces peuples s'imaginent que leur coutume de manger les hommes soit généralement suivie par toutes les nations. Mais on les délivra bientôt de ces frayeurs, et on les mena à une des plantations.

Par bonheur on ne les conduisit pas à mon château : ils furent d'abord amenés à ma maison de campagne, qui était la ferme principale, et ensuite on les transporta jusqu'à l'habitation des deux Anglais.

Là ces Anglais les firent travailler, quoiqu'il n'y eût pas grand'-chose à faire pour eux; et ne les observant pas de très-près, parce qu'ils n'en avaient guère besoin, ou qu'ils les trouvaint incapables de bien apprendre le labourage, ils s'aperçurent un jour qu'un des trois s'était échappé; quelque recherche qu'on fît, on ne put le retrouver. On finit par penser qu'il avait trouvé moyen de revenir chez lui avec les canots de quelques sauvages qui, par des motifs ordinaires, avaient fait deux mois après quelque séjour dans l'île.

Cette pensée effraya extrêmement tous mes colons; ils en conclurent que, s'il revenait parmi ses compatriotes, il ne manquerait pas de les informer que l'île était habitée. Par bonheur il n'avait jamais été instruit du nombre des habitants et de leurs différentes plantations. Il n'avait jamais vu ni entendu l'effet de leurs armes à feu, et ils n'avaient eu garde de lui découvrir aucune de leurs retraites, telles que ma grotte dans la vallée et la cave que les Anglais s'étaient creusée.

La première certitude qu'ils acquirent d'avoir trop bien conjecturé, c'est que deux mois après, six canots montés par sept, huit ou dix sauvages, vinrent raser la côte septentrionale de l'île, où ils n'étaient jamais venus auparavant, et y débarquèrent une heure après le lever du soleil, à un mille de distance de l'habitation des deux Anglais, où avait demeuré l'esclave en question.

Si toute la colonie s'était trouvée de ce côté-là, le mal n'aurait pas été si grand, et, selon toutes les apparences, aucun des ennemis n'eût échappé; mais il n'était pas possible à deux hommes d'en repousser une cinquantaine et de les combattre avec succès.

Les deux Anglais les avaient découverts en mer à une lieue de distance; il se passa donc une heure avant qu'ils fussent à terre; et, comme ils avaient débarqué à un mille de leur habitation, il leur fallut du temps pour venir jusque-là. Nos pauvres Anglais, ayant toute la raison imaginable de se croire trahis, prirent d'abord le parti de garrotter les deux qui leur restaient, et d'ordonner à deux des trois autres qui avaient été amenés avec les femmes et avaient donné à leurs maîtres des marques de leur fidélité, de conduire dans la cave les deux nouveaux venus avec les deux femmes et tous les meubles dont ils pouvaient se charger. Ils leur commandèrent encore de tenir là ces deux sauvages pieds et poings liés jusqu'à nouvel ordre.

Ensuite, voyant les sauvages débarqués venir droit du côté de leurs huttes, ils ouvrirent leur enclos où leurs chèvres apprivoisées étaient gardées; ils les chassèrent toutes dans les bois, aussi bien que leurs chevreaux, afin que leurs ennemis s'imaginassent qu'ils avaient toujours été sauvages. Mais l'esclave qui leur servait de guide les avait trop bien instruits; car ils continuèrent leur marche directement vers la demeure des deux Anglais.

Après que ceux-ci eurent mis en sûreté leurs femmes et leurs ustensiles, ils envoyèrent le troisième esclave, qui était venu dans l'île avec les femmes, vers les Espagnols, pour les avertir au plus vite du danger qui les menaçait, et leur demander un prompt secours. En même temps ils prirent leurs armes et leurs munitions, et se retirèrent dans le bois où était la cave qui servait d'asile à leurs femmes. Ils s'arrêtèrent à quelque distance de là pour épier, s'il était possible, le chemin que prendraient les sauvages.

Au milieu de leur retraite, ils découvrirent d'une colline un peu élevée la petite armée ennemie qui s'approchait de leurs cabanes, et un moment après ils les virent envahies par les flammes de tous côtés, ce qui leur causa le plus cruel chagrin : c'était pour eux une perte irréparable, du moins pour fort longtemps.

Ils s'arrêtèrent pendant quelques instants sur cette petite colline, jusqu'à ce qu'ils virent les sauvages se répandre partout comme une troupe de bêtes féroces, et rôdant pour trouver quelque butin, surtout pour découvrir les habitants, dont il était aisé de voir qu'ils connaissaient l'existence.

Cette découverte fit sentir aux Anglais qu'ils n'étaient pas en sûreté dans le lieu où ils se trouvaient, parce qu'il était naturel de penser que quelques-uns des ennemis prendraient cette route : et dans ce cas ils auraient pu y venir en trop grand nombre pour qu'il fût possible de leur résister.

En conséquence ils jugèrent à propos de pousser leur retraite une demi-lieue plus loin, s'imaginant que plus les sauvages se répandraient de divers côtés, plus leurs pelotons se trouveraient affaiblis.

Ils firent leur première halte à l'entrée d'une partie fort épaisse du bois où se trouvait le tronc d'un vieux arbre fort touffu et entièrement creux. Ils s'y mirent l'un et l'autre, résolus à attendre là l'issue de l'événement.

Ils ne s'y étaient pas tenus longtemps, quand ils aperçurent deux sauvages s'avancer droit de ce côté-là, comme s'ils avaient été découverts et comme s'ils allaient être attaqués par eux; et à quelque distance ils en virent trois autres, suivis de cinq autres encore, tenant tous la même route. Outre ceux-là, ils en virent, à une plus grande distance, sept autres qui prenaient un chemin différent; car toute la troupe s'était répandue dans l'île comme des chasseurs qui battent le bois pour faire lever le gibier.

Les pauvres Anglais se trouvèrent alors dans un grand embarras, ne sachant s'il valait mieux s'enfuir ou garder leur poste; mais, après une courte délibération, ils pensèrent que, si les ennemis continuaient à rôder partout de cette manière avant l'arrivée du secours, ils pourraient bien découvrir la cave, ce qu'ils regardaient comme le dernier des malheurs. Ils résolurent donc de les attendre, et, s'ils étaient attaqués par une troupe trop forte, de monter jusqu'au haut de l'arbre, d'où ils pourraient se défendre tant que leurs munitions dureraient, quand même ils seraient environnés de tous les sauvages qui étaient débarqués, à moins qu'ils ne s'avisassent de mettre le feu à l'arbre.

Ayant pris ce parti, ils examinèrent encore s'il serait bon de faire d'abord feu sur les deux premiers, ou s'ils attendraient la venue des trois, pour séparer ainsi les premiers d'avec les cinq qui suivaient les trois du milieu. Ce parti leur parut le meilleur, et ils résolurent de laisser passer les deux premiers, à moins qu'ils ne vinssent les attaquer. Ils furent confirmés dans cette résolution par la marche de ces deux sauvages, qui prirent un peu du côté de l'arbre en s'avançant vers une autre partie du bois; mais les trois et les cinq autres qui les suivaient continuèrent leur chemin directement vers eux, de même que s'ils eussent été instruits du lieu de leur retraite.

Comme ils arrivaient tous l'un après l'autre, les Anglais, qui jugeaient convenable de ne tirer qu'un à un, crurent qu'il n'était pas impossible d'abattre les trois premiers d'un seul coup. Là-dessus, celui qui devait tirer le premier mit trois balles dans son mousquet, et, le plaçant dans un trou de l'arbre très-propre à assurer le coup, il attendit qu'ils fussent venus à trente verges de distance pour ne pas les manquer.

Pendant que l'ennemi avançait, ils virent distinctement, parmi les trois premiers, leur esclave fugitif, et ils résolurent de ne pas le laisser échapper, quand ils devraient tirer l'un immédiatement après l'autre : ainsi l'un se tint prêt pour ne pas le manquer, si par hasard il ne tombait pas du premier coup.

Mais le premier savait trop bien viser pour perdre sa poudre; il fit feu et en atteignit deux. Le premier tomba roide mort, la balle lui ayant passé à travers la tête. Le second, qui était l'esclave fugitif, eut la poitrine percée d'outre en outre et tomba par terre, quoiqu'il ne fût pas tout à fait mort. Quant au troisième, il n'avait qu'une légère blessure à l'épaule, faite probablement par la balle qui avait traversé le corps du second; mais, effrayé mortellement, il s'était jeté par terre, en poussant des cris et des hurlements épouvantables.

Les cinq qui les suivaient, étonnés du bruit sans apprécier le danger, s'arrêtèrent d'abord. Les bois avaient rendu le bruit mille fois plus terrible par les échos qui le répétaient de toutes parts, et les oiseaux, en s'envolant de tous côtés, y mêlaient des cris confus.

Cependant, quand ils virent que tout était rentré dans le silence, ne sachant pas ce dont il s'agissait, ils s'avancèrent sans donner la moindre marque de crainte; mais, arrivés à l'endroit où leurs compagnons avaient été si maltraités, ils se pressèrent tous autour du sauvage blessé, et lui parlaient apparemment, en le questionnant sur la cause de son malheur, sans savoir qu'ils étaient exposés au même danger.

Il leur répondit sans doute qu'un éclat de feu, suivi d'un affreux coup de tonnerre descendu du ciel, avait tué deux de ses camarades et l'avait blessé lui-même. Cette réponse du moins était fort naturelle, car, comme il n'avait vu aucun homme auprès de lui, et qu'il n'avait jamais entendu un coup de fusil, bien loin d'en connaître les terribles effets, il lui était difficile de faire quelque autre conjecture à cet égard. Ceux qui le questionnaient étaient aussi ignorants que lui : sinon ils ne se seraient pas amusés à examiner d'une manière si tranquille la destinée de leurs compagnons, tandis qu'un sort pareil les attendait sans qu'ils s'en doutassent.

Nos deux Anglais déploraient la nécessité de tuer tant de créatures humaines qui n'avaient pas la moindre idée du péril où elles se trouvaient; cependant, forcés par le soin de leur propre conservation, et les voyant tous, pour ainsi dire, en leur puissance, ils résolurent de leur lâcher une décharge générale; car le premier avait eu le temps de recharger son fusil. Ils convinrent des différents côtés où ils viseraient pour rendre l'exécution plus terrible; et, faisant feu en même temps, ils tuèrent et blessèrent quatre de la troupe des sauvages, et le cinquième, quoiqu'il ne fût touché en aucune manière, tomba avec le reste comme mort de peur, de manière que nos gens s'imaginèrent les avoir tous tués.

Cette opinion les fit sortir hardiment de l'arbre sans avoir rechargé, ce qui était une démarche fort imprudente, et ils furent bien étonnés en approchant de l'endroit d'en voir quatre en vie, parmi lesquels il y en avait deux de blessés assez légèrement, et un autre sain et sauf, découverte qui les obligea à donner dessus avec la crosse du fusil. Ils dépêchèrent d'abord l'esclave qui était la cause de tout ce désastre, et un autre qui se trouvait blessé au genou. Quant au sauvage qui n'avait pas reçu la moindre blessure, il se mit à genoux devant eux, tendant ses mains vers le ciel; et, par un murmure lamentable et d'autres signes aisés à comprendre, il demanda la vie; les paroles qu'il prononçait leur étaient, du reste, absolument inintelligibles.

Ils lui ordonnèrent par signes de s'asseoir au pied d'un arbre, et un des Anglais, ayant par hasard sur lui une corde, lui lia les pieds et les mains; puis, le laissant là dans cette situation, ils se mirent l'un et l'autre à la poursuite des deux premiers avec toute la vitesse possible, craignant qu'ils ne découvrissent la cave où étaient cachés leurs femmes et tout le bien qui leur restait. Ils les eurent en vue une fois, mais à une grande distance. Ce qui leur faisait pourtant grand plaisir, c'était de les voir traverser une vallée du côté de la mer, par un chemin qui était tout à fait à l'opposé de la retraite pour laquelle ils craignaient si fort. Satisfaits de cette découverte, ils s'en retournèrent vers l'arbre où ils avaient laissé leur prisonnier; mais ils ne l'y trouvèrent point : les cordes dont il avait été lié étaient à terre, au pied du même arbre, et ils crurent que les autres sauvages l'avaient rencontré et délié.

Ils furent alors dans un aussi grand embarras qu'auparavant, ne sachant quelle route prendre, ni où était l'ennemi, ni en quel nombre. Là-dessus ils résolurent de s'en aller vers la cave, pour voir si tout était en bon état et pour calmer la frayeur de leurs femmes, qui, bien que sauvages elles-mêmes, craignaient mortellement leurs compatriotes, parce qu'elles connaissaient parfaitement leur naturel. Arrivés à cet endroit, ils virent que les sauvages avaient été dans le bois et fort près de l'endroit en question, mais qu'ils ne l'avaient pas découvert. Il ne faut pas s'en étonner : les arbres étaient si touffus et si serrés, qu'il était impossible d'y pénétrer sans un guide qui connût les chemins, et, comme nous l'avons vu, celui qui les conduisait était aussi peu instruit qu'eux à cet égard.

Nos Anglais trouvèrent donc tout comme ils le souhaitaient; mais leurs femmes étaient dans une terrible frayeur. En même temps ils virent arriver à leur secours sept Espagnols; les dix autres, avec leurs esclaves et le père de Vendredi, s'étaient formés en petit corps pour défendre la ferme où ils avaient leur blé et leur bétail; mais les sauvages ne s'étaient pas portés jusque-là. Ces sept Espagnols étaient accompagnés de l'esclave que les Anglais leur avaient envoyé, et du sauvage qu'ils avaient laissé lié au pied de l'arbre. Ils virent alors qu'il n'avait pas été délié par ses compagnons, mais bien par les Espagnols qui s'étaient rendus dans cet endroit, où ils avaient vu sept cadavres et ce malheureux, qu'ils jugèrent à propos d'emmener avec eux. Il fallut pourtant le lier de nouveau et le donner pour compagnon aux deux qui étaient restés, lorsque le troisième, auteur de tout le mal, s'était enfui.

Les prisonniers commencèrent alors à leur être à charge, et ils craignaient si fort qu'ils n'échappassent, qu'ils résolurent une fois de les tuer tous, s'y regardant comme contraints par le soin de leur propre conservation. Le gouverneur espagnol ne voulut pourtant pas y consentir, et ordonna, en attendant mieux, qu'on les envoyât à la vieille grotte dans la vallée, avec deux Espagnols pour les garder et pour leur donner la nourriture nécessaire. On le fit, et ils y restèrent toute la nuit suivante, liés et garrottés.

Les deux Anglais, voyant les troupes auxiliaires des Espagnols, reprirent tellement courage, qu'ils ne voulurent pas en demeurer là : ils se firent accompagner de cinq Espagnols, et ayant à eux tous cinq mousquets, un pistolet et deux bâtons solides, ils partirent aussitôt pour aller à la chasse des sauvages. Ils se dirigèrent du côté de l'arbre où ils leur avaient d'abord résisté, et ils virent sans peine qu'il en était venu d'autres depuis ce temps-là, et qu'ils avaient fait de vains efforts pour emporter leurs compagnons qui avaient perdu la vie, puisqu'en ayant entraîné deux assez loin de cet endroit, ils avaient été obligés de renoncer à leur entreprise. De là ils avancèrent vers la colline, leur premier poste, et d'où ils avaient eu la douleur d'apercevoir leurs maisons en feu. Ils eurent le déplaisir de les voir encore toutes fumantes; mais ils ne découvrirent aucun de leurs ennemis.

Ils résolurent alors d'aller, avec toute la précaution possible, vers leurs plantations ruinées; mais chemin faisant, étant à portée du rivage, ils virent distinctement les sauvages empressés à se jeter dans leurs canots pour se retirer de cette île qui leur avait été si fatale.

Ils furent d'abord fâchés de les laisser partir sans les saluer encore d'une bonne décharge; mais, en examinant la chose avec plus de sang-froid, ils se trouvèrent heureux d'en être quittes.

Ces pauvres Anglais étant ruinés alors pour la seconde fois et privés de tout le fruit de leur travail, les autres s'accordèrent unanimement à les aider à relever leurs habitations et à leur donner tous les secours possibles. Leurs trois compatriotes eux-mêmes, qui jusque-là n'avaient pas marqué la moindre inclination pour eux et qui n'avaient rien su de toute cette affaire parce qu'ils s'étaient établis du côté de l'E., vinrent offrir leur assistance et travaillèrent pour eux pendant plusieurs jours avec beaucoup de zèle. De cette manière, et en fort peu de temps, ils furent en état de subsister par eux-mêmes.

Deux jours après, la colonie eut la satisfaction de voir trois canots sur le rivage, et, près de là, deux hommes noyés, ce qui donnait à croire avec beaucoup de fondement que les ennemis avaient essuyé une tempête qui avait fait périr quelques-unes de leurs barques : cette conjecture était confirmée par un vent violent qu'on avait senti dans l'île la nuit même d'après leur départ. Cependant, si la tempête en avait fait périr, il en restait assez pour informer leurs compatriotes de ce qu'ils avaient fait et de ce qui leur était arrivé, et pour les porter à une seconde entreprise, où ils pourraient employer des forces suffisantes pour n'en avoir pas le démenti.

Quoi qu'il en soit, cinq à six mois se passèrent avant qu'on entendît parler dans l'île de quelque nouvelle entreprise des sauvages; et nos gens commençaient à croire que les Indiens avaient oublié leur malheureuse tentative, ou bien qu'ils désespéraient de la réparer, quand tout à coup ils furent attaqués par une flotte formidable de vingt-huit canots remplis de sauvages armés d'arcs, de flèches, de massues, de sabres de bois et d'autres armes semblables. Leur nombre était si grand, qu'il jeta la colonie dans la plus terrible consternation. Comme ils débarquèrent vers le soir, dans la partie orientale de l'île, nos gens eurent toute la nuit pour se consulter sur ce qu'ils avaient à faire. Sachant que leur sûreté avait consisté entièrement à n'être pas découverts, ils crurent qu'ils devaient prendre les mêmes précautions dans la conjoncture présente, et cela avec d'autant plus de raison que le nombre de leurs ennemis était plus grand.

Conformément à cette opinion, ils résolurent d'abord d'abattre les cabanes des deux Anglais et de renfermer le bétail dans l'ancienne grotte; car ils supposaient que les sauvages iraient tout droit de ce côté-là, quoiqu'ils eussent débarqué à plus de deux lieues de cette habitation.

Ensuite ils emmenèrent tout le bétail qui était dans ma maison de campagne et qui appartenait aux Espagnols; en un mot, ils écartèrent autant qu'il fut possible tout ce qui était capable de faire croire que l'île fût habitée. Le jour suivant, ils se portèrent de bon matin, avec toutes leurs forces, devant la plantation des deux Anglais pour y attendre l'ennemi de pied ferme.

La chose arriva précisément comme ils l'avaient conjecturé. Les sauvages, laissant leurs canots près de la côte orientale de l'île, s'avancèrent sur le rivage, directement vers le lieu en question, au nombre d'environ deux cent cinquante, autant que nos gens pouvaient en juger.

Notre armée était minime en comparaison de la leur, et, ce qui était plus affligeant, il n'y avait pas de quoi la pourvoir suffisamment d'armes. Elle se composait de dix-sept Espagnols et de cinq Anglais, du père de Vendredi, des trois esclaves venus dans l'île avec les femmes sauvages, qui s'étaient montrés très-fidèles, et de trois autres esclaves qui servaient les Espagnols : au total vingt-neuf hommes.

Pour armer ces combattants, il y avait onze mousquets, cinq pistolets, trois fusils de chasse, cinq fusils que j'avais ôtés aux mutins en les désarmant, deux sabres et trois vieilles hallebardes : total, vingt-neuf armes.

Pour en tirer tout le parti possible, ils ne donnèrent point d'armes à feu aux esclaves; mais ils confièrent à chacun une hallebarde ou un bâton à deux bouts, avec une hache. Chaque combattant européen en prit une aussi. Il y avait encore deux femmes qu'il ne fut pas possible d'empêcher de prendre part au combat : on leur donna les arcs et les flèches des sauvages que les Espagnols avaient ramassés après la bataille qui s'était donnée dans l'île, quelque temps auparavant, entre deux troupes de sauvages; on donna de plus une hache à chacune de ces amazones.

Le gouverneur espagnol était généralissime; William Atkins, homme terrible quand il s'agissait de commettre quelque crime, mais intrépide d'ailleurs, commandait sous lui.

Les sauvages avancèrent sur les nôtres comme des lions, et ce qu'il y avait de fâcheux, c'est que nos gens ne pouvaient tirer le moindre secours du lieu où ils étaient postés. Mais Atkins, qui dans cette occasion rendit de grands services, était caché avec six hommes derrière quelques broussailles en garde avancée, avec ordre de laisser passer les premiers ennemis, de faire feu ensuite au milieu de la troupe et de se retirer aussitôt avec toute la promptitude possible, en faisant un détour dans le bois pour se placer derrière les Espagnols, qui avaient devant eux un rideau d'arbres.

Les sauvages s'avançaient par petits pelotons, sans aucun ordre; Atkins en laissa passer une cinquantaine, et, voyant que le reste

18

composait une troupe compacte et confuse, commanda le feu à trois des siens qui avaient chargé leurs fusils de six ou sept balles à peu près du calibre d'un pistolet. Il n'est pas possible de dire combien ils tuèrent et blessèrent de monde; mais la surprise et la consternation des sauvages furent surtout à leur comble. Ils étaient dans un étonnement et dans une frayeur terribles d'entendre ce bruit inouï pour eux, et de voir leurs gens tués et blessés sans en pouvoir découvrir la cause, quand Atkins lui-même et les trois autres firent une nouvelle décharge dans le plus épais de leur bataillon; en moins d'une minute les trois premiers, ayant eu le temps de recharger leurs fusils, leur envoyèrent une troisième décharge.

Si Atkins et ses gens s'étaient retirés immédiatement, comme on le leur avait ordonné, ou si les autres colons eussent été à portée de continuer le feu, les sauvages étaient défaits indubitablement : car leur consternation venait principalement de ce qu'ils s'imaginaient que c'étaient les dieux qui les tuaient par le tonnerre et par la foudre. Mais Atkins, s'arrêtant là pour charger de nouveau, les tira d'erreur. Quelques-uns des ennemis les plus éloignés le découvrirent et le vinrent prendre par derrière; et, quoique Atkins fît encore feu sur eux deux ou trois fois et qu'il en tuât une vingtaine, il fut cependant blessé lui-même; un Anglais fut tué à coups de flèches, et le même malheur arriva quelque temps après à un Espagnol et à un des esclaves qui étaient venus dans l'île avec les femmes. C'était un garçon d'une bravoure brillante; il s'était battu en désespéré, et il avait tué lui seul cinq ennemis, quoiqu'il n'eût d'autres armes qu'un bâton à deux bouts et une hache.

Nos gens, pressés de cette manière et ayant éprouvé une perte aussi considérable, se retirèrent vers une colline dans le bois; et les Espagnols, après trois décharges, firent aussi retraite.

Le nombre des ennemis était trop considérable pour mes colons, et ils se battaient tellement en désespérés, que, quoiqu'il y en eût une cinquantaine de tués et autant de blessés au moins, ils ne laissaient pas de charger nos gens, sans se mettre en peine du danger, et leur envoyaient continuellement des nuées de flèches. On observa même que leurs blessés qui étaient encore en état de combattre en devenaient plus furieux, et qu'ils étaient plus à craindre que les autres.

Lorsque les nôtres commencèrent leur retraite, ils laissèrent leurs morts sur le champ de bataille; et les sauvages maltraitèrent ces cadavres de la manière du monde la plus horrible, leur cassant les bras, les jambes et la tête avec leurs massues et leurs sabres de bois, comme de vrais barbares.

Voyant que nos gens s'étaient retirés, ils ne songeaient pas à les suivre; mais s'étant rangés en cercle, selon leur coutume, ils poussèrent deux grands cris en signe de victoire. Leur joie ne tarda pourtant pas à être troublée peu après par plusieurs de leurs blessés qui tombèrent à terre et perdirent la vie à force de perdre du sang.

Le gouverneur ayant rallié sa petite armée sur un tertre peu élevé, Atkins, quoique blessé, fut d'avis qu'on marchât et qu'on donnât de nouveau avec toutes les forces réunies. « Atkins, dit le gouverneur, vous voyez de quelle manière désespérée leurs blessés combattent; laissons-les en repos jusqu'à demain; tous ces malheureux seront à demi morts de leurs blessures, trop affaiblis par la perte de leur sang pour en venir aux mains de nouveau, et nous aurons meilleur marché du reste.

— C'est fort bien dit, répliqua Atkins avec une gaieté brusque; mais il en sera de moi précisément comme des sauvages : je ne serai bon à rien demain, et c'est pour cela que je voudrais recommencer la danse pendant que je suis encore échauffé.

— Vous parlez en brave, repartit l'Espagnol, et vous avez agi de même; vous avez fait votre devoir, et nous nous battrons pour vous si vous n'êtes pas en état d'être de la partie; attendons jusqu'à demain, je crois que c'est le parti le plus sage. »

Néanmoins, comme nos gens savaient les sauvages dans un grand désordre, car on les voyait courir confusément de côté et d'autre, près de l'endroit où gisaient leurs morts et leurs blessés, ils résolurent de tomber sur eux pendant la nuit, à la faveur du clair de lune, persuadés que, s'ils pouvaient leur envoyer une seule décharge avant que d'être découverts, l'avantage serait pour nos colons. L'occasion était très-favorable, un des Anglais près de l'habitation duquel le combat avait commencé sachant un moyen sûr pour les surprendre. Il fit faire à nos gens un détour dans le bois du côté de l'O.; puis, tournant du côté du S., il les mena si près du lieu où était le plus grand nombre des sauvages, qu'avant d'avoir été vus et entendus, huit d'entre eux firent une décharge sur les ennemis avec un succès terrible. Une demi-minute après, huit autres les saluèrent de la même manière, et répandirent parmi eux une si grande quantité de grosses dragées, qu'il y en eut un grand nombre de tués et de blessés, et pendant tout ce temps il ne leur fut pas possible de découvrir d'où venait ce carnage et de quel côté ils devaient fuir.

Les nôtres, ayant rechargé leurs armes avec toute la promptitude possible, se partagèrent en trois troupes, résolus à tomber sur leurs ennemis tous à la fois.

Ils partagèrent également les armes à feu, ainsi que les hallebardes et les bâtons à deux bouts. S'étant mis en bataille, ils sortirent du bois en criant de toutes leurs forces. Les sauvages se serrèrent d'abord; mais ils tombèrent dans la dernière confusion en entendant nos gens pousser leurs cris de trois côtés. Ils étaient assez résolus pour combattre s'ils avaient vu leurs ennemis; et en effet, dès que nos gens approchèrent, ils tirèrent plusieurs flèches, dont l'une blessa le père de Vendredi, mais non d'une manière dangereuse. Les nôtres ne leur donnèrent guère le temps de respirer; se ruant sur eux après avoir fait feu, ils engagèrent la mêlée, et, à coups de crosse, de sabre, de hache et de bâton à deux bouts, ils firent tant que les ennemis se mirent à pousser des hurlements affreux et à s'enfuir, l'un d'un côté, l'autre de l'autre, ne songeant plus qu'à se dérober à des ennemis si redoutables.

Les Européens étaient fatigués de les assommer : dans les deux actions, ils en avaient tué ou blessé mortellement au moins cent quatre-vingts. Les autres, saisis d'une frayeur extrême, couraient par les collines et les vallées avec toute la rapidité que la peur pouvait ajouter à leur vitesse naturelle.

Comme on ne se mettait guère en peine de les poursuivre, ils gagnèrent le rivage sur lequel ils avaient débarqué; mais il faisait cette nuit-là un vent terrible, qui, venant du côté de la mer, les empêchait de quitter le rivage. La tempête continua pendant toute la nuit; et, quand la marée monta, leurs canots furent poussés si avant sur la plage, qu'il aurait fallu une peine infinie pour les remettre à flot; quelques-uns même, en heurtant contre le sable ou les uns contre les autres, avaient été mis en pièces.

Nos gens, quoique charmés de leur victoire, eurent peu de repos tout le reste de la nuit; mais, s'étant rafraîchis du mieux qu'il leur était possible, ils prirent le parti de marcher vers la partie de la contrée où les sauvages s'étaient retirés. Ce dessein les força de passer sur le champ de bataille, où ils virent plusieurs de leurs malheureux ennemis encore vivants, mais hors d'espérance d'en revenir : spectacle affligeant pour des cœurs bien placés; car une âme véritablement grande, quoique forcée par les lois naturelles à détruire ses ennemis, est bien éloignée de se réjouir de leur malheur.

Il n'y eut pas à s'inquiéter de ces sauvages; car les esclaves eurent soin de finir leurs misères à grands coups de hache.

Nos colons parvinrent enfin à un endroit d'où ils découvrirent le reste de l'armée des vaincus, qui consistait encore en une centaine d'hommes. Ils étaient assis à terre, le menton appuyé sur les genoux et la tête soutenue par les deux mains.

Dès que nos gens se furent approchés d'eux à une double portée de mousquet, le gouverneur ordonna qu'on en tirât deux sans balles, pour leur donner l'alarme et pour voir leur contenance. Il voulait découvrir par là s'ils étaient d'humeur à se battre encore, ou si leur défaite les avait entièrement découragés, afin de prendre ses mesures d'après ce qu'il remarquerait.

Ce stratagème réussit; dès que les sauvages eurent entendu le premier coup et qu'ils virent le feu du second, ils se relevèrent avec toute la frayeur imaginable et s'enfuirent vers le bois, en poussant une sorte de hurlement que nos gens n'avaient pas encore entendu, et dont ils ne purent deviner le sens.

Ils auraient mieux aimé que le temps eût été tranquille, et que leurs ennemis eussent pu se rembarquer; mais ils ne considéraient pas alors que leur retraite pouvait être la cause d'une nouvelle expédition, et qu'ils seraient peut-être revenus avec des forces auxquelles il n'aurait pas été possible de résister, ou bien qu'ils auraient si souvent débarqué, que la colonie, uniquement occupée à les repousser, eût été réduite à mourir de faim.

Atkins, qui, malgré sa blessure, n'avait pas voulu se retirer, donna le meilleur conseil : il fut d'avis de se servir de la frayeur des ennemis pour les séparer de leurs barques et les empêcher de regagner leur pays.

Ils se consultèrent longtemps là-dessus : quelques-uns combattaient cette opinion, craignant que l'exécution de ce projet ne poussât les barbares à se cacher dans les bois, ce qui forcerait les nôtres à leur donner la chasse comme à des bêtes féroces, et les empêcherait de travailler, pour ne s'occuper qu'à garder le bétail et les plantations, et les ferait vivre dans des inquiétudes continuelles.

Atkins répondit qu'il valait mieux avoir affaire à cent hommes qu'à cent nations, et qu'il fallait absolument détruire et les canots et les ennemis, s'ils voulaient n'être pas détruits eux-mêmes : en un mot, il leur montra si bien l'utilité de son sentiment, qu'ils l'adoptèrent tous. Ils mirent aussitôt la main à l'œuvre, et, ayant ramassé du bois sec, ils essayèrent de brûler quelques-uns des canots; mais ils étaient trop mouillés. Néanmoins le feu en gâta tellement les parties supérieures, qu'il n'était plus possible de s'en servir.

Quand les sauvages se furent aperçus de notre projet, quelques-uns d'entre eux sortirent du bois, et, s'approchant, ils se jetèrent à genoux en criant : *Oa, Oa, Waramokoa,* et en prononçant quelques autres paroles auxquelles nous ne pûmes rien comprendre; mais, comme ils se tenaient dans une attitude suppliante, les cris qu'ils poussaient étaient destinés sans doute à prier qu'on épargnât leurs canots et qu'on leur permît de s'en retourner.

Mais nos gens avaient l'intime conviction que l'unique moyen de conserver la colonie était d'empêcher qu'aucun des sauvages ne retournât dans son pays, convaincus que, s'il en échappait un seul pour aller raconter la catastrophe de ses camarades, c'en était fait d'eux. Ainsi, faisant signe aux barbares qu'il n'y avait point de quartier pour eux, ils détruisirent toutes les barques que la tempête avait épargnées. A la vue de ce spectacle, les sauvages qui étaient dans les bois poussèrent des hurlements épouvantables que les nôtres entendirent distinctement, et ensuite ils se mirent à courir dans l'île comme des hommes qui avaient perdu l'esprit; ce qui troubla beaucoup les nôtres, indécis sur ce qu'ils devaient faire pour se délivrer de ces misérables.

Les Espagnols eux-mêmes, malgré toute leur prudence, ne considéraient pas qu'en portant ces sauvages au désespoir ils se mettaient dans la nécessité de placer des gardes auprès de leurs plantations. Il est vrai qu'ils avaient mis leurs troupeaux en sûreté, et qu'il était impossible aux Indiens de trouver mon château, non plus que ma grotte dans la vallée; mais malheureusement ils déterrèrent la grande ferme, la mirent en pièces, ruinèrent l'enclos et la plantation qui était alentour, foulèrent le blé aux pieds, arrachèrent les vignes et gâtèrent les raisins qui étaient en maturité : en un mot, ils firent des dommages inestimables, quoiqu'ils n'en profitassent pas eux-mêmes.

Nos gens étaient, à la vérité, en état de les combattre partout où ils les trouveraient; mais ils étaient fort embarrassés sur la manière de leur donner la chasse. Quand ils les rencontraient un à un, ils les poursuivaient en vain; ces sauvages trouvaient aisément leur sûreté dans leur agilité extraordinaire; et, d'un autre côté, ils n'osaient marcher isolément pour les surprendre, de peur d'être environnés et accablés par le nombre.

Ce qu'il y avait de rassurant, c'est que les sauvages ne possédaient point d'armes : leurs arcs leur étaient inutiles, faute de flèches et de matériaux pour en faire de nouvelles, et personne n'avait d'armes tranchantes dans toute la troupe.

L'extrémité à laquelle les barbares se trouvaient réduits était certainement déplorable, mais la situation où ils avaient mis la colonie n'était guère meilleure; car, quoique nos retraites fussent conservées, les provisions étaient ruinées pour la plupart, la moisson était détruite, et il ne restait plus de ressource que le bétail de la vallée près de la grotte, un petit champ de blé qui se trouvait aussi de ce côté-là, et les plantations de William Atkins et de son camarade. L'autre avait été tué dans la première action par une flèche qui lui avait traversé la tête à la tempe. Il est à remarquer que c'était le scélérat qui avait donné cet affreux coup de hache au pauvre esclave et projeté ensuite de faire main basse sur les Espagnols.

A mon avis, ils furent alors dans un cas plus triste que je n'avais été depuis que je m'avisai de semer du millet et du riz, et que je commençai à apprivoiser des chèvres. Ils avaient dans les sauvages une centaine de loups qui dévoraient tout ce qu'ils pouvaient trouver, et qu'il était impossible d'atteindre.

La première chose dont ils purent convenir dans cet embarras, ce fut de pousser les ennemis vers l'endroit le plus reculé de l'île, afin que, si d'autres sauvages abordaient, ils ne pussent les découvrir. Ils résolurent encore de les harasser continuellement, d'en tuer autant qu'ils pourraient, pour en diminuer le nombre, et, s'ils réussissaient à la fin à les apprivoiser, de leur enseigner à semer et de les faire vivre de leur propre travail.

Conformément à ces résolutions, ils les poursuivirent avec tant de chaleur et les effrayèrent tellement par leurs armes à feu, dont le seul bruit les faisait tomber à terre, qu'ils s'éloignèrent de plus en plus; leur nombre diminuait de jour en jour, et enfin ils furent réduits à se cacher dans les bois et dans les cavernes, où plusieurs périrent de faim, comme on l'apprit dans la suite par la découverte qu'on fit de leurs cadavres.

La misère de ces pauvres gens inspira aux nôtres une généreuse compassion, surtout au gouverneur espagnol, qui était rempli de sentiments chrétiens. Il proposa aux autres de chercher à prendre un des sauvages pour lui faire connaître l'intention de la colonie et pour l'envoyer parmi les siens, afin de les amener à une capitulation qui assurât leur vie et rendît à la colonie le repos qu'elle avait perdu depuis la dernière invasion.

Ils furent assez longtemps avant de pouvoir parvenir à leur but; mais enfin, la disette ayant affaibli les sauvages, on en saisit un. Il était au commencement tellement accablé de son malheur, qu'il ne voulut ni manger ni boire; mais voyant qu'on le traitait avec douceur et qu'on lui donnait ce qu'il fallait pour sa subsistance, sans lui faire le moindre mal, il revint de ses frayeurs et se tranquillisa peu à peu.

On lui amena le père de Vendredi, qui entrait souvent en conversation avec lui et l'assurait de l'intention qu'on avait, non-seulement de sauver la vie à lui et à tous ses compagnons, mais encore de leur donner une partie de l'île, à condition qu'ils se tiendraient dans certaines limites, sans en sortir jamais pour causer le moindre dommage à la colonie. Il lui promit aussi de leur faire donner du grain pour ensemencer des terres, ajoutant qu'on leur fournirait du pain jusqu'à ce qu'ils fussent en état d'en faire pour eux-mêmes. De plus il lui ordonna d'aller parler à ses compatriotes, et de leur déclarer que, s'ils ne voulaient pas accepter des conditions si avantageuses, ils seraient tous détruits.

Les malheureux sauvages, extrêmement humiliés par leur misère, et réduits au nombre d'environ trente-sept, reçurent cette proposition sans balancer, et demandèrent qu'on leur donnât quelques aliments. Là-dessus douze Espagnols et deux Anglais bien armés marchèrent vers l'endroit où ils se trouvaient alors, avec trois esclaves et le père de Vendredi. Ces derniers portaient une bonne quantité de pain, quelques gâteaux de riz séchés au soleil, et trois chevreaux vivants. On leur ordonna de se placer au pied d'une colline pour manger ensemble, ce qu'ils firent avec toutes les marques possibles de reconnaissance.

Dans la suite ils se montrèrent observateurs religieux de leur parole; ils ne sortaient jamais de leur territoire que quand ils étaient obligés de venir demander des vivres et des conseils pour diriger leur plantation.

C'est encore dans ce même endroit qu'ils vivaient quand je débarquai dans l'île et que je leur rendis une visite.

On leur avait enseigné à semer du blé, à faire du pain, à traire les chèvres : rien, en un mot, ne leur manquait. On leur avait assigné une partie de l'île ayant pour bordure des rochers par derrière et la mer par devant. Elle était située du côté du S.-E., et ils avaient autant de terres fertiles qu'il leur en fallait; elles étaient étendues d'un mille et demi en largeur, et d'environ quatre en longueur.

On leur enseigna ensuite à fabriquer des pelles de bois comme j'en faisais autrefois, et on leur fit présent de douze haches et de trois couteaux. A l'aide de ces outils, ils facilitaient leur travail et vivaient avec toute la tranquillité et toute l'innocence qu'on pouvait désirer.

Après cette guerre, la colonie jouit d'une sécurité parfaite relativement aux sauvages, jusqu'à l'époque où je revins la voir. Les canots des Indiens ne laissaient pas d'y aborder de temps en temps pour faire leurs repas inhumains; mais comme ils étaient de différentes nations, et qu'ils n'avaient apparemment jamais entendu parler de ce qui était arrivé aux autres, ils ne firent aucune recherche dans l'île pour trouver nos sauvages, et quand ils l'auraient faite, c'eût été par grand hasard qu'ils les eussent rencontrés.

Tel est le récit fidèle et complet de tout ce qui arriva de considérable à ma colonie pendant mon absence. Les Espagnols avaient extrêmement civilisé les Indiens, et leur rendaient de fréquentes visites; mais ils leur défendaient, sous peine de mort, de les venir voir à leur tour.

Ce qu'il y a de remarquable encore, c'est que nos gens avaient enseigné aux sauvages à façonner des paniers et d'autres ouvrages en osier, et que ceux-ci avaient bientôt surpassé leurs maîtres. Ils savaient faire en ce genre les choses du monde les plus curieuses : des tamis, des cages, des tables, des garde-manger, des chaises, des lits, etc.

Mon arrivée leur fut d'un grand secours, puisque je les pourvus abondamment de couteaux, de ciseaux, de pelles, de bêches, de pioches, en un mot, de tous les outils dont ils pouvaient avoir besoin. Ils s'en servirent bientôt avec beaucoup d'adresse, et ils eurent assez d'industrie pour se fabriquer des maisons entières d'un tissu d'osier : ce qui, malgré la singularité, était d'un grand avantage contre la chaleur et contre toutes sortes d'insectes.

Cette invention plut tant à mes gens, qu'ils firent venir les sauvages afin d'exécuter la même chose pour eux; quand je retournai voir la colonie des deux Anglais, leurs huttes parurent de loin à mes yeux être de grandes ruches. William Atkins, qui commençait à devenir sobre, industrieux, appliqué, s'était fait une tente d'ouvrage de vannier qui passait l'imagination. Elle avait cent vingt pas de circuit; les murailles en étaient aussi serrées que le meilleur panier : elles consistaient en trente-deux compartiments fort épais et de la hauteur de sept pieds. Il y avait au milieu une autre hutte qui n'allait pas au delà de vingt-deux pas de contour. Elle était beaucoup plus forte et plus épaisse que la tente extérieure; la forme en était octogone, et chacun des huit coins était soutenu d'un bon poteau. Sur le haut de ces poteaux on avait posé de grandes pièces du même ouvrage, jointes ensemble par des chevilles de bois; ces pièces servaient de base à huit solives qui faisaient le dôme de tout le bâtiment, et qui étaient parfaitement unies, quoique au lieu de clous il n'y eût que quelques chevilles de fer, qu'il avait trouvé moyen de faire avec de la vieille ferraille que j'avais laissée dans l'île.

Il montrait une grande industrie dans plusieurs choses où il n'avait jamais eu occasion de s'appliquer. Il se fit non-seulement une forge avec deux soufflets de bois, et de fort bon charbon, mais encore une enclume de moyenne grandeur dont il avait trouvé la matière dans un levier en fer; ce qui lui donna le moyen de forger des crochets, des gâches de serrure, des chevilles en fer, des verrous et des gonds.

Quant à son bâtiment, après avoir dressé le dôme de sa tente intérieure, il remplit les vides entre les solives d'ouvrages de vannier aussi bien tressés qu'il fût possible. Il les couvrit d'un second travail de paille de riz, et sur le tout il mit encore des feuilles fort larges d'un certain arbre; ce qui rendait le toit aussi impénétrable à la pluie que s'il eût été couvert de tuiles ou d'ardoises : il fit tout lui-même, excepté l'ouvrage de vannier, que les sauvages avaient fait pour lui.

La tente extérieure formait comme une espèce de galerie couverte, et de ses trente-deux angles de solives s'étendaient les poteaux qui soutenaient le dôme, et qui étaient éloignés du circuit de l'espace de vingt pieds, de manière qu'il y avait entre les murailles extérieures et intérieures une promenade large de vingt pieds environ.

Il partagea tout l'intérieur en six appartements, par le moyen de ce même ouvrage d'osier, mais plus proprement tressé et plus fin que le reste. Dans chacune de ces six chambres, de plain-pied, il y avait une porte qui servait à entrer par la tente du milieu, et une autre donnant dans la galerie extérieure, qui était aussi partagée en six pièces égales, propres à servir non-seulement de retraite, mais encore de décharge. Ces six espaces n'emportaient pas toute la circonférence, et les autres appartements de la tente extérieure étaient arrangés de la manière suivante : dès qu'on était entré par la porte du dehors, on avait droit devant soi un petit passage qui menait à la porte de la maison intérieure; à chaque côté du passage, il y avait une muraille en travail de vannier, avec une porte par où l'on entrait dans une espèce de magasin large de vingt pieds et long de quarante, et de là dans un autre un peu moins long; de sorte que dans la tente extérieure il y avait dix belles chambres, et six d'entre elles n'avaient entrée que par les appartements de la tente intérieure, dont elles étaient, pour ainsi dire, les cabinets. Les quatre autres, comme je viens de le dire, étaient de grands magasins : deux d'un côté et deux de l'autre du passage qui menait de la porte du dehors à celle de la maison intérieure.

Je crois qu'on n'a jamais entendu parler d'un pareil ouvrage de vannerie, ni d'une hutte faite avec autant de propreté et de symétrie. Cette grande ruche servait de demeure à trois familles, savoir : à celle d'Atkins, de son compagnon et de la femme du troisième Anglais qui avait perdu la vie dans la dernière guerre. Les autres agirent parfaitement bien avec cette femme, et lui fournirent avec libéralité tout ce dont elle avait besoin, du grain, du lait, des raisins secs, etc. S'ils tuaient un chevreau ou s'ils trouvaient une tortue, elle en avait toujours sa part, de manière qu'ils vivaient tous ensemble assez bien, quoiqu'il s'en fallût de beaucoup qu'ils eussent autant d'industrie que les Anglais qui formaient une colonie à part.

Il me reste maintenant à entrer dans quelques détails sur les Espagnols, qui constituaient le corps le plus puissant de mes sujets, et dont l'histoire n'est pas moins remarquable.

Ils m'informèrent dans plusieurs de nos conversations de la situation où ils s'étaient trouvés parmi les sauvages. Ils me dirent avec franchise qu'ils n'avaient pas songé seulement à chercher dans l'industrie quelque secours contre la misère, et que, quand même cela se fût trouvé, ils avaient été tellement accablés par le fardeau de leurs infortunes et abîmés par le désespoir, qu'ils s'étaient abandonnés à la résolution de se laisser mourir de faim.

Un homme fort grave et fort sensé d'entre eux ajouta qu'il sentait bien qu'ils avaient eu tort, puisque le vrai chrétien doit toujours être soutenu par la pensée que Dieu, qui l'éprouve pour un moment, peut, quand il voudra, mettre un terme à ses souffrances.

Les Espagnols avaient été souvent exposés à de terribles extrémités, étant quelquefois absolument dépourvus de vivres. L'île où le malheur les avait portés était habitée par des sauvages indolents, et par conséquent plus pauvres et plus misérables que d'autres peuples de cette même partie du monde. En récompense ceux-ci étaient moins barbares et moins cruels que ceux qui étaient mieux pourvus.

Les sauvages, suivant ce qu'ils me racontèrent encore, avaient voulu, pour prix de leur hospitalité, les conduire avec eux à la guerre. Il est vrai qu'ils possédaient des armes à feu, et s'ils n'eussent pas eu le malheur de perdre leurs munitions, non-seulement ils auraient été en état de rendre des services considérables à leurs hôtes, mais encore de se faire respecter par leurs amis et par leurs ennemis; mais n'ayant ni poudre ni plomb, obligés pourtant de suivre leurs bienfaiteurs dans les combats, ils y étaient plus exposés que les sauvages eux-mêmes. Ils n'avaient ni arcs ni flèches, et ils ne savaient pas faire usage de ces sortes d'armes que leurs amis auraient pu leur fournir. Ils étaient donc forcés de rester dans l'inaction, en butte aux traits des ennemis, jusqu'à ce que les deux armées se serrassent de près. Alors ils devenaient d'une grande utilité : avec trois hallebardes et leurs mousquets, dans le canon desquels ils mettaient des morceaux de bois pointus au lieu de baïonnettes, ils rompaient quelquefois des bataillons entiers.

Il ne laissait pas d'arriver fort souvent qu'environnés par une grande multitude d'ennemis; ils ne se sauvaient d'une grêle de flèches que par une espèce de miracle. Mais enfin ils avaient su se garantir de ce danger en se servant de larges boucliers de bois couverts de peaux de certains animaux dont ils ne savaient pas le nom. Un jour cependant le malheur avait voulu que cinq d'entre eux fussent jetés à terre par les masses des sauvages, ce qui avait donné occasion à l'ennemi d'en faire un prisonnier; c'était précisément l'Espagnol que j'avais eu la satisfaction d'arracher à la cruauté de ses vainqueurs. Ses compagnons le crurent mort dans le commencement; mais, en apprenant qu'il avait été pris, ils auraient hasardé volontiers leur vie, tous tant qu'ils étaient, pour le délivrer.

Au moment où ces Espagnols avaient été terrassés, les autres les avaient renfermés au milieu d'eux sans les abandonner, jusqu'à ce qu'ils fussent revenus à eux-mêmes. Alors, formant tous ensemble un petit bataillon, ils s'étaient fait jour au travers de mille sauvages, renversant tout ce qui s'opposait à eux, et procurant à leurs amis une victoire entière, mais peu satisfaisante pour eux-mêmes, à cause de la perte de leur compagnon.

On peut juger par là quelle avait été leur joie en revoyant un ami qu'ils avaient cru dévoré par les sauvages, la plus terrible espèce d'animaux féroces. Cette joie était parvenue au plus haut degré par la nouvelle qu'il y avait près de là un chrétien assez généreux pour entreprendre de finir leurs malheurs et capable d'y réussir.

Ils me firent encore la description la plus pathétique de la surprise que leur avait causée le secours que je leur avais envoyé, le pain surtout, qu'ils n'avaient pas vu depuis tant d'années; ils l'avaient béni mille et mille fois, comme un aliment descendu du ciel, et, en le goûtant, ils y avaient trouvé le plus délicieux régal. Diverses autres choses que je leur avais envoyées pour leur subsistance leur avaient causé un ravissement semblable.

Mes Espagnols, en me faisant ce récit, trouvaient des termes pour exprimer leurs sentiments; mais ils n'en avaient point pour donner une idée de la joie qu'avait excitée dans leur âme la vue d'une barque et de pilotes tout prêts à les tirer de cette île malheureuse, et à leur faire voir le lieu d'où ce secours inespéré leur était venu.

CHAPITRE V

Il est temps que j'entre dans le détail de ce que je fis pour ma colonie, et de la situation où je la laissai en sortant de l'île. Ces gens étaient persuadés aussi bien que moi qu'ils ne seraient plus importunés par les visites des sauvages, et que, s'ils revenaient, ils étaient en état de les repousser, quand ils seraient deux fois plus nombreux qu'auparavant : il n'y avait donc rien à craindre de ce côté-là. Un point plus important que je traitai avec le gouverneur, c'était leur demeure dans l'île. Je ne comptais pas en emmener un seul avec moi; aussi n'était-il pas juste de faire cette grâce à quelques-uns, et de laisser là les autres, qui auraient été au désespoir d'y rester si j'eusse diminué leur nombre.

Je leur dis donc à tous que j'étais venu pour les établir dans l'île, et non pour les en retirer; que, dans ce dessein, j'avais fait des dépenses considérables, afin de les pourvoir de tout ce qui était nécessaire pour leur subsistance et leur sûreté; que, de plus, je leur amenais des personnes non-seulement propres à les renforcer avantageusement, mais encore à leur rendre de grands services, comme des artisans capables de faire pour la colonie mille choses nécessaires qui lui avaient manqué jusqu'à présent.

Avant de leur livrer tout ce que j'avais apporté pour eux, je leur demandai à chacun successivement s'ils avaient complétement banni de leur cœur leurs anciennes animosités, et s'ils voulaient bien se toucher réciproquement la main, en se promettant une étroite amitié et un attachement sincère pour l'intérêt commun de toute la société.

William Atkins répondit d'une manière ouverte et cordiale qu'ils avaient eu assez de malheurs pour devenir sages, et assez de discordes pour devenir amis; que, pour sa part, il promettait de vivre et de mourir avec les autres; que, bien loin de nourrir quelque haine contre les Espagnols, il avouait qu'il avait mérité du reste tout ce qu'ils avaient fait à son égard, et que, s'il avait été à leur place et eux à la sienne, ils n'en auraient pas été quittes à si bon marché; qu'il était prêt à leur demander pardon, s'ils le voulaient, de ses folies et de ses brutalités; qu'il souhaitait leur amitié de tout son cœur, et qu'il ne négligerait aucune occasion de les en convaincre; qu'au reste il se résignait à ne pas revoir encore sa patrie de vingt ans.

Quant aux Espagnols, ils dirent qu'en effet ils avaient dans le commencement désarmé et exilé Atkins et ses compagnons à cause de leur mauvaise conduite, et qu'ils s'en rapportaient à moi pour décider s'ils l'avaient fait sans raison; mais qu'Atkins avait déployé tant de bravoure dans la grande bataille contre les sauvages, et qu'ensuite il avait donné tant de marques de l'intérêt qu'il prenait à toute la société, qu'ils avaient oublié tout le passé, et qu'ils le croyaient aussi digne d'être pourvu d'armes et de tout ce qui lui était nécessaire qu'aucun autre; qu'ils avaient parfaitement, lui et ses compagnons, mérité leur confiance par tout ce qui peut porter les hommes à se fier les uns aux autres; enfin, qu'ils embrassaient avec plaisir l'occasion de m'assurer qu'ils n'auraient jamais d'autre intérêt que celui de toute la colonie.

Sur ces déclarations, qui paraissaient pleines de franchise et d'amitié, je les priai tous à dîner pour le lendemain, et véritablement je leur donnai un repas magnifique. Pour le faire préparer, je fis venir à terre le cuisinier du vaisseau et son compagnon; je leur donnai pour aide le cuisinier qui était dans l'île. On apporta du vaisseau six pièces de bœuf et quatre de porc, une grande jatte de porcelaine pour faire du punch, avec les ingrédients nécessaires, dix bouteilles de vin rouge de Bordeaux, et dix bouteilles de bière d'Angleterre. Toutes ces douceurs furent d'autant plus agréables à mes convives, qu'ils n'avaient rien goûté de pareil depuis bien des années.

Les Espagnols ajoutèrent à nos mets cinq chevreaux entiers, que les cuisiniers firent rôtir et dont on envoya trois bien couverts dans le vaisseau, afin que l'équipage se régalât de viande fraîche pendant que mes insulaires faisaient bonne chère avec les provisions salées du vaisseau.

Après avoir savouré avec eux les plaisirs modérés de la table, je fis porter à terre la cargaison que je leur avais destinée, et, pour empêcher qu'il n'y eût des disputes sur le partage, j'ordonnai que chacun prît une portion égale de tout ce qui devait servir à les vêtir. Je commençai par leur distribuer autant de toile qu'il leur en fallait pour faire quatre chemises, et j'augmentai ensuite le nombre jusqu'à six à l'instante prière des Espagnols. Rien au monde ne pouvait leur faire plus de plaisir; il y avait si longtemps qu'ils n'en avaient porté, que l'idée même leur en était presque sortie de la mémoire.

Je destinai les étoffes minces d'Angleterre à leur faire à chacun un habit long et peu serré, à cause de la chaleur du climat. J'ordonnai en même temps qu'on leur en confectionnât de nouveaux dès que ceux-ci seraient usés. Je donnai à peu près les mêmes ordres pour ce qui regardait les souliers, les bas et les chapeaux.

Il m'est impossible d'exprimer la joie qui éclatait dans les regards de ces pauvres gens lorsqu'ils voyaient le soin que j'avais pris de leur fournir tant de choses utiles et commodes. Ils me dirent que j'étais leur véritable père, et que, tant que dans un endroit si éloigné de leur patrie ils auraient un correspondant comme moi, ils oublieraient qu'ils étaient dans un désert. Ils déclarèrent tous qu'ils s'engageaient à ne jamais abandonner l'île sans mon consentement.

Je leur présentai ensuite les ouvriers que j'avais emmenés avec moi, surtout le tailleur, le serrurier, les deux charpentiers et mon artisan universel, qui leur était plus utile que personne au monde. Le tailleur, afin de leur témoigner son zèle, se mit d'abord à travailler, et, avec ma permission, il commença par leur faire à chacun une chemise. En même temps il enseigna aux femmes la manière de manier l'aiguille, de coudre et de piquer, et les employa tout de suite à faire les chemises.

Quant aux charpentiers, il n'est pas nécessaire de dire de quelle utilité ils furent à ma colonie. Ils mirent d'abord en pièces tous mes meubles grossiers, et les remplacèrent en très-peu de temps par des tables fort propres, des chaises, des bois de lit, des buffets, etc.

Pour leur faire voir comment la nécessité avait instruit mes artisans, je menai mes charpentiers vers la maison d'Atkins. Ils m'avouèrent tous deux qu'ils n'avaient jamais vu un pareil exemple de l'industrie humaine : l'un d'eux même, après avoir réfléchi pendant quelques moments, se tournant de mon côté : « En vérité, dit-il, cet homme n'a pas besoin de nous, il ne lui manque que des outils. »

Ce mot me rappela ceux que j'avais apportés; je distribuai à chaque homme une bêche, une pelle et un râteau, afin de suppléer à la charrue et à la herse. Je donnai encore à chaque colonie une pioche, un levier, une grande hache et une scie, en leur permettant d'en prendre de nouveaux dans le magasin général dès qu'ils seraient usés ou endommagés.

J'avais amené avec moi à terre le jeune homme dont la mère était morte de faim, et la servante aussi. C'était une jeune fille douce, bien élevée et pieuse, dont la conduite charmait tout le monde : elle avait vécu sans beaucoup d'agrément sur le vaisseau, où il n'y avait point d'autre femme qu'elle; mais elle s'était soumise à son sort avec beaucoup de résignation. Quand elle vit l'ordre qui régnait dans mon île, considérant qu'elle n'avait aucune affaire dans les Indes orientales, elle me pria de la laisser dans l'île et de l'agréer comme un membre de ma famille. Le jeune homme m'adressa la même prière, et j'y consentis avec plaisir. Je leur donnai un petit terrain, où on leur fit trois tentes entourées d'ouvrages de vannerie, construites comme la maison d'Atkins.

Ces tentes étaient liées ensemble d'une telle manière, que chacune avait son appartement, et que celle du milieu pouvait servir de salle à manger pour l'usage de l'un et de l'autre. Les deux Anglais trouvèrent à propos de changer de demeure et de se rapprocher davantage de ces nouveaux venus. C'est ainsi que l'île resta toujours partagée en trois colonies.

Les Espagnols, avec le père de Vendredi et les premiers esclaves, étaient toujours dans mon vieux château sous la colline, lequel devait passer à juste titre pour la capitale de mon empire; ils l'avaient tellement étendu, qu'ils y pouvaient vivre fort au large, quoique entièrement cachés; et je suis sûr qu'il n'y eut jamais au monde une petite ville dans un bois si parfaitement à l'abri de toute insulte. Mille hommes auraient parcouru toute l'île pendant un mois entier sans la trouver, à moins d'être avertis qu'elle y était. Les arbres qui l'entouraient étaient si serrés et leurs branches tellement entrelacées les unes dans les autres, qu'il aurait fallu les abattre pour voir le château; d'ailleurs il devenait presque impossible de découvrir les deux petits chemins par lesquels les habitants eux-mêmes entraient et sortaient. L'un était au haut de la petite baie, à plus de deux cents verges derrière l'habitation; l'autre, encore plus caché, menait pardessus la colline par le moyen d'une échelle. Ils avaient planté encore au-dessus de la colline un bois fort épais, d'un acre d'étendue, où il n'y avait pas la moindre ouverture, excepté une fort petite entre deux arbres, par laquelle on entrait de ce côté-là.

La seconde colonie était celle de William Atkins, de son compagnon et de la famille de leur camarade défunt. Dans celle-là demeuraient aussi les deux charpentiers et le serrurier, d'autant plus utile à tous les habitants, qu'il était encore bon armurier et capable par conséquent de tenir toujours en état les armes à feu; ils avaient avec eux mon artisan universel, qui valait à lui seul vingt autres ouvriers. C'était un garçon non-seulement fort industrieux, mais encore fort gai et fort divertissant, en sorte qu'on trouvait en lui l'agréable et l'utile. Enfin la troisième colonie était celle des deux autres Anglais, du jeune homme et de la servante.

Pour en revenir à mon jeune religieux français, qui avait voulu nous suivre, je trouvai en lui toutes les qualités d'un prêtre fervent et d'un homme bien élevé.

Il me fit un récit très-intéressant de sa vie et des événements extraordinaires dont elle avait été comme tissue. Parmi ses nombreuses aventures pendant les deux années qu'il avait employées à voyager, la plus remarquable, à mon avis, était sa dernière course, dans laquelle il s'était vu forcé cinq fois de changer de vaisseau, sans que jamais aucun des cinq fût parvenu à l'endroit pour lequel il avait été destiné. Son premier dessein était d'aller à Saint-Malo dans un vaisseau prêt à faire ce voyage; mais, contraint par le mauvais temps d'entrer dans le Tage, le navire avait donné contre un banc, et l'on avait été obligé d'en retirer toute la cargaison. Dans cet embarras, il avait trouvé un vaisseau prêt à faire voile pour l'île de Madère, et il s'y était embarqué; mais le maître, n'étant pas un fort excellent marin, s'était trompé dans son estime et avait laissé dériver son navire jusqu'à Fial, où, par un heureux hasard, il avait trouvé une bonne occasion de se défaire de sa marchandise, qui consistait en grains. Ce bonheur l'avait déterminé à ne point aller à Madère, mais à charger du sel dans l'île de Mai et à se diriger de là vers Terre-Neuve. Dans cette conjoncture, mon religieux n'avait pu que suivre la destinée du vaisseau, et le voyage avait été heureux jusqu'aux bancs où l'on pêche le poisson. Rencontrant là un vaisseau français destiné pour Québec, dans la rivière de Canada, et de là pour la Martinique, afin d'y porter des vivres, il avait cru trouver l'occasion d'exécuter son premier dessein; mais, après être arrivé à Québec, le maître du bâtiment étant mort, le vaisseau n'était pas allé plus loin. Se voyant traversé de cette manière, il s'était mis dans le navire destiné pour la France qui avait brûlé en pleine mer, et nous l'avions reçu à bord d'un vaisseau destiné pour les Indes orientales. C'est ainsi qu'il avait échoué successivement pendant cinq voyages, qui étaient, pour ainsi dire, les stations d'un même trajet, sans parler de ce qui lui arriva dans la suite.

Mais racontons l'heureux changement qui s'opéra dans l'île grâce à mon religieux. Comme il était logé avec nous pendant tout le temps de mon séjour, il me vint voir un matin que j'avais résolu d'aller visiter la colonie des Anglais qui était dans l'endroit le plus éloigné de l'île. Il me dit avec beaucoup de gravité que depuis quelques jours il avait attendu avec impatience l'occasion de m'entretenir, espérant que ce qu'il avait à me dire ne me déplairait pas, parce qu'il tendait à mon but principal, la prospérité de ma colonie, et qu'il se flattait qu'une telle mesure y attirerait les bénédictions du Ciel, dont jusqu'ici elle ne jouissait pas autant qu'il l'aurait souhaité.

Surpris de ce discours, je le priai de s'expliquer. Alors il me dit qu'il déplorait de voir que le service du Seigneur semblait tomber en oubli parmi ces hommes qui ne devaient tous leur conservation qu'à la bonté miraculeuse de la Providence. Il s'affligeait de voir que personne n'avait cherché à éclairer sur un point si important les pauvres sauvages qui se trouvaient dans l'île; enfin il m'inspira la pensée d'unir par le mariage les femmes négresses et ceux qui désiraient les prendre pour épouses, ajoutant qu'il me croyait, aux yeux des hommes, des titres suffisants pour leur faire contracter des unions légales, et s'offrait à unir devant Dieu ceux qui se montreraient dignes de recevoir ce sacrement.

Ce discours me toucha vivement, et je remerciai sincèrement le bon ecclésiastique, en reconnaissant que je ne m'étais pas assez occupé du seul moyen de moraliser d'une manière durable ma petite colonie. Je fis cependant encore une objection sur le temps assez long que réclamait une telle entreprise, et sur l'engagement que j'avais pris avec les armateurs du navire de retarder le moins possible le voyage du bâtiment confié à mon neveu. Le religieux me répondit avec tant de chaleur en me faisant sentir tout le prix de ces âmes qu'il s'agissait d'arracher à la mort et aux ténèbres, que je n'hésitai plus à prolonger mon séjour, pour peu que ces pieux projets eussent chance de succès.

J'étais tellement rempli de ces pensées, qu'en arrivant à l'habitation des Anglais je ne voulus pas attendre un instant pour leur faire part du plan qui m'avait été suggéré. Ma proposition fut mieux accueillie que je n'avais osé l'espérer. Les matelots anglais, tous originaires d'Irlande, avaient été élevés dans la religion catholique, et l'isolement dans lequel ils vivaient les avait surtout reportés vers les saintes croyances de leur jeunesse; quand je leur dis que j'avais

Le religieux me fit sentir tout le prix de ces âmes qu'il s'agissait d'arracher à la mort et aux ténèbres.

un prêtre avec moi, je les vis tous attendris, et Atkins fut celui qui se montra le plus touché. Il se jeta aux pieds de mon compagnon, le suppliant d'avoir pitié de lui, malgré l'énormité de ses péchés, et déclarant qu'il voulait prendre une négresse pour épouse légitime, et faire oublier toutes ses fautes par une conduite irréprochable.

L'ecclésiastique l'encouragea de toutes ses forces dans ses bonnes résolutions; il lui parla avec une douceur qui ajouta encore à l'attendrissement du pauvre garçon, lequel n'avait plus désormais qu'une crainte, celle de ne pouvoir expier suffisamment en cette vie toutes les fautes dont il s'était rendu coupable. Le religieux lui parla avec beaucoup d'onction de l'ineffable bonté de Dieu et de son indulgence, qui est toujours plus grande que la malice des hommes, et qui pardonne tout au repentir.

Quant au mariage dont Atkins parlait, l'ecclésiastique lui fit observer qu'il ne pouvait unir un chrétien avec une femme sauvage qui n'avait pas été baptisée. « Aidez-moi, dit-il, à faire connaître à ces malheureuses la foi chrétienne, amenez-les à demander le baptême, et je pourrai ensuite vous unir. » Comme les Anglais répondaient qu'ils ne pouvaient enseigner à ces femmes une religion qu'ils connaissaient à peine : « Convertissez-vous vous-mêmes sincèrement, leur dit le bon religieux, et vous deviendrez d'excellents prédicateurs. »

Nous fûmes bientôt convaincus de la vérité de ces paroles; car au bout de quelques jours que le pieux missionnaire consacra à entendre l'aveu des fautes des Anglais et à instruire les négresses, celles-ci avaient une connaissance assez exacte des premiers éléments de la vraie foi, et le changement qui s'était opéré dans leurs maîtres depuis qu'ils étaient revenus à la pratique de la religion suffisait pour faire apprécier aux pauvres néophytes l'excellence de notre religion.

Nous célébrâmes donc, avant notre départ, le baptême des femmes sauvages et le mariage de ces différents couples; leurs excellentes dispositions étaient des garanties suffisantes de la bonne conduite qu'ils tiendraient dans l'avenir.

Les Espagnols trouvèrent aussi de grandes consolations dans la présence du prêtre français; tous cherchèrent dans les sacrements de l'Église un nouveau courage et une nouvelle résignation.

Pour mon religieux, il n'avait pas encore rempli tous ses pieux desseins; ses pensées continuaient toujours à rouler sur la conversion des trente-sept sauvages, et il serait resté de tout son cœur dans l'île pour y travailler; mais je lui fis voir que son entreprise était impraticable, et que je trouverais peut-être moyen de la faire réussir sans qu'il eût besoin de s'en mêler.

Ayant ainsi réglé les affaires de mon île, je me préparais à retourner à bord du vaisseau, quand le jeune Anglais que j'avais arraché du bâtiment affamé me dit qu'il venait d'apprendre que j'avais un ecclésiastique avec moi; que, par son moyen, j'avais marié régulièrement les Anglais avec les femmes sauvages; il ajouta qu'il savait un autre mariage à faire entre deux chrétiens, lequel pourrait bien ne m'être pas désagréable. Il connaissait, poursuivit-il, mon dessein de le ramener dans sa patrie; mais, mon voyage devant, selon toutes les apparences, être de long cours et très-hasardeux, il ne me demandait pour toute grâce à son égard que de lui donner quelques esclaves et tout ce qui était nécessaire pour établir une plantation; que de cette manière-là il attendrait avec patience l'occasion de retourner en Angleterre, persuadé que, quand j'y serais revenu, je ne l'oublierais pas. Enfin il ajouta qu'il avait envie de me donner des lettres pour ses parents, afin de les informer des bontés que j'avais eues pour lui, et de l'endroit où je l'avais laissé; et il me promit que, dès que je le ferais sortir de l'île, il me céderait sa plantation, quelle qu'en pût être la valeur.

Ce petit discours était fort convenable pour un homme aussi jeune. Je lui donnai toutes les assurances possibles de remettre ses lettres si je revenais sain et sauf en Angleterre, de n'oublier jamais la fâcheuse situation dans laquelle il voulait demeurer, et d'employer tous les moyens possibles pour l'en tirer.

J'étais fort impatient de savoir de quel mariage il avait voulu parler, et il m'apprit qu'il s'agissait de Susanne (c'était le nom de sa servante) et de mon factotum.

J'en fus réellement charmé, parce que le parti me paraissait très-bon de part et d'autre. J'ai déjà dépeint le caractère du jeune homme. Pour la fille, elle était modeste, douce et pieuse; elle avait du bon sens et assez d'agréments; elle parlait bien et à propos, d'une manière décente et polie; elle était toujours prête à répondre quand il le fallait, et jamais elle ne s'empressait de se mêler de ce qui ne la regardait pas; elle avait beaucoup d'adresse pour faire toutes sortes d'ouvrages, et elle était si bonne ménagère, qu'elle aurait pu être la femme de charge de toute la colonie; elle savait parfaitement se conduire avec les personnes d'un certain rang, et par conséquent il ne lui était pas difficile de plaire à tous les habitants de l'île.

Nous les mariâmes ce même jour; et, comme je lui tenais lieu de père dans cette cérémonie, je lui donnai aussi une dot; car je lui assignai à elle-même et à son époux un espace de terre assez considérable pour en faire une plantation. Ce mariage, et la proposition que le jeune homme m'avait faite de lui donner en propre une petite étendue de terrain, me firent penser à partager l'île entre les habitants, afin de leur ôter toute occasion de querelle.

J'en donnai la commission à Atkins, qui était devenu grave, modéré, économe, en un mot, qui était alors un parfait honnête homme, fort attaché à la religion, et, si j'ose porter un jugement en cette matière, véritablement converti.

Il s'acquitta de ce soin avec tant de prudence, que tout le monde en fut satisfait, et qu'ils me prièrent tous de ratifier le partage par un écrit de ma main. Je le fis dresser sur-le-champ, et, en déterminant les limites de chaque plantation, je leur donnai à chacun un droit de possession pour eux et pour leurs héritiers, ne me réservant que la suzeraineté de l'île et une redevance pour chaque plantation, payable en onze ans à moi ou à celui de mes héritiers qui, venant la demander, produirait une copie authentique du présent écrit.

Quant à la forme du gouvernement et des lois, je leur dis qu'ils étaient aussi capables que moi de prendre là-dessus les mesures nécessaires, et que je souhaitais seulement qu'ils me promissent de nouveau de vivre ensemble en bons amis et en bons voisins.

Il y a encore une particularité que j'aurais tort de passer sous silence. Comme tous les habitants de mon île vivaient dans une sorte d'état républicain, et qu'ils avaient beaucoup à faire, il semblait ridicule qu'il y eût trente-sept sauvages relégués dans un coin de l'île, à peine capables de gagner leur vie, bien loin de contribuer à l'utilité générale. Cette considération me fit proposer au gouverneur espagnol d'y aller avec le père de Vendredi, et de leur offrir de se joindre au reste des habitants, afin de planter pour eux-mêmes ou bien de servir les autres, moyennant la nourriture et l'entretien, ou en qualité de domestiques, et non pas comme esclaves; car je défendis formellement qu'on les réduisît en esclavage; ce qui eût été contraire à la capitulation qu'ils avaient faite en se rendant.

Ils acceptèrent la proposition de grand cœur, et quittèrent aussitôt leurs habitations. Il n'y en eut que trois ou quatre qui prirent le parti de cultiver leurs propres terres; les autres aimèrent mieux être distribués dans les différentes familles que nous avions établies.

Toutes les colonies se réduisaient alors à deux : il y avait celle des Espagnols, qui demeuraient dans mon château, et qui étendaient leur plantation du côté de l'E., le long de la petite baie, jusqu'à ma maison de campagne. Les Anglais vivaient dans le N.-E. de l'île, où Atkins et ses camarades s'étaient établis dès le commencement; et ils s'étendaient, du côté du S. et du S.-O., derrière la plantation des Espagnols. Chaque colonie avait encore à sa disposition une assez grande étendue de terre en friche qu'elle pouvait cultiver en cas de besoin; en sorte que de ce côté il n'y avait aucun sujet de jalousie ni de discorde.

On avait laissé déserte la partie orientale de l'île, afin que les sauvages pussent y aller à leur ordinaire; et l'on avait résolu de ne se mêler nullement de leurs affaires, s'ils ne se mêlaient point de celles des habitants. Il ne faut pas douter qu'ils n'y vinssent souvent, comme autrefois; mais je n'ai jamais entendu dire qu'ils aient entrepris la moindre chose contre ma colonie.

J'avais fait espérer à mon religieux que la conversion des trente-sept sauvages pouvait se faire sans lui d'une manière dont il serait satisfait. Je lui dis que cette affaire était en bon train, et que, ces gens étant ainsi distribués parmi les chrétiens, il serait facile de les initier aux principes de notre religion, pourvu que chacun de leurs maîtres voulût bien redoubler d'efforts pour y réussir. Il en convint. « Mais, dit-il, comment les porterons-nous à travailler avec application? » Je lui répondis qu'il fallait les y engager en les assemblant tous, ou bien en leur parlant à chacun en particulier. Ce second parti lui parut le plus convenable. Il entreprit donc d'aller voir les Espagnols pendant que j'irais adresser mes exhortations aux Anglais. Nous recommandâmes aux uns et aux autres de se contenter de leur enseigner les principes généraux de la religion chrétienne, tels que l'existence de Dieu, Jésus-Christ rédempteur, etc. Ils nous le promirent.

En allant à la maison ou plutôt à la ruche d'Atkins, je vis avec plaisir que la jeune femme de mon machiniste et l'épouse de l'Anglais étaient devenues amies intimes, et que cette pieuse personne avait perfectionné l'ouvrage commencé par son mari. Quoiqu'il n'y eût que quatre jours écoulés depuis le jour du baptême de la femme d'Atkins, elle était déjà devenue si bonne chrétienne, que je n'ai de ma vie entendu parler d'une conversion si subite, et poussée si loin en si peu de temps.

Je ne jugeai pas à propos de parler à mes colons de la chaloupe que j'avais eu soin d'embarquer par pièces détachées, avec intention de les assembler dans l'île. J'en fus détourné d'abord, en y arrivant, par les semences de discorde répandues dans la colonie, persuadé qu'au moindre mécontentement ils se serviraient de cette chaloupe pour se séparer les uns des autres; peut-être aussi en auraient-ils fait usage dans un but de piraterie; et de cette manière mon île serait devenue un repaire de brigands, au lieu d'être une colonie de gens honnêtes et pieux. Je ne voulus pas leur laisser non plus les deux canons de bronze, ni les deux petites pièces de tillac que je leur avais destinées. Je les crus assez forts sans cet arsenal, et assez bien armés pour soutenir une guerre défensive, mon but n'étant nullement de les mettre en état d'entreprendre des conquêtes.

Le jour suivant, nous fîmes voile, après avoir salué la colonie de cinq coups de canon.

Je revins à bord, après avoir passé vingt-cinq jours dans l'île, promettant à ceux de mes gens qui avaient pris la résolution d'y rester jusqu'à ce que je les en rappelasse, de leur envoyer du Brésil de nouveaux secours, si je pouvais en trouver l'occasion. Je m'étais engagé surtout à leur procurer quelque bétail, tel que vaches, moutons, etc.

Le jour suivant, nous fîmes voile, après avoir salué la colonie de cinq coups de canon.

Le troisième jour après avoir mis à la voile, la mer étant calme, et le courant allant avec force vers l'E.-N.-E., nous fûmes un peu entraînés hors de notre cours; et nos gens crièrent jusqu'à trois fois : « Terre du côté de l'E. ! » sans qu'il nous fût possible de savoir si c'était le continent ou une île. Vers le soir, nous vîmes la mer du côté de la terre toute couverte de quelque chose de noir que nous ne pûmes distinguer; mais notre contre-maître, étant monté sur le grand mât avec une lunette d'approche, se mit à crier que c'était toute une armée.

Je ne savais ce qu'il voulait dire avec son armée, et je le traitai d'extravagant. « Ne vous fâchez pas, Monsieur, dit-il, c'est une armée navale de plus de mille canots, je les vois distinctement venir droit à nous. »

Je fus un peu surpris de cette nouvelle, ainsi que mon neveu le capitaine, qui avait entendu raconter dans l'île de si terribles choses de ces sauvages, et qui, n'étant jamais allé dans ces mers, ne savait qu'en penser. Il s'écria deux ou trois fois qu'il fallait nous attendre à être dévorés. J'avoue que, voyant la mer calme et le courant qui portait vers le rivage, je n'étais pas sans frayeur. Je l'encourageai pourtant en lui conseillant de laisser tomber l'ancre aussitôt qu'on se verrait inévitablement forcé d'en venir aux mains avec ces barbares.

Le calme continuant, et cette flotte étant fort près de nous, je commandai qu'on jetât l'ancre et qu'on carguât les voiles. Afin d'empêcher qu'ils ne missent le feu au vaisseau, je fis remplir les deux chaloupes d'hommes bien armés, et les fis placer l'une à la poupe et l'autre à la proue. Je leur fis prendre un bon nombre de seaux, pour éteindre le feu que les sauvages pourraient s'efforcer de mettre au navire.

Nous attendîmes les ennemis dans cette position, et bientôt nous les vîmes de près : je ne crois pas que jamais un plus terrible spectacle se soit offert aux yeux d'un Européen. Le contre-maître s'était prodigieusement trompé dans son calcul : au lieu de mille canots, il n'y en avait que cent vingt-six; mais ils étaient tellement chargés, que plusieurs contenaient dix-sept personnes; les plus petits étaient montés de sept hommes.

Ils s'avançaient hardiment et paraissaient avoir le projet d'entourer le vaisseau; nous ordonnâmes à nos chaloupes de ne pas permettre qu'ils nous approchassent de trop près.

Cet ordre nous engagea, contre notre intention, dans un combat avec les sauvages. Cinq ou six de leurs canots approchèrent tellement de la plus grande de nos chaloupes, que nos gens leur firent signe de la main de se retirer. Ils comprirent fort bien; mais en se retirant ils lancèrent une cinquantaine de javelots et blessèrent dangereusement un de nos hommes. Je criai à nos gens de ne point faire feu, et leur fis dresser des planches pour se mettre à couvert contre les flèches, en cas qu'ils vinssent à tirer.

Environ une demi-heure après, ils avancèrent du côté de la poupe, et approchèrent assez pour que je visse sans peine que c'étaient de mes anciens ennemis. Un moment après ils s'éloignèrent de nouveau jusqu'à ce qu'ils fussent tous réunis, et alors il firent force de rames pour venir sur nous. Ils approchèrent si près, qu'ils pouvaient nous entendre parler : je commandai à tout l'équipage de se tenir en repos, jusqu'à ce qu'ils tirassent leurs flèches une seconde fois, et qu'on tînt le canon tout prêt.

En même temps j'ordonnai à Vendredi de se mettre sur le tillac et de leur demander quel était leur dessein. Immédiatement après, Vendredi s'écria qu'ils allaient tirer, et ils firent voler, en effet, sur

Mon fidèle sauvage eut sous mes yeux le corps atteint de trois blessures mortelles.

le vaisseau plus de trois cents flèches, dont personne ne fut atteint, si ce n'est mon fidèle sauvage lui-même, qui eut sous mes yeux le corps atteint de trois blessures mortelles.

La vive douleur que j'éprouvai en voyant tomber ce compagnon dévoué de tous mes travaux m'inspira un violent désir de vengeance. Voyant la grêle de flèches qu'ils lançaient sur nous sans raison, et la mort du pauvre Vendredi, qui méritait si bien toute mon estime et toute ma tendresse, je crus être en droit, devant Dieu et devant les hommes, de repousser la force par la force.

J'ordonnai qu'on chargeât cinq canons à cartouches et quatre à boulet, et nous leur envoyâmes une telle bordée, que le souvenir doit en être resté parmi ces nations.

Ces sauvages féroces n'étaient éloignés de nous que d'une demi-encablure, et nos canonniers pointèrent si juste, que quatre de leurs canots furent renversés, selon toutes les apparences, d'un seul et même coup de canon.

Notre bordée fit une exécution terrible : je ne saurais dire précisément combien nous en tuâmes; mais il est certain que jamais il n'y eut dans une multitude d'hommes une pareille frayeur et une consternation semblable. Treize ou quatorze de leurs canots, tant brisés que renversés, furent coulés à fond : une partie de ceux qui les montaient furent tués, et les autres s'efforcèrent de se sauver à la nage; le reste ne songea qu'à s'éloigner, sans se mettre en peine de leurs camarades.

Leur fuite fut si précipitée, qu'en trois heures ils furent hors de notre vue, excepté trois ou quatre canots qui faisaient eau, selon toute apparence, et qui ne pouvaient suivre le gros de la flotte avec la même rapidité. Nous ne prîmes qu'un seul sauvage, qui nageait encore une heure après le combat.

Notre prisonnier était tellement étourdi de son malheur qu'il ne voulait ni parler ni manger, et nous crûmes tous qu'il avait l'intention de se laisser mourir de faim. Je trouvai pourtant le moyen de lui rendre la parole : on feignit de le jeter à la mer, puis on l'y jeta effectivement, et l'on s'éloigna de lui. Il suivit la chaloupe à la nage, et, y étant rentré, il devint plus traitable et se mit à parler un langage dont personne de nous ne pouvait entendre un seul mot.

Un vent frais s'étant levé, nous remîmes à la voile. Tout le monde était charmé de s'être tiré de cette affaire, excepté moi, qui étais au désespoir de la perte du pauvre Vendredi.

Notre prisonnier commençant à comprendre quelques mots anglais et à s'apprivoiser avec nous, nous lui demandâmes de quel pays il était venu avec ses compagnons; mais il nous fut impossible d'entendre un mot de sa réponse. Il tirait sa voix du gosier d'une manière si creuse et si étrange, qu'il ne paraissait seulement pas former des sons articulés. Il ne semblait pas qu'il se servît des dents, des lèvres, de la langue, ni du palais : ses paroles ressemblaient aux différents tons qui sortent d'un cor de chasse. Lorsque enfin il sut quelques mots d'anglais, il nous fit entendre que la flotte qui nous avait attaqués était destinée par leurs rois à donner une grande bataille. Nous lui demandâmes combien de rois ils avaient. Il dit qu'ils étaient cinq nations, qui avaient cinq rois, et que leur dessein était d'aller combattre deux nations ennemies. Nous lui demandâmes encore par quelle raison ils s'étaient approchés de nous. Il répondit que leur intention n'avait été d'abord que de contempler notre vaisseau. Tout fut exprimé dans un langage plus incorrect encore que ne l'avait été celui de Vendredi quand il commençait à s'exprimer en anglais.

Un dernier mot sur mon fidèle serviteur. Nous lui rendîmes les derniers honneurs avec toute la solennité possible; nous le mîmes dans un cercueil, et, après l'avoir jeté à la mer, nous le saluâmes de onze coups de canon.

Nous lui rendîmes les derniers honneurs avec toute la solennité possible.

CHAPITRE VI

Continuant notre voyage avec un bon vent, nous découvrîmes la terre, le douzième jour après cet événement, au 5° de latitude méridionale : c'était la partie de toute l'Amérique qui s'avance le plus vers le N.-E. Nous fîmes cours vers le S. quart E., en ne perdant point le rivage de vue pendant quatre jours, au bout desquels nous doublâmes le cap Saint-Augustin; et, trois jours après, nous laissâmes tomber l'ancre dans la baie de Tous-les-Saints, point de départ de ma bonne et de ma mauvaise fortune.

Jamais il n'y était arrivé de vaisseau qui y eût moins d'affaires; et cependant nous n'obtînmes qu'avec beaucoup de peine l'autorisation d'avoir la moindre correspondance avec les habitants du pays; ni mon associé, qui jouissait dans ce pays d'une très-grande considération, ni mes deux facteurs, ni le bruit de la manière miraculeuse dont j'avais été tiré de mon désert, ne me purent obtenir cette faveur. Mon associé, à la fin, se souvenant que j'avais donné autrefois cinq cents moïdores au prieur du monastère des Augustins et deux cents aux pauvres, pria ce religieux d'aller trouver le gouverneur et de lui demander la permission de descendre à terre, pour moi, le capitaine, et huit hommes. On nous l'accorda, mais à condition que nous ne débarquerions aucune denrée, et que nous n'emmènerions personne avec nous sans une permission expresse.

Ils nous firent observer ces conditions avec tant de sévérité, que j'eus toutes les peines du monde à débarquer trois balles de draps fins, d'étoffes et de toiles que j'avais apportées pour en faire présent à mon associé. C'était un homme très-généreux et qui avait de nobles sentiments; sans savoir que j'eusse le moindre dessein de lui faire un cadeau, il m'envoya du vin, du tabac, des confitures pour plus de trente moïdores, et quelques médailles d'or. Mon présent n'était pas de moindre valeur que le sien et devait lui être très-agréable. J'y joignis la valeur de cent livres sterling en marchandises, et le priai de faire monter ma chaloupe, afin de l'employer pour envoyer à ma colonie ce que je lui avais promis.

L'affaire se fit en fort peu de jours, et, quand ma barque fut équipée, je donnai au pilote de telles instructions pour reconnaître mon île, qu'il était absolument impossible qu'il la manquât; aussi la trouva-t-il, comme je l'ai appris dans la suite.

Bientôt elle fut chargée de la cargaison que je destinais à mes gens : un de nos matelots, qui était venu à terre en même temps que moi dans l'île, s'offrit d'aller avec la chaloupe et de s'établir dans ma colonie, pourvu que j'ordonnasse par une lettre au gouverneur espagnol de lui donner des habits, du terrain et des outils nécessaires pour commencer une plantation, genre d'industrie qu'il entendait fort bien, ayant été planteur autrefois au Maryland et boucanier. Je l'encourageai dans ce dessein en lui accordant tout ce qu'il me demandait, et je lui fis présent du sauvage que nous avions pris dans la dernière rencontre : de plus, je chargeai le gouverneur espagnol de lui remettre une portion de tout ce qui lui était nécessaire, égale à celles qui avaient été distribuées aux autres.

J'envoyai, ainsi que je l'avais promis, trois vaches à lait, cinq veaux, vingt-deux porcs, trois truies pleines, deux cavales et un cheval.

Toute cette cargaison arriva en bon état dans l'île, et l'on croira sans peine qu'elle y fut reçue avec plaisir par mes sujets, qui se trouvaient alors au nombre de soixante à soixante-dix, sans compter les enfants.

Au lieu d'abandonner ainsi pour toujours une île que j'avais voulu revoir malgré mon âge et les dangers du voyage, j'aurais pu m'assurer la propriété de ce pays en le soumettant à la Grande-Bretagne. J'aurais pu y transporter du canon, des munitions et des planteurs, en faire une colonie florissante et m'y fixer moi-même; expédier mon petit navire chargé de riz, et prier mes correspondants de me le renvoyer avec tout ce qui pourrait être utile et agréable à la colonie. Mais j'étais exclusivement possédé du démon des aventures, qui me forçait à courir le monde uniquement pour courir. Je ne songeai même pas à donner un nom à cette île, où j'avais trouvé un asile contre la fureur des flots; je négligeai d'établir un lien social entre elle et le reste du monde civilisé. Au lieu de consacrer ma fortune et le reste de ma vie à faire le bonheur des hommes qu'un puéril orgueil me faisait appeler mes sujets, je n'eus alors aucune idée des choses auxquelles était appelé par la Providence le fondateur de cet État naissant.

Nous trouvâmes dans la baie de Tous-les-Saints un navire en charge pour Lisbonne, et le jeune prêtre français me demanda la permission d'en profiter pour retourner en Europe. J'y consentis, malgré le plaisir que je trouvais dans le commerce de cet homme à la fois si pieux et si aimable.

Du Brésil, nous gagnâmes, en traversant l'océan Atlantique, le cap de Bonne-Espérance; nous eûmes des vents contraires et quelques tempêtes, mais le temps de mes malheurs sur mer était fini : mes disgrâces futures devaient m'arriver sur terre.

Notre vaisseau était uniquement destiné au commerce; nous avions à bord un subrécargue qui devait en régler tous les mouvements lorsque nous serions arrivés au cap de Bonne-Espérance. Tout avait été confié à ses soins; il n'était limité que dans le nombre de jours qu'il fallait rester dans chaque port. Ainsi je n'étais pour rien dans la marche du vaisseau; le subrécargue et mon neveu délibéraient entre eux sur ce qu'il y avait à faire.

Nous ne nous arrêtâmes au Cap que pour prendre de l'eau fraîche et les autres choses nécessaires, et nous nous hâtâmes pour arriver à la côte de Coromandel, parce que nous étions informés qu'un vaisseau de guerre français de cinquante canons et deux grands vaisseaux marchands avaient pris la route des Indes. Nous étions en guerre avec les Français; nous craignions leur rencontre : heureusement il n'en fut rien.

Nous touchâmes d'abord à l'île de Madagascar. Le peuple qui l'habite est féroce et traître, armé d'arcs et de lances dont il se sert avec beaucoup d'adresse. Cependant nous y fûmes fort bien pendant quelque temps; les habitants nous traitèrent avec civilité, et pour de légers cadeaux que nous leur fîmes, tels que des couteaux, des ciseaux, etc., ils nous amenèrent onze jeunes bœufs gras et bons : nous en destinâmes une partie à notre nourriture pendant notre séjour dans cette île, et nous salâmes le reste pour la provision du vaisseau.

Lorsque nous débarquions dans l'île, les habitants qui s'y trouvent en grand nombre se pressaient autour de nous, et, d'une certaine distance, ils nous regardaient avec attention. Étant traités par eux fort honnêtement, nous ne nous croyions pas en danger; nous coupâmes seulement trois branches d'arbre que nous plantâmes en terre à quelques pas de nous, ce qui, dans ce pays, est une marque de paix et d'amitié; les insulaires firent de même de leur côté, pour indiquer qu'ils acceptaient la paix. Après cette cérémonie, il ne leur est pas permis de passer vos branches, et vous ne sauriez passer les leurs sans leur déclarer la guerre. De cette manière chacun est en sûreté derrière ses limites; l'espace intermédiaire sert de marché, et de côté et d'autre on trafique librement. En y allant il n'est pas permis de porter des armes, et les gens du pays même, avant d'avancer jusque-là, plantent leur lance en terre; mais si l'on enfreint la convention en leur faisant quelque violence, ils s'élancent sur leurs armes et cherchent à repousser la force par la force.

Un soir que nous étions venus à terre, les insulaires s'assemblèrent en plus grand nombre que de coutume; mais tout se passa avec le bon accord ordinaire. Ils nous apportèrent différentes sortes de provisions, qu'ils échangèrent contre quelques bagatelles; et leurs femmes nous fournirent du lait et des racines, que nous reçûmes avec plaisir. Tout était si paisible, que nous résolûmes de passer la nuit à terre dans une hutte que nous nous étions faite avec quelques branches. Je ne sais par quel pressentiment j'étais moins satisfait que les autres d'y rester toute la nuit. Notre chaloupe était à l'ancre à un jet de pierre du rivage, avec deux hommes pour la garder; j'en fis venir un pour couper quelques branches afin de nous en couvrir dans la chaloupe; ayant étendu la voile, je me couchai dessus, abrité par cette verdure.

Vers deux heures du matin nous entendîmes les cris terribles d'un de nos marins qui nous priait de faire approcher la chaloupe si nous ne voulions pas qu'ils fussent massacrés : aussitôt j'entendis cinq coups de fusil, qui furent répétés deux fois immédiatement après.

Ce tumulte m'ayant réveillé en sursaut, je fis avancer la chaloupe, et, me voyant trois fusils sous la main, je pris la résolution d'aller à terre avec les deux matelots pour secourir nos gens.

Nous fûmes près du rivage en un instant; aussitôt nos matelots, poursuivis par trois à quatre cents de ces barbares, se jetèrent à la nage pour venir à nous. Ils n'étaient que neuf, et n'avaient que cinq fusils ; il est vrai que les autres étaient armés de pistolets et de sabres ; mais ces armes ne leur avaient pas été d'un grand secours.

Nous en sauvâmes sept avec bien de la peine, et parmi eux il y en avait trois grièvement blessés. Pendant que nous étions occupés à les faire entrer dans la chaloupe, nous nous trouvâmes aussi exposés qu'eux ; car les sauvages nous jetèrent une grêle de dards,

Nous en sauvâmes sept avec bien de la peine.

et nous fûmes obligés de barricader ce côté avec nos bancs et quelques planches qui étaient là par hasard.

Si l'affaire fût arrivée en plein jour, ces hommes visent si juste, qu'ils nous eussent percés de leurs flèches. La clarté de la lune nous les laissait voir peu distinctement, pendant qu'ils faisaient voler une quantité de dards sur notre barque. Nous fîmes feu sur eux, et leurs cris nous donnèrent à entendre que nous en avions blessé plusieurs ; ce qui ne les empêcha pas de rester sur le rivage en ordre de bataille jusqu'au matin, espérant sans doute avoir meilleur marché de nous dès qu'ils pourraient nous voir.

Nous fûmes forcés de rester dans cet état, sans savoir comment faire pour lever l'ancre et mettre à la voile, ne pouvant y réussir sans nous tenir debout, ce qui leur eût donné plus de facilité pour nous atteindre. Tout ce que nous pûmes faire, ce fut d'indiquer au vaisseau, par des signaux, que nous étions en danger ; et, quoiqu'il fût à une lieue de là, mon neveu, entendant nos coups de fusil et voyant par sa lunette que nous faisions feu du côté du rivage, comprit d'abord toute l'affaire et leva l'ancre au plus vite. Il vint aussi près de nous qu'il fut possible, et nous envoya l'autre chaloupe avec dix hommes; mais nous leur criâmes de ne pas approcher en leur apprenant notre situation. Alors un des matelots, prenant le bout d'une corde et nageant entre les deux chaloupes, de manière qu'il était difficile aux sauvages de l'apercevoir, alla à bord de ceux qui nous étaient envoyés pour nous tirer de ce danger. Nous coupâmes alors notre petit câble, et, laissant l'ancre, nous fûmes remorqués par l'autre chaloupe, jusqu'à ce que nous nous vîmes hors de la portée des flèches. Pendant tout ce temps, nous nous étions tenus couchés derrière notre barricade.

Dès que nous ne fûmes plus entre le vaisseau et le rivage, le capitaine, ayant fait charger plusieurs canons à mitraille, envoya une bordée terrible aux barbares, dont le carnage fut horrible.

Revenus à bord et hors de danger, nous examinâmes la cause de cette attaque des sauvages. Notre subrécargue, qui était souvent allé à Madagascar, nous assura qu'il fallait nécessairement qu'on eût irrité les habitants; car ils ne nous auraient jamais attaqués après nous avoir reçus comme amis. Tout fut à la fin découvert, et nous apprîmes qu'un de nos matelots avait enfreint le traité et dépassé la limite pour insulter les barbares.

Cependant un des nôtres avait été tué par un javelot en sortant de la hutte. Tous les autres s'étaient tirés d'affaire, excepté celui qui avait été la cause de ce malheur. Nous fûmes assez longtemps sans savoir ce qu'il était devenu; pendant deux jours, nous longeâmes le rivage avec la chaloupe, quoique le vent nous invitât à partir, et nous fîmes toutes sortes de signaux pour lui apprendre que nous l'attendions, mais inutilement. Nous le crûmes perdu.

Je ne pus cependant me résoudre à partir sans hasarder d'aller une seconde fois à terre pour voir si je pourrais découvrir ce malheureux. Je résolus de débarquer pendant la nuit, de peur d'essuyer une seconde attaque des noirs. Mais je fus fort imprudent en me hasardant à mener avec moi une troupe de marins indisciplinés, sans m'en être fait donner le commandement; ce qui m'engagea malgré moi dans une entreprise aussi malheureuse que criminelle.

Nous choisîmes, le subrécargue et moi, vingt des plus déterminés de l'équipage, et nous débarquâmes dans le même endroit où les Indiens s'étaient assemblés quand ils nous avaient attaqués avec tant de fureur. Mon dessein était de voir s'ils avaient quitté le champ de bataille, et d'en surprendre quelques-uns pour les échanger contre le matelot égaré, s'il existait encore.

Arrivés à terre, sans bruit, à dix heures du soir, nous partageâmes notre troupe en deux pelotons, dont je commandai l'un, et le bosseman l'autre. Nous ne vîmes ni n'entendîmes personne d'abord, et nous nous avançâmes, en laissant quelque distance entre nos deux petits corps, vers l'endroit où l'action s'était passée. Nous ne découvrîmes rien à cause des ténèbres; mais quelques moments après, notre bosseman tomba, ayant donné du pied contre un cadavre. Il fit halte jusqu'à ce que je l'eusse joint, et nous résolûmes de nous arrêter, en attendant le lever de la lune, qui devait paraître en moins d'une heure. Nous découvrîmes alors distinctement le carnage que nous avions fait parmi les Indiens : nous en vîmes trente-deux à terre, parmi lesquels il y en avait deux qui respiraient encore.

J'étais d'avis de retourner à bord ; mais le bosseman me fit dire qu'il était résolu, avec les siens, d'aller rendre une visite à la ville où les Indiens demeuraient, et me fit prier de l'y accompagner, ne doutant point que nous n'y pussions faire un butin considérable et avoir des nouvelles de Thomas Jeffery : c'était le nom du matelot que nous avions perdu.

S'ils m'avaient demandé la permission de tenter cette entreprise, je leur aurais positivement ordonné de se rembarquer à l'instant; mais ils se contentèrent de me faire savoir leur intention et de me prier d'être de la partie. Quoique je sentisse combien une telle entreprise, où l'on pouvait perdre beaucoup de monde, serait peut-être préjudiciable à un bâtiment dont l'unique but était d'aller faire des affaires de négoce, je n'avais pas l'autorité nécessaire pour détourner le coup; je refusai de les accompagner, et priai ceux qui me suivaient de rentrer dans la chaloupe. Deux ou trois de ces derniers commencèrent à murmurer et à dire qu'ils voulaient y aller malgré moi, que je n'avais pas d'ordre à leur donner. « John, s'écria l'un, veux-tu y venir? Pour moi, j'y vais. » John y consentit; il fut suivi d'un autre et de plusieurs, et ils m'abandonnèrent tous, excepté un seul que je priai instamment de rester, et qui voulut bien y consentir. Le subrécargue et moi nous retournâmes vers la chaloupe, où il n'y avait qu'un mousse. Je leur représentai encore combien leur entreprise était criminelle, et qu'ils pourraient avoir le sort de Jeffery. Ils me répondirent qu'ils agiraient prudemment; qu'ils étaient d'ailleurs certains de réussir, et qu'ils seraient de retour dans moins d'une heure. La ville des Indiens n'était, disaient-ils, qu'à un demi-mille du rivage ; mais ils se trompaient de plus de deux milles.

Ils prirent d'abord toutes les précautions possibles. Ils étaient tous parfaitement armés; car, outre leurs fusils, ils avaient chacun un pistolet et une baïonnette : quelques-uns avaient des sabres; le bosseman et deux autres avaient des haches d'armes. Ils étaient tous pourvus de treize grenades; jamais hommes plus hardis et mieux armés ne s'engagèrent dans une entreprise plus blâmable et plus extravagante.

Ils partirent animés par le désir du butin; mais une circonstance

Ils m'abandonnèrent tous, excepté un seul.

imprévue les remplit de l'esprit de vengeance. Arrivés à un petit nombre de maisons indiennes qu'ils avaient prises pour la ville même, ils se virent fort éloignés de leur compte, puisqu'il n'y avait là que treize huttes. Ils délibérèrent longtemps pour savoir s'ils attaqueraient ce hameau et s'ils en égorgeraient tous les habitants, sans en laisser un seul qui pût aller donner l'alarme à la ville.

Ils se déterminèrent enfin à épargner ce hameau, voulant pénétrer jusqu'à la ville pour exercer leur vengeance et satisfaire leur avarice sur un plus grand théâtre. Après avoir marché quelque temps, ils trouvèrent une vache attachée à un arbre, et ils résolurent de s'en faire un guide. Voici quel fut leur raisonnement : la vache appartient au hameau ou à la ville; une fois déliée, elle cherchera sans doute son étable : si elle va en avant, nous n'avons qu'à la suivre, elle nous mènera où nous devons aller. Ils coupèrent la corde ; la vache marcha devant eux, et par ce singulier stratagème ils arrivèrent à la ville, composée de deux cents cabanes, dont quelques-unes contenaient plusieurs familles.

Il y régnait le plus profond silence : tous les habitants dormaient tranquillement, comme dans un lieu qui n'est point susceptible d'être attaqué. Ils tinrent alors un nouveau conseil de guerre et résolurent de se partager en trois corps, de mettre le feu à trois maisons, dans trois différentes parties du bourg, de saisir et de garrotter les habitants à mesure qu'ils sortiraient de leurs maisons embrasées. Ils commencèrent par visiter toute la ville, sans faire le moindre bruit, afin d'en examiner l'étendue et de juger si leur dessein était praticable.

Tandis qu'ils s'animaient les uns les autres, ceux qui s'étaient le plus avancés crièrent qu'ils avaient trouvé Thomas Jeffery, ce qui les fit courir tous de ce côté. Ils trouvèrent effectivement ce malheureux, à qui on avait coupé la gorge, nu et pendu par un bras à un arbre. La vue de leur camarade égorgé leur inspira une telle fureur, qu'ils jurèrent de le venger et de ne faire quartier à aucun Indien qui tomberait entre leurs mains ; aussitôt ils se mirent à l'œuvre. Les maisons étaient basses et couvertes de chaume ; ils y mirent le feu, et en moins d'un quart d'heure toute la ville brûlait. Ils commencèrent par une cabane dont les habitants s'étaient éveillés depuis leur arrivée.

Dès que le feu commença, ces malheureux, effrayés, cherchèrent la porte pour se sauver ; mais ils y rencontrèrent un danger qui n'était pas moindre : le bosseman en tua deux avec sa hache d'armes. La hutte était fort grande et remplie de monde ; il ne voulut pas y entrer pour en achever le massacre ; mais il y jeta une grenade qui en tua et blessa plusieurs ; d'autres furent massacrés à coups de baïonnette ; nos gens forcèrent le reste à demeurer dans la maison en proie aux flammes, jusqu'à ce que le toit leur en fût tombé sur la tête.

Pendant cette exécution, ils ne tirèrent pas un coup de fusil, ne voulant éveiller le peuple qu'à mesure qu'ils étaient en état de l'exterminer ; mais le feu fit sortir les Indiens de leur sommeil, ce qui força les assaillants à se tenir serrés. L'incendie, ne trouvant que des matières extrêmement combustibles, se répandit en un instant par toute la ville et rendit les rues presque impraticables.

Il leur fallut pourtant suivre le feu pour exécuter leur affreux dessein avec plus de sûreté, et dès que la flamme poussait les habitants hors de leurs maisons, ils étaient assommés par ces furieux, qui, pour entretenir leur rage, ne cessaient de se crier les uns aux autres de se souvenir du pauvre Jeffery.

Pendant tout ce temps j'étais dans de grandes inquiétudes, particulièrement quand j'aperçus l'incendie, que l'obscurité de la nuit me faisait paraître comme s'il n'avait été qu'à quelques pas de moi.

Mon neveu, en voyant ces flammes, en fut très-surpris; il n'en pouvait deviner la cause, et il craignait que je ne fusse dans quelque danger, aussi bien que le subrécargue. Mille pensées lui roulaient dans l'esprit, et, quoiqu'il ne restât guère à bord que le nombre de bras nécessaire, il se jeta dans l'autre chaloupe et vint lui-même à notre secours avec treize hommes.

Il fut fort étonné de me trouver avec le subrécargue dans la chaloupe, accompagné d'un matelot et d'un mousse. Quoique fort aise de nous voir sains et saufs, il était très-impatient d'avoir des nouvelles des autres. La flamme augmentait de moment à autre. Les fréquents coups de fusil que nous entendions nous causaient de vives inquiétudes.

Le capitaine dit qu'il voulait donner du secours aux siens, quelque chose qui pût en résulter. Je tâchai de l'en détourner par les mêmes raisons que j'avais employées contre les autres; je lui offris d'aller avec les deux hommes qui m'étaient restés, pour découvrir quelle pouvait être la cause de cet incendie, et ce que nos gens étaient devenus.

Mais mon neveu était aussi peu capable d'entendre raison que tout le reste. Il voulait partir, et il était fâché d'avoir laissé plus de dix matelots dans le vaisseau. Il n'était pas, disait-il, homme à laisser périr ses gens faute de secours; et il résolut de leur en donner, quand il devrait perdre le vaisseau et même la vie.

Bien loin de persuader au capitaine de rester, je fus obligé de le suivre. Il ordonna à deux hommes de retourner à bord et d'y prendre encore douze de leurs camarades, dont six devaient garder les chaloupes pendant que les six autres marcheraient vers la ville. Il ne resta que seize hommes dans le vaisseau.

Guidés par le feu, nous allâmes droit vers la ville. Si les coups de fusil nous avaient étonnés de loin, nous fûmes remplis d'horreur, quand nous fûmes près de là, par les cris des malheureux habitants.

Je n'avais jamais été présent au sac d'une ville; j'avais bien entendu parler de Drogheda, en Irlande, où Cromwell avait fait massacrer tous les habitants, hommes, femmes et enfants. J'avais lu la description de la prise de Magdebourg, par le comte de Tilly, et du massacre de plus de vingt-deux mille individus de tout sexe et de tout âge; mais je n'ai jamais rien vu de pareil, et il m'est impossible d'en donner une idée, ni d'exprimer la terrible impression que cette scène horrible fit sur mon esprit.

Parvenus jusqu'à la ville, nous ne vîmes aucun moyen d'entrer dans les rues; nous fûmes donc obligés de la côtoyer, et les premiers objets qui s'offrirent à nos yeux furent les cendres d'une cabane où nous vîmes, à la lumière du feu, les cadavres de quatre hommes et de trois femmes; nous crûmes en découvrir quelques autres au milieu des flammes.

Nous vîmes trois femmes, poussant les cris les plus affreux, s'enfuir de notre côté, comme si elles eussent eu des ailes : seize ou dix-sept hommes du pays les suivaient poursuivis par quatre de nos féroces matelots, qui, ne pouvant les atteindre, firent feu sur eux, et en renversèrent un tout près de nous. Quand les pauvres fuyards nous découvrirent, ils nous prirent pour un autre corps de leurs ennemis, et poussèrent des hurlements épouvantables, persuadés que nous allions les massacrer. Cet affreux spectacle me remplit d'horreur, et je crois que si nos matelots étaient venus jusqu'à nous, j'aurais tiré sur eux. Nous nous mîmes un peu à l'écart pour faire comprendre aux pauvres Indiens qu'ils n'avaient rien à craindre de nous. Ils s'approchèrent, se jetèrent à nos pieds, et semblaient nous demander, par les cris les plus lamentables, que nous leur fissions grâce de la vie.

Nous leur fîmes comprendre que c'était notre dessein : calmés par cette promesse, ils se mirent tous en peloton derrière un retranchement. J'ordonnai à mes gens de se tenir réunis et de n'attaquer personne, mais de tâcher de saisir quelque Anglais, pour savoir quelle intention dirigeait leur fureur. Je leur dis que, s'ils rencontraient leurs camarades engagés, ils s'efforçassent de les faire retirer, en leur assurant que, s'ils restaient là jusqu'au jour, ils se verraient environnés de cent mille Indiens. Je les quittai, et, suivi seulement de deux hommes, je me mêlai aux fuyards que nous avions sauvés. Quel spectacle affreux! quelques-uns s'étaient grillé les pieds en courant à travers le feu; une des femmes, tombée dans les flammes, avait le corps à moitié rôti; trois hommes avaient plusieurs coups de sabre sur le dos et sur les cuisses ; un quatrième, atteint par une balle de fusil, mourut à mes yeux.

Cette horrible expédition m'effraya tellement, que je résolus de retourner vers nos gens et de pénétrer dans la ville à travers les flammes, pour mettre fin à cette boucherie, à quelque prix que ce fût.

Au moment où je communiquais aux miens ma résolution, nous vîmes approcher quatre de nos Anglais, le bosseman à leur tête, marchant comme des furieux sur les corps de ceux qu'ils avaient tués. Ils étaient couverts de sang et de poussière ; nous leur criâmes de venir à nous, ce qu'ils firent aussitôt.

Dès que le bosseman nous aperçut, il poussa un cri de triomphe, charmé de voir arriver du secours. « Ah ! mon brave capitaine, s'écria-t-il, je suis ravi de vous voir ; nous n'avons pas encore à moitié fait avec ces maudits Indiens ; j'en tuerai autant que le pauvre Jeffery avait de cheveux. Nous avons juré de ne pas en épargner un seul et d'exterminer cette exécrable nation. » En prononçant ces mots, il se mit à courir, tout échauffé et hors d'haleine.

« Arrête, barbare ! lui dis-je, je te défends de toucher à un seul de ces malheureux ; si tu ne cesses à l'instant, tu es mort.

— Comment donc, Monsieur ? répondit-il ; savez-vous ce qu'ils ont fait ? Si vous voulez avoir la raison de notre conduite, vous n'avez qu'à vous approcher. » Alors il nous montra le cadavre du malheureux Jeffery pendu à un arbre.

Ce triste objet inspira aussitôt à mon neveu et à ceux qui le suivaient une rage aussi difficile à calmer que celle du bosseman et de ses camarades. Mon neveu me dit qu'il craignait seulement que les siens ne fussent pas les plus forts, et qu'au reste il croyait qu'il ne fallait pas faire quartier à un seul de ces Indiens, qui tous avaient trempé dans un meurtre si abominable. Aussitôt huit des derniers venus volèrent sur les pas du bosseman pour mettre la dernière main à ce cruel attentat ; et moi, voyant l'inutilité des efforts que je faisais pour les modérer, je m'en revins triste et pensif, ne pouvant plus soutenir la vue des infortunés qui tombaient entre les mains de nos barbares matelots.

Je n'étais accompagné que du subrécargue et de deux autres hommes, et j'avoue qu'il y avait de l'imprudence à retourner vers nos chaloupes en si petit nombre. Le jour approchait, et l'alarme qui s'était répandue par tout le pays avait rassemblé près du petit hameau une quarantaine d'Indiens armés de lances, d'arcs et de flèches : heureusement j'évitai ce danger en allant droit au rivage. Quand nous y arrivâmes, il était grand jour. Nous nous mîmes aussitôt dans la pinasse, et, après être revenus à bord, nous la renvoyâmes, pour que nos gens pussent s'en servir afin de se sauver.

Je vis alors que le feu commençait à s'éteindre et que le bruit cessait; mais une demi-heure après, j'entendis une décharge de mousqueterie : les nôtres l'avaient faite sur les Indiens qui s'étaient attroupés près du petit hameau. Ils en tuèrent seize ou dix-sept et mirent le feu à leurs cabanes; mais ils épargnèrent les femmes et les enfants. Lorsque nos gens approchèrent du rivage avec la pinasse, ceux qui venaient de faire cette affreuse expédition commençaient à paraître çà et là, et dans une telle confusion, qu'ils auraient pu être facilement défaits par un très-petit nombre d'hommes déterminés.

Heureusement pour eux, ils avaient jeté la terreur dans tout le pays, et les Indiens étaient tellement effrayés par une attaque si inopinée, qu'une centaine de leurs braves n'auraient pas attendu de pied ferme six de nos matelots : aussi, dans toute l'action, il n'y en eut pas un seul qui se défendît. Ils étaient tellement étonnés du feu d'une part, et de l'attaque de nos gens de l'autre, que, dans l'obscurité de la nuit, ils ne savaient de quel côté se tourner, la mort se présentant partout à eux. Dans toute cette affaire, aucun de nos Anglais ne reçut le moindre mal, excepté deux, dont l'un s'était brûlé la main, et l'autre s'était donné une entorse.

J'étais fort en colère contre tout l'équipage, mais surtout contre mon neveu, qui avait négligé son devoir, non-seulement en hasardant le succès de tout le voyage, mais en animant la fureur des siens plutôt que de la calmer. Il répondit à mes reproches avec beaucoup de respect, en disant que la vue de Jeffery égorgé d'une manière si cruelle l'avait transporté d'une fureur dont il n'avait pas été maître; qu'il n'aurait pas dû s'y laisser entraîner en qualité de commandant du vaisseau, mais que, comme homme, il avait été incapable de raisonner dans cette occasion. Quant aux matelots, comme ils n'étaient pas sous mes ordres, ils s'inquiétaient fort peu que leur conduite me déplût ou non.

CHAPITRE VII

Le lendemain nous remîmes à la voile, nous dirigeant vers le golfe Persique, pour gagner de là la côte de Coromandel : nous n'avions le projet d'aller à Surate qu'en passant. La principale destination du subrécargue était la baie du Bengale, et, s'il ne trouvait pas occasion d'y faire ses affaires, il devait aller à la Chine et revenir ensuite au Bengale.

Le premier désastre qui nous arriva fut dans le golfe Persique, où cinq de nos gens, étant allés à terre sur la côte d'Arabie, furent tués ou emmenés comme esclaves par les naturels du pays. Leurs compagnons ne furent point en état de les délivrer, ayant assez à faire eux-mêmes pour se sauver dans la chaloupe. Je leur dis que je regardais ce malheur comme une punition méritée du massacre de Madagascar, expression dont je me servais toujours, quelque choquante qu'elle fût pour l'équipage.

Les fréquents sermons que je leur faisais sur ce sujet eurent pour moi de plus fâcheuses suites que je n'aurais cru.

Le bosseman, qui avait été le chef de cette entreprise, m'étant venu trouver un jour, me dit d'un ton fort résolu que j'avais grand tort de remettre toujours cette affaire sur le tapis, et de renouveler des reproches mal fondés et injurieux; que l'équipage en était fort mécontent, et lui surtout, que j'avais le plus en vue; qu'étant seulement passager, sans aucun commandement sur le vaisseau, je ne devais pas m'imaginer que j'eusse le moindre droit de les insulter, comme je le faisais continuellement.

Je répondis que mes reproches ne s'adressaient pas à lui plus particulièrement qu'à tout autre; qu'il était vrai que je n'avais aucun commandement à bord, et que je n'avais jamais prétendu y exercer la moindre autorité; que j'avais seulement dit mon opinion avec franchise sur des choses qui nous concernaient tous également; mais qu'ayant une part considérable dans la charge du navire, j'avais droit de parler encore avec plus de liberté que je ne me l'étais permis jusqu'alors, sans être obligé de rendre compte de ma conduite ni à lui, ni à qui que ce fût. Je lui tins ce langage d'un ton ferme, et, comme il ne répliqua rien, je crus que tout était fini.

Nous étions alors dans un port du Bengale, et, voulant voir le pays, je m'étais fait mettre à terre quelques jours après notre arrivée, avec le subrécargue, pour prendre quelques heures de divertissement. Vers le soir, comme je me préparais à retourner à bord, un de nos marins vint me dire de ne pas aller jusqu'au rivage, parce que ceux de la chaloupe avaient ordre de ne point me ramener. Frappé de cet insolent avis comme d'un coup de foudre, j'allai trouver le subrécargue, et, lui racontant le fait, je lui dis que je prévoyais quelque mutinerie dans le vaisseau, et je le priai de s'y transporter dans une barque pour informer le capitaine de ce qui m'arrivait. J'aurais pu m'épargner cette peine; car l'affaire était déjà faite à bord du navire. Le bosseman, le canonnier et le charpentier, en un mot, tous les officiers subalternes, dès qu'ils m'avaient vu dans la chaloupe, étaient montés sur le tillac et avaient demandé à parler au capitaine. Après avoir répété toute la conversation que nous avions eue ensemble, le bosseman dit au capitaine qu'ils étaient bien aises que j'eusse pris, de mon propre mouvement, le parti de m'en aller, puisque autrement ils m'y auraient obligé; qu'ils s'étaient engagés à faire le service du vaisseau sous son commandement, et qu'ils étaient dans l'intention de le continuer avec la plus stricte fidélité; mais que, si je ne consentais pas à quitter le navire de bon gré, et qu'il ne voulût pas m'y forcer, ils abandonneraient tous leur poste. En prononçant ce dernier mot, il se tourna du côté du grand mât, où étaient réunis les matelots, qui se mirent aussitôt à crier d'une seule voix : « Oui, tous, tous! »

Mon neveu était un homme de courage et d'une grande présence d'esprit. Quoiqu'il fût très-surpris d'un discours si inattendu, il répondit avec calme qu'il prendrait l'affaire en considération, mais qu'il ne pouvait rien résoudre avant de m'avoir parlé.

Il eut d'abord recours à divers arguments pour leur faire voir l'injustice de leur proposition; mais ce fut en vain : ils se donnèrent la main en sa présence, et jurèrent qu'ils iraient tous à terre, à moins qu'il ne leur promît positivement de ne pas me laisser remettre le pied sur le vaisseau.

Cette résolution était affligeante pour lui, qui m'avait de si grandes obligations et qui ne savait comment je prendrais cette

Un de nos marins vint me dire de ne pas aller jusqu'au rivage.

affaire. Il crut pouvoir détourner le coup d'une autre façon; et, le prenant sur un ton fort élevé, il leur dit avec beaucoup de fermeté que j'étais un des principaux intéressés dans le vaisseau, et qu'il était ridicule de vouloir me chasser, pour ainsi dire, de ma propre maison; que, s'ils quittaient le navire, ils paieraient cher cette désertion, dans le cas où ils seraient assez hardis pour remettre le pied en Angleterre; que, pour lui, il aimerait mieux risquer tout le fruit du voyage et perdre le vaisseau que de me faire un pareil affront; qu'ils n'avaient donc qu'à prendre le parti qu'ils jugeraient convenable. Il leur proposa ensuite d'aller lui-même à terre avec le bosseman, pour voir de quelle manière on pourrait arranger ce différend.

Ils refusèrent unanimement cette proposition, en disant qu'ils ne voulaient plus rien avoir de commun avec moi, ni à terre ni à bord du vaisseau, et que, si j'y rentrais, ils étaient tous résolus de l'abandonner. « Eh bien! répliqua le capitaine, si vous êtes tous dans cette intention, j'irai seul parler à mon oncle. » Il le fit, et il vint justement à l'instant où l'on venait de m'apprendre la résolution qu'on avait prise à mon égard.

J'étais ravi de le voir; car j'avais craint qu'ils ne l'emprisonnassent et qu'ils ne partissent avec le navire, ce qui m'aurait forcé à demeurer seul, sans argent, et dans une situation plus terrible que celle où je m'étais autrefois trouvé dans mon île.

Heureusement ils ne poussèrent pas leur insolence jusque-là; et lorsque mon neveu me raconta qu'ils avaient juré de s'en aller tous si je rentrais dans le vaisseau, je lui dis de ne point s'en embarrasser, et que j'étais résolu de rester à terre; qu'il eût soin seulement de me faire apporter mes effets et une bonne somme d'argent, et que je trouverais bien le moyen de revenir en Angleterre.

Quoique mon neveu fût au désespoir de me laisser là, il vit bien qu'il n'y avait pas d'autre parti à prendre. Il retourna donc à bord, et dit à ses gens que son oncle cédait à leur exigence. Ce discours calma l'orage, et l'équipage rentra dans le devoir; il n'y eut que moi d'embarrassé, et je ne savais quel parti prendre.

Je me trouvais dans l'endroit le plus reculé du monde, à trois mille lieues de l'Angleterre de plus que quand j'étais dans mon île. Il est vrai que je pouvais revenir par terre, en passant par le pays du Grand Mogol jusqu'à Surate; de là je me rendrais par mer à Bassora dans le golfe Persique, d'où j'irais avec les caravanes, par les déserts de l'Arabie, jusqu'à Alep et Alexandrie; enfin je passerais en France par l'Italie : toutes ces courses, jointes à celles que j'avais faites, égalaient le diamètre entier du globe, peut-être même davantage.

Il y avait encore un autre parti à prendre : c'était d'attendre quelques vaisseaux anglais qui, venant d'Achem, dans l'île de Sumatra, devaient passer au Bengale; mais, comme je n'avais eu aucun rapport avec la compagnie anglaise des Indes orientales, il m'aurait été difficile d'en sortir sans son consentement; et il m'était impossible de l'obtenir, si ce n'est par une grande faveur des capitaines de ses vaisseaux ou des facteurs de la compagnie; or j'étais complétement étranger aux uns et aux autres.

Tandis que j'étais dans cet embarras, j'eus la douleur de voir partir le vaisseau sans moi, ce qui peut-être n'était jamais arrivé à un homme dans une situation comme la mienne, à moins que l'équipage ne se fût révolté et n'eût mis à terre ceux qui voulaient résister à ses mauvais desseins.

Ce qui me consolait un peu, c'est que mon neveu m'avait laissé un domestique et un compagnon. Ce dernier était le commis du caissier du vaisseau, et l'autre le valet du capitaine. Je pris un appartement chez une Anglaise, où logeaient plusieurs autres marchands anglais, français et juifs italiens. J'y fus parfaitement traité, et j'y restai quelque temps pour réfléchir mûrement au moyen le plus commode et le plus sûr d'arriver en Angleterre.

J'avais des marchandises anglaises d'une assez grande valeur et une somme assez considérable. Mon neveu m'avait laissé mille pièces de huit et une lettre de crédit pour une somme beaucoup plus considérable, de sorte que je ne courais pas le moindre risque de manquer d'argent.

Je me défis d'abord de mes marchandises très-avantageusement; et, suivant l'intention que j'avais eue en commençant le voyage, j'achetai des diamants, ce qui réduisit mon avoir à un très-petit volume, qui ne pouvait m'embarrasser pendant le voyage.

Après que je fus demeuré là assez longtemps sans goûter aucune des propositions qu'on m'avait faites touchant les moyens de retourner en Europe, un marchand anglais qui logeait dans la même maison, et avec qui j'avais lié une étroite amitié, vint un matin dans ma chambre. « Mon cher compatriote, me dit-il, je viens vous communiquer un projet qui me plaît fort et qui pourra bien vous plaire aussi. Nous sommes placés, vous par accident, et moi par mon propre choix, dans un endroit du monde fort éloigné de notre patrie, mais dans un pays où il y a beaucoup à gagner pour des hommes comme vous et moi, qui entendons le commerce. Si vous voulez joindre mille livres sterling à mille autres que je fournirai, nous louerons ici le premier vaisseau qui nous conviendra : vous serez capitaine et moi marchand, et nous ferons le voyage de la Chine. Tout roule, tout s'agite dans le monde, il n'y a de fainéants que parmi les hommes : par quelle raison demeurerions-nous ici dans une lâche oisiveté? »

Je goûtai fort cette proposition, d'autant plus qu'elle me fut faite avec beaucoup de marques d'amitié et de franchise. L'incertitude de ma situation contribua beaucoup à m'engager dans le commerce, qui n'était pas mon élément le plus naturel; en revanche, l'idée de voyager touchait la véritable corde de mes inclinations, et jamais la proposition de visiter une partie du monde qui m'était inconnue ne pouvait m'être faite hors de propos.

Quelque temps s'écoula avant que nous pussions trouver un navire qui nous convînt; et quand nous l'eûmes trouvé, il nous fut très-difficile d'avoir autant de matelots anglais qu'il nous en fallait pour diriger ceux du pays que nous trouvions sans peine. Bientôt pourtant nous engageâmes un contre-maître, un bosseman et un canonnier, tous Anglais, un charpentier hollandais et trois matelots portugais, qui suffisaient pour veiller sur nos mariniers indiens.

Nous allâmes d'abord à Achem, dans l'île de Sumatra, puis à Siam, où nous échangeâmes quelques-unes de nos marchandises contre de l'opium et de l'arak, sachant que la première de ces marchandises surtout est d'un grand prix à la Chine, particulièrement à cette époque, où ce vaste empire en manquait. Dans cette première course nous allâmes jusqu'à Suskan; nous fîmes un très-heureux voyage, qui nous prit neuf mois; et nous retournâmes au Bengale, très-contents de ce coup d'essai.

Je gagnai beaucoup dans ce premier voyage; j'acquis des lumières pour faire de plus grands bénéfices, et si j'avais eu vingt années de moins, j'y serais resté avec plaisir, bien sûr d'y acquérir une immense fortune; mais j'étais plus que sexagénaire, je possédais assez de richesses, et j'étais sorti de ma patrie moins pour amasser des trésors que pour satisfaire un désir inquiet de courir le monde.

Mon associé avait des idées toutes différentes des miennes. Je ne le dis pas pour faire entendre que les siennes fussent les moins raisonnables; au contraire, je conviens qu'on doit généralement les trouver plus justes et mieux assorties aux vues d'un marchand, dont la sagesse consiste à s'attacher aux objets lucratifs. Cet honnête homme ne songeait qu'au solide, et eût été content d'aller et de venir toujours par les mêmes chemins et de loger dans le même gîte, pourvu qu'il y eût trouvé son compte, selon la phrase marchande. Dans le temps où mes relations n'aboutissaient qu'à me rendre plus irrésolu, mon ami, qui cherchait toujours des occupations nouvelles, me proposa un autre voyage vers les îles d'où l'on tire les épices, afin d'y faire un chargement complet de clous de girofle. Son intention était d'aller aux îles Philippines, où les Hollandais font le principal commerce, quoiqu'elles appartiennent en partie aux Espagnols.

Nous ne trouvâmes pas à propos cependant de pousser si loin, n'ayant pas grande envie de nous hasarder dans des endroits où les Hollandais ont un pouvoir absolu, comme à Java ou à Ceylan. Ce qui retarda le plus notre course, c'était mon incertitude; mais dès que mon ami m'eut gagné, les préparatifs furent bientôt faits. Nous touchâmes à l'île de Bornéo et à plusieurs autres dont j'ai oublié le nom, et notre voyage, qui ne réussit pas moins bien que le premier, ne dura en tout que cinq mois.

Nous vendîmes nos épices, qui consistaient principalement en clous de girofle et en noix muscades, à des marchands de Perse; nous gagnâmes cinq pour un, et par conséquent nous fîmes un profit extraordinaire.

Quand nous réglâmes nos comptes, mon ami me regardant en souriant : « Eh bien, me dit-il, ceci ne vaut-il pas mieux que d'aller courir de côté et d'autre? » J'en convins sans peine.

Peu de temps après notre retour, un vaisseau hollandais de deux cents tonneaux à peu près arriva au Bengale; il était destiné à faire le cabotage, et non à passer d'Europe en Asie et d'Asie en Europe. On nous débita que tout l'équipage étant tombé malade, et le capitaine n'ayant pas assez de monde pour tenir la mer, le navire avait été forcé de relâcher au Bengale; que le capitaine, ayant gagné assez d'argent, avait envie de retourner en Europe et voulait vendre son vaisseau.

Je sus cette affaire plus tôt que mon associé, et, désirant faire cet achat, je courus au logis pour l'en informer. Il réfléchit pendant quelque temps; car il n'était pas homme à précipiter ses résolutions. « Ce bâtiment est un peu trop fort, me dit-il, cependant il faut que nous l'ayons. »

Nous achetâmes le vaisseau, et nous nous décidâmes à en garder les matelots pour les joindre à ceux que nous avions déjà; mais tout d'un coup, ayant reçu chacun, non leurs gages, mais leur portion de l'argent qui avait été donné pour le navire, ils s'en allèrent. Nous ignorâmes pendant quelque temps ce qu'ils étaient devenus; et nous découvrîmes à la fin qu'ils avaient pris la route d'Agra, lieu de la résidence du Grand Mogol; que de là ils avaient dessein d'aller à Surate, afin de s'y embarquer pour le golfe Persique.

Rien ne m'avait tant affligé depuis longtemps que de ne les avoir pas suivis : une telle course en nombreuse compagnie m'eût procuré en même temps du divertissement et de la sûreté, et m'aurait rapproché de ma patrie. Mais ce chagrin se passa en peu de jours, quand je sus quelle sorte de gens c'était que ces Hollandais. L'homme qu'ils appelaient capitaine était simplement le canonnier. Attaqués à terre par les Indiens, qui avaient tué le véritable commandant du vaisseau avec trois matelots, ces coquins, au nombre de onze, avaient pris la résolution de s'en aller avec le vaisseau; ils le firent, après avoir laissé, en effet, à terre le contre-maître et cinq hommes.

Quoi qu'il en soit, nous crûmes avoir un bon droit à la possession du vaisseau, quoique nous sentissions bien que nous ne nous étions pas informés assez exactement du titre de propriété de ses détenteurs avant de conclure le marché : si nous les avions questionnés comme il le fallait, ils se seraient coupés, selon toutes les apparences; ils seraient tombés dans des contradictions non-seulement les uns avec les autres, mais peut-être avec eux-mêmes. Il est vrai qu'ils nous montrèrent un acte de transport où figurait un nommé Emmanuel Cloosterhoowen; je m'imagine que tout cela était supposé; mais lorsque nous traitâmes, nous n'avions aucune raison de les soupçonner.

Nous voyant maîtres d'un bâtiment aussi considérable, nous engageâmes un plus grand nombre de matelots anglais et hollandais, et nous nous déterminâmes à un second voyage du côté du S., vers les îles Philippines et les Moluques, pour chercher des clous de girofle.

Je passai six ans dans ce pays à faire le négoce avec beaucoup de succès, et la dernière année je pris avec mon associé le parti d'aller sur notre vaisseau même faire un tour vers la Chine, après avoir acheté du riz dans le royaume de Siam.

CHAPITRE VIII

Durant cette course, forcés par les vents contraires d'aller et de venir pendant quelque temps dans les détroits qui séparent les îles Moluques, nous ne nous en fûmes pas plutôt délivrés, que nous nous aperçûmes qu'il s'était fait une voie d'eau à notre navire, et, quelque peine que nous prissions, il nous fut impossible de découvrir où elle était. Cet inconvénient nous obligea de chercher quelque port, et mon associé, qui connaissait ce pays mieux que moi, conseilla au capitaine d'entrer dans la rivière de Cambodge. Je dis le capitaine; car, ne voulant pas me charger du commandement de deux vaisseaux, j'avais établi pour capitaine de celui-ci notre contremaître, M. Thomson. La rivière dont je viens de parler est au N. du golfe qui va du côté de Siam.

Nous allions tous les jours à terre pour nous procurer des rafraîchissements. Il arriva un matin qu'un homme vint me parler avec empressement. C'était le second canonnier d'un vaisseau de la compagnie des Indes, alors à l'ancre dans la même rivière, près de la ville de Cambodge. « Monsieur, me dit-il, vous ne me connaissez pas, cependant j'ai quelque chose à vous dire qui vous touche de près. »

Je le regardai attentivement, et je crus d'abord le reconnaître; mais je me trompais. « Si cette affaire me touche de près, lui répondis-je, sans que vous y soyez intéressé, qu'est-ce qui vous porte à me la communiquer? — J'y suis porté, répondit-il, par le grand danger qui menace votre tête sans que vous en ayez la moindre connaissance.

— Tout le péril où je crois être, lui répliquai-je, c'est que mon vaisseau a fait une voie d'eau; mais j'ai dessein de le mettre sur la côte pour tâcher de la découvrir. — Monsieur, Monsieur, me dit-il, si vous êtes sage, vous ne songerez point à toutes ces misères quand vous saurez ce que j'ai à vous dire. Savez-vous que la ville de Cambodge n'est pas fort loin d'ici, et qu'il y a près de là deux gros vaisseaux anglais et trois hollandais? — Peu m'importe, lui répondis-je. — Comment! Monsieur, reprit-il, est-il de la prudence d'un homme qui cherche des aventures, comme vous, d'entrer dans un port sans examiner auparavant quels vaisseaux peuvent être à l'ancre, et s'il est en état de leur faire tête? Vous savez bien, je m'imagine, que la partie n'est pas égale. »

Ce discours ne m'inquiéta point, parce que je n'y comprenais rien; je dis à mon homme qu'il s'expliquât plus clairement, et que je ne voyais aucune raison pour moi de craindre les vaisseaux des compagnies anglaise et hollandaise, puisque je ne fraudais point les droits et que je ne faisais aucun commerce défendu. « Fort bien, Monsieur, me dit-il en souriant d'un petit air aigre-doux; si vous vous croyez en sûreté, vous n'avez qu'à rester; je suis mortifié pourtant de voir que votre sécurité vous fasse rejeter un avis salutaire. Soyez persuadé que si vous ne levez pas l'ancre dans le moment, vous allez être attaqué par cinq chaloupes remplies de monde, et que, si l'on vous prend, on commencera par vous pendre comme un pirate, sauf à vous faire ensuite votre procès. J'aurais cru, Monsieur, qu'un avis de cette importance m'aurait procuré une meilleure réception que celle que vous me faites. — Je n'ai jamais été ingrat, lui dis-je, pour ceux qui m'ont rendu service; mais il m'est absolument impossible de comprendre le motif de la résolution que, selon vous, on a prise à mon égard. Cependant je veux profiter de vos conseils, et, puisqu'on a formé contre moi un projet si abominable, je pars à l'instant, et je donnerai ordre qu'on mette à la voile, si l'on a bouché la voie d'eau ou si elle ne nous empêche pas de tenir la mer. Mais, Monsieur, faudra-t-il que je prenne ce parti sans connaître l'affaire à fond, et ne pourriez-vous pas me donner quelques explications?

— Je n'en sais qu'une partie, me dit-il; mais j'ai avec moi un marin hollandais qui pourrait vous instruire si le temps le permettait. Vous ne sauriez l'ignorer entièrement vous-même; car voici ce dont il s'agit. Vous avez conduit le vaisseau à Sumatra, où le capitaine a été tué, avec trois de ses gens, par les insulaires, et vous vous en êtes allé depuis avec le même navire pour exercer la piraterie. Telle est la base de toute cette affaire : et l'on vous exécutera en qualité de pirate, sans beaucoup de formalités. Vous savez que les vaisseaux marchands n'agissent guère autrement avec les écumeurs de mer quand ils les ont en leur pouvoir.

— Je vous comprends à présent, lui dis-je, et je vous remercie. Quoique nous n'ayons aucune part dans le crime dont vous venez de parler et que nous ayons acquis la propriété du vaisseau par les voies les plus légitimes, je veux pourtant prendre mes précautions pour éviter le malheur dont je suis menacé. — Prendre vos précautions, Monsieur! répondit-il brusquement; vous vous servez d'une expression bien faible : la meilleure précaution ici est de se mettre au plus vite à l'abri du danger. Si vous vous intéressez à votre propre vie et à celle de tous vos compagnons, vous lèverez l'ancre sans délai, dès que la mer sera haute : vous profiterez de toute la marée, et vous serez déjà bien loin en mer avant qu'ils puissent descendre jusqu'ici. Ils doivent se servir de la marée aussi bien que vous; comme ils sont à vingt milles, vous les devancerez de deux bonnes heures, et, s'il fait un vent un peu vif, leurs chaloupes n'oseront vous donner la chasse en pleine mer.

— Monsieur, lui dis-je, vous me rendez un service très-important : que voulez-vous que je fasse pour vous en témoigner ma reconnaissance? — Vous n'êtes peut-être pas assez convaincu de la vérité de mon avis, me répondit-il, pour avoir réellement envie de m'en récompenser; cependant, si vous parlez sérieusement, j'ai une proposition à vous faire : on me doit dix-neuf mois de paie dans le vaisseau sur lequel je suis venu d'Angleterre, et il en est dû sept à mon camarade le Hollandais; si vous voulez nous les payer, nous suivrons votre fortune sans vous demander davantage, en supposant que rien ne s'offre à vous convaincre de la vérité de mon avis; dans le cas contraire, nous vous laisserons le maître de nous récompenser comme vous le jugerez à propos. » J'y consentis, et dans le moment même je revins au vaisseau avec eux. A peine en étais-je près, que mon associé, qui était resté à bord, monta sur le tillac et me cria que la voie d'eau venait d'être bouchée. « Dieu soit loué! lui dis-je; mais qu'on lève l'ancre au plus vite. — Et pourquoi donc? me répondit-il. — Point de question, lui répliquai-je : que tout l'équipage mette la main à l'œuvre, et qu'on lève l'ancre sans perdre une seule minute. »

Quelque surpris qu'il fût de cet ordre, il ne laissa pas d'appeler le capitaine et de le lui communiquer; et quoique la marée ne fût pas encore tout à fait haute, favorisés d'un vent frais qui venait de terre, nous mîmes à la voile. J'appris alors à mon associé tout ce que je savais de cette histoire, et les deux nouveaux venus racontèrent le reste.

Comme ce récit demandait du temps, un des matelots vint dire, de la part du capitaine, que cinq chaloupes fort chargées de monde nous donnaient la chasse; ce qui nous fit voir évidemment que l'avis que nous avions reçu n'était que trop fondé. J'assemblai tout l'équipage, et je l'instruisis du dessein qu'on avait formé de prendre notre vaisseau et de nous traiter tous comme des pirates : je leur damandai s'ils étaient résolus à se défendre; ils répondirent tous avec enthousiasme qu'ils voulaient vivre et mourir avec nous.

Comme j'étais d'avis qu'il fallait se battre jusqu'à notre dernier soupir, je voulus savoir du capitaine ce qu'il fallait faire pour nous défendre avec succès. Il me dit qu'il serait bon de tenir les ennemis en respect avec notre artillerie tant que nous le pourrions; qu'ensuite il fallait leur envoyer de bonnes décharges de mousqueterie, et que si cependant ils approchaient du vaisseau, le meilleur parti serait de nous retirer sous le pont, qu'il leur serait peut-être impossible de mettre en pièces, faute des instruments nécessaires.

Nous donnâmes en même temps ordre au capitaine de placer près du gouvernail deux pièces chargées à mitraille, pour nettoyer le tillac en cas de besoin; et dans cette attitude nous attendîmes les ennemis, gagnant toujours la haute mer à l'aide d'un vent favorable. Nous voyions distinctement les chaloupes à quelque distance de nous : elles étaient très-grandes, montées d'un équipage nombreux, et elles faisaient force de voiles pour nous atteindre. Deux d'entre elles, que nous reconnûmes pour être anglaises, devançaient de beaucoup les autres et gagnaient sur nous considérablement. Quand nous les vîmes sur le point de nous atteindre, nous tirâmes un coup de canon sans boulet, pour leur donner le signal que nous voulions entrer en conférence avec eux, et nous mîmes pavillon blanc. Ils continuaient toujours à nous suivre, mettant au vent toutes les voiles qu'ils avaient. Quand nous les vîmes à portée, nous mîmes pavillon rouge, et leur tirâmes un coup de canon à boulet. Ils s'avancèrent cependant si près de nous, que nous pûmes les avertir du danger qu'ils couraient s'ils approchaient davantage.

Mais cet avertissement ne fut pas écouté; nous remarquâmes qu'ils faisaient tous leurs efforts pour venir sous notre poupe et pour attaquer le vaisseau de ce côté. Persuadés qu'ils se fiaient aux forces qui les suivaient, et les voyant vis-à-vis de notre bord, je leur fis tirer cinq coups de canon, dont l'un emporta toute la poupe de la chaloupe la plus éloignée; ce qui força les matelots à carguer toutes les voiles et à se jeter tous à l'avant, de peur d'aller à fond. Cet échec n'empêcha pas la chaloupe la plus avancée de continuer son chemin. A l'instant où nous nous préparions à tirer dessus, une des trois qui suivaient s'en alla droit à celle qui venait d'être mise dans un si pitoyable état, et en tira tous les hommes. Nous hélâmes pour la seconde fois la chaloupe la plus avancée; au lieu de répondre, elle s'efforça de gagner notre poupe. Notre canonnier, qui entendait son métier à merveille, lui tira deux coups : ils manquèrent l'un et l'autre; ce qui porta ceux de la chaloupe à pousser un grand cri, en tournant leurs bonnets sur la tête par bravade. Le canonnier, préparé de nouveau, fit feu sur eux avec plus de succès; car un des coups donna au milieu des matelots, et l'effet en fut terrible. Ils furent suivis de trois autres qui les mirent dans un grand désordre. Pour les achever, notre canonnier fit encore feu sur eux de deux autres pièces; la chaloupe faillit couler à fond, et plusieurs matelots furent précipités à la mer.

Je fis aussitôt armer la pinasse du vaisseau, et je dis à nos gens de secourir nos ennemis, d'en recueillir autant qu'ils pourraient, et de revenir à bord aussitôt avec eux; car nous voyions déjà les autres chaloupes avancer sur nous avec vitesse.

Ils suivirent ponctuellement mes ordres et en prirent trois, parmi lesquels il y en avait un qui était sur le point de se noyer, et que nous eûmes bien de la peine à faire revenir à lui. Nous fîmes force de voiles pour gagner la haute mer : aussitôt que les trois dernières chaloupes eurent rejoint les deux autres, elles cessèrent leurs poursuites.

Délivré d'un si grand péril, auquel j'étais loin de m'attendre, je résolus de changer de route et d'ôter par là le moyen de deviner notre destination. Nous portâmes du côté de l'E., hors de la voie de tous les vaisseaux européens.

N'ayant plus rien à craindre, nous questionnâmes nos deux nouveaux venus sur les motifs de l'entreprise qu'on venait de diriger contre nous, et le Hollandais nous en découvrit tout le mystère. Il nous apprit que celui qui nous avait vendu le vaisseau n'était qu'un scélérat qui s'en était emparé après que le capitaine avait été tué par les insulaires avec trois de ses gens. Il avait lui-même fait partie de cet équipage, et s'était échappé des mains des barbares en se cachant, lui quatrième, dans un bois où ils restèrent quelque temps. Ensuite il s'était sauvé seul d'une manière miraculeuse, en abordant à la nage la chaloupe d'un vaisseau hollandais qui revenait de la Chine et qui s'était mis à l'ancre sur cette côte pour faire de l'eau.

Il était depuis quelque temps à Batavia lorsqu'il y arriva deux hommes de ce vaisseau, qui avaient abandonné leurs compagnons pendant le voyage, et qui leur apprirent que le canonnier s'était enfui avec le navire, et l'avait vendu au Bengale à une troupe de pirates qui avaient déjà pris un bâtiment anglais et deux hollandais très-richement chargés.

Cette dernière partie de son discours nous embarrassa fort, quoique nous en connussions toute la fausseté; nous vîmes évidemment que si nous fussions tombés entre les mains de ceux qui venaient de nous poursuivre avec tant d'acharnement, c'en eût été fait de nous. En vain aurions-nous défendu notre innocence contre des gens si fortement prévenus, qui auraient été à la fois nos accusateurs et nos juges.

Cette considération fit croire à mon associé que le meilleur parti pour nous était de retourner au Bengale sans toucher à aucun port. Nous pouvions nous justifier là sans peine, en démontrant où nous avions été quand le navire en question y était entré, de qui nous l'avions acheté, et de quelle manière; et si l'affaire devait être débattue devant les juges, nous étions sûrs d'avoir une sentence qui nous acquitterait.

Je fus d'abord de l'opinion de mon associé; mais je la rejetai après y avoir songé plus mûrement : nous nous trouvions de l'autre côté du détroit de Malacca, et nous ne pouvions retourner au Bengale sans courir les plus grands dangers. Le bruit de notre crime prétendu et de la mauvaise réception que nous avions faite à nos agresseurs devait avoir donné l'alarme partout, et nous devions être épiés en chemin par tous les vaisseaux anglais et hollandais. Notre retour aurait eu tout l'air d'une fuite, et il n'en fallait pas davantage pour nous faire condamner. Je communiquai ces réflexions à l'Anglais qui nous avait découvert la conspiration formée contre nous, et il ne les trouva que trop solides.

Nous résolûmes d'aller chercher la côte de Tonquin, de là celle de la Chine, en continuant nos opérations de commerce, de vendre quelque part notre vaisseau, et de nous en retourner avec quelque bâtiment du pays. Ces mesures nous parurent les meilleures pour notre sûreté, et nous fîmes cours N.-N.-E., en nous mettant plus au large de cinquante lieues qu'en suivant la route ordinaire.

Ce parti nous jeta dans de grands inconvénients. A cette hauteur, nous trouvâmes les vents plus constamment contraires, venant d'ordinaire de l'E.-N.-E., ce qui devait prolonger notre voyage. Malheureusement nous étions assez mal pourvus de vivres; il y avait à craindre que les vaisseaux dont les chaloupes nous avaient attaqués n'entrassent dans ces ports avant nous, ou que quelque autre navire informé de tout ce qui venait de se passer ne nous poursuivît avec opiniâtreté.

J'avoue que je ne me crus jamais dans une plus fâcheuse situation. Tous mes torts depuis ma jeunesse avaient consisté à être mon propre ennemi, et c'était la première fois de ma vie que je courais risque d'être traité comme un criminel. J'étais parfaitement innocent, sans qu'il me fût possible de donner des preuves convaincantes de mon innocence.

Mon associé, me voyant plongé dans une profonde mélancolie, quoiqu'il eût d'abord été aussi embarrassé que moi, cherchait à me distraire, en me faisant une exacte description des différents ports de cette côte : il me dit qu'il était d'avis que nous cherchassions un asile dans la Cochinchine ou dans la baie de Tonquin, d'où nous pourrions gagner Macao, ville appartenant autrefois aux Portugais, et où il se trouvait encore un grand nombre de familles européennes, et surtout des missionnaires, qui s'y étaient rendus dans l'intention de passer de là en Chine.

Nous nous en tînmes à cette résolution. Après un voyage fort ennuyeux, dans lequel nous souffrîmes beaucoup par la disette des vivres, nous découvrîmes la côte de la Cochinchine, et nous prîmes le parti d'entrer dans une petite rivière où il y avait pourtant assez d'eau pour notre bâtiment, résolus à nous y informer, ou par terre, ou par le moyen de notre pinasse, s'il se trouvait quelques vaisseaux dans les ports d'alentour.

La précaution que nous avions prise d'entrer dans cette petite rivière fut très-heureuse : le lendemain matin, nous vîmes entrer dans la baie de Tonquin deux vaisseaux hollandais et un autre sans pavillon, que nous crûmes également hollandais; ces bâtiments passèrent à deux lieues de nous, faisant cours vers la côte de la Chine. L'après-dînée, nous aperçûmes encore deux bâtiments anglais qui prenaient la même route.

Les habitants de cette côte étaient barbares et voleurs, et, quoique nous n'eussions de rapports avec eux que pour nos provisions, cependant nous nous défendîmes à grand'peine de leurs insultes.

La rivière où nous étions n'était qu'à quelques lieues des limites septentrionales du pays, et, en côtoyant avec notre chaloupe, nous découvrîmes la pointe de tout le royaume au N.-E., où s'ouvre la grande baie de Tonquin.

C'était en suivant les côtes de cette manière que nous avions découvert les vaisseaux ennemis dont nous étions environnés de toutes parts.

Les habitants de cette côte ne vivent que de poisson, d'huile et des aliments les plus grossiers.

Une marque évidente de leur barbarie excessive est l'exécrable coutume qu'ils ont de réduire en esclavage tous ceux qui ont le malheur de faire naufrage sur leurs côtes.

J'ai dit plus haut qu'il s'était fait une voie d'eau à notre navire. Quoiqu'elle eût été bouchée d'une manière inespérée dans l'instant même où nous allions être assaillis par les chaloupes anglaises et hollandaises, n'ayant cependant pas trouvé le bâtiment aussi sain que nous l'aurions bien voulu, nous résolûmes d'en tirer tout ce qu'il y avait de plus pesant, et de le mettre sur le côté pour le nettoyer et pour retrouver la voie d'eau s'il était possible. Ayant reporté d'un seul côté les canons et la charge du navire, nous le renversâmes, afin de pouvoir aller jusqu'à la quille.

Les habitants, qui n'avaient jamais rien vu de pareil, descendirent aussitôt vers le rivage, et découvrant le vaisseau, couché sur le côté, sans apercevoir nos gens qui travaillaient dans les chaloupes et sur les échafaudages du côté opposé, ils s'imaginèrent que le bâtiment avait fait naufrage et qu'en échouant il s'était renversé.

Environ trois heures après, ils vinrent avec dix ou douze grandes barques, montées chacune de huit rameurs, résolus, selon toute apparence, à piller le vaisseau et à mener vers le roi ceux de l'équipage dont ils s'empareraient : dans ce cas, nous devions nous attendre à l'esclavage. S'étant avancés du côté du vaisseau, ils en firent le tour, et ils nous découvrirent travaillant de toutes nos forces à la quille et au côté du navire. Ils ne firent d'abord que nous contempler, sans qu'il nous fût possible de deviner leur dessein. Cependant nous profitâmes de cet intervalle pour faire entrer quelques-uns des nôtres dans le vaisseau, afin qu'ils donnassent des armes et des munitions à ceux qui travaillaient. Il fut bientôt temps de s'en servir; car, après s'être consultés pendant un quart d'heure, ils s'avancèrent sur nous comme sur une proie certaine.

Nos gens, les voyant approcher en si grand nombre, commençaient à s'effrayer; ils étaient dans une assez mauvaise position pour se défendre. Je commandai à ceux qui étaient sur l'échafaudage de chercher à rentrer dans le vaisseau au plus vite, et à ceux qui étaient dans les chaloupes d'en faire le tour et d'y rentrer aussi. Pour nous, qui étions à bord, nous fîmes tous nos efforts pour relever le bâtiment. Cependant ni ceux de l'échafaudage ni ceux des chaloupes ne purent exécuter nos ordres, parce qu'un moment après ils eurent les barbares sur les bras : déjà deux de leurs barques avaient abordé notre pinasse.

Le premier sur lequel ils mirent la main était un Anglais aussi brave que robuste; il prit par les cheveux celui qui l'avait saisi, et, l'ayant tiré de sa barque dans la nôtre, il lui cogna si fort la tête contre un des bords de la chaloupe qu'il la lui brisa.

En même temps, un des Hollandais, qui était à côté de lui, ayant pris un mousquet par le canon, fit le moulinet si habilement, qu'il terrassa cinq ou six des ennemis qui voulaient se jeter dans la chaloupe.

Ce n'en était pas assez pour repousser trente à quarante hommes qui se précipitaient dans la pinasse, où ils ne s'attendaient à aucun danger; mais un hasard des plus heureux nous donna une victoire complète.

Notre charpentier, se préparant à enduire de suif et à goudronner le vaisseau, venait de faire descendre dans la pinasse deux chaudrons, l'un rempli de poix bouillante, et l'autre de poix-résine, de suif, d'huile et d'autres matières semblables. L'aide du charpentier avait encore à la main une grande cuiller de fer, avec laquelle il fournissait aux autres ce liquide brûlant; voyant deux Cochinchinois arriver près de lui, il les arrosa d'une cuillerée de cette matière qui les força de se jeter à la mer, en mugissant comme des taureaux. « Jean, s'écria le charpentier, ils trouvent la soupe bonne; donnez-leur-en encore une écuellée. » En même temps il courut de ce côté avec un de ces torchons qu'on attache à un bâton pour laver le vaisseau, et, le trempant dans la poix, il en jeta une si grande quantité sur ces forcenés, et Jean avec sa cuiller la leur prodigua si libéralement, qu'il n'y en eut pas un seul dans les trois barques qui ne fût horriblement grillé. L'effet en était d'autant plus grand et plus prompt, que ces malheureux étaient presque nus, et je puis dire que de mes jours je n'ai entendu de cris plus affreux que ceux qu'ils poussèrent.

Cette victoire, si singulièrement obtenue, nous délivra d'un danger qui, sans cet expédient, aurait été très-grand.

Pendant cette étrange bataille, nous avions, mon associé et moi, si bien employé notre monde, que le vaisseau fut enfin redressé. On avait déjà remis les canons à leur place, et le canonnier me pria d'ordonner à ceux de nos chaloupes de se retirer, parce qu'il voulait tirer sur les ennemis.

Je le lui défendis, persuadé que le charpentier nous en délivrerait bien sans le secours du canon, et j'ordonnai au cuisinier de faire chauffer une autre chaudronnée de poix. Mais heureusement nous n'en eûmes pas besoin : les pauvres diables étaient si mécontents de leur premier assaut, qu'ils n'eurent garde d'en tenter un second. D'ailleurs ceux qui se trouvaient le plus éloignés de nous, voyant le vaisseau redressé et à flot, reconnurent leur méprise, et ne jugèrent pas à propos de pousser plus loin leur dessein.

Après nous être ainsi tirés d'affaire, ayant apporté à bord, quelques jours auparavant, seize porcs, du riz, des racines et du pain, nous résolûmes de nous remettre en mer, à quelque prix que ce fût, convaincus que le jour suivant nous nous trouverions environnés d'un si grand nombre de barbares, que le même moyen serait insuffisant pour nous en délivrer.

Le soir nous reportâmes tous nos effets dans le vaisseau, et le lendemain matin nous fûmes en état de mettre à la voile. Nous nous tînmes à l'ancre à quelque distance du rivage, pour achever tout ce que nous avions à faire à bord; ce qui nous prit un jour. Le lendemain nous fîmes voile. Nous désirions entrer dans la baie de Tonquin pour savoir ce qu'étaient devenus les vaisseaux hollandais qui s'y étaient trouvés; mais nous avions vu entrer plusieurs autres bâtiments depuis peu, et nous n'osâmes nous y hasarder. Nous craignions de rencontrer quelque vaisseau anglais ou hollandais autant qu'un navire marchand européen voguant dans la Méditerranée craint de rencontrer un vaisseau de guerre algérien.

Nous nous dirigeâmes d'abord vers le N.-E., comme si nous eussions voulu aller aux îles Philippines; ensuite nous retournâmes vers le N., pour arriver à l'île Formose, située sous le vingt-deuxième degré trois minutes de latitude.

Nous mîmes à l'ancre pour prendre de l'eau fraîche et d'autres provisions. Nous en fûmes fournis abondamment par les insulaires, qui montrèrent beaucoup de loyauté dans tout le commerce que nous eûmes ensemble : peut-être cette probité est-elle le fruit de la religion chrétienne, que les missionnaires hollandais y portèrent jadis.

De là nous continuâmes à nous diriger vers le N., en nous tenant toujours à une distance égale des côtes de la Chine, et de cette manière nous passâmes devant tous les ports où les vaisseaux européens ont coutume de relâcher, bien résolus à faire tous nos efforts pour ne pas tomber entre leurs mains.

Parvenus au trente-troisième degré de latitude, nous résolûmes d'entrer dans le premier port que nous trouverions. A cet effet, nous avançâmes vers le rivage, et nous n'en étions qu'à deux lieues, quand une barque vint à notre rencontre, montée par un vieux pilote portugais qui, ayant vu que notre vaisseau était européen, venait nous offrir ses services. Cette offre nous fit plaisir, et nous le prîmes à bord; sans demander où nous voulions aller, il renvoya sa barque.

Nous étions alors maîtres de nous faire mener où nous le jugerions convenable, et je proposai au bon vieillard de nous conduire au golfe de Nanking, qui est dans la partie la plus septentrionale de la côte de la Chine. Il nous répondit qu'il connaissait fort bien ce golfe, mais qu'il était curieux de savoir ce que nous y voulions faire. Je lui dis que nous avions envie d'y vendre notre cargaison et d'acheter à la place des porcelaines, des toiles peintes, des soies crues, des soies travaillées, etc. Il nous répondit que le meilleur port pour ce genre de négoce eût été celui de Macao, où nous aurions pu nous défaire de notre opium très-avantageusement et acheter des denrées de la Chine à aussi bon marché qu'à Nanking.

Nous répondîmes que nous n'étions pas seulement marchands, mais encore voyageurs, et que notre but était de visiter la grande ville de Péking et la cour du monarque de la Chine. « Vous feriez donc bien, répondit-il, d'aller vers Ning-Po, d'où, par la rivière, vous pouvez gagner en peu d'heures le grand canal, qui est partout navigable et coupe dans toute son étendue le vaste empire chinois, croise tous les fleuves, traverse plusieurs collines par le moyen des écluses, et s'avance jusqu'à Péking, en parcourant une étendue de deux cent soixante-douze lieues.

— Bien, répondis-je; mais ce n'est pas ce dont il s'agit : nous vous demandons seulement si vous pouvez nous conduire à Nanking, afin que nous puissions ensuite facilement nous rendre à la cour de l'empereur de la Chine. » Il me dit qu'il le pourrait sans peine, que depuis peu un vaisseau hollandais avait pris justement la même route. Cette circonstance me déconcerta tellement, que le vieillard s'en aperçut, et me dit que nous ne devrions pas en concevoir d'alarmes, puisque les Hollandais n'étaient point en guerre avec notre nation. « Il est vrai, lui répondait-on; mais on ne sait pas de quelle manière ces gens-là nous traiteraient dans un pays où ils sont hors de la justice. — Il n'y a rien à craindre, reprit-il; vous n'êtes point pirates, et ils n'attaqueront point des marchands qui ne cherchent qu'à faire paisiblement leurs affaires. » Je fus tellement troublé à ces paroles, qu'il était impossible que le Portugais ne le remarquât pas.

« Monsieur, me dit-il, il me semble que mon discours vous fait de la peine; vous irez où vous le trouverez à propos, et soyez sûr que je vous rendrai tous les services dont je suis capable. — Il est vrai, lui répondis-je, je suis dans une assez grande irrésolution touchant la route qu'il faudra prendre à cause des pirates dont vous venez de me parler. Nous ne sommes guère en état de leur tenir tête : vous voyez que notre navire n'est pas des plus considérables, et l'équipage en est très-faible.

— Vous pouvez être tranquille, me dit-il; aucun pirate n'a paru dans ces mers depuis quinze ans, excepté un seul qu'on a vu, il y a environ un mois, dans la baie de Siam; mais il est sûr qu'il a tiré du côté du S.; d'ailleurs ce n'est point un vaisseau fort grand et propre à ce métier; c'est un navire marchand dans lequel l'équipage s'est enfui après la mort du capitaine, qui a été tué dans l'île de Sumatra.

— Comment, dis-je, feignant de ne rien savoir de cette affaire, ces scélérats ont tué leur propre capitaine! — Je ne peux l'assurer, répondit-il; mais comme, dans la suite, il se sont rendus maîtres du vaisseau, il y a beaucoup d'apparence qu'ils l'ont trahi et livré à la cruauté des Indiens. — A ce compte-là, lui dis-je, ils ont autant mérité la mort que s'ils l'avaient massacré de leurs propres mains. — Sans doute, reprit le bon vieillard; aussi seront-ils punis comme ils le méritent, s'ils tombent entre les mains des Anglais et des Hollandais, qui se sont promis de ne point leur pardonner. »

Je lui demandai comment ils pouvaient espérer de rencontrer ce pirate, puisqu'il n'était plus dans ces mers. « On l'assure, reprit-il; mais ce qu'il y a de certain, c'est qu'il est entré dans la rivière de

Cambodge, et qu'il y a été découvert par quelques Hollandais qu'il avait laissés à terre en se rendant maître du vaisseau. Il est certain encore que plusieurs capitaines anglais et hollandais qui se trouvaient dans cette rivière l'auraient pris, si leurs premières chaloupes eussent été secondées par les autres. Mais on a une description si exacte de ce bâtiment, qu'on le reconnaîtra sans peine partout où on le trouvera; et l'on a résolu unanimement de faire pendre à la grande vergue le capitaine de l'équipage.

— Comment! dis-je, ils les exécuteront sans aucune formalité! ils commenceront par les pendre et ensuite ils leur feront leur procès!

— Bon! Monsieur, me répondit-il, quelle formalité voulez-vous qu'on observe avec de pareils scélérats? il suffit de les jeter à la mer; ces coquins-là n'auront que ce qu'ils méritent. »

Voyant que le vieux Portugais ne pouvait quitter notre bord et nous faire le moindre mal, je lui dis vivement : « Voilà justement la raison pour laquelle je veux que vous nous meniez à Nanking et non à Macao, ou dans quelque autre port fréquenté par les Anglais et les Hollandais. Sachez que ces capitaines dont vous venez de parler sont des insolents et des étourdis qui ne savent ce que c'est que la justice, puisqu'ils sont assez inconsidérés pour risquer de devenir des meurtriers, puisqu'ils veulent faire exécuter des gens faussement accusés, les traiter en criminels sans se donner la peine de les interroger et d'entendre leur défense. »

Je lui déclarai sans hésiter que le vaisseau où il se trouvait était justement celui qu'ils avaient attaqué avec cinq chaloupes d'une manière aussi lâche que maladroite. Je lui contai en détail comment nous avions acheté notre navire, et tout ce qui était relatif à cette affaire; mais je l'assurai que signaler cet équipage comme composé de pirates, c'était débiter une fable inventée à plaisir; que nos ennemis auraient dû examiner plus mûrement cette affaire avant de nous attaquer, et qu'ils répondraient devant Dieu du sang qu'ils nous avaient forcés de répandre.

Le bon vieillard fut extrêmement surpris de ce récit, et nous dit que nous avions raison de ne pas vouloir aller du côté du N.; il nous conseilla de vendre notre navire dans quelque port de la Chine, et d'en acheter ou d'en construire un autre. « Vous n'en trouverez pas un aussi bon, ajouta-t-il; mais il vous sera aisé d'en avoir un capable de vous ramener au Bengale avec vos gens et vos marchandises. »

Je lui dis que je profiterais de son conseil de tout mon cœur dès que je pourrais trouver un bâtiment à ma convenance et un acquéreur pour le mien. Il m'assura qu'il s'en rencontrerait infailliblement à Nanking; qu'une jonque chinoise me suffirait pour m'en retourner, et qu'il me trouverait sans peine des négociants qui m'achèteraient l'un et qui me vendraient l'autre.

Je lui déclarai que le vaisseau où il se trouvait était justement celui qu'ils avaient attaqué.

« Mais, lui dis-je, vous dites que notre vaisseau ne manquera pas d'être reconnu : par conséquent, si je prends les mesures que vous me conseillez, je puis jeter par là d'honnêtes gens dans un terrible danger, et peut-être devenir la cause de leur mort. Il suffira sans doute à ces capitaines de trouver le vaisseau, pour qu'ils se mettent aussi dans l'esprit qu'ils ont trouvé les coupables, et pour qu'ils massacrent de sang-froid des hommes qui n'ont jamais songé à les offenser.

— Je sais le moyen de prévenir cet inconvénient, me répondit-il; je connais les commandants de tous ces vaisseaux, et je les verrai quand ils passeront par ici; je ne manquerai pas de leur faire connaître leur méprise, et de leur dire que, bien qu'il soit vrai que le premier équipage s'en soit allé avec le navire, il est faux pourtant qu'il s'en soit jamais servi pour exercer la piraterie. Je leur apprendrai surtout que ceux qu'ils ont attaqués dans la baie de Siam sont d'honnêtes marchands qui ont acheté le vaisseau de quelques scélérats qu'ils en croyaient les légitimes propriétaires. Je suis persuadé qu'ils s'en fieront assez à moi pour agir avec plus de modération qu'ils ne se l'étaient d'abord proposé. — Eh bien! lui dis-je, si vous les rencontrez, voulez-vous vous acquitter d'une commission que je vous donnerai pour eux? »

Je me mis aussitôt à écrire, et après avoir détaillé toute l'histoire de l'attaque des chaloupes, que j'avais été obligé de soutenir, et développé la fausseté des raisons qui les avaient poussés à me faire cette insulte, dans le dessein de me traiter avec toute l'inhumanité possible, je finis en les assurant que, si jamais j'avais le bonheur de les reconnaître en Angleterre, je les en paierais avec usure, à moins que les lois de ma patrie n'eussent perdu toute autorité pendant mon absence.

Le vieux pilote lut et relut cet écrit à différentes reprises, et me demanda si j'étais prêt à soutenir tout ce que j'y avançais. Je lui dis que je le soutiendrais tant qu'il me resterait un souffle de vie, et que je désirerais ardemment de trouver une occasion de faire repentir ces messieurs de leur précipitation et de leur cruel dessein; mais l'occasion de leur faire passer cette lettre ne se présenta point. Nous avancions toujours du côté de Nanking, et après treize jours de navigation, nous mîmes à l'ancre au S.-O. du grand golfe, où par hasard nous apprîmes que deux vaisseaux hollandais venaient de passer, et nous conclûmes qu'en continuant notre route nous tomberions infailliblement entre leurs mains.

Après avoir délibéré sur ce terrible embarras avec mon associé, qui était aussi inquiet que moi, et non moins irrésolu sur le parti à prendre, je m'adressai au vieux pilote pour lui demander s'il n'y avait pas près de là quelque baie ou quelque rade où nous pussions entrer pour faire notre commerce avec les Chinois, sans être en péril. Il me dit que si je voulais aller vers le S., l'espace d'environ quarante-deux lieues, j'y trouverais un petit port nommé Quinchang, où les missionnaires débarquaient d'ordinaire en venant de Macao, et où jamais n'entraient les vaisseaux européens; que là je pourrais prendre des mesures pour le reste du voyage; que cet endroit n'était nullement fréquenté par les marchands, excepté à certaines époques de l'année ; qu'enfin il s'y trouvait une foire où les marchands japonais venaient se pourvoir des denrées de la Chine. Nous convînmes de nous diriger vers ce port.

Le lendemain du jour où nous eûmes arrêté cette résolution, nous levâmes l'ancre, n'étant allés que deux fois à terre pour prendre de l'eau fraîche et des provisions, telles que des racines, du thé, du riz, quelques oiseaux : les gens du pays nous en avaient apporté en abondance, d'une manière civile, mais non désintéressée.

Les vents étant contraires, nous voguâmes cinq jours entiers avant d'entrer dans ce port ; enfin nous y arrivâmes, avec toute la satisfaction imaginable. Quand je me sentis à terre, j'étais plein de joie et de reconnaissance envers le Ciel, et je résolus, aussi bien que mon associé, de ne jamais remettre le pied sur ce malheureux navire, s'il nous était possible de nous défaire de nos marchandises même à moitié perte.

Je ne saurais m'empêcher de remarquer ici que de toutes les conditions de la vie, il n'y en a aucune qui rende un homme si misérable qu'une crainte continuelle. L'Écriture nous dit avec beaucoup de raison que « la peur est pour l'homme un piége et un danger ». C'est une mort perpétuelle ; elle accable tellement l'esprit, qu'il est inaccessible au moindre soulagement ; elle étouffe et abat cette vigueur naturelle qui nous soutient dans des afflictions d'une autre nature.

Mon imagination, qui était vivement saisie, ne manquait pas de me représenter le danger bien plus grand encore qu'il n'était réellement ; elle me dépeignait les capitaines anglais et hollandais comme des gens absolument incapables d'entendre raison et de distinguer entre des scélérats et d'honnêtes gens, entre une fable inventée pour les tromper et l'histoire véritable et suivie de nos voyages et de nos projets. Rien n'était plus facile pour nous, dans le fond, que de faire voir clairement à toute personne un peu sensée que nous n'étions rien moins que des pirates. L'opium et les autres marchandises que nous avions à bord prouvaient clairement que nous avions été au Bengale ; et les Hollandais, qui, à ce que l'on disait, avaient les noms de tous ceux de l'autre équipage, devaient remarquer du premier coup d'œil que nous étions un mélange d'Anglais, de Portugais et d'Indiens, parmi lesquels il ne se trouvait que deux Hollandais. En voilà plus qu'il n'en fallait pour convaincre le premier capitaine qui nous aurait rencontrés de notre innocence et de son erreur.

Mais la peur, cette passion aussi aveugle que stérile, nous remplit le cerveau de trop de vapeurs pour y laisser une place à la plus grande vraisemblance. Nous regardions cette affaire du mauvais côté; nous savions que les gens de mer, Anglais et Hollandais, et particulièrement les derniers, étaient remplis de fureur au seul nom de pirates, de pirates surtout qui s'étaient échappés de leurs mains en ruinant une partie des chaloupes qu'on avait envoyées pour les prendre; nous étions persuadés qu'ils ne voudraient seulement pas nous entendre parler, et qu'ils prendraient pour des preuves convaincantes de notre prétendu crime la forme du navire, parfaitement connu, et notre fuite de la rivière de Cambodge. Pour moi, j'étais assez ma propre dupe pour m'imaginer que, dans leur cas, j'agirais de même, et que je massacrerais tout l'équipage sans daigner écouter sa défense.

Tant que nous demeurâmes dans ces inquiétudes, mon associé et moi, nous ne pûmes fermer l'œil sans rêver à des cordes et à de grandes vergues. Une nuit, entre autres, songeant qu'un vaisseau hollandais nous avait abordés, j'entrai dans une telle rage, que, croyant assommer un matelot ennemi, je donnai un violent coup de poing contre un des piliers de mon lit; je m'en écorchai les mains, et je courus risque de perdre deux doigts. Une chose qui me confirma encore davantage dans l'idée que nous serions maltraités par les Hollandais si nous tombions en leur pouvoir, c'est ce que j'avais entendu dire des cruautés qu'ils avaient fait souffrir à mes compatriotes à Amboine, et des tortures qu'ils leur avaient infligées. Je craignais qu'en mettant à de pareilles épreuves quelques-uns de nos gens ils ne leur fissent confesser des crimes dont ils n'étaient pas coupables, et ne nous punissent ainsi comme pirates, avec quelque apparence de justice. Le chargement de notre vaisseau pouvait leur fournir un puissant motif pour prendre des mesures rigoureuses; car il valait cinq mille livres sterling.

Pendant tout le temps que durèrent nos frayeurs, nous fûmes agités sans relâche par de semblables réflexions, sans considérer seulement que les capitaines de vaisseau n'ont pas l'autorité de faire de telles exécutions. Il est certain que si nous nous étions rendus à quelqu'un d'entre eux assez hardi pour nous donner la torture ou pour nous mettre à mort, il en eût été rigoureusement puni dans sa patrie. Mais cette vérité n'était pas fort consolante pour nous : un homme qu'on massacre ne tire pas grand profit du supplice qu'on fera subir à son meurtrier.

Ces frayeurs ne pouvaient que m'inspirer de pénibles méditations sur les différentes particularités de ma vie. Après avoir passé quarante ans dans des travaux et des dangers continuels, je m'étais vu dans le port vers lequel tous les hommes tendent, l'aisance et la tranquillité ; et j'avais été assez malavisé pour me plonger de nouveau, et de gaieté de cœur, dans des périls plus graves que ceux dont je m'étais tiré d'une manière inattendue. Quel chagrin pour moi, qui pendant ma jeunesse avais échappé à tant de dangers, de me voir, dans ma vieillesse, exposé par mon instinct aventureux à perdre la vie sur une potence, pour un crime auquel je n'avais jamais songé, bien loin d'en être coupable !

Je ne songeais alors qu'à combattre jusqu'à la dernière goutte de mon sang.

Quelquefois des pensées pieuses succédaient à ces considérations poignantes : je me figurais que, si j'en venais à ce degré d'infortune, je devais considérer un tel désastre comme un décret de la Providence, qui, malgré mon innocence dans le cas présent, pouvait me punir pour d'autres crimes, et que j'étais obligé de m'y soumettre avec humilité, de même que si elle avait trouvé à propos de me châtier par un naufrage ou par quelque autre malheur résultant de ma vie errante.

Il m'arrivait encore assez souvent d'être excité par la crainte à des résolutions vigoureuses ; je ne songeais alors qu'à combattre jusqu'à la dernière goutte de mon sang plutôt que de me laisser prendre par des gens capables de me massacrer de sang-froid.

Il vaudrait encore mieux pour moi, me disais-je, être pris par des sauvages et leur servir de nourriture que de tomber entre les mains de ces gens, qui peut-être seront ingénieux dans leur cruauté et ne me feront mourir qu'après m'avoir infligé les tortures les plus atroces. Quand j'ai été aux prises avec les anthropophages, c'était toujours avec la résolution de me battre jusqu'à mon dernier soupir : par quelle raison serais-je moins déterminé quand il s'agit d'éviter un malheur plus terrible?

Quand ces sortes de pensées prenaient le dessus dans mon imagination, j'éprouvais une sorte de fièvre et d'agitation violente, comme si j'eusse été réellement engagé dans un combat opiniâtre; mes yeux brillaient et mon sang bouillonnait dans mes veines; j'étais alors fermement résolu, si jamais je me voyais obligé à en venir là, à ne pas demander quartier et à faire sauter le vaisseau en l'air quand je ne pourrais plus résister, afin de ne laisser à mes persécuteurs aucune dépouille dont ils pussent se glorifier.

Plus nos inquiétudes avaient été vives pendant que nous étions encore en mer, plus nous fûmes soulagés quand nous nous vîmes à terre. A cette occasion, mon associé me raconta que la nuit précédente il avait rêvé qu'il avait un grand fardeau sur les épaules, et qu'il devait le porter au haut d'une colline; mais que le pilote portugais l'avait levé de dessus son dos, et qu'en même temps, au lieu de la colline, il n'avait vu qu'un terrain uni et facile. Ce songe était plus significatif que les rêves ne le sont d'ordinaire; nous étions véritablement comme des gens qu'on venait de décharger d'un pesant fardeau.

CHAPITRE IX

Dès que nous fûmes à terre, notre vieux pilote, qui avait conçu beaucoup d'amitié pour nous, nous trouva un logement et un magasin réunis dans le même bâtiment. C'était une petite cabane jointe à une hutte spacieuse, le tout fait de cannes et environné d'une palissade de bambous. Cette palissade nous servit beaucoup pour mettre nos marchandises à l'abri de la subtilité des voleurs, qui sont en grand nombre dans ce pays. D'ailleurs le magistrat du lieu nous accorda, pour plus de sûreté, une sentinelle qui faisait la garde devant notre magasin, avec une espèce de demi-pique à la main. Nous donnions à cette sentinelle un peu de riz et une petite pièce d'argent, ce qui ne montait tout ensemble qu'à la valeur de trois sous par jour.

Il y avait déjà du temps que la foire dont j'ai parlé était finie : cependant il se trouvait encore dans la rivière trois ou quatre jonques chinoises avec des bâtiments japonais chargés de denrées qu'ils avaient achetées dans quelque port de la Chine; ils n'avaient pas fait voile jusqu'alors, parce que les marchandises étaient encore à terre.

Notre pilote nous fit faire la connaissance de trois missionnaires qui s'étaient arrêtés là quelques jours pour convertir les habitants du lieu. Parmi eux il y avait un prêtre français, fort aimable, de bonne humeur et d'une conversation très-agréable : il s'appelait le P. Simon; il avait ordre de se rendre à Péking, où réside l'empereur de la Chine, et il attendait un de ses compagnons qui devait venir de Macao faire le voyage avec lui. Je ne le rencontrais jamais qu'il ne me pressât de l'accompagner, en m'assurant qu'il me montrerait tout ce qu'il y a de beau dans ce fameux empire, et surtout la plus grande ville de l'univers, une ville que, selon lui, Londres et Paris réunis ne pourraient égaler.

Cette ville est effectivement grande et très-peuplée, mais il y a certainement beaucoup à rabattre de toutes les merveilles que l'on raconte de la célèbre Péking.

Un jour que nous dînions ensemble, et que nous étions tous fort gais, je lui fis voir quelque disposition à l'accompagner dans son voyage, et il nous pressa vivement, mon associé et moi, de prendre cette résolution; mais, quelque vives que fussent ses sollicitations, il ne nous était pas possible de nous y rendre sur-le-champ, il fallait d'abord disposer de notre navire et de nos marchandises, ce qui était assez difficile dans un endroit où il y avait si peu de commerce. Un jour même je fus tenté de faire voile pour la rivière de Kilam et de monter jusqu'à la ville de Nanking; mais j'en fus détourné par un heureux hasard qui nous tira de notre perplexité et me rendit l'espoir de revoir un jour ma patrie.

Notre vieux pilote nous amena un marchand japonais pour voir quelles sortes de marchandises nous avions. Il nous acheta d'abord notre opium, et le paya fort bien, sur-le-champ, partie en or que nous prenions au poids, partie en petites pièces monnayées frappées au coin de son pays, et partie en lingots d'argent de dix pouces à peu près. Pendant que nous faisions ce trafic avec lui, il me vint dans l'esprit que ce même marchand pourrait bien aussi nous acheter notre vaisseau, et j'ordonnai à notre interprète de lui en faire la proposition. Il ne la reçut qu'en haussant les épaules; mais il revint nous voir quelques jours après, amenant avec lui un des missionnaires pour lui servir d'interprète et pour nous communiquer la proposition qu'il avait à nous faire. Il nous dit qu'il nous avait payé une grande quantité de marchandises avant d'avoir la moindre pensée de nous acheter notre vaisseau, et qu'il ne lui restait pas assez d'argent pour nous en donner le prix; que si je voulais y laisser les matelots, il le louerait pour un voyage du Japon, que là il le rechargerait pour l'envoyer aux îles Philippines, après en avoir payé le fret, et qu'à son retour il l'achèterait. Non-seulement je prêtai l'oreille à cette proposition, mais mon humeur aventurière me mit encore dans l'esprit d'être moi-même de la partie, de m'en aller aux îles Philippines, et de là vers la mer du Sud. Je demandai au marchand s'il avait l'intention de louer le vaisseau jusqu'aux îles Philippines et de l'y décharger : il me dit que la chose n'était pas possible, mais qu'il le ferait au Japon quand il serait de retour avec sa cargaison. J'y aurais consenti, si mon associé, plus sage que moi, ne m'en avait détourné, en me représentant les dangers de la mer, l'esprit perfide et insidieux des Japonais, et celui des Espagnols des îles Philippines, plus fourbe et plus traître encore.

La première chose qu'il fallait faire avant de conclure notre marché avec le Japonais, c'était de demander au capitaine et à l'équipage s'ils avaient envie d'entreprendre cette course. Au moment où nous y songions, je reçus une visite du jeune homme que mon neveu m'avait donné pour compagnon de voyage. Il me dit que cette course promettait des avantages très-considérables, et me conseilla fort de l'entreprendre; mais que si je n'en avais pas le désir, il me priait de l'admettre à bord comme marchand, ou en telle autre qualité que je jugerais à propos; que s'il me trouvait encore vivant à son retour en Angleterre, il me rendrait un compte exact de son gain, et que je ne lui donnerais que la part que je voudrais.

J'avais grande envie de ne pas me séparer de lui; mais prévoyant l'avantage que ce parti devait produire naturellement, et le connaissant pour un homme aussi propre à y réussir que qui que ce fût, j'étais disposé à souscrire à sa demande. Je lui dis néanmoins que je voulais consulter mon associé sur sa proposition, et que je lui donnerais une réponse positive le lendemain.

Mon associé, à qui j'en parlai d'abord, s'y prêta très-généreusement; il me dit que je savais bien que nous regardions tous les deux notre navire comme acheté sous de mauvais auspices, et que nous n'avions pas dessein de nous y rembarquer; que nous ferions bien de le céder au jeune homme, à condition que, si nous le revoyions en Angleterre, il nous donnerait la moitié des bénéfices de ses voyages. Le jeune homme s'y engagea aussitôt par écrit, et nous lui donnâmes le vaisseau.

Le marchand japonais, à ce que nous avons appris dans la suite, se comporta en galant homme. Il le protégea au Japon, et obtint pour lui la permission de descendre à terre, faveur qui a été rarement accordée aux étrangers depuis plusieurs années. Il lui paya le fret avec beaucoup de ponctualité, et l'envoya aux îles Philippines, chargé de marchandises du Japon et de la Chine, et accompagné d'un subrécargue du pays, qui, trafiquant avec les Espagnols, revint fourni des marchandises de l'Europe et d'une grande quantité d'épices. Le jeune homme fut parfaitement payé de tous ses voyages, et n'ayant point envie de se défaire du vaisseau, il le chargea, pour son propre compte, de marchandises qu'il vendit ensuite d'une manière avantageuse aux Espagnols, dans les îles Philippines. Par le moyen des connaissances qu'il y acquit, il eut le bonheur de faire déclarer libre son navire, qui fut nolisé par le gouverneur pour aller à Acapulco, sur la côte du Mexique.

Il fit ce voyage avec beaucoup de succès, vendit son vaisseau à Acapulco, et ayant obtenu la permission d'aller par terre jusqu'à Porto-Bello, il y trouva le moyen de passer, avec tout ce qu'il avait gagné, à la Jamaïque, d'où il retourna en Angleterre, huit ans après, avec des richesses immenses.

Le vaisseau étant prêt à mettre en mer, nous songeâmes à récompenser les deux hommes qui nous avaient rendu un service si considérable en nous avertissant à temps de la conspiration qu'on avait tramée contre nous dans la rivière de Cambodge; nous savions, du reste, au fond que ce n'était pas pour l'amour de nous qu'ils nous avaient donné un avis si important; car ils nous croyaient réellement pirates, et ils ne nous avaient découvert ce complot que dans l'espoir d'écumer la mer avec nous et d'avoir part au butin. Je commençai d'abord par leur faire payer les gages qui, suivant leur dire, leur étaient dus dans les vaisseaux qu'ils avaient quittés pour nous suivre, c'est-à-dire dix-neuf mois à l'Anglais, et sept au Hollandais. Je leur donnai encore à chacun une petite somme en or, dont ils furent très-contents, et je fis l'Anglais canonnier, à la place du nôtre, devenu second contre-maître; je donnai au Hollandais l'emploi de bosseman. Ils se crurent par là parfaitement récompensés, et ils rendirent de très-grands services à bord, étant braves et fort experts dans la marine.

Nous restâmes à terre en Chine, et si je m'étais cru loin de ma patrie au Bengale, d'où pour mon argent il m'eût été facile de revenir chez moi, que ne devais-je pas penser alors que je me trouvais à mille lieues plus loin de l'Angleterre, sans savoir encore comment y revenir?

Ce qui pouvait jusqu'à un certain point tempérer mes regrets, c'est qu'il devait y avoir bientôt une autre foire dans la ville où nous étions, et que nous aurions occasion de nous fournir de toutes sortes de denrées du pays, sans compter que peut-être nous y trouverions quelque jonque chinoise ou quelque bâtiment du Tonquin, pour nous ramener avec tout ce qui nous appartenait. Consolé par cet espoir, je pris la résolution d'attendre patiemment; et, comme j'étais sûr qu'on n'en voulait point à nos personnes, qui ne pouvaient pas être suspectes hors du vaisseau, j'espérais même trouver là quelque vaisseau anglais ou hollandais qui voudrait bien nous mener dans quelque autre endroit des Indes moins éloigné de notre patrie.

En attendant nous jugeâmes à propos de nous ménager le plaisir de faire trois ou quatre petits voyages dans le pays. Nous en fîmes un, entre autres, de dix journées de chemin, pour aller voir Nanking : c'est, en effet, une ville qui mérite d'être vue. On dit qu'elle a un million d'habitants. Elle est régulièrement bâtie; toutes les rues en sont tirées au cordeau et se croisent à angle droit, ce qui en augmente singulièrement la beauté.

Mais quand je compare les peuples de ce pays, leur manière de vivre, leur gouvernement, leur religion, leur gloire, à ce qu'on voit de plus remarquable en Europe, je dois avouer que toutes ces prétendues merveilles ne valent pas la peine qu'on en parle, bien loin de mériter les pompeuses descriptions que certains auteurs nous en donnent.

Que sont leurs bâtiments en comparaison de tant de magnifiques palais qu'on admire en Europe? Qu'est leur commerce relativement à celui de l'Angleterre, de la France, de la Hollande et de l'Espagne? Leurs villes ne sont rien auprès des nôtres pour la magnificence, la force, la richesse, l'agrément et la variété. Rien de plus ridicule que de mettre en parallèle leurs ports, où se trouvent un petit nombre de jonques et d'autres chétifs bâtiments, avec nos flottes marchandes et nos armées navales. On peut dire même avec vérité qu'il y a plus de commerce dans notre seule ville de Londres que dans tout ce vaste empire, et qu'un seul vaisseau de guerre du premier rang anglais, français ou hollandais, est capable de tenir tête à toutes leurs forces maritimes et même de les détruire : il n'y a que la distance qui nous fasse voir ce pays sous un aspect si avantageux.

Ce que j'ai dit de leurs flottes peut être appliqué à leurs armées. Quand ils mettraient deux millions de soldats sur pied, une puissance si formidable en apparence ne ferait que ruiner le pays et réduire les habitants à mourir de faim. S'il s'agissait d'assiéger une ville forte comme il s'en trouve quantité en Flandre, ou de se battre en bataille rangée, un escadron de cuirassiers allemands ou de dragons français renverserait toute la cavalerie chinoise. Un million de leurs fantassins ne viendraient pas à bout d'un seul régiment de notre infanterie placé de manière à ne pouvoir être enveloppé. Je crois même pouvoir dire que trente mille fantassins allemands ou anglais et dix mille cavaliers français anéantiraient toutes les forces de la Chine. Il en est de même de l'art d'attaquer et de défendre les villes. Il n'y a pas une place fortifiée dans toute la Chine qui soutînt pendant un mois les efforts d'une armée européenne; toutes les armées chinoises ensemble attaqueraient en vain une place forte comme Dunkerque, à moins qu'elle ne fût réduite par la famine. Ils ont des armes à feu, il est vrai; mais elles sont grossières et sujettes à rater. Ils ont de la poudre à canon; mais elle manque de force; ils sont étrangers à toute discipline, inhabiles à faire l'exercice et à se ranger en bataille, ne sachant ni attaquer avec ordre, ni effectuer leur retraite sans confusion. Toutes ces vérités, dont je suis convaincu, me font rire de pitié quand j'entends faire de si beaux récits de ces fameux Chinois, qui, dans le fond, ne sont que d'ignorants et vils esclaves, sujets d'un gouvernement despotique proportionné à leur génie et à leur capacité.

Si ce bel empire ne se trouvait pas trop éloigné de la Russie, et si les Russes eux-mêmes n'étaient des esclaves comme les Chinois, rien ne serait plus aisé pour un empereur de Russie que de le conquérir en une seule campagne. Si le czar Pierre, qui est un jeune prince de grande espérance, et qui commence à se rendre formidable dans le monde, avait poussé ses desseins ambitieux de ce côté, au lieu de les tourner du côté des belliqueux Suédois, il serait peut-être à cette heure empereur de la Chine, tandis qu'il a été battu à Narva par l'intrépide Charles XII, quoique les Russes fussent six contre un[1].

On a tort d'avoir meilleure opinion du savoir des Chinois et de leurs progrès dans les sciences. Ils ont des globes, des sphères et quelques faibles notions de mathématiques; mais, pour peu que vous sondiez leur habileté, vous en voyez d'abord le faible : ils ne connaissent rien au mouvement des corps célestes, et leur ignorance est poussée à un tel degré de ridicule, que lorsque le soleil est éclipsé, ils s'imaginent qu'il est attaqué par un grand dragon qui veut le dévorer; alors ils font un bruit terrible en frappant sur des tambours et sur des timbales, pour effrayer le monstre et lui faire lâcher sa proie.

De retour à Nanking, je me trouvais, selon mon calcul, dans le

[1] Si l'auteur eût écrit quelques années plus tard, il n'aurait pas mentionné cette défaite, si glorieusement effacée à Pultawa. (*Note du traducteur.*)

cœur de la Chine, puisque ce petit port est situé à 30° de latitude septentrionale. J'avais grande envie de voir la ville de Péking et de me rendre aux importunités du P. Simon. Son compagnon venait d'arriver de Macao; il avait fixé le temps de son départ, et par conséquent il fallait prendre une résolution. Je m'en rapportai entièrement à mon associé, qui à la fin se décida, et nous préparâmes tout pour le voyage. Nous trouvâmes une heureuse occasion de le faire d'une manière sûre et commode, en obtenant d'un mandarin la permission de voyager en sa compagnie. Les mandarins sont des espèces de vice-rois ou gouverneurs de provinces, qui jouissent d'une haute considération et que respectent extrêmement les populations, auxquelles, en récompense, ils se rendent fort à charge, puisqu'on est obligé de les défrayer sur la route, avec toute leur suite et tout leur équipage.

Les vivres et le fourrage ne lui manquèrent pas, parce que les Chinois étaient tenus de nous les fournir gratis; ce qui était fort commode pour nous, quoique nous ne profitassions de rien. Nous étions forcés de les payer au prix courant, et l'intendant ou maître d'hôtel du mandarin devait nous en demander le paiement avec beaucoup d'exactitude. Ainsi la permission que le seigneur nous avait donnée de voyager à sa suite, quoique très-commode pour nous, ne pouvait point passer comme une grande faveur. Il y gagnait beaucoup, au contraire, car il y avait une trentaine d'individus qui le suivaient de cette manière, et qui lui payaient ce que le peuple lui fournissait pour rien.

Nous mîmes vingt-cinq jours à nous rendre à Péking. Le pays que nous traversâmes est, à la vérité, extrêmement peuplé, quoique assez mal cultivé; mais les chemins y sont parfaitement entretenus. L'économie domestique de cette nation est fort peu de chose, et leur manière de vivre est misérable comparée à la nôtre. Il est vrai que ces malheureux, dont on vante tant l'industrie, ne sentent pas leur misère, et se croient assez heureux parce qu'ils n'ont pas même l'idée du bonheur dont jouissent les habitants chez les nations policées de l'Europe. L'orgueil des Chinois est exorbitant, et rien ne le surpasse si ce n'est leur pauvreté : toutefois ils sont fastueux au sein de leur misère. Leur ostentation est incroyable; elle paraît surtout dans leurs habits, dans leurs bâtiments, dans le nombre de leurs esclaves, et, ce qu'il y a de plus risible, dans le mépris qu'ils affectent pour toutes les autres nations. Quoique leurs manières me rebutassent, je ne laissais pas de m'en divertir souvent avec le P. Simon.

Un jour, entre autres, en approchant du château prétendu d'une espèce de gentilhomme campagnard, nous eûmes d'abord l'honneur d'être en compagnie du maître pendant une grande demi-lieue. Son équipage était un mélange de faste et de pauvreté : c'était une toile des Indes richement brodée de graisse : on y voyait briller tout l'ornement nécessaire pour le rendre ridicule, de grandes manches pendantes, des falbalas, etc. Cette robe magnifique couvrait une veste de taffetas noir aussi grasse que la robe. Son cheval offrait une copie exacte du fameux Rossinante : il était vieux, maigre et à moitié mort

Son équipage était un mélange de faste et de pauvreté.

de faim ; on en aurait un meilleur en Angleterre pour une guinée et demie : aussi n'aurait-il pas pris la peine de marcher, si deux esclaves qui suivaient ce cavalier, à pied, et armés de bons fouets, n'eussent donné du courage à cette haridelle. Le mandarin avait à la main un fouet qui ne lui était pas inutile, et il travaillait la tête et les épaules du noble coursier, tandis que ses palefreniers exerçaient leurs forces sur les parties postérieures. Pour surcroît de pompe, il était accompagné de dix ou douze esclaves : on peut juger de la magnificence de leur livrée par la description que j'ai faite de l'habit du maître. Nous apprîmes qu'il venait de la ville pour aller se promener à sa terre, qui était à peu près à une demi-lieue de nous. Nous marchâmes au petit pas pour jouir plus longtemps de la brillante figure de cet homme d'importance ; mais enfin il prit les devants, parce que nous trouvâmes à propos de nous arrêter dans un village pour nous y rafraîchir. Peu de temps après, arrivés à son château, nous l'y trouvâmes dînant dans une petite cour devant sa porte. C'était par orgueil qu'il avait choisi cet endroit exposé aux yeux des passants, et l'on nous dit qu'en le regardant nous flatterions extrêmement sa vanité. Il était assis à l'ombre d'un arbre semblable à un palmier nain, sous lequel, pour se défendre encore mieux des rayons du soleil, il avait fait placer un grand parasol, qui ne représentait pas mal un dais et qui contribuait beaucoup à la pompe de ce spectacle. Renversé dans un grand fauteuil, qui avait de la peine à contenir l'ampleur de sa vaste corpulence, il se faisait servir par deux esclaves femelles qui apportaient les plats.

L'une lui mettait la soupe dans la bouche avec une cuiller...

Deux autres du même sexe s'acquittaient d'un emploi que peu de gentilshommes européens voudraient exiger de leurs domestiques : l'une lui mettait la soupe dans la bouche avec une cuiller, pendant que l'autre tenait l'assiette et ramassait les bribes qui tombaient de la barbe et de la veste de taffetas de Sa Seigneurie.

Pour notre mandarin, il y avait plus de réalité dans la magnificence dont il faisait parade. Il était respecté comme un roi, et toujours tellement entouré de ses gentilshommes et de ses officiers, que je ne pus jamais le voir qu'à une certaine distance. Il est vrai que dans tout son équipage il n'y avait pas un seul cheval qui me parût meilleur que nos chevaux de somme; mais ils étaient si bien drapés de couvertures et de harnais, qu'il ne me fut pas possible de remarquer s'ils étaient gras ou maigres ; on ne voyait que les pieds et la tête.

Délivré de toutes les inquiétudes qui m'avaient si fort agité, je fis gaiement tout ce voyage ; ce qui augmenta ma bonne humeur, c'est que je l'achevai sans éprouver la moindre catastrophe. J'oublie pourtant qu'au passage d'une petite rivière mon cheval tomba et me jeta au beau milieu de l'eau. Elle n'était pas fort profonde ; mais je ne laissai pas de me mouiller depuis les pieds jusqu'à la tête.

Quand nous arrivâmes à Péking, je n'avais d'autres domestiques que le valet de mon neveu, qui était un fort bon sujet. Toute la suite de mon associé consistait aussi dans un seul garçon, qui était notre compatriote. Nous avions encore avec nous le vieux pilote portugais, qui avait envie de voir la cour chinoise, et que nous défrayâmes pendant le voyage pour l'employer en qualité d'interprète. Il entendait fort bien la langue du pays, parlait bon français, et savait même assez d'anglais pour se faire entendre.

Ce bon vieillard nous fut d'une grande utilité, et il nous donna mille marques de son affection. A peine avions-nous passé une semaine à Péking, qu'il vint nous parler en riant de tout son cœur. « Ah ! me dit-il, j'ai la meilleure nouvelle du monde à vous donner. » Je lui répondis que dans ce pays-là je ne m'attendais à aucune nouvelle fort bonne ni fort mauvaise. « Je vous assure, reprit-il, qu'elle est fort bonne, mais peut-être pas autant pour moi, que jusqu'à ce jour vous avez défrayé avec tant de bienveillance. » Il nous dit qu'il y avait dans la ville une grande caravane de marchands russes et polonais qui se préparaient à retourner chez eux par la grande Tartarie, qu'ils avaient résolu de partir dans cinq à six semaines, et qu'il ne doutait point que nous ne missions à profit une occasion si favorable.

A cette nouvelle, une joie inexprimable se répandit dans mon âme, et m'empêcha pendant quelques moments de répondre un seul mot au vieillard ; enfin, revenu de cette extase, je lui demandai comment il savait ce qu'il venait de me rapporter, et s'il en était bien sûr. « Très-sûr, reprit-il ; j'ai rencontré dans la rue, ce matin, une de mes vieilles connaissances : c'est un Arménien qui est venu d'Astracan dans le dessein de s'en aller au Tonquin, où je l'ai vu autrefois ; mais, ayant changé d'idée, il veut aller avec cette caravane jusqu'à Moscou, et de là il a envie de descendre le Volga pour retourner à Astracan. — J'en suis charmé, lui dis-je ; mais je vous prie de ne point vous affliger d'une chose que je regarde comme un grand bonheur pour moi. Si vous vous en retournez tout seul à Macao, ce sera votre propre faute. »

Je consultai mon associé, et je lui demandai si ce parti lui conviendrait. Il me dit qu'il ferait tout ce que je trouverais bon ; qu'il avait si bien établi ses affaires au Bengale et laissé ses effets en si bonnes mains, que, s'il pouvait mettre ce qu'il venait de gagner dans ce second voyage en soies de la Chine écrues et travaillées, il se ferait un plaisir d'aller en Angleterre, d'où il pourrait retourner aisément au Bengale avec les vaisseaux de la Compagnie.

Étant demeurés d'accord, nous résolûmes de prendre le vieux pilote avec nous, s'il voulait, et de le défrayer jusqu'à Moscou ou jusqu'en Angleterre. Si nous n'avions pas eu envie de lui donner quelque autre récompense, nous n'aurions point mérité par là de passer pour généreux. Il nous avait rendu des services considérables, non-seulement sur mer, mais encore à terre, où il s'était intéressé à nos affaires avec beaucoup d'affection; lui faire du bien, ce n'était que lui rendre justice. Nous lui donnâmes en or monnayé la valeur de soixante-quinze livres sterling, et nous lui proposâmes de le défrayer, lui et son cheval, s'il voulait nous accompagner. Nous le fîmes venir pour lui communiquer notre résolution : je lui dis qu'il s'était plaint de la nécessité de s'en retourner tout seul; mais que j'étais d'avis qu'il ne retournât point du tout; que nous avions résolu d'aller en Europe avec la caravane, et de le prendre avec nous s'il avait envie de nous suivre. Le bonhomme secoua la tête à cette proposition; il nous dit que ce voyage était bien long, qu'il n'avait point d'argent pour en soutenir les frais, ni pour subsister dans l'endroit où nous le mènerions. Je lui répondis que je le croyais bien, et que c'était pour cela même que nous avions résolu de faire quelque chose pour lui, afin de lui montrer que nous étions sensibles aux services qu'il nous avait rendus, et que sa compagnie nous était agréable. Là-dessus je l'informai du présent que nous avions dessein de lui offrir, et je lui dis que, quant aux frais du voyage, nous l'en déchargions entièrement, et que nous le conduirions, à nos dépens, ou en Russie, ou en Angleterre, selon qu'il le trouverait bon, à condition seulement que, s'il mettait l'argent que nous lui donnerions en marchandises, il les transporterait à ses propres frais.

Il reçut ma proposition avec des transports de joie, et répondit qu'il nous suivrait au bout du monde si nous voulions; et là-dessus nous préparâmes tout pour le voyage, ce qui nous coûta plus de temps que nous ne l'avions d'abord cru. Heureusement la même chose arriva aux autres marchands de la caravane, qui, au lieu d'être prêts en cinq à six semaines, eurent besoin de plus de quatre mois avant de se trouver en état de partir.

CHAPITRE X

Ce fut au commencement de février que nous sortîmes de Péking. Mon associé et le vieux pilote étaient allés faire un tour ensemble vers le petit port où nous étions entrés, pour disposer de quelques marchandises que nous avions laissées, et dans cet intervalle j'allai, avec un marchand chinois que j'avais connu à Nanking, acheter dans cette ville quatre-vingt-dix pièces de beau damas, avec environ deux cents autres pièces d'étoffes de soie, parmi lesquelles il y en avait qui étaient rayées d'or, une assez grande quantité de soies écrues, et d'autres denrées du pays. Tout était déjà rendu à Péking avant le retour de mon associé, et cet achat nous coûta trois mille cinq cents livres sterling. Pour charger toutes ces marchandises, jointes à une assez grande quantité de thé et de belles toiles peintes, il nous fallait dix-huit chameaux, outre ceux qui devaient nous porter; nous avions deux chevaux de main et trois pour le transport de nos provisions, de sorte que notre équipage consistait en vingt-six bêtes, tant chameaux que chevaux.

La caravane était considérable et composée d'à peu près trois cents bêtes de charge et d'environ cent vingt hommes parfaitement armés et préparés à tous les événements; car, de même que les caravanes turques sont sujettes aux attaques des Arabes, de même celles-ci le sont aux insultes des Tatars.

Nous étions de plusieurs nations différentes; mais les Russes faisaient le plus grand nombre. Il y avait au moins soixante habitants de la ville de Moscou, parmi lesquels il se trouvait quelques Livoniens, et, ce qui nous faisait grand plaisir, cinq Écossais, hommes riches et très-versés dans ce qui concerne le commerce et les voyages.

Après que nous eûmes fait la première journée, nos guides, au nombre de cinq, appelèrent tous les marchands et tous les passagers, excepté les valets, pour tenir un grand conseil, selon la coutume de toutes les caravanes de ce pays. Dans cette assemblée, chacun donna une petite somme pour en faire une bourse commune, afin de payer le fourrage et d'autres choses dont on pouvait journellement avoir besoin. On y régla tout le voyage; on nomma des capitaines et d'autres officiers pour nous commander en cas d'attaque, et tous ces arrangements se firent non point par voie d'autorité, mais par l'accord unanime des voyageurs, tous également intéressés au bien commun de la caravane.

La route de ce côté-là traverse un pays très-peuplé; il y a surtout un grand nombre de potiers habiles, qui préparent la belle terre dont on fait ces vases de porcelaine si estimés dans tout le monde. Au milieu de la marche, notre vieux Portugais, qui avait toujours quelque chose de divertissant à nous dire, vint me joindre, en me promettant de me faire voir la plus grande curiosité de toute la Chine, et qui me convaincrait, malgré le mal que je disais tous les jours de ce pays, qu'on y voyait ce qu'il était impossible de voir dans tout le reste de l'univers. Après s'être longtemps laissé presser pour s'expliquer plus clairement, il me dit que c'était une maison de campagne en terre de Chine. « A d'autres! lui dis-je : la chose est aisée à comprendre; toutes les briques qu'on fabrique dans ce pays-ci sont en terre de Chine, et ce n'est pas un grand miracle.

— Vous n'y êtes pas, répondit-il : en terre de Chine, en véritable porcelaine.

— Cela se peut, répliquai-je : de quelle grandeur est-elle, cette maison-là? Si nous pouvons l'emporter avec nous dans une boîte sur un chameau, nous l'achèterons volontiers en cas que l'on veuille s'en défaire.

— Sur un chameau! reprit le vieux pilote en levant les mains au ciel; c'est une maison où demeure une famille de trente personnes. »

Voyant qu'il parlait sérieusement, je fus fort curieux d'aller voir cette merveille : et voici ce que c'était. Tout le bâtiment était fait en charpente et en plâtre; mais le plâtre était réellement de cette même terre dont on fait la porcelaine. Le dehors, exposé à la chaleur du soleil, était vernissé, et d'une blancheur éclatante, peint de figures bleues, comme les grands vases qui viennent de cette contrée, et aussi dur que si le tout eût été cuit au four. En dedans, toutes les murailles étaient revêtues de carreaux durcis au four et peints, à peu près de la même grandeur que ceux qu'on trouve en Angleterre et en Hollande; et ils étaient tous de la plus belle porcelaine qu'on puisse voir; la peinture en était charmante, exécutée en différentes couleurs mêlées d'or; plusieurs de ces carreaux ne faisaient qu'une même figure; mais ils se trouvaient joints ensemble par du mortier de la même terre, avec tant d'art, qu'il eût été difficile de ne pas les prendre pour une seule et même pièce. Les dalles étaient de la même matière et d'un grain aussi serré que les pavés de pierre qu'on trouve en plusieurs provinces d'Angleterre, surtout dans les comtés de Lincoln, de Nottingham et de Leicester : cependant elles n'étaient ni peintes ni durcies au four, excepté dans quelques cabinets, où l'on se servait de ces mêmes petits carreaux qui couvraient les murailles. Les caves, en un mot, toute la maison était bâtie avec la même terre, et le toit était couvert de carreaux de porcelaine d'un noir lustré et brillant.

C'était, à la lettre, une maison de porcelaine, et, si je n'eusse été en marche, j'étais homme à m'arrêter là plusieurs jours pour en examiner tous les détails. On me dit que dans le jardin il y avait des viviers dont le fond et les parois étaient couverts de carreaux de même sorte, et que dans les allées il y avait de belles statues en porcelaine.

On ferait une grande injustice aux Chinois, si on n'avouait qu'ils excellent dans ces sortes d'ouvrages; mais il est sûr aussi qu'ils excellent à débiter des contes sur ce genre d'industrie. Ils m'en ont dit des choses si peu vraisemblables, que je ne veux pas prendre la peine de les rapporter; j'en donnerai pourtant ici un exemple. Ils m'ont assuré qu'un de leurs artisans avait construit un vaisseau de porcelaine avec tous ses agrès, mâts, voiles, cordages, et que ce frêle navire était assez grand pour contenir cinquante personnes. Ils auraient pu ajouter, pour plus de vraisemblance, qu'on avait fait sur ce bâtiment le voyage du Japon.

Cette maison extraordinaire me retint deux heures après que la caravane fut passée; aussi celui qui commandait ce jour-là me condamna-t-il à une amende de trois schellings; et il me dit que si la même chose m'était arrivée à trois journées au delà de la muraille, tandis que nous étions à trois journées en deçà, il m'en aurait coûté quatre fois autant, et que j'aurais été obligé d'en demander pardon le premier jour du conseil général. Je promis d'être désormais plus exact; et j'eus lieu dans la suite d'observer que l'ordre de ne pas s'éloigner les uns des autres est d'une nécessité absolue pour les caravanes.

Deux jours après nous vîmes la fameuse muraille qu'on a faite pour servir de boulevard aux Chinois contre les irruptions des Tatars. C'est assurément le résultat d'un travail immense : cette muraille va, et cela sans aucune nécessité, par-dessus des montagnes et des rochers tout à fait impraticables et beaucoup plus difficiles à forcer que la muraille elle-même dans les autres endroits.

Elle a un millier de milles anglais d'étendue, à ce qu'on prétend; mais le pays qu'elle couvre n'en a que cinq cents, si l'on ne compte pas les détours qu'on a été obligé de faire en bâtissant la muraille : elle a vingt-quatre pieds de hauteur et autant d'épaisseur en quelques endroits.

Tandis que la caravane passait par une des portes de cette espèce de fortification, je pus examiner ce monument si fameux pendant toute une bonne heure, sans manquer à nos règlements; j'eus le loisir de le contempler de tous côtés, autant que pouvait porter ma vue. Notre guide chinois, qui nous en avait parlé comme d'un prodige de l'univers, marqua beaucoup de curiosité pour savoir mon opinion. Je lui dis que c'était la meilleure chose du monde contre les Tatars. Il n'y entendit point malice, et prit cette expression pour un compliment fort gracieux; mais notre vieux pilote n'était pas si simple. « Il y a du caméléon dans vos discours, me dit-il.

— Du caméléon! lui répondis-je : qu'entendez-vous par là?

— Je veux dire, reprit-il, que le discours que vous venez de tenir au guide est blanc ou noir, suivant l'aspect sous lequel on le considère : c'est un compliment d'une manière et une satire d'une autre. Vous dites que cette muraille est bonne contre les Tatars : c'est me dire qu'elle n'est bonne que contre les Tatars seuls. Ce Chinois vous entend à sa manière, et il est content; et moi je vous entends à la mienne, et je le suis aussi.

— Mais ai-je grand tort à votre sens? lui dis-je. Croyez-vous que cette belle muraille soutiendrait les attaques d'une bonne artillerie et d'habiles ingénieurs? N'y ferait-on pas en dix jours une brèche assez grande pour y introduire un bataillon, de manière à faire douter qu'il y eût jamais eu de pareille muraille dans cet endroit? »

Nos Chinois étaient fort curieux de savoir ce que j'avais dit au pilote, et je lui permis de les en instruire quatre à cinq jours après, étant alors à peu près hors de leurs frontières, et sur le point de nous séparer de nos guides. Dès qu'ils furent informés de mon opinion, ils restèrent muets pendant tout le reste du chemin qu'ils avaient encore à faire avec nous, et nous fûmes quittes de toutes leurs histoires touchant la grandeur et la puissance chinoises.

Après avoir passé cette muraille de la Chine, à peu près semblable à celle que les Romains firent autrefois dans le Northumberland contre les invasions des Pictes, nous commençâmes à trouver le pays assez mal peuplé : on peut dire même que les habitants y sont en quelque sorte emprisonnés dans les places fortes; ils osent à peine en sortir, de peur de devenir la proie des Tatars, qui volent sur les grands chemins, à main armée, et auxquels ils ne pourraient résister en rase campagne.

Je commençai à comprendre parfaitement la nécessité qu'il y avait de ne pas s'éloigner des caravanes, lorsque je vis des troupes entières de Tatars rôder autour de nous. Ils approchaient assez pour que je pusse les examiner à mon aise, et j'avoue que je suis surpris qu'un empire comme celui de la Chine ait pu être conquis par des misérables tels que l'étaient ceux qui s'offraient à ma vue par bandes confuses, sans ordre, sans discipline, et presque sans armes. Leurs chevaux sont maigres et mal dressés : en un mot, ils ne sont bons à rien.

J'eus occasion de m'en convaincre dès le lendemain du jour où j'eus passé la muraille. Celui qui nous commandait alors nous permit d'aller, au nombre de seize, à la chasse de certains moutons sauvages, qui sont assurément les plus vifs et les plus ardents de toute leur espèce. Ils courent avec une vitesse étonnante; mais ils se fatiguent aisément, et quand on en voit, on est sûr de ne pas les poursuivre en vain; ils se montrent d'ordinaire par troupeaux d'une quarantaine environ, et, comme de véritables moutons, ils se suivent toujours de près.

Au milieu de cette chasse burlesque, nous rencontrâmes plus de quarante Tatars. Leur but était-il de poursuivre, comme nous, les moutons, ou cherchaient-ils quelque autre proie? c'est ce que j'ignore; mais dès qu'ils nous découvrirent, un d'entre eux se mit à tirer d'une espèce de cor un son rauque et sauvage. Nous supposâmes tous que c'était pour appeler leurs amis, et cette conjecture se vérifia; car, en moins d'un demi-quart d'heure, nous vîmes une autre troupe tout aussi forte paraître à un demi-mille de nous.

Heureusement il y avait dans notre caravane un marchand écossais, habitant de Moscou, qui, dès qu'il entendit le cor, nous dit qu'il n'y avait autre chose à faire que de charger ces barbares brusquement et sans aucun délai ; puis, nous rangeant tous sur une même ligne, il se mit à notre tête, et nous allâmes droit à eux.

Les Tatars nous regardaient d'un œil hagard, et dès qu'ils nous virent avancer, ils nous tirèrent une volée de flèches dont heureusement aucune ne nous toucha, parce qu'ils avaient tiré d'une trop grande distance. Nous fîmes d'abord halte, et quoique nous en fussions assez éloignés, nous tirâmes sur eux. Nous suivîmes notre

Dès que nous fûmes à portée, après avoir fait feu de nos pistolets, nous tirâmes nos épées.

décharge au grand galop pour tomber sur l'ennemi, le sabre à la main, selon les ordres de notre courageux Écossais. Ce n'était qu'un marchand; mais il se conduisit dans cette occasion avec tant de bravoure et avec une valeur si calme, qu'il paraissait être fait pour les exploits militaires. Dès que nous fûmes à portée, après avoir fait feu de nos pistolets, nous tirâmes nos épées ; mais nous aurions pu nous épargner cette peine, car ces misérables s'enfuirent aussitôt dans le plus grand désordre.

Ainsi finit notre combat, où nous n'éprouvâmes d'autre perte que celle des moutons que nous avions pris à la course : nous n'eûmes ni morts ni blessés; mais du côté des Tatars, il y en eut cinq de tués; pour le nombre de leurs blessés, je ne le sais pas. La seconde troupe qui était venue au bruit du cor, effrayée de nos armes à feu, ne tenta rien contre nous.

Il faut remarquer que cette action se passa sur le territoire chinois, ce qui empêcha sans doute les Tatars de pousser leur pointe avec la même opiniâtreté qu'ils le firent ensuite. Cinq jours après, nous entrâmes dans un grand désert, que nous traversâmes en trois marches. Nous fûmes obligés de porter notre eau avec nous dans des outres, et de camper pendant les nuits, comme on le fait dans certains déserts de l'Arabie.

Comme je demandais à qui appartenait ce pays, on m'apprit que c'était une partie de la grande Tartarie que l'on rangeait en quelque sorte sous la domination de la Chine, mais que les Chinois ne prenaient pas le moindre soin de garantir contre les brigandages, et que c'était le plus dangereux désert du monde, quoiqu'il y en eût de bien plus étendus. En le traversant, nous vîmes à plusieurs reprises de petites troupes de Tatars, mais ils ne semblaient pas disposés à nous inquiéter.

Un jour, néanmoins, une de ces bandes, assez forte, s'étant approchée de très-près, nous examina avec beaucoup d'attention, paraissant délibérer si elle nous attaquerait ou non. Nous fîmes une arrière-garde d'environ quarante hommes prêts à les charger, et nous nous arrêtâmes jusqu'à ce que la caravane eût gagné les devants d'une demi-lieue. Nous voyant si résolus, ils se retirèrent, se contentant de nous saluer de cinq flèches, dont une blessa un de nos chevaux si grièvement que nous fûmes obligés de l'abandonner.

CHAPITRE XI

Nous marchâmes ensuite pendant un mois par des routes qui n'étaient pas si dangereuses, et par un pays qui est encore du territoire de la Chine. On n'y voit, pour ainsi dire, que des villages, excepté quelques petits bourgs fortifiés contre les invasions des Tatars. En arrivant à un de ces bourgs, situé à peu près à deux journées de la ville de Naum, j'avais besoin d'un chameau. Il y en a beaucoup en cet endroit, aussi bien que des chevaux, et on les y amène parce que les caravanes qui passent par là fréquemment en achètent.

La personne à qui je m'adressai pour trouver un beau chameau s'offrit à me l'aller chercher, et je fus assez téméraire pour vouloir l'accompagner. Il fallut faire deux lieues pour arriver à l'endroit où ces animaux sont à l'abri des Tatars, parce qu'on y a mis une bonne garnison. Je fis ce chemin à pied, avec mon pilote portugais, étant bien aise de prendre le plaisir de cette petite promenade et de me délasser de la fatigue d'aller tous les jours à cheval. Nous trouvâmes la petite ville en question située dans un terrain bas et marécageux, environnée d'un rempart de pierres entassées les unes sur les autres, sans être jointes par du mortier, comme les murailles de nos parcs en Angleterre; elle était défendue par une garnison chinoise qui montait la garde à la porte.

Après y avoir acheté un chameau qui me convenait, nous revînmes avec le Chinois qui le conduisait : c'était celui qui l'avait vendu. Bientôt nous vîmes venir à nous cinq Tatars à cheval, dont deux attaquèrent notre Chinois, et s'emparèrent du chameau, à l'instant même où les trois autres nous tombèrent sur le corps, nous voyant, pour ainsi dire, sans armes, puisque nous n'avions que nos épées, qui ne pouvaient nous servir beaucoup contre des cavaliers.

Un de ces gens, en vrai poltron, arrêta tout à coup son cheval dès qu'il me vit tirer l'épée; mais en même temps un second, m'attaquant du côté gauche, me porta sur la tête un coup qui me

Je ne vis plus qu'un Tatar mort près de moi.

renversa sans connaissance. Dès que mon brave Portugais me vit tomber, il tira de sa poche un pistolet, et, s'avançant hardiment sur ces barbares, il saisit le bras de celui qui m'avait porté le coup, le déchargea sur lui, et lui fit sauter la cervelle. Aussitôt, prenant son cimeterre, il joignit l'autre qui s'était d'abord arrêté devant moi, et lui porta un coup de toutes ses forces : il manqua l'homme, mais il blessa le cheval à la tête; l'animal, devenu furieux par la douleur, emporta à travers les champs son maître, qui ne pouvait plus le gouverner, mais qui était trop bon cavalier pour ne pas se tenir. A la fin pourtant, le cheval, s'étant cabré, le fit tomber et se renversa sur lui.

Sur ces entrefaites, le Chinois à qui on venait d'arracher le chameau, et qui n'avait point d'armes, courut vers cet endroit, et voyant qu'un instrument assez semblable à une hache d'armes pendait à la ceinture du Tatar renversé, il s'en saisit et lui cassa la tête. Mon brave vieillard cependant avait encore sur les bras le troisième Tatar, qui ne fuyait pas comme il l'avait espéré, et qui ne l'attaquait pas comme il l'avait craint, mais se tenait, dans une stupide immobilité, à une certaine distance ; il se servit de cet intervalle pour recharger son pistolet. Dès que le brigand aperçut cette arme, il s'enfuit au grand galop, et laissa à mon compagnon une victoire complète.

Je commençai alors à revenir un peu à moi, et, me relevant avec précipitation, je me saisis de mon épée ; mais je ne trouvai plus d'ennemi. Je ne vis qu'un Tatar mort près de moi, et son cheval qui restait tranquillement auprès du cadavre de son maître ; plus loin, j'aperçus mon libérateur, qui, après avoir examiné comment le Chinois avait traité le Tatar renversé sous son cheval, revenait vers moi, ayant encore son sabre à la main.

Le bon vieillard, me voyant sur pied, courut à moi et m'embrassa avec des transports de joie ; il m'avait cru mort; mais, voyant que j'étais seulement blessé, il voulut visiter la plaie, pour savoir si elle n'était point dangereuse. Elle n'était pas profonde heureusement, et je ne m'en suis jamais ressenti après la guérison, qui eut lieu en deux à trois jours.

Nous ne retirâmes pas un gros butin de cette victoire ; mais, si nous y perdîmes un chameau, nous y gagnâmes un cheval. Ce qu'il y eut de remarquable, c'est que quand nous fûmes revenus à la caravane, le Chinois qui m'avait vendu le chameau prétendit en recevoir le paiement. Je n'en voulus rien faire, et il m'appela devant le juge du village où la caravane s'était arrêtée. C'était comme une sorte de juge de paix, et je dois avouer qu'il se comporta envers nous avec beaucoup de prudence et d'impartialité. Après nous avoir écoutés l'un et l'autre, il demanda gravement au Chinois qui avait amené le chameau et de qui il était le valet.

« Je ne suis le valet de personne, dit-il ; et je n'ai fait qu'accompagner l'étranger qui est allé acheter le chameau.

— Qui vous en a prié? repartit le juge.

— C'est cet étranger lui-même, répliqua le Chinois.

— Eh bien ! dit-il, vous étiez en ce moment le valet de l'étranger, et puisque le chameau a été livré au valet, il est censé avoir été livré au maître ; il est juste qu'il le paie. »

Il n'y avait pas un mot à répondre à cette décision : charmé de voir cet homme établir la question avec tant de justesse, je payai le chameau, et j'en fis chercher un autre. On peut croire que je m'épargnai la peine d'y aller moi-même ; mon argent perdu et ma tête meurtrie étaient des leçons suffisantes pour me faire prendre plus de précautions.

La ville de Naum couvre les frontières de la Chine ; elle passe pour une forteresse, et c'en est une en effet, d'après la manière de fortifier les places dans ces contrées. Nous n'en étions encore qu'à deux journées, quand nous fûmes joints par des courriers qui étaient envoyés de tous côtés sur les routes pour avertir tous les voyageurs et toutes les caravanes de s'arrêter jusqu'à ce qu'on leur eût envoyé des escortes, parce qu'un corps de Tatars de dix mille hommes s'était fait voir à trente milles de l'autre côté de la ville.

C'était une fort mauvaise nouvelle pour nous ; il faut avouer pourtant que le gouverneur qui nous la fit donner agissait noblement, et qu'il nous rendait un service d'autant plus grand qu'il tint parfaitement sa promesse. Deux jours après, nous reçûmes de lui trois cents soldats de la ville de Naum, et deux cents d'une autre garnison chinoise ; ce qui nous permit de continuer hardiment notre voyage. Les trois cents soldats de Naum garnissaient notre front, et les deux cents autres, l'arrière-garde : nous nous mîmes sur les ailes, et tout le bagage de la caravane marchait au centre. Dans cet ordre, prêts à combattre quand il le faudrait, nous crûmes être en état de nous mesurer avec les dix mille Tatars ; mais quand nous les vîmes paraître le lendemain, les affaires changèrent de face.

Au sortir d'une petite ville nommée Changu, nous fûmes obligés de très-grand matin de passer une petite rivière ; et si les Tatars avaient eu le sens commun, ils nous eussent défaits sans peine en nous attaquant lorsque la caravane était passée, et que l'arrière-garde se trouvait encore de l'autre côté ; mais nous ne les vîmes seulement pas paraître.

Environ trois heures après, entrés dans un désert de quinze à seize milles d'étendue, nous jugeâmes par un grand nuage de poussière que les ennemis n'étaient pas loin, et bientôt nous les vîmes venir à nous au grand galop. Alors les Chinois qui formaient notre avant-garde, et qui le jour auparavant s'étaient beaucoup vantés, commencèrent à faire mauvaise contenance et à regarder à tout moment derrière eux. Mon vieux pilote en avait aussi mauvaise opinion que moi. « Il faut remonter ces poltrons-là, me dit-il, ou nous sommes perdus ; ils s'enfuiront dès qu'ils auront les Tatars sur les bras.

— Je le crois comme vous, lui répondis-je ; mais que faire pour empêcher ce malheur ?

— Mon avis serait, répliqua-t-il, qu'on plaçât cinquante de nos gens sur chaque aile de ce corps chinois ; ce renfort leur donnera du courage, et ils seront braves dans la compagnie des braves. »

Sans me donner le temps de lui répondre, j'allai joindre au grand galop notre commandant du jour pour lui communiquer ce conseil. Il le goûta, l'exécuta aussitôt, et fit un corps de réserve du reste de nos camarades. Nous continuâmes notre marche dans cet ordre, laissant les deux cents autres Chinois faire un corps à part pour garder nos chameaux, et nous leur ordonnâmes de détacher la moitié de leurs soldats pour nous donner du secours, s'il était nécessaire.

Ils commencèrent par détacher un parti pour nous reconnaître.

Un moment après, les Tatars furent assez près de nous pour combattre. Ils étaient en très-grand nombre, et je n'exagère point en disant qu'il y en avait au moins dix mille. Ils commencèrent par détacher un parti pour nous reconnaître et pour examiner notre contenance. Les voyant passer par devant notre front à portée de fusil, notre commandant ordonna à nos deux ailes d'avancer avec toute la vitesse possible et de tirer sur eux ; cela se fit, et ces Tatars se retirèrent, pour rendre compte sans doute de la réception que nous venions de leur faire et à laquelle le reste devait s'attendre.

Nous vîmes bien que la manière dont nous les avions salués n'était pas de leur goût. Ils s'arrêtèrent sur-le-champ, et, après nous avoir observés avec attention pendant quelques minutes, ils firent demi-tour à gauche et nous quittèrent sans la moindre tentative. Nous en fûmes charmés ; car s'ils nous avaient chargés avec vigueur, il nous eût été impossible de résister longtemps à de pareilles forces.

Arrivés deux jours après à la ville de Naum, nous remerciâmes le gouverneur du soin qu'il avait eu la bonté de prendre pour nous, et nous réunîmes à nous tous une somme de deux cents écus pour en faire présent à notre escorte chinoise. Nous nous reposâmes là un jour entier.

Il y a une garnison dans cette ville, elle est de neuf cents soldats, et on l'y a placée parce qu'autrefois les frontières de l'empire russe en étaient beaucoup plus voisines; mais, depuis, le czar a trouvé bon d'abandonner plus de deux cents lieues de pays, comme absolument inutile et indigne d'être conservé, surtout à cause de la grande distance de Naum et de la difficulté d'y envoyer des troupes. Cette distance est, en effet, très-grande, puisque nous avions encore au moins six cent soixante-dix lieues à faire avant d'arriver aux frontières actuelles de la Russie.

Après avoir quitté Naum, nous eûmes à passer plusieurs grandes rivières et deux grands déserts, dont l'un nous prit seize jours de marche. C'est un pays abandonné, qui n'appartient à personne. Le 23 mars, nous arrivâmes sur les terres de la Russie. La première ville que nous rencontrâmes s'appelle Argoun : elle est située à l'O. d'une rivière du même nom.

Je me vis avec toute la satisfaction possible dans un pays placé sous la domination d'un prince chrétien.

Nous étions alors sur le plus grand continent qu'il y ait dans le monde entier : du côté de l'E., nous nous trouvions éloignés de la mer de plus de quatre cents lieues; du côté de l'O., il y en avait plus de sept cents jusqu'à la mer Baltique, et plus de cent autres jusqu'à la Manche; vers le S., la mer de Perse et des Indes était éloignée de nous d'environ deux cents lieues, et, vers le N., il y avait bien près de trois cents lieues jusqu'à la mer Glaciale.

Quand nous fûmes entrés dans l'empire russe, nous remarquâmes que toutes les rivières qui courent vers l'E. se jettent dans le grand fleuve Gamour, qui, suivant le cours naturel, doit porter ses eaux dans la mer Orientale ou Océan chinois. On dit que l'embouchure de ce fleuve est fermée par une espèce de jonc d'une grandeur prodigieuse, qui a trois pieds de circonférence et plus de vingt de hauteur. Je crois que c'est une fable inventée à plaisir. La navigation de ces parages est absolument inutile, puisqu'il n'y a pas le moindre commerce : tout le pays par où passe ce fleuve est habité par des Tatars qui ne s'occupent qu'à élever du bétail; il n'y a donc pas d'apparence que la simple curiosité ait jamais porté personne à descendre ce fleuve ou à remonter par son embouchure, afin de pouvoir nous en apprendre des nouvelles. Il reste évident que, courant vers l'E. et entraînant avec lui tant d'autres rivières, il doit se jeter de ce côté dans l'Océan.

A quelques lieues vers le N. de ce fleuve, il y a plusieurs rivières considérables, dont le cours est aussi directement septentrional que celui du fleuve Gamour est oriental. Elles vont toutes porter leurs eaux dans le grand fleuve nommé Tatar, qui a donné son nom aux Tatars les plus septentrionaux, qu'on appelle Tatars-Mongols, lesquels, au dire des Chinois, sont les plus anciens de tous les différents peuples qui portent le même nom, et qui se trouvent être, selon certains géographes, les Gogs et Magogs dont il est parlé dans l'Écriture sainte.

CHAPITRE XII

De la rivière Argoun nous avançâmes à petites journées vers le centre de la Russie, très-obligés au czar du soin qu'il a pris de faire bâtir dans ce pays autant de villes qu'il a été possible d'en placer, et d'y mettre des garnisons qu'on peut comparer à ces soldats stationnaires que les Romains postaient autrefois dans les endroits les plus reculés de leur empire, pour la sûreté du commerce et la commodité des voyageurs. Dans toutes ces villes, que nous rencontrâmes en grand nombre sur notre route, nous trouvâmes les gouverneurs et les soldats tous russes et chrétiens. Les habitants du pays, au contraire, étaient des païens qui sacrifiaient aux idoles et adoraient le soleil, la lune, les étoiles. Je puis dire même que c'étaient les plus barbares de tous les païens que j'eusse rencontrés dans mes voyages; seulement ils ne se nourrissaient point de chair humaine, comme les sauvages de l'Amérique.

Nous eûmes quelques exemples de leur barbarie entre l'Argoun et une ville habitée par des Tatars et des Russes mêlés ensemble. Arrivé à un village voisin de cette ville, j'eus la curiosité d'y entrer. Les habitants devaient faire ce jour-là un grand sacrifice. Sur le tronc d'un vieil arbre était une idole de bois, de la figure la plus horrible. La tête de cette monstrueuse divinité ne ressemblait à celle d'aucun animal que j'aie jamais vu ou dont j'aie la moindre idée. Elle avait des oreilles aussi grandes que des cornes de bouc, des yeux de la grandeur d'un écu, un nez semblable à une corne de bélier et une gueule comme celle d'un lion, avec des dents crochues, les plus affreuses qu'on puisse imaginer; elle était habillée d'une manière assortie à son épouvantable figure. Son corps était couvert de peaux de mouton ayant la laine en dehors, et elle portait sur la tête un bonnet à la tatare, armé de deux grandes cornes; sa hauteur était d'environ huit pieds; enfin elle ne présentait qu'un buste sans bras et sans jambes.

Cette statue hideuse était érigée hors du village, et quand j'en approchai, je vis devant elle seize ou dix-sept personnes. Je ne pourrais dire si c'étaient des hommes ou des femmes; car ils ne

D'un coup de sabre je coupai en deux le bonnet du monstre.

distinguent pas du tout les sexes par l'habillement. Ils étaient tous étendus le visage contre terre pour rendre hommage à cette affreuse divinité, et tellement immobiles, que je les crus d'abord de la même matière que l'idole. Pour m'en assurer, je voulus approcher davantage; mais je les vis tout à coup se lever avec précipitation, en poussant des hurlements épouvantables, semblables à ceux d'un dogue; et ils s'en allèrent tous, comme s'ils eussent été au désespoir de se voir troublés dans leur acte de dévotion.

A une petite distance de l'idole, je vis une espèce de hutte toute faite de peaux de vache et de mouton desséchées, à la porte de laquelle j'aperçus trois hommes que je ne pouvais prendre que pour des bouchers. Ils avaient de grands couteaux à la main, et je vis au milieu de cette tente trois moutons et un jeune taureau égorgés. Il y a toute apparence que c'étaient des victimes immolées à ce monstre, que ces trois barbares étaient les prêtres et les sacrificateurs, et que les dix-sept que j'avais interrompus dans leur enthousiasme dévot avaient sans doute apporté les victimes pour se rendre leur dieu favorable.

Mon étonnement se tourna bientôt en une sorte indignation. Je poussai mon cheval de ce côté, et d'un coup de sabre je coupai en deux le bonnet du monstre, en même temps qu'un de nos gens saisit la peau du mouton et l'arracha du corps de cette effroyable idole. Notre zèle fit dans le moment même pousser des cris affreux par tout le village, et bientôt je me vis environné de deux à trois cents de ses habitants, du milieu desquels je me tirai au grand galop, les voyant armés d'arcs et de flèches; j'étais pourtant bien résolu à rendre une seconde visite au ridicule objet de leur stupide adoration.

Notre caravane resta trois jours dans la ville, qui n'était qu'à une lieue et demie du village en question. Elle avait le projet de s'y pourvoir de quelques chevaux, à la place de ceux qui étaient morts, ou qui avaient été estropiés par les mauvais chemins et par les longues marches que nous avions faites dans le dernier désert.

Ce retard me donna le loisir d'exécuter mon projet; je le communiquai au marchand écossais de Moscou, qui m'avait donné des preuves si convaincantes de son intrépidité. Après l'avoir instruit de ce que j'avais vu, et du dégoût que m'avait inspiré cette hideuse dégradation de la nature humaine, je lui dis que, si je pouvais trouver quatre ou cinq hommes résolus et bien armés, j'irais détruire cette idole, pour faire voir clairement à ses adorateurs qu'incapable de se secourir elle-même, il lui était impossible de donner la moindre assistance à ceux qui lui adressaient leurs prières et qui voulaient obtenir sa protection par leurs sacrifices. Il se moqua de moi en disant que mon zèle pouvait venir d'un bon principe, mais que je n'en devais pas attendre de fruit, et qu'il ne pouvait concevoir le but que je me proposais. « Mon but, lui répondis-je, est de venger l'honneur de Dieu, qui est insulté par cette idolâtrie.

— Laissez, me dit-il, à Dieu lui-même le soin de punir les outrages de l'ignorance, s'il ne le juge pas indigne de sa toute-puissance. Comment, d'ailleurs, vengerez-vous l'honneur de la Divinité, si ces malheureux sont incapables de comprendre votre intention, et si vous n'êtes pas en état de la leur expliquer, faute d'entendre leur langage? Quand même vous seriez en état de leur en donner quelque idée, vous n'y gagneriez que des coups, car ce sont des gens déterminés, surtout quand il s'agit de défendre des objets de leur superstition.

— Nous pourrions le faire de nuit, lui dis-je, et leur laisser par écrit les raisons de notre procédé.

— Apprenez, mon cher ami, dit-il, que dans cinq tribus tout entières de ces Tatars vous ne trouveriez pas un individu sachant ce que c'est qu'une lettre, ni pouvant lire un mot dans sa propre langue.

— J'ai pitié de leur ignorance, repris-je; mais cela m'ôte d'autant moins l'idée de mettre mon projet à exécution, qu'il ne leur causera aucun mal réel, autrement j'y renoncerais volontiers. Peut-être la nature elle-même, quelque dégénérée qu'elle soit en eux, leur fera tirer des conclusions de ce fait, et leur fera sentir l'absurdité d'un culte accordé à un objet aussi méprisable.

— Quoique votre zèle, plus ardent que réfléchi, vous porte à cette entreprise avec tant d'ardeur, je vous prie, me dit-il, de songer que ces nations ont été assujetties par la force des armes à l'empire de Russie. Si vous réussissez dans votre projet, ils ne manqueront point de venir par milliers s'en plaindre au gouverneur et demander satisfaction. S'il n'est pas en état de la leur donner, ils exciteront une révolte générale, et vous serez la cause d'une guerre sanglante, que le czar sera obligé de soutenir contre les Tatars. »

Sur le soir, le marchand écossais me rencontra par hasard dans une promenade que je faisais hors de la ville, et m'ayant tiré à l'écart pour me parler : « Je ne doute pas, me dit-il, que je ne vous aie détourné de votre bizarre dessein.

— A vous parler franchement, lui répondis-je, vous avez réussi à m'en faire différer l'exécution; mais je l'ai toujours dans l'esprit, et je crois fort que je le mettrai en œuvre avant de quitter cet endroit. Comment croyez-vous que ces malheureux me traiteraient, s'ils me prenaient? ajoutai-je.

— Je vous dirai, reprit-il, de quelle manière ils ont traité un pauvre Russe qui avait profané leur culte, ainsi que vous avez envie de le faire : après l'avoir blessé avec une flèche de manière à l'empêcher de s'enfuir, ils le mirent entièrement nu, le posèrent près de leur idole, et, l'ayant entouré de toutes parts, ils lui tirèrent tant de flèches, que son corps en fut hérissé; ensuite ils mirent le feu au bois de toutes ces flèches, et l'offrirent ainsi en sacrifice à leur divinité.

— Était-ce la même idole? lui dis-je.

— Oui, me répondit-il, c'était justement la même.

— Eh bien! il faut que l'idole porte la peine de leur cruauté. »

Me voyant absolument déterminé à accomplir ma résolution, il me dit que je ne l'exécuterais pas seul, qu'il me suivrait, quoique cette entreprise lui parût extravagante, et qu'il prendrait pour troisième un de ses compatriotes, fort brave, nommé le capitaine Richardson. Il l'amena, et je lui exposai mon projet. Nous résolûmes d'y aller seulement tous les trois, mon associé, à qui j'en avais fait la proposition, n'ayant pas trouvé à propos d'être de la partie. Il m'avait dit qu'il serait toujours prêt à me seconder quand il s'agirait de défendre ma vie, mais qu'une pareille aventure n'était nullement de son goût, et que, malgré tout le ridicule d'un pareil culte, il ne voyait rien qui pût autoriser une action de ce genre, dans un pays où le gouvernement croyait devoir donner l'exemple de la tolérance, si nécessaire à la tranquillité des États.

Nous arrêtâmes que notre complot ne s'exécuterait qu'à minuit, et que nous nous y prendrions avec toute la précaution et tout le secret imaginables. Nous remîmes ainsi jusqu'à la nuit suivante, parce que la caravane partirait le matin même après l'action, ce qui empêcherait le gouverneur de donner à nos dépens satisfaction à ces barbares, puisque nous serions déjà hors de son atteinte.

Le marchand écossais, aussi ferme dans sa résolution de m'aider qu'il se montra dans la suite intrépide en l'exécutant, m'apporta un habit de Tatar, fait de peau de mouton, avec un bonnet, un arc et des flèches. Il s'en pourvut aussi, de même que son compagnon, afin que ceux qui nous verraient ne pussent jamais deviner quelle sorte de gens nous étions.

Nous passâmes toute la nuit à faire plusieurs compositions de matières combustibles, de poudre à canon, d'esprit-de-vin et autres ingrédients de cette nature ; nous prîmes un pot rempli de poix-résine, et nous sortîmes de la ville environ une heure après le coucher du soleil.

Il était à peu près onze heures quand nous arrivâmes à l'endroit, sans avoir remarqué que le peuple eût la moindre crainte par rapport à son idole. Le ciel était couvert de nuages ; néanmoins la lune donnait assez de lumière pour nous permettre d'observer que l'idole était précisément à la même place et dans la même position où je l'avais vue auparavant. Les habitants du village dormaient tous, excepté ceux de la tente où j'avais aperçu les trois prêtres que je pris d'abord pour des bouchers : nous entendîmes cinq ou six personnes parler ensemble ; nous jugeâmes par là que si nous mettions le feu à la statue, on ne manquerait pas de courir sur nous pour en empêcher la destruction. Enfin nous résolûmes de l'emporter et de la brûler ailleurs ; mais, quand nous commencâmes à vouloir y mettre la main, nous la trouvâmes d'une telle pesanteur, que nous fûmes forcés de songer à un autre expédient.

Le capitaine Richardson était d'avis de mettre le feu à la hutte, et de tuer les Tatars à mesure qu'ils en sortiraient ; mais j'avais trop présent à l'esprit le souvenir de Madagascar pour m'arrêter à ce parti barbare : je m'opposai formellement à ce que notre projet coûtât la vie à un seul de ces idolâtres. « Eh bien ! dit le marchand écossais, tâchons de nous emparer d'eux, de leur lier les mains derrière le dos, et de les forcer à être spectateurs de la destruction de leur idole. »

Nous avions sur nous une assez bonne quantité de la même corde qui nous avait servi à lier nos feux d'artifice, ce qui nous détermina d'abord à surprendre les gens de la cabane avec aussi peu de bruit qu'il nous serait possible. Nous commençâmes par frapper à la porte, ce qui réussit précisément comme nous l'avions espéré. Un de leurs prêtres venant pour ouvrir, nous le saisîmes tout de suite et lui mîmes un bâillon à la bouche ; nous lui liâmes les mains et le conduisîmes devant l'idole, où nous le couchâmes après lui avoir encore attaché les pieds. Deux de nous se placèrent ensuite de chaque côté de la porte, attendant que quelque autre sortît pour savoir ce qu'était devenu le premier ; quand ils se virent trompés dans cette attente, ils frappèrent de nouveau et doucement, ce qui en fit venir deux autres ; nous les traitâmes de la même manière que leur compagnon. Quand nous revînmes sur nos pas, nous en vîmes encore deux sortir de la hutte, et un troisième qui s'arrêtait à la porte : nous saisîmes les deux premiers ; à ce mouvement, le troisième s'étant retiré en poussant de grands cris, le marchand écossais le suivit de près ; et, prenant une des compositions que nous avions faites, propres à ne répandre que de la fumée et une odeur de soufre, il y mit le feu et la jeta au milieu de ceux qui restaient encore. En même temps l'autre Écossais et mon valet, ayant déjà lié les deux Tatars l'un à l'autre, les conduisirent vers l'idole afin qu'ils vissent par eux-mêmes si elle leur apporterait du secours, et ils nous vinrent rejoindre promptement. Lorsque la fusée que nous avions jetée dans la cabane l'eut remplie de fumée, nous en jetâmes une autre d'une autre espèce, qui flambait comme une chandelle : nous la suivîmes, et nous n'aperçûmes que quatre personnes, deux hommes et autant de femmes, qui paraissaient être occupées des préparatifs de leur sacrifice. Ils nous semblèrent très-effrayés ; car ils tremblaient comme la feuille, et la fumée les avait tellement étourdis, qu'ils n'étaient point en état de parler. Nous les prîmes et les liâmes comme les autres, avec le moins de bruit qu'il fut possible, et nous nous hâtâmes de les faire sortir de la hutte, parce que nous ne pouvions supporter plus longtemps cette épaisse fumée. Nous les plaçâmes auprès de leurs camarades ; et aussitôt nous mîmes la main à l'œuvre. Nous commençâmes par enduire l'idole d'une grande quantité de poix-résine et de suif mêlé de soufre; ensuite nous lui remplîmes la bouche, les yeux et les oreilles de poudre à canon, nous lui mîmes des fusées dans son bonnet, et nous la couvrîmes toute, pour ainsi dire, de feux d'artifice. Pour faciliter encore davantage notre dessein, mon valet se souvint d'avoir vu auprès de la tente un gros tas de paille et de foin; il en alla chercher avec le marchand écossais. Tout étant préparé, nous déliâmes nos prisonniers, nous leur ôtâmes les bâillons de la bouche, nous les plaçâmes vis-à-vis de leur monstrueuse idole, et ensuite nous y mîmes le feu.

Un quart d'heure se passa à peu près avant que le feu prît à la poudre. En s'allumant, elle fendit presque toute la statue, la défigurant au point que ce n'était plus qu'une masse informe. Peu contents de ce succès, nous l'entourâmes de paille, et, persuadés qu'elle serait réduite en cendres en très-peu de temps, nous commençâmes à songer à nous retirer; mais le marchand écossais nous en détourna, nous assurant que si nous nous en allions, tous ces pauvres idolâtres se jetteraient dans le feu pour être consumés avec leur idole. Nous restâmes donc jusqu'à ce que toute la paille fût brûlée.

Le lendemain, nous feignîmes d'être très-occupés des préparatifs du voyage, et personne ne pouvait soupçonner que nous fussions allés ailleurs que dans nos lits, puisqu'il n'est rien moins que naturel de dormir la nuit quand on prévoit une journée fatigante.

Mais l'affaire n'en resta pas là : le jour suivant, une grande multitude de barbares vinrent non-seulement du village, mais encore de tous les lieux d'alentour, aux portes de la ville, pour demander au gouverneur russe satisfaction de l'outrage qui avait été fait au grand Chamchi-Thangu et à ses prêtres. C'est là le terrible nom qu'ils donnaient à la plus difforme image qu'on puisse trouver dans tout le paganisme. Le peuple fut d'abord dans une grande consternation d'une visite si peu attendue, qui leur était faite par plus de trente mille personnes, qu'il prévoyait devoir s'augmenter en peu de jours jusqu'au nombre de cent mille âmes.

Le gouverneur tâcha de les apaiser, et leur donna les meilleures raisons : il les assura qu'il ignorait absolument toute cette affaire, et qu'il était sûr qu'aucun soldat de la garnison n'avait été hors de la ville pendant toute la nuit, que certainement cette violence ne pouvait avoir été commise par ses gens, et qu'il punirait sévèrement les coupables, s'ils pouvaient les lui indiquer. Ils répondirent avec hauteur que tout le pays d'alentour vénérait le grand Chamchi-Thangu; que personne d'entre eux ne pouvait avoir commis ce crime; qu'un chrétien seul en était capable, et que, pour en tirer raison, ils lui annonçaient la guerre aussi bien qu'à tous les Russes.

Le gouverneur dissimula l'indignation que lui donnait un discours si insolent, afin de n'être pas la cause d'une rupture avec ce peuple conquis, que le czar lui avait ordonné de traiter doucement. Pour détourner leur ressentiment qui menaçait sa garnison, il leur dit que ce matin même une caravane était sortie de la ville pour aller en Russie, que c'était peut-être quelqu'un de ces voyageurs qui leur avait fait cet affront, et qu'il enverrait des gens pour le découvrir, s'ils voulaient se contenter de ce procédé.

Cette proposition sembla les calmer un peu; et, afin de leur tenir parole, le gouverneur nous dépêcha quelques-uns des siens, qui nous instruisirent en détail de tout ce qui venait d'arriver; ils ajoutèrent que si quelqu'un de la caravane avait donné lieu à cette émeute, il ferait bien de s'échapper au plus tôt, et que, coupables ou non, nous agirions prudemment en poussant notre marche avec toute la vitesse possible, pendant qu'il ne négligerait rien pour amuser ces barbares jusqu'à ce que nous fussions hors d'insulte.

Cette conduite du gouverneur était certainement des plus obligeantes; mais quand on en instruisit toute la caravane, il n'y eut personne qui ne parût parfaitement ignorant de toute l'affaire; nous fûmes précisément ceux qu'on soupçonna le moins; on ne nous fit pas même la moindre question. Néanmoins celui qui commandait alors la caravane profita de l'avis du gouverneur, et nous marchâmes pendant deux jours et deux nuits presque sans nous arrêter, afin de gagner Jarawena, autre colonie de l'empereur, où nous serions en sûreté.

La seconde journée après la destruction de l'idole, un nuage de poussière qui paraissait à une très-grande distance derrière nous fit croire à quelques-uns de la caravane que nous étions poursuivis. Ils ne se trompaient pas. Nous ne nous trouvions pas loin du désert, et nous avions passé un grand lac, quand nous aperçûmes un gros corps de cavalerie de l'autre côté du lac, qui tirait vers le N., pendant que nous marchions vers l'O. Nous étions ravis qu'ils eussent pris cette route, tandis que nous avions suivi l'autre, fort heureusement pour nous. Deux jours après, nous ne les vîmes plus; s'imaginant toujours qu'ils étaient sur notre piste, ils avaient poussé jusqu'au fleuve Udda.

Le troisième jour, ils reconnurent leur méprise, ou bien on les instruisit du véritable chemin que nous avions pris, et ils nous poursuivirent avec une rapidité incroyable. Nous les découvrîmes vers le coucher du soleil; par bonheur, nous avions choisi pour camper un endroit très-convenable pour nous y défendre. Nous étions à l'entrée d'un désert d'environ deux cents lieues de longueur, et nous ne pouvions nous attendre à rencontrer d'autre ville pour nous servir d'asile que Jarawena, qui était encore à deux journées de nous. Nous avions près de notre poste plusieurs petits bois, et notre camp était dans un passage assez étroit, entre deux bois peu étendus, mais extrêmement épais; ce qui diminuait un peu la crainte que nous éprouvions d'être attaqués cette même nuit. Il n'y avait que nous quatre d'instruits du véritable motif de cette poursuite; mais comme les Tatars-Mongols ont coutume de parcourir le désert en grandes troupes, les caravanes se fortifient toujours contre ces bandits, et ainsi les nôtres ne furent pas surpris de se voir relancés par ces cavaliers.

Non-seulement nous étions campés entre deux bois, mais notre front était encore couvert par un petit ruisseau, de sorte que nous ne pouvions être attaqués qu'à notre arrière-garde. Peu contents encore de tous les avantages naturels de notre position, nous nous fîmes un rempart de tout notre bagage, derrière lequel nous rangeâmes sur une même ligne nos chameaux et nos chevaux, et par derrière nous nous couvrîmes d'un abatis d'arbres.

Nous n'avions pas encore fini cette espèce de fortification que nous eûmes les Tatars sur les bras. Ils ne nous assaillirent pas brusquement, comme nous l'avions cru, ni en voleurs de grand chemin; ils commencèrent par nous envoyer trois députés pour nous enjoindre de leur livrer les coupables qui avaient insulté leurs prêtres et détruit par le feu le dieu Chamchi-Thangu, afin qu'ils subissent la même peine en expiation de leur crime; ils ajoutèrent que, si on leur accordait leur juste demande, ils se retireraient sans faire le moindre mal au reste de la caravane, sinon qu'ils nous brûleraient tous sans exception.

Nous fûmes fort étourdis de ce compliment; nous nous regardâmes les uns les autres pour examiner si quelqu'un ne découvrirait pas par sa contenance qu'il était particulièrement impliqué dans cette affaire. Le commandant de la caravane fit assurer aux députés qu'il était intimement persuadé que les coupables n'étaient pas dans notre camp; que nous étions tous des marchands d'une humeur paisible, et que nous ne voyagions que pour notre commerce; que nous n'avions pas songé à leur causer le moindre désagrément; qu'ils feraient bien de chercher leurs ennemis ailleurs, et de ne pas nous troubler dans notre marche, ou bien que nous chercherions à nous défendre et à les faire repentir de leur entreprise.

Ils furent si éloignés de croire cette réponse satisfaisante, que le lendemain, au lever du soleil, ils approchèrent de notre camp pour le forcer; mais quand ils en virent l'assiette, ils n'osèrent nous aborder de plus près que de l'autre côté du petit ruisseau qui couvrait notre front. Là ils s'arrêtèrent en déployant à nos yeux une si terrible multitude, que le plus brave de nous en fut effrayé. Ceux qui en firent le compte le plus modéré estimèrent qu'ils étaient dix mille au moins. Après nous avoir examinés pendant quelques moments, ils poussèrent des hurlements épouvantables en couvrant l'air d'un nuage de flèches. Nous nous étions heureusement assez bien précautionnés contre un pareil orage; nous nous cachâmes derrière nos ballots, et aucun de nous ne fut blessé.

Quelque temps après, nous les vîmes faire un mouvement du côté droit, et nous nous attendions à être attaqués par derrière, quand un Cosaque de Jarawena, homme très-adroit, s'approchant du commandant de la caravane, lui dit que, s'il voulait, il se flattait d'envoyer toute cette troupe vers Siheilka, ville éloignée de nous de plus de cinq journées du côté du S. Voyant que cette offre plaisait au commandant, il prend son arc et ses flèches et monte à cheval, se sépare de nous du côté de notre arrière-garde, et, par un grand détour, il joint les Tatars en qualité d'exprès qui venait leur donner des lumières sur ce qu'ils cherchaient à découvrir; il leur annonce que ceux qui avaient détruit Chamchi-Thangu s'en étaient allés du côté de Siheilka, avec une caravane de mécréants, dans la résolution de brûler encore le dieu des Tatars-Tonguais.

Presque Tatar lui-même, il parlait si bien leur langue, et ménagea si bien son histoire, qu'ils y ajoutèrent foi sans la moindre difficulté. Dans le moment même ils s'en allèrent à toute bride, après avoir poussé un horrible hourra, et au bout de trois heures nous n'en vîmes plus un seul, nous n'en entendîmes plus parler, et nous n'avons jamais su s'ils poussèrent jusqu'à Siheilka.

Après nous être tirés de ce danger, nous marchâmes en sûreté jusqu'à la ville de Jarawena, où il y a une garnison russe, et nous y restâmes pendant cinq jours pour nous reposer de la fatigue que nous avions essuyée dans nos dernières marches, pendant lesquelles nous n'avions pas eu le loisir de fermer l'œil.

De là nous entrâmes encore dans un affreux désert, que nous ne pûmes traverser qu'en vingt-trois jours. Nous nous étions fournis de quelques tentes pour passer les nuits plus commodément, et de seize chariots du pays pour porter notre eau et nos provisions. Nous en tirions encore un bon parti : pendant la nuit ils nous tenaient lieu de retranchement, rangés autour de notre camp, de sorte que, si les Tatars nous avaient attaqués sans une grande supériorité de nombre, nous aurions pu les repousser aisément.

Dans ce désert, nous vîmes un grand nombre de chasseurs qui fournissent toute la terre de ces belles fourrures de martre. Ils sont pour la plupart Tatars-Mongols, et bien souvent ils attaquent les petites caravanes; mais la nôtre n'était pas susceptible d'être assaillie par eux; aussi nous n'en vîmes jamais de troupes entières. J'aurais été fort curieux de voir les animaux dont ils tirent ces peaux précieuses; mais il me fut impossible d'y parvenir, car ils n'osèrent approcher de nous, et c'eût été une grande imprudence de me séparer de la caravane pour aller les visiter.

Au sortir de ce désert, nous entrâmes dans un pays assez bien peuplé et rempli en quelque sorte de villes et de châteaux, où le czar a établi des garnisons pour la sûreté des caravanes et pour défendre le pays contre les courses des Tatars, qui, sans ces précautions, rendraient les chemins fort dangereux. Sa Majesté Impériale a donné des ordres fort précis aux gouverneurs de ces places afin qu'ils ne négligent rien pour mettre les marchands et les voyageurs hors d'insulte, et qu'ils leur fournissent des escortes d'une forteresse à l'autre, au moindre bruit qui se répandrait de quelque invasion des Tatars.

Conformément à ces ordres, le gouverneur que je visitai avec le marchand écossais, qui le connaissait, nous offrit une escorte de cinquante hommes jusqu'à la garnison prochaine, si nous croyions qu'il y eût le moindre danger sur la route.

Je m'étais imaginé, pendant tout le voyage, que plus nous approcherions de l'Europe, plus nous trouverions les habitants polis et le pays peuplé; mais je m'étais bien trompé, puisque nous avions encore à traverser le pays des Tatars-Tonguais, où nous vîmes des preuves d'un paganisme barbare encore plus grossières que celles qui nous avaient si fort indignés auparavant. Il est vrai qu'entièrement assujettis par les Russes, et mieux tenus en bride que les autres, ils ne sont ni aussi insolents ni aussi dangereux que les Mongols; mais, du reste, ils ne le cédaient à aucun peuple de l'univers pour la rudesse et pour l'idolâtrie. Ils sont tous couverts de peaux de bêtes sauvages, ainsi que leurs maisons. En hiver, quand toute la terre est couverte de neige, ils vivent dans des souterrains.

Si les Mongols avaient leur Chamchi-Thangu pour toute leur nation, ceux-ci comptaient des idoles dans chaque tente et dans chaque cave; d'ailleurs ils adoraient le soleil, les étoiles, la neige, l'eau; en un mot, tout ce qui offrait à leur esprit quelque chose de merveilleux; et, comme leur ignorance leur fait trouver partout matière à surprise, il n'y a presque rien qui ne soit honoré dans leurs sacrifices.

Il ne m'arriva rien de particulier dans tout ce pays, dont les bornes étaient éloignées du désert dont j'ai parlé de près de cent cinquante lieues. La moitié de ce terrain peut passer aussi pour un désert, et nous fûmes contraints de voyager pendant douze jours sans rencontrer ni maisons ni arbres, et de porter avec nous notre eau et nos autres provisions.

Au sortir de cette solitude, nous parvînmes, en deux jours de marche, à la ville de Ienisey, située près du grand fleuve du même nom, qui sépare l'Europe de l'Asie.

Je remarquai que le paganisme et l'ignorance ont partout le dessus, excepté dans les garnisons russes. Toute l'étendue de terrain entre le fleuve Obi et le fleuve Ienisey est peuplée de païens aussi barbares que les Tatars les plus éloignés, et même que les sauvages de l'Asie et de l'Amérique.

Depuis le fleuve Ienisey jusqu'à l'Obi, il nous fallut traverser un pays en quelque sorte abandonné : ce n'est pas que le terrain soit ingrat et incapable d'être cultivé; c'est, au contraire, un pays très-agréable et très-fertile; il n'y manque que des habitants et de l'industrie. Je dois faire observer que c'est justement dans ce pays, situé de l'un et de l'autre côté de l'Obi, que l'on envoie en exil les criminels russes qui ne sont point condamnés à mort; et il leur est presque impossible de jamais s'en échapper.

Il ne m'arriva rien de remarquable jusqu'à Tobolsk, capitale de la Sibérie, où je demeurai longtemps.

CHAPITRE XIII

Nous avions mis à peu près sept mois à faire notre voyage, et l'hiver approchait. La caravane devait aller à Moscou ; mais nous n'y avions aucune affaire, mon associé et moi, c'était notre patrie que nous avions uniquement en vue, et cette considération méritait bien que l'on tînt un peu conseil à part. Il est vrai qu'on nous disait des merveilles des traîneaux tirés par des rennes, qui rendent si faciles et si rapides les voyages qu'on entreprend en temps d'hiver; ce qu'on nous en rapportait, quelque surprenant qu'il fût, était la vérité. Les Russes aiment mieux voyager en hiver qu'en été, parce que, dans leurs traîneaux, ils passent les jours et les nuits commodément, tout en parcourant un espace immense. Le pays est entièrement couvert de neige, durcie par le grand froid, qui présente une surface unie, des plaines, des lacs et des rivières.

Mais je ne pouvais rien gagner par un voyage de cette nature. Pour aller en Angleterre, je n'avais que deux chemins à prendre. Je pouvais pousser avec la caravane jusqu'à Iaroslaw, et de là tourner vers l'O. pour gagner Narva et le golfe de Finlande; il m'était facile de passer de là par mer ou par terre à Dantzig, où peut-être il me serait possible de me défaire avantageusement de mes marchandises de la Chine; ou bien je devais quitter la caravane à une petite ville située sur la Dwina, d'où, en six jours, je viendrais par Arkhangel et passerais de là par mer en Angleterre, à Hambourg ou en Hollande.

L'un et l'autre de ces voyages ne pouvaient être exécutés pendant l'hiver. Il était impossible de gagner Dantzig par mer, parce que la mer Baltique est toujours gelée dans cette saison ; et vouloir voyager par terre dans ce pays-là était une chose aussi dangereuse que de marcher mal accompagné à travers des Tatars-Mongols. D'un autre côté, si j'étais arrivé à Arkhangel au mois d'octobre, j'aurais trouvé tous les vaisseaux partis et la ville presque déserte, puisque les marchands qui l'habitent l'été ont coutume de se retirer l'hiver à

Dans leurs traîneaux ils passent les jours et les nuits commodément.

Moscou ; j'aurais pu y ressentir un froid extrême, peut-être y manquer de vivres, et y mener une vie triste et désagréable, faute de compagnie. Il valait mieux par conséquent laisser la caravane et faire tous les préparatifs nécessaires pour passer l'hiver dans la capitale de la Sibérie, où je pouvais compter sur trois conditions essentielles : l'abondance, une maison chaude, et une très-bonne société.

Je me trouvais alors dans un climat bien différent de celui de ma chère île, où je ne sentis jamais le froid que pendant les frissons de ma fièvre, où j'avais, au contraire, bien de la peine à supporter des habits sur mon corps, et où je ne faisais du feu que hors de la maison et uniquement pour me préparer quelques mets. Ici je commençai par me pourvoir de camisoles et de quelques grandes robes qui me pendaient jusqu'aux pieds, et dont les manches étaient boutonnées jusqu'aux poignets. Tous ces vêtements étaient doublés de bonnes fourrures.

Pour chauffer ma maison, je m'y pris d'une autre manière qu'en Angleterre, où l'on fait du feu dans des cheminées ouvertes qui sont placées dans chaque chambre, ce qui laisse un air aussi froid qu'il était auparavant, dès que le feu est éteint. Je fis placer une cheminée semblable à une fournaise, dans un endroit qui formait le centre de six chambres différentes; le tuyau par où devait sortir la fumée allait d'un côté, et l'ouverture par où sortait la chaleur était justement à l'opposé : par là toutes les chambres se trouvaient entretenues dans une chaleur égale, sans qu'on vît le feu nulle part, comme dans les bains d'Angleterre.

C'est ainsi que mes appartements étaient toujours chauds, quelque froid qu'il fît, et je ne fus jamais incommodé de la fumée.

Je trouvai bonne compagnie dans ce pays de barbares, quoique ce soit une des provinces les plus septentrionales de la Russie, située dans le voisinage de la mer Glaciale et éloignée seulement de quelques degrés de la Nouvelle-Zemble. En effet, la Sibérie est le séjour des criminels d'État de la Russie; la ville capitale doit être par conséquent remplie de noblesse, de généraux, de grands seigneurs et de princes même. J'y trouvai le fameux prince Galitzin, le vieux général Robostiski et plusieurs autres personnes du premier rang, parmi lesquelles il y avait même des dames de distinction.

Par le moyen du marchand écossais, qui fut obligé de se séparer de moi, je fis connaissance avec plusieurs de ces personnages du premier ordre; j'en reçus plusieurs agréables visites, qui contribuèrent beaucoup à me faire trouver courtes les tristes soirées de l'hiver.

Ayant lié conversation un jour avec le prince N***, qui avait été autrefois un des ministres d'État du czar, je lui entendis raconter des choses surprenantes sur la grandeur et la vaste domination de son maître. Je l'interrompis pour lui dire que je m'étais vu autrefois un monarque plus absolu que lui, bien que mes sujets ne fussent pas aussi nombreux, ni mon empire aussi grand. Ce discours causa une grande surprise au prince russe, qui, me regardant avec une attention extraordinaire, me pria très-sérieusement de lui dire s'il y avait quelque réalité dans ce que je venais de lui débiter si gravement. Je lui promis que sa surprise cesserait dès que j'aurais le loisir de m'expliquer, et lui dis que j'avais eu le pouvoir de disposer absolument de la fortune et de la vie de mes sujets, et que, malgré mon despotisme, il n'y avait eu personne dans tous mes États dont je n'eusse été chéri avec une tendresse filiale. Il me répondit, en secouant la tête, qu'effectivement, de ce côté-là, j'avais surpassé de beaucoup le czar. « Ce n'est pas tout, repris-je, toutes les terres de mon royaume m'appartenaient en propre; tous mes sujets n'étaient que mes fermiers, sans y être contraints, et ils auraient tous hasardé leur vie pour sauver la mienne : jamais prince ne fut plus tendrement aimé, et en même temps si fort respecté et plus redouté de tout son peuple. »

Enfin je lui racontai en détail tout ce qui m'était arrivé dans l'île, et la manière dont j'avais gouverné mes sujets.

La compagnie fut enchantée de cette relation, et surtout le prince, qui me dit, en poussant un grand soupir, que la véritable grandeur de l'homme consiste à être son propre maître et à s'acquérir un empire despotique sur ses propres passions; qu'il n'aurait pas changé une monarchie comme la mienne contre toute la puissance de son auguste maître; qu'il trouvait une félicité plus réelle dans la retraite à laquelle il avait été condamné que dans la grande autorité dont il avait autrefois joui à la cour du czar, et que, selon lui, le plus haut degré de la sagesse humaine consiste à proportionner nos désirs et nos passions à la situation où la Providence trouve bon de nous ménager un culte intérieur au milieu des tempêtes et des orages qui nous environnent extérieurement.

« Pendant les premiers jours que je passai ici, continua-t-il, j'étais accablé de mon prétendu malheur, je m'arrachais les cheveux : en un mot, je m'abandonnais à toutes les extravagances ordinaires à ceux qui se croient accablés par l'infortune; mais un peu de temps et quelques réflexions me portèrent à m'examiner moi-même avec calme, aussi bien que les objets qui m'environnaient. Je trouvai bientôt que la raison humaine, dès qu'elle a l'occasion d'envisager à loisir tous les détails de la vie et les ressources dont elle peut user pour la rendre heureuse, est parfaitement capable de se procurer une félicité réelle indépendante des coups du sort, et entièrement appropriée à nos désirs les plus naturels et au grand but pour lequel nous sommes créés. Je compris en peu de jours qu'un air pur à respirer, des aliments simples pour soutenir notre vie, des habits propres à nous défendre des injures de l'air, et la liberté de prendre autant d'exercice qu'il en faut pour la conservation de la santé, sont tout ce qu'il faut pour satisfaire les besoins véritables de l'homme. J'avoue que la grandeur, l'autorité, la richesse et les plaisirs qu'elle nous procure, et dont j'ai eu autrefois ma bonne part, sont capables de nous donner mille agréments; mais, d'un autre côté, tous ces plaisirs influent puissamment sur les plus dangereuses de nos passions; elles développent notre ambition, notre orgueil, notre avarice et notre sensualité. Ces dispositions de notre cœur, criminelles en elles-mêmes, contiennent les semences de tous nos autres crimes; elles n'ont pas la moindre relation avec ces talents qui font l'homme sage, ni avec ces vertus qui constituent le caractère du chrétien. Privé aujourd'hui de tout ce bonheur extérieur, source ordinaire des vices; éloigné du faux brillant, je ne le regarde que de son côté ténébreux, je n'y trouve que de la difformité, et suis pleinement convaincu que la vertu seule rend l'homme véritablement sage, grand, riche, et que seule elle prépare à la jouissance d'une félicité éternelle. Dans cette pensée, ajouta-t-il, je me trouve plus heureux au milieu de ce désert que tous mes ennemis, qui sont en pleine possession des richesses et de l'autorité qu'ils m'ont fait perdre, et dont je me sens déchargé comme d'un fardeau pesant.

« Vous penserez peut-être, Monsieur, me dit-il encore, que je suis uniquement forcé d'entrer dans ces vues par la nécessité, et qu'une espèce de politique me suggère de pareilles idées pour adoucir un état que d'autres pourraient nommer misérable; mais vous vous tromperiez. S'il est possible à l'homme de connaître quelque chose de ses sentiments, je puis vous assurer que je ne voudrais pas retourner à la cour, quand le czar mon maître aurait l'intention de me rétablir dans toute ma grandeur. Si jamais j'en suis capable, j'avoue que mon extravagance approchera de celle d'un homme qui, délivré de la prison du corps, et ayant déjà un avant-goût de la félicité éternelle, voudrait revenir sur la terre et se livrer de nouveau aux faiblesses honteuses et aux misères de la vie humaine. »

Il prononça ce discours avec tant de chaleur et avec une action si pathétique, que l'on pouvait voir dans tous ses traits qu'il exprimait les véritables sentiments de son cœur.

Je lui dis que je m'étais cru autrefois une espèce de monarque dans l'état que je lui avais dépeint; mais que pour lui il n'était pas seulement un souverain despotique, mais encore un grand conquérant, puisque celui qui remporte la victoire sur ses désirs rebelles, qui se dompte lui-même et qui place sa volonté sous la dépendance de sa raison, mérite mieux ce titre glorieux que celui qui renverse les murailles de la plus forte place. « Je vous conjure pourtant, Monseigneur, ajoutai-je, de m'accorder la liberté de vous faire une seule question : S'il vous était entièrement permis de sortir de ces solitudes et de mettre fin à votre exil, le feriez-vous?

— Monsieur, me répondit-il, votre question est délicate, et, pour y répondre avec précision, il est nécessaire d'établir quelques distinctions. Je vais pourtant vous satisfaire avec toute la candeur dont je suis capable. Rien au monde ne serait assez fort pour me tirer de mon exil que les deux motifs suivants : le désir de voir mes parents, et de vivre dans un climat un peu plus doux. Mais je vous répète que, si mon souverain voulait me replacer dans la pompe de sa cour et dans les embarras qui accompagnent l'autorité d'un ministre, je n'abandonnerais pas ces lieux sauvages, ces lacs glacés, pour le faux brillant de la gloire et de la richesse, ni pour les folies du courtisan le plus favorisé du prince.

— Mais, Monseigneur, repris-je, peut-être n'êtes-vous pas seulement privé des plaisirs de la cour, de l'autorité et des richesses dont vous avez joui autrefois; il se peut que vos biens soient confisqués, que vous soyez dépourvu de quelques-unes des commodités de la vie, et que vous n'ayez pas les moyens de subvenir aux besoins d'un état médiocre.

— Vous devinez assez juste, me répliqua-t-il, si vous me considérez en qualité de prince, comme je le suis réellement; mais si vous me regardez simplement comme une créature humaine, confondue avec le reste des hommes, vous comprendrez facilement que je ne saurais tomber dans le besoin, à moins d'être attaqué par quelque maladie longue. Vous voyez notre manière de vivre. Nous sommes ici cinq personnes de qualité; nous vivons dans la retraite et d'une manière convenable à des exilés; nous avons tous sauvé quelque chose des débris de notre fortune, ce qui nous exempte de la fatigue de pourvoir à notre subsistance par la chasse. Cependant les pauvres soldats qui se trouvent ici et qui courent les bois pour prendre des renards, des zibelines, sont aussi à leur aise que nous; le travail d'un mois fournit tout ce qui est nécessaire pour une année entière. Comme nous dépensons peu, nos besoins sont très-bornés, et il nous est aisé d'y subvenir abondamment. »

Je m'étendrais trop si je voulais rappeler toutes les particularités de l'entretien que j'eus avec cet homme véritablement grand. Il y fit voir un génie supérieur, une grande connaissance de la véritable valeur des choses, et une sagesse soutenue par une noble piété. Il n'était pas difficile enfin de se convaincre que le mépris qu'il avait pour le monde était sincère.

Je restai dans la capitale de la Sibérie pendant huit mois. Le froid était si excessif, que je n'osais me hasarder dans les rues sans être enfoncé dans mes fourrures, et sans même avoir devant le visage un masque qui en fût doublé et auquel il n'y avait qu'une ouverture pour la respiration, et deux autres pour donner la liberté de voir et de distinguer les objets. Pendant trois mois nous n'eûmes que cinq heures de jour, ou tout au plus six, et le reste du temps il aurait fait une obscurité absolue si la terre n'eût été couverte de neige. On gardait nos chevaux dans des souterrains, et les trois valets que nous avions loués pour avoir soin de nous et de nos bêtes souffrirent si fort de la saison, que de temps en temps il fallut leur couper quelque doigt ou quelque orteil, de peur que la gangrène ne s'y mît, lorsqu'à force de frictions avec la neige on ne parvenait pas à leur rendre la sensibilité, le mouvement et la chaleur.

Il est vrai que nous étions fort chaudement dans notre maison; les murailles étaient épaisses; les fenêtres, petites et doublées. Les vivres ne nous manquaient pas : ils consistaient principalement en biscuit, en poisson sec, en mouton et en chair de buffle. Notre boisson était de l'eau mêlée d'esprit-de-vin au lieu d'eau-de-vie; quand nous voulions nous régaler, nous avions, au lieu de vin, de l'hydromel excellent. Les chasseurs, qui ne laissaient pas de battre les bois, quelque temps qu'il fît, nous apportaient de loin en loin du gibier fort gros et d'un goût délicieux; ils nous fournissaient aussi quelquefois de grandes pièces d'ours, qui passent dans ce pays pour une venaison excellente; mais nous ne trouvions pas ce mets aussi délicat que le prétendent les habitants. Nous avions heureusement apporté une grande provision de thé très-bon, dont nous pouvions régaler nos amis : en un mot, il ne nous manquait rien pour vivre agréablement.

Nous étions entrés dans le mois de mars; les jours commençaient à devenir plus longs, et le froid à être supportable. Plusieurs voyageurs faisaient déjà les préparatifs nécessaires, afin de partir en traîneau; mais pour moi, qui avais pris la résolution de gagner Arkhangel, et non Moscou, je ne fis pas le moindre mouvement, sachant que les vaisseaux venant du S. ne partent guère pour cette partie du globe qu'au mois de mai ou au commencement de juin, et que, si j'y arrivais au commencement d'août, j'y serais avant qu'aucun vaisseau fût prêt à retourner.

Je vis partir tous les voyageurs et tous les marchands qui avaient intérêt à me devancer : chaque année ils quittent la Sibérie pour aller, les uns à Moscou, et les autres à Arkhangel, afin d'y vendre leurs fourrures et d'y acheter tout ce qui leur est nécessaire; ils ont trois cents lieues à faire pour revenir chez eux; ils devaient donc être plus pressés que moi de partir.

Je ne commençai à emballer mes effets et mes marchandises qu'à la fin de mai, et pendant cette occupation je pensai à tous ces exilés qu'on laisse en liberté dès qu'ils sont arrivés en Sibérie. Ils peuvent aller partout où ils veulent, et j'étais fort surpris de ce qu'ils ne songeaient pas à gagner quelque autre partie du monde, où ils pourraient vivre plus à leur aise et dans un meilleur climat.

Mon étonnement cessa dès que j'en eus parlé au prince. « Il faut considérer d'abord, Monsieur, répondit-il, l'endroit où nous sommes, et ensuite notre situation. Nous ne saurions nous échapper qu'à travers une étendue de terrain, appartenant au czar, d'environ trois cent quarante lieues. Il est absolument nécessaire de suivre les grandes routes frayées par les gouverneurs des provinces, et de passer par des villes où il y a garnison russe; en suivant les chemins ordinaires, nous serions découverts indubitablement, et, en prenant des routes détournées, nous serions exposés à mourir de faim. Former une pareille entreprise serait donc une véritable extravagance. »

Cette réponse me réduisit au silence, et me fit comprendre que ces exilés étaient aussi bien emprisonnés dans les vastes campagnes de la Sibérie que s'ils étaient resserrés dans la citadelle de Moscou. Mais cette conviction ne m'empêcha pas de songer à tirer cet homme illustre de sa triste solitude, ni d'en former le dessein, quelque dangereux qu'il pût être pour moi-même. Un soir, je trouvai l'occasion de lui expliquer mes pensées à ce sujet et de lui en faire la proposition. « Il m'est fort aisé, lui dis-je, de vous emmener avec moi, puisque vous n'êtes pas gardé à vue. J'ai résolu de gagner Arkhangel, et non Moscou; dans cette route, je puis marcher avec mon train, en guise d'une petite caravane, et je ne serai pas obligé de chercher des gîtes dans les garnisons russes; je pourrai camper toutes les nuits où je voudrai : de cette manière je puis facilement vous conduire à Arkhangel, vous mettre en sûreté à bord d'un vaisseau anglais ou hollandais, et vous mener avec moi dans des pays où personne ne songera certainement à vous poursuivre. » Je l'assurai en même temps que j'aurais soin de lui fournir pendant le voyage tout ce dont il aurait besoin, jusqu'à ce qu'il fût en état de subsister aisément par lui-même.

Il m'écouta très-attentivement, et, tandis que je parlais, il me regarda fixement; je pus voir même, par son air, que ce que je lui disais le mettait dans la plus violente agitation. Il changeait de

Je puis facilement vous conduire à Arkhangel, vous mettre en sûreté à bord d'un vaisseau anglais.

couleur à tous moments; ses yeux paraissaient tantôt vifs, tantôt éteints, et son cœur semblait flotter entre plusieurs passions opposées. Il ne fut pas d'abord en état de me répondre. Enfin, s'étant un peu remis : « État malheureux, s'écria-t-il, que celui des mortels, quand ils ne se précautionnent pas avec toute l'attention possible contre les dangers qui menacent leur faible vertu! Les témoignages de l'amitié la plus sincère peuvent devenir pour eux des piéges. Mon cher ami, continua-t-il d'un ton plus calme, il y a tant de désintéressement dans l'offre que vous me faites, que je connaîtrais fort peu le monde si je ne m'en étonnais pas, et que je serais le plus ingrat des hommes si je n'en avais toute la reconnaissance possible. Mais parlez-moi naturellement : avez-vous cru que le mépris que je vous ai fait voir pour le monde était réel, et que je vous ai découvert le fond de mon âme, en vous assurant que dans mon exil je m'étais procuré une félicité supérieure à tous les avantages qu'on peut obtenir de la grandeur et des richesses? M'avez-vous cru sincère quand je vous ai protesté que je refuserais de rentrer dans la condition brillante où je me suis vu autrefois à la cour de mon maître? M'avez-vous pris pour un de ces hypocrites qui se dédommagent de leur mauvaise fortune par une ostentation de fausse piété et de vaine sagesse? »

Il s'arrêta, non pour attendre ma réponse, mais parce que l'agitation de son cœur l'empêchait de poursuivre. J'étais plein d'admiration pour les sentiments de ce grand homme, et cependant je ne négligeai rien pour l'y faire renoncer. Je me servis de quelques arguments pour le porter au dessein de se tirer de sa triste situation; je m'efforçai de lui faire considérer ma proposition comme un ordre qu'il recevait de la Providence de se mettre dans un état plus digne de lui et de se rendre utile aux autres hommes.

« Que savez-vous, me répondit-il, si, au lieu d'un ordre de la Providence, ce n'est pas plutôt une ruse du démon, qui, dans ma délivrance, offre à mon âme l'idée d'une grande félicité, uniquement pour me faire tomber dans un piége et me porter à courir à ma ruine? Dans mon exil, je suis affranchi de toute tentation de retourner à ma misérable grandeur; si j'étais libre, peut-être l'orgueil, l'ambition, l'avarice et la sensualité, dont la source n'est jamais entièrement tarie dans le cœur humain, m'entraîneraient-ils de nouveau avec impétuosité. Alors cet heureux prisonnier redeviendrait, au milieu des douceurs d'une liberté extérieure, l'esclave de ses sens et de ses passions. Non, non, mon ami, il vaut mieux que je reste dans mon exil, banni de la cour et exempt de crimes, que de me délivrer de cette vaste solitude aux dépens de la liberté de ma raison, aux dépens d'une félicité éternelle sur laquelle je fixe à présent mes yeux, et que je pourrais perdre si j'acceptais vos offres obligeantes. Je suis un homme faible, naturellement sujet à la tyrannie des passions; ne me tirez pas de mon heureuse défiance; ne soyez pas en même temps mon ami et mon tentateur. »

Si j'avais été surpris de son discours précédent, celui-ci me rendit absolument muet. Son âme luttait avec force contre ses désirs et contre le penchant naturel à tout homme de chercher les agréments de la vie. Je lui dis en peu de mots qu'il ferait bien de réfléchir à loisir et avec calme sur cette affaire, et je m'en retournai chez moi.

Environ deux heures après, j'entendis quelqu'un à la porte de ma chambre : c'était le prince lui-même. « Mon ami, me dit-il, vous m'aviez presque persuadé; mais la réflexion est venue à mon secours, et je me raffermis absolument dans mon opinion : ne le trouvez pas mauvais, je vous en prie. Si je n'accepte pas une offre aussi obligeante et aussi désintéressée que la vôtre, si je la refuse, ce n'est pas faute de reconnaissance : j'en ai toute la gratitude possible, j'en suis persuadé. Vous allez vous séparer de moi, et si vous ne me laissez pas entièrement libre, du moins vous me laissez homme de bien et armé contre mes désirs d'une sage précaution et d'une défiance prudente. »

Je ne pouvais que tomber d'accord de la sagesse de sa résolution, en lui protestant que mon but avait été uniquement de lui rendre service. M'embrassant alors avec tendresse, il m'assura qu'il était convaincu de la pureté de mes intentions, et qu'il serait charmé de pouvoir me témoigner sa reconnaissance. Pour me faire voir que ses protestations étaient sincères, il m'offrit des zibelines et d'autres fourrures de prix. J'avais de la peine à me résoudre à les accepter d'un homme qui était dans une situation difficile, mais il ne voulut point être refusé, et, pour ne pas le désobliger, j'acceptai ce magnifique présent.

Le jour suivant, je lui envoyai du thé, deux pièces de damas de la Chine et quelques pièces d'or du Japon, qui ne pesaient pas six onces en tout. Il s'en fallait de beaucoup que mon présent égalât le sien, puisqu'à mon retour en Angleterre je le trouvai de la valeur de plus de deux cents livres sterling.

Il accepta le thé, une pièce de damas et une seule petite pièce d'or marquée au coin du Japon, qu'il ne prit sans doute que comme une curiosité; et, en me renvoyant le reste, il me fit dire qu'il serait bien aise d'avoir une conversation avec moi.

M'étant venu voir, il me déclara que je savais ce qui s'était passé entre nous, et qu'il me conjurait de ne lui en plus parler; mais qu'il serait bien aise d'apprendre si, en lui ayant fait une offre si généreuse, je serais d'humeur à rendre le même service à une personne qu'il me nommerait, et à laquelle il s'intéressait de la manière la plus tendre. Je lui répondis naturellement que je parlerais contre ma conscience si je disais que j'étais prêt à faire autant pour un autre que pour lui, qui m'inspirait un profond respect et la plus parfaite estime. « Cependant, continuai-je, si vous voulez bien me nommer la personne en question, je vous répondrai avec franchise, et si ma réponse vous déplaît, j'ose espérer que vous ne m'en voudrez point. » Il me dit qu'il s'agissait de son fils unique, que je n'avais jamais vu et qui se trouvait dans la même condition que lui, éloigné de Tobolsk de plus de soixante-dix lieues; mais qu'il trouverait le moyen de le faire venir, si je voulais lui rendre ce service.

Je n'hésitai pas un moment; je lui répondis que j'y consentais de bon cœur, et que, ne pouvant montrer à lui-même jusqu'à quel point je le considérais, je serais charmé de le lui prouver dans la personne de son fils. Le lendemain il envoya chercher le jeune prince, qui arriva trois semaines après, amenant avec lui six ou sept chevaux chargés des plus riches fourrures, dont la valeur montait à une somme très-considérable.

Ses valets conduisirent ses chevaux dans la ville, laissant leur jeune maître à quelque distance de là; il entra la nuit incognito dans la maison de son père, qui me le présenta. Nous nous concertâmes aussitôt sur notre voyage.

J'avais échangé dans cette ville une partie de mes marchandises de la Chine contre une bonne quantité de zibelines, d'hermines, de renards noirs et autres fourrures de prix. Ce que j'avais donné consistait surtout en noix muscades et en clous de girofle : dans la suite, je me défis de ce qui m'en restait à Arkhangel, où j'en tirai un meilleur parti que je n'aurais pu le faire à Londres. Ce commerce fit grand plaisir à mon associé; il se félicitait du parti que nous avions pris de rester si longtemps en Sibérie, à cause des profits considérables que nous y avions faits.

CHAPITRE XIV

C'était au commencement de juin que je partis de Tobolsk, ville si éloignée des routes ordinaires de commerce, qu'elle ne doit pas faire grand bruit dans le monde. Notre caravane était extrêmement petite, puisqu'elle ne consistait qu'en trente chameaux. Tout passait sous mon nom, quoiqu'il y en eût onze dont le jeune prince était propriétaire. Ayant un si fort équipage, je devais avoir naturellement un bon nombre de domestiques; par conséquent, ceux du prince pouvaient bien passer pour les miens. Ce seigneur lui-même prit le titre de mon maître d'hôtel.

Nous fûmes contraints d'abord de traverser le plus grand et le plus désagréable désert que j'aie rencontré dans tout le voyage; le terrain est marécageux en plusieurs endroits, et fort inégal en plusieurs autres. Tout ce qui nous consolait, c'était la pensée que nous n'avions rien à craindre des Tatars, qui ne passent jamais l'Obi, ou du moins que très-rarement.

Le jeune prince avait avec lui un fidèle domestique russe, ou plutôt sibérien, qui connaissait parfaitement tout le pays; il nous conduisit par des routes particulières, pour éviter les villes qui sont sur les grands chemins; il savait que les garnisons qui s'y trouvent observent avec une exactitude très-scrupuleuse l'ordre qu'elles ont de visiter les voyageurs, pour voir si quelque étranger de marque ne s'aviserait pas de s'introduire dans le cœur de la Russie.

Les mesures que nous prîmes ne nous exposaient pas à de pareilles recherches; mais, d'un autre côté, elles nous forçaient à faire tout notre voyage par le désert, et à camper chaque nuit sous nos tentes, au lieu qu'en passant par des villes nous aurions pu jouir de toutes les commodités imaginables. Le jeune prince sentait si bien les désagréments où ma bonté pour lui m'engageait, que toutes les fois que nous nous trouvions près de quelque ville il couchait dans le bois avec son fidèle valet, et il savait nous rejoindre dans les endroits où nous étions convenus de l'attendre.

Nous entrâmes en Europe en passant la rivière appelée Kama, qui dans ce lieu sépare l'Europe de l'Asie. Dans la première ville européenne qu'on rencontre de ce côté, nous crûmes voir un peuple plus civilisé.

Le désert que nous avions à franchir n'a que soixante-dix lieues d'étendue sur ce point, quoiqu'il y en ait deux cent cinquante sur d'autres. En traversant cette vaste solitude, après avoir banni de mon esprit toute idée de danger, je courus le risque d'être massacré avec toute ma suite, composée de quinze personnes, par une troupe de brigands. Je ne pus d'abord savoir si c'était une bande de Tatars répandue au delà des bords de l'Obi, ou bien une troupe de chasseurs de la Sibérie qui s'étaient assemblés pour prendre une autre proie que des zibelines et des renards. Ce que je sais parfaitement c'est qu'ils étaient tous à cheval, armés d'arcs et de flèches, et que, quand nous les rencontrâmes pour la première fois, leur nombre montait à environ quarante-cinq. Ils approchèrent de nous à deux différentes reprises, et, nous environnant de tous côtés, ils nous examinèrent avec une très-grande attention. Ensuite ils se portèrent sur notre route comme s'ils eussent eu l'intention de nous intercepter le passage.

Nous plaçâmes devant nous nos chameaux, tous sur une même ligne, afin d'être plus en état de repousser les ennemis; et, faisant halte, nous envoyâmes le Sibérien du prince pour les reconnaître. Son maître y consentit d'autant plus qu'il craignait que ce ne fût une troupe détachée pour l'arrêter dans sa fuite et le ramener par force.

Ce brave domestique s'avança de leur côté, et, se tenant à une certaine distance, il leur parla dans tous les différents dialectes de la langue sibérienne, sans pouvoir entendre un seul mot de ce qu'ils lui répondaient. Cependant il comprit, par plusieurs de leurs signes, qu'ils tireraient sur lui s'il avait la hardiesse d'approcher davantage. Il retourna sur ses pas pour venir faire son rapport, sans avoir grand'-chose à nous dire, sinon qu'il les croyait Kalmoucks ou Circassiens pour les vêtements, et que, selon toutes les apparences, il devait y en avoir une grande quantité répandue dans le désert, quoiqu'il n'eût jamais entendu dire que ces barbares se fussent si fort avancés du côté du nord.

Sur notre gauche, à un quart de mille de nous et tout près de la route, se trouvait un petit bosquet où les arbres étaient extrêmement serrés; je songeai d'abord qu'il fallait nous avancer jusque-là et nous fortifier le mieux qu'il nous serait possible. Nous devions nécessairement gagner par cette manœuvre un double avantage : les branches épaisses et entrelacées nous mettaient à couvert des flèches de nos ennemis, et ils ne pourraient nous attaquer en corps. Ce fut le vieux pilote portugais qui m'y fit penser : ce brave homme conservait toujours son sang-froid dans le péril, ce qui le rendait toujours prêt à nous donner de bons conseils et à nous inspirer du courage.

Nous exécutâmes ce projet avec toute la diligence possible, et nous gagnâmes le petit bois sans que les Tatars fissent le moindre mouvement pour nous en empêcher. Nous trouvâmes, à notre grande satisfaction, que c'était un terrain marécageux, et qu'il y avait d'un côté une grande source d'eau qui se répandait dans un petit lac, et qui, à quelque distance de là, était jointe par une autre source de la même grandeur : en un mot, nous nous vîmes justement auprès de la source d'une rivière considérable.

Les arbres qui croissaient autour de cette source n'étaient guère qu'au nombre de deux cents, mais fort serrés et garnis de branches extrêmement touffues. Dès que nous nous vîmes maîtres de ce bocage, nous nous crûmes hors de danger, à moins que nos ennemis ne missent pied à terre pour nous attaquer.

Pour rendre encore cette entreprise plus difficile, notre vieux Portugais s'avisa de couper de grandes branches et de les laisser pendre dans les arbres; ce qui nous environna comme d'une fortification suivie.

Les ennemis ne firent pas le moindre mouvement pendant un espace de temps considérable. Enfin, vers deux heures avant la nuit, ils vinrent directement à nous, et, quoique nous ne nous en fussions pas aperçus, nous trouvâmes que leur nombre était fort augmenté : ils étaient au nombre de quatre-vingts cavaliers, parmi lesquels nous crûmes remarquer quelques femmes.

Ils n'étaient éloignés de nous que d'une demi-portée de fusil, quand nous tirâmes un seul coup à poudre en leur demandant en langue russe ce qu'ils voulaient, et en leur criant qu'ils eussent à se retirer. Comme ils ne nous entendaient pas, ce coup ne fit que redoubler leur fureur ; ils avancèrent à toute bride du côté du bois, sans s'imaginer que nous fussions si bien retranchés, qu'il était absolument impossible de s'y frayer un passage. Notre Portugais, qui avait été notre ingénieur, était aussi notre capitaine. Il nous pria de ne faire feu que lorsque nous verrions l'ennemi à demi-portée de pistolet, afin que nous fussions sûrs de nos coups. Nous lui dîmes de nous en donner le signal, et il tarda si longtemps, que plusieurs de nos ennemis n'étaient éloignés de nous que de la longueur de deux piques quand nous fîmes notre décharge.

Ils furent très-étonnés d'une décharge si peu attendue.

Nous visâmes si juste, que nous en tuâmes quatorze, sans compter les chevaux et ceux qui n'étaient que blessés; car nous avions tous chargé nos armes de deux ou trois balles.

Ils furent très-étonnés d'une décharge si peu attendue, et se retirèrent à plus de deux cents verges de nous. Nous eûmes non-seulement le temps de recharger nos fusils, mais encore de faire une sortie et de saisir cinq ou six chevaux dont les maîtres avaient probablement perdu la vie. Nous reconnûmes facilement que nos ennemis étaient Tatars; mais il nous fut impossible de découvrir de quel pays ils étaient, et pour quels motifs ils s'étaient avancés jusque-là.

Environ une heure après, ils firent un second mouvement pour nous attaquer, et allèrent reconnaître notre petit bois de toutes parts, pour voir s'ils ne pourraient pas trouver un autre passage; mais, remarquant que nous étions prêts à leur tenir tête de tous côtés, ils se retirèrent de nouveau, et nous prîmes la résolution de nous tenir clos et couverts pendant toute la nuit.

Nous dormîmes fort peu, et nous passâmes presque toute la nuit à augmenter nos fortifications et à barricader tous les endroits par lesquels les ennemis pouvaient le plus facilement venir à nous, sans négliger de poser partout des sentinelles et de faire bonne garde.

Dans cette attitude, nous attendîmes le jour avec impatience; mais il nous fit faire une découverte fort désagréable. Les ennemis, que nous croyions découragés par la réception qui leur avait été faite, s'étaient augmentés jusqu'au nombre de plus de trois cents, et ils avaient dressé dix ou douze tentes, comme s'ils eussent pris la résolution de nous assiéger. Ce petit camp était situé dans la plaine, à un quart de lieue de nous. Nous fûmes tous fort consternés à son aspect, et j'avoue que, pour moi, je me crus perdu ainsi que tout ce que je possédais avec moi de richesses. Quoique cette dernière perte eût été considérable, ce n'était pas celle-là qui me touchait le plus : ce qui m'effrayait davantage, c'était la pensée de tomber entre les mains de ces barbares, à la fin d'un si long voyage, après avoir échappé à tant de périls et surmonté des difficultés si grandes et si nombreuses, et de périr à la vue du port, pour ainsi dire, au moment même où je m'étais cru dans une entière sûreté. Pour mon associé, sa douleur allait jusqu'à la rage; il protesta que la perte de ses biens et celle de sa vie lui étaient égales; qu'il aimait mieux périr en combattant que de mourir de faim, et qu'il se défendrait jusqu'à la dernière goutte de son sang.

Le jeune prince pensait qu'il fallait se battre jusqu'au dernier soupir, et le vieux pilote croyait que, de la manière dont nous étions postés, nous pouvions tenir tête à nos ennemis et les repousser. Tout le jour se passa de cette manière, sans que nous pussions parvenir à une résolution fixe. Vers le soir, nous aperçûmes un nouveau renfort venu aux Tatars, ce qui nous fit croire qu'ils étaient séparés en différentes bandes, pour rôder partout et chercher quelque proie, et que les premiers avaient détaché quelques-uns des leurs pour donner avis aux autres du butin qu'ils avaient découvert.

Craignant que le lendemain ils ne fussent encore plus nombreux, je questionnai les gens que nous avions amenés avec nous de Tobolsk pour savoir d'eux s'il n'y avait pas quelque route détournée par laquelle nous pussions échapper à ces brigands pendant la nuit, et nous retirer vers quelque ville ou bien trouver quelque part une escorte qui nous conduisît à travers le désert.

Le Sibérien, domestique du prince, nous dit que, si nous aimions mieux leur échapper que les combattre, il se faisait fort de nous tirer de là pendant la nuit, par un chemin qui allait du côté du N. vers Petrou, et de tromper indubitablement les Tatars qui nous tenaient comme assiégés. Il ajouta que malheureusement son maître lui avait protesté qu'il voulait se battre et non se retirer.

Je lui répondis qu'il avait mal compris les expressions du prince, qui était trop sage pour vouloir se battre simplement par plaisir, et que, bien qu'il eût déjà donné de grandes marques de son intrépidité, il ne prétendait pas résister avec dix-sept ou dix-huit hommes à cinq à six cents Tatars, sans y être contraint par une nécessité inévitable. « Si vous avez réellement, ajoutai-je, un sûr moyen de nous tirer d'ici sains et saufs, c'est l'unique parti qui reste à prendre. » Il me répliqua que, si son seigneur voulait le lui ordonner, il consentait à perdre la tête en cas qu'il n'exécutât point le projet.

Il ne fut pas difficile de porter le jeune prince à une résolution si sensée; il donna donc à son domestique les ordres nécessaires, et dans le moment même nous préparâmes tout pour faire réussir cette salutaire entreprise.

Dès qu'il fit sombre, nous allumâmes du feu dans notre petit camp, en prenant nos mesures pour l'entretenir pendant toute la nuit, afin de persuader aux Tatars que nous y étions encore; et aussitôt que nous vîmes paraître les étoiles que le Sibérien avait marquées pour notre départ, nos bêtes de charge étant déjà en état de marcher, nous suivîmes notre guide, qui ne consultait que l'étoile polaire pour nous mener dans ce pays, dont une grande partie ne consiste qu'en plaines.

Après avoir marché vigoureusement pendant deux heures, nous vîmes que l'obscurité commençait à disparaître, et qu'il faisait plus clair qu'il n'était nécessaire pour notre dessein : la lune se levait, ce qui nous aurait été fort désavantageux si les Tatars se fussent aperçus de notre retraite. Heureusement ils en furent les dupes, et nous arrivâmes le matin à six heures, après avoir fait quarante milles de chemin, et estropié plusieurs de nos bêtes, à un village où nous nous reposâmes, sans apprendre la moindre nouvelle de nos ennemis pendant tout le jour.

Environ deux heures avant la nuit, nous nous remîmes en marche, et nous restâmes en chemin jusqu'au lendemain huit heures du matin.

Il nous fallut passer une petite rivière pour arriver à un grand bourg bien peuplé, habité par les Russes; nous y apprîmes que plusieurs hordes de Tatars kalmoucks s'étaient répandues dans le désert, mais que nous n'avions plus rien à craindre; ce qui nous causa une très-grande satisfaction.

Nous restâmes là cinq jours entiers, tant pour goûter quelque repos après des marches si fatigantes que pour nous y procurer quelques chevaux frais dont nous avions besoin, ainsi que quelques autres choses nécessaires au brave Sibérien qui nous avait conduits jusque-là. Mon associé et moi, nous lui fîmes un présent de la valeur de dix pistoles pour le récompenser de cet important service.

Une autre marche de cinq jours nous conduisit à Veulslima, sur la Wirtzogda, qui se jette dans la Dwina, et de là nous arrivâmes à Lawrenskoy le 3 juillet; nous y goûtâmes le plaisir de voir la fin de notre voyage par terre, puisque nous étions sur les bords de la Dwina, fleuve navigable, qui pouvait nous conduire en sept jours à Arkhangel. Nous louâmes deux grandes chaloupes pour notre bagage, et une espèce de barge fort commode pour nous-mêmes; nous nous embarquâmes le 7, et nous arrivâmes tous sains et saufs à Arkhangel le 18, ayant été en route dans tout notre voyage par terre, y compris notre séjour à Tobolsk, un an cinq mois et trois jours.

Nous fûmes obligés de rester six semaines dans cette ville pour attendre l'arrivée des vaisseaux : nous aurions été obligés d'y séjourner bien plus longtemps si un Hambourgeois ne fût entré dans le port un mois avant l'époque où les vaisseaux anglais s'y rendent d'ordinaire.

Après avoir mûrement délibéré sur le parti que nous devions prendre, nous considérâmes que nous pourrions nous défaire de nos marchandises aussi avantageusement à Hambourg qu'à Londres, et nous résolûmes de nous embarquer tous dans ce navire : nous convînmes du fret, et sur-le-champ je fis embarquer toutes les denrées. Il était fort naturel de transporter à bord mon maître d'hôtel en même temps, pour en avoir soin; et par là le jeune prince put se tenir à l'écart pendant tout le temps qu'il nous fallut pour faire nos préparatifs, de peur qu'il ne fût reconnu dans la ville par quelques marchands russes.

Nous partîmes d'Arkhangel le 20 août, et nous entrâmes dans l'Elbe le 12 septembre; nous trouvâmes à Hambourg, mon associé et moi, des occasions très-favorables pour vendre nos marchandises, tant celles de la Chine que les fourrures que nous avions apportées de la Sibérie. En partageant avec lui le produit de tous nos effets, j'eus pour ma part 3,475 livres sterling, malgré plusieurs pertes que nous avions essuyées. Il est vrai que je comprends dans ma portion les diamants que j'avais achetés au Bengale pour mon compte particulier, et qui valaient bien 600 livres sterling.

Ce fut là que le jeune prince prit congé de nous ; il s'embarqua sur

Il est temps que je me prépare à un voyage plus long.

l'Elbe, dans le dessein de se rendre à la cour de Vienne, où il espérait trouver des protecteurs, et d'où il pourrait lier correspondance avec ceux des amis de son père qui vivaient encore. Il ne se sépara pas de moi sans me témoigner de la manière la plus forte la reconnaissance qu'il garderait toute sa vie pour le service que je lui avais rendu, et pour les marques d'amitié que j'avais données à son père.

Après être resté quatre mois à Hambourg, je passai en Hollande, où, m'étant embarqué dans le paquebot, j'arrivai à Londres, le 20 janvier 1705, dix ans et neuf mois après mon départ d'Angleterre.

L'amour des voyages n'est pas encore éteint en moi ; mais je suis enfin convaincu que le repos et une vie paisible peuvent seuls donner le bonheur; le souvenir de mes infortunes et des scènes si variées dont j'ai été témoin ajoute au plaisir que j'éprouve en me voyant de retour dans ma patrie. Devenu sage à soixante-douze ans, il est temps que je me prépare à un voyage plus long que tous ceux que je viens de décrire.

FIN

5886. — Tours, impr. Mame.

www.ingramcontent.com/pod-product-compliance
Lightning Source LLC
LaVergne TN
LVHW020601110826
845149LV00002B/337

9782011852755